Künne
Die Außenwanderung jugoslawischer Arbeitskräfte

Materialien zur Arbeitsmigration und Ausländerbeschäftigung

herausgegeben von
Prof. Dr. Heiko Körner
Prof. Dr. Hermann Korte
Prof. Dr. Wolfgang Weber

Band 2

Die Außenwanderung jugoslawischer Arbeitskräfte

Ein Beitrag zur Analyse internationaler Arbeitskräftewanderungen

von
Wilfried Künne

Hanstein
1979

CIP-Kurztitelaufnahme der Deutschen Bibliothek

Künne, Wilfried:
Die Außenwanderung jugoslawischer Arbeitskräfte :
e. Beitr. zur Analyse internat. Arbeitskräftewanderungen /
von Wilfried Künne. - Königstein/Ts. : Hanstein, 1979.
  (Materialien zur Arbeitsmigration und Ausländerbeschaftigung ; Bd. 2)
  ISBN 3-7756-6931-0

© 1979 Peter Hanstein Verlag GmbH
Königstein/Ts.
Alle Rechte vorbehalten
Ohne ausdrückliche Genehmigung des Verlags ist es auch nicht gestattet, das Buch oder
Teile daraus auf photomechanischem Wege (Photokopie, Mikrokopie) zu vervielfältigen
Reproduktion, Druck und Bindung: Decker & Wilhelm, Heusenstamm
Printed in Germany
ISBN 3-7756-6931-0

Inhaltsverzeichnis

		Seite
Verzeichnis der Abbildungen		V
Verzeichnis der Karten		V
Verzeichnis der Tabellen		VI
Verzeichnis der Übersichten		VIII
1	Einleitung	1
2	Anmerkungen zur Untersuchungsregion sowie zur statistischen Grundlage der Analyse	5
2.1	Die Untersuchungsregion	5
2.2	Die statistische Grundlage der Migrationsanalyse	9
3	Die politischen, ökonomischen und institutionellen Voraussetzungen der externen Arbeitsmigration in Jugoslawien	17
3.1	Die politischen Entwicklungen	18
3.1.1	Die Phase des administrativen bzw. etatistischen Sozialismus	18
3.1.2	Einführung und Weiterentwicklung der selbstverwalteten sozialistischen Marktwirtschaft	21
3.2	Entwicklungstendenzen und -probleme der jugoslawischen Volkswirtschaft	25
3.2.1	Die Ausgangslage	25
3.2.2	Rasche Industrialisierung als Entwicklungsstrategie	26
3.2.3	Zur Arbeitsmarktentwicklung	29
3.2.4	Die Bedeutung des Außenhandels im jugoslawischen Industrialisierungsprozeß	34
3.2.5	Zusammenfassung	40

		Seite
3.3	Die jugoslawische Migrationspolitik	42
3.3.1	Die innenpolitische Aufarbeitung der Migrationsproblematik	43
3.3.2	Gesetzliche Regelungen zur Arbeitskräftewanderung	46
3.3.3	Zusammenfassung	51
3.4	Die institutionellen Aspekte der Arbeitskräftewanderungen	53
4	Die Analyse der Außenwanderungen jugoslawischer Arbeitskräfte	56
4.1	Hypothesen zur Erklärung internationaler Wanderungen	57
4.2	Der zeitliche Verlauf der Außenwanderungen jugoslawischer Arbeitskräfte und seine Bestimmungsfaktoren	62
4.2.1	Die Deskription des zeitlichen Verlaufes	62
4.2.2	Die Analyse der Bestimmungsfaktoren	66
4.2.2.1	Push-Pull-Modelle internationaler Wanderungen	66
4.2.2.2	Die Wanderungsmotive jugoslawischer Arbeitskräfte	70
4.2.2.3	Die Determinanten der Wanderungsströme jugoslawischer Arbeitskräfte	72
4.2.2.3.1	Die Variablen der Analyse	73
4.2.2.3.2	Die Ergebnisse der Analyse	79
4.3	Zur Selektivität der Abwanderung und ihre Bestimmungsgründe	86
4.3.1	Die räumliche Dimension der jugoslawischen Arbeitsmigration	87
4.3.1.1	Räumliche Unterschiede hinsichtlich der Abwanderungsraten	91
4.3.1.2	Räumliche Unterschiede hinsichtlich der Abwanderungsrichtung	98

		Seite
4.3.1.3	Räumliche Unterschiede hinsichtlich des zeitlichen Verlaufes der Abwanderung	102
4.3.1.4	Abwanderung und sozioökonomischer Entwicklungsstand	108
4.3.1.4.1	Die Auswahl der beschreibenden Indikatoren	110
4.3.1.4.2	Die Ergebnisse der Hauptkomponentenanalyse	112
4.3.1.4.3	Die Interpretation der Faktoren	115
4.3.1.4.4	Die Prüfung des Entwicklungsstandes auf seine wanderungsdifferenzierende Bedeutung	122
4.3.1.5	Der Einfluß der Kettenwanderungen	126
4.3.1.5.1	Kettenwanderung und Abwanderungsrichtung	127
4.3.1.5.2	Kettenwanderung und Abwanderungsintensität	130
4.3.2	Die demographische, qualitative und berufliche Dimension der jugoslawischen Arbeitsmigration	133
4.3.2.1	Die Zusammensetzung nach dem Geschlecht	134
4.3.2.2	Die Zusammensetzung nach dem Alter	136
4.3.2.3	Die Zusammensetzung nach der Qualifikation	142
4.3.2.4	Die Zusammensetzung nach dem Beruf	148
4.4	Zusammenfassung	156
5	Abschließende Bemerkungen zu den ökonomischen Auswirkungen der Arbeitsmigration auf Jugoslawien: Zur Frage der Übereinstimmung zwischen Erwartungen und Wirklichkeit	168
5.1	Die arbeitsmarktpolitische Entlastungsfunktion	170
5.2	Der Ausbildungseffekt der Auslandsbeschäftigung	176
5.3	Die zahlungsbilanzpolitische Bedeutung der Geldüberweisungen	183
5.4	Die ökonomischen Impulse der Ersparnisverwendung	188

		Seite
5.5	Zusammenfassung	194
Anhang		199
Literaturverzeichnis		251
Summary		259
Sažetak		265

Verzeichnis der Abbildungen   Seite

Abb. 3-1.: Sektorale Verteilung der Bruttoinvestitionen, 1947-1974.   28

Abb. 3-2.: Saldo des Außenhandels insgesamt und nach ausgewählten Warengruppen, 1947-1975, in Milliarden Dinar.   38

Abb. 3-3.: Zeitlicher Verlauf ausgewählter Salden der Zahlungsbilanz, in Millionen US-Dollar.   38

Abb. 4-1.: Faktoren am Herkunftsort, am Bestimmungsort und intervenierende Hindernisse bei der Wanderung.   58

Abb. 4-2.: Die zeitliche Entwicklung der jugoslawischen Arbeitsmigration.   63

Abb. 4-3.: Die im Jahre t und früher abgewanderten Arbeitskräfte in v.H. der Arbeitsmigranten, differenziert nach Republiken und Provinzen.   102

Abb. 4-4.: Der Größe nach geordnete Eigenwerte der Korrelationsmatrix (SCREE-Test).   112

Abb. 5-1.: Die Geldüberweisungen von jugoslawischen Arbeitsmigranten absolut und in v.H. ausgewählter Posten der Zahlungsbilanz, 1962-1976.   184

Verzeichnis der Karten

Karte 4-1.: Die jugoslawischen Gemeinden nach ihrer Abwanderungsintensität.   95

Karte 4-2.: Die jugoslawischen Gemeinden nach ihrer Abwanderungsintensität (differenziert nach Republiken und Provinzen).   97

Karte 4-3.: Die im Jahre 1962 und früher abgewanderten Arbeitskräfte in v.H. aller Arbeitsmigranten nach Gemeinden.   106

Karte 4-4.: Die im Jahre 1968 und früher abgewanderten Arbeitskräfte in v.H. aller Arbeitsmigranten nach Gemeinden.   107

Karte 4-5.: Der Entwicklungsstand der jugoslawischen Gemeinden, 1971.   119

Karte 4-6.: Der Entwicklungsstand der jugoslawischen Gemeinden, 1971 (differenziert nach Republiken und Provinzen).   121

		Seite
Karte A 4-1.:	Die administrativ-politische Gliederung Jugoslawiens.	229
Karte A 4-2.:	Der Anteil der in überseeischen Gebieten beschäftigten jugoslawischen Arbeitsmigranten, 1971.	230
Karte A 4-3.:	Der Anteil der in der Bundesrepublik Deutschland beschäftigten Arbeitsmigranten, 1971.	231
Karte A 4-4.:	Die im Jahre 1962 und früher abgewanderten Arbeitskräfte in v.H. aller Arbeitsmigranten (differenziert nach Republiken und Provinzen).	232
Karte A 4-5.:	Die im Jahre 1968 und früher abgewanderten Arbeitskräfte in v.H. aller Arbeitsmigranten (differenziert nach Republiken und Provinzen).	233

Verzeichnis der Tabellen

Tab. 2-1.:	Regionale Disparitäten hinsichtlich ausgewählter demographischer und sozioökonomischer Variablen, 1971.	7
Tab. 2-2.:	Die jugoslawische Arbeitsmigration zwischen der Bundesrepublik Deutschland und Jugoslawien 1964-1975; ein Vergleich der Angaben der deutschen bzw. jugoslawischen Statistik.	14
Tab. 3-1.:	Zuwachs der Beschäftigung, des Sozialprodukts und der Arbeitsproduktivität im vergesellschafteten Sektor, 1947-1975.	33
Tab. 3-2.:	Struktur der jugoslawischen Ein- und Ausfuhr nach ausgewählten Warengruppen.	36
Tab. 4-1.:	Die Abwanderungsmotive kroatischer Arbeitsmigranten.	70
Tab. 4-2.:	Die Variablen der Regressionsanalysen.	75
Tab. 4-3.:	Abwanderungsraten nach Regionen, in v.H.	92
Tab. 4-4.:	Arbeitsmigranten und aktive Bevölkerung nach Regionen, in v.H.	93
Tab. 4-5.:	Die Arbeitsmigranten nach Herkunftsregion und Beschäftigungsland, in v.H.	98
Tab. 4-6.:	Die vermittelten Arbeitsmigranten nach Herkunftsregion and Beschäftigungsland 1972-1975, in v.H.	101
Tab. 4-7.:	Der Zusammenhang zwischen der Abwanderungsintensität und dem Entwicklungsstand der jugoslawischen Gemeinden.	123

		Seite
Tab. 4-8.	: Der Frauenanteil an der Arbeitsmigration und an der aktiven inländischen Bevölkerung, in v.H.	135
Tab. 4-9.	: Die Altersstruktur der im Ausland beschäftigten Arbeitnehmer (A) und der aktiven inländischen Bevölkerung (B), in v.H.	137
Tab. 4-10.	: Der Zusammenhang zwischen der Abwanderungsintensität der Gemeinden und dem Altersaufbau ihrer Arbeitsmigranten.	139
Tab. 4-11.	: Der Altersaufbau der Arbeitsmigranten nach Abwanderungsregionen, in v.H.	141
Tab. 4-12.	: Die Qualifikationsstruktur der im Ausland beschäftigten Arbeitnehmer (A) und der Bevölkerung (10 Jahre und älter; B), in v.H.	143
Tab. 4-13.	: Abweichungen zwischen der Qualifikationsstruktur der im Ausland beschäftigten Arbeitskräfte und der inländischen Bevölkerung und ihr Zusammenhang zur Abwanderungsintensität der Herkunftsregion.	146
Tab. 4-14.	: Abweichungen zwischen der Qualifikationsstruktur der im Ausland beschäftigten Arbeitskräfte und der inländischen Bevölkerung nach Abwanderungsregionen, in Prozentpunkten.	147
Tab. 4-15.	: Berufsstruktur der Arbeitsmigranten und der inländischen aktiven Bevölkerung, in v.H.	149
Tab. 4-16.	: Beschäftigungssektoren der Arbeitsmigranten und der inländischen aktiven Bevölkerung, in v.H.	150
Tab. 4-17.	: Die Abwanderungsraten ausgewählter Wirtschaftssektoren.	152
Tab. 4-18.	: Abweichungen zwischen der Berufsstruktur der im Ausland bzw. Inland beschäftigten Arbeitskräfte und ihr Zusammenhang zur Abwanderungsintensität der Herkunftsregion.	154
Tab. 4-19.	: Abweichungen zwischen der Berufsstruktur der im Ausland bzw. im Inland beschäftigten Arbeitskräfte nach Abwanderungsregionen, in Prozentpunkten.	155
Tab. 5- 1.	: Die Qualifikationsstruktur der Ab- und Rückwanderer, 1973-1976	182

Tab. A 3-1.: Sektorale Verteilung der Bruttoinvestitionen (in Preisen von 1966) 1947-1974, in v.H. — 2o1

Tab. A 3-2.: Jährliche Zuwachsraten (Vorjahr = 100) ausgewählter ökonomischer Größen, 1947-1974. — 2o2

Tab. A 3-3.: Außenhandelsüberschüsse (+) bzw. -defizite (-) nach ausgewählten Warengruppen 1964-1975, in Millionen Dinar. — 2o3

Tab. A 3-4.: Die Salden der Handels-, Dienstleistungs- und Übertragungsbilanz sowie der Bilanz der laufenden Posten 1947-1975, in Millionen US-Dollar. — 2o4

Tab. A 4-1.: Abwanderungsvolumen und -intensität sowie Faktorenwerte der jugoslawischen Gemeinden. — 2o5

Tab. A 4-2.: Die im Jahre t und früher abgewanderten Arbeitskräfte in v.H. der Arbeitsmigranten, differenziert nach Republiken und Provinzen — 214

Tab. A 4-3.: Die Daten der Hauptkomponentenanalyse. — 215

Tab. A 4-4.: Quartimax Rotated Factor Matrix. — 224

Tab. A 5-1.: Die Arbeitsmigranten in v.H. der Bevölkerung (10 Jahre und älter) nach der Schulausbildung. Die 20 Gemeinden mit den jeweils höchsten Anteilswerten. — 225

Tab. A 5-2.: Die Arbeitsmigranten in v.H. der aktiven Bevölkerung nach ausgewählten Berufen. Die 20 Gemeinden mit den jeweils höchsten Anteilswerten. — 226

Tab. A 5-3.: Die Geldüberweisungen der jugoslawischen Arbeitsmigranten absolut und in v.H. ausgewählter Posten der Zahlungsbilanz, 1962-1976. — 227

Verzeichnis der Übersichten

Übersicht 4-1.: Die Variablen der Hauptkomponentenanalyse. — 111

Übersicht 4-2.: Die Stärke der Korrelationen zwischen den Variablen und den rotierten Faktoren. — 114

1 Einleitung

Die räumliche Mobilität von Personen oder ganzen Bevölkerungsgruppen über größere Entfernungen bzw. im internationalen Ausmaß ist ein uraltes und häufig dokumentiertes Phänomen in der Geschichte der menschlichen Gesellschaften. Beispiele hierfür sind etwa die verschiedenen Völkerwanderungen, die Kolonisation Amerikas und Australiens und schließlich auch die Wanderung sog. Gastarbeiter aus den süd- und südosteuropäischen Staaten in die entwickelteren Staaten Nordwesteuropas. Diese Beispiele lassen schon erkennen, daß verschiedene Typen von Wanderungen unterschieden werden müssen. So führten z.B. Wanderungen von Regionen mit niedrigem zu Regionen mit hohem Entwicklungsstand und umgekehrt, ihre Durchsetzung erfolgte friedlich oder gewaltsam, der Aufenthalt im Zielland war auf Dauer bzw. für eine begrenzte Zeit angelegt usw.[1].

Untersuchungsgegenstand dieser Arbeit sind die sog. Gastarbeiterwanderungen; also Wanderungen von Arbeitskräften, die zwischen verschiedenen Nationen verlaufen und hinsichtlich des Aufenthaltes im Ausland temporären Charakter haben. D.h. zum Zeitpunkt der Abwanderung gehen sowohl der wandernde Arbeitnehmer (Arbeitsmigrant / Abwanderer) als auch die im Wanderungsprozeß einbezogenen Staaten (Entsende- und Aufnahmeland) von der Zeitweiligkeit dieses Zustandes aus; die Abwanderung impliziert somit zunächst eine spätere Rückwanderung in das Heimatland.

Dieser Typ internationaler Wanderungen aber auch internationale Wanderungen im allgemeinen haben im Gegensatz zur Binnenwanderung bislang relativ wenig Beachtung im Rahmen der Migrationsforschung gefunden. Die Gründe dürften dabei weniger in der

---

1 Zur Typologie von Wanderungen vgl. Rudolf Heberle: Types of Migration, in: Southwestern Social Science Quarterly, Vol. 36 (1955), S. 65 ff. - James R. McDonald: Toward a Typology of European Labor Migration, in: International Migration, Vol. 7 (1969), N. 112, S. 5. - William Petersen: A General Typology of Migration, in: American Sociological Review, Vol. 23 (1958), S. 256 ff.

Nichtanerkennung der von internationalen Arbeitskräftewanderungen ausgehenden bzw. mit ihnen verknüpften Probleme zu suchen sein als vielmehr in der allgemein schlechten Datensituation, die die empirische Analyse vor schwierige Aufgaben stellt. Auch in dieser Arbeit sind dem Forschungsanliegen durch die unbefriedigende Datensituation Grenzen gesetzt[1].

Das Anliegen dieser Studie besteht vor allem darin, am Beispiel der Arbeitsmigration jugoslawischer Arbeitskräfte die wesentlichen Merkmale bzw. Strukturen dieses Typs internationaler Wanderungen offenzulegen. Die Beschränkung der Analyse auf eine Untersuchungsregion, d.h. auf die Sozialistische Föderative Republik Jugoslawien (im folgenden kurz SFRJ oder auch Jugoslawien genannt) engt natürlich die Generalisierbarkeit der Ergebnisse ein. Sie dürften jedoch zumindest zur Hypothesenbildung ähnlicher Untersuchungen Bedeutung haben.

Diese Arbeit sieht sich im wesentlichen im Bereich der Migrationsforschung angesiedelt. Dennoch sollen über die Analyse der Bestimmungsfaktoren, der Merkmale und Strukturen der jugoslawischen Arbeitsmigration hinaus in einem abschließenden Teil auch die wichtigsten ökonomischen Auswirkungen der Arbeitsmigration für Jugoslawien aufgezeigt werden. Damit soll u.a. eine Antwort auf die Frage gegeben werden, ob sich die von jugoslawischer Seite an die Arbeitsmigration geknüpften Erwartungen erfüllt haben.

---

1 Vor allem gilt dies hinsichtlich des Rückwanderungsaspektes der hier interessierenden jugoslawischen Arbeitsmigration. Das vorhandene Datenmaterial erlaubt keine eingehende empirische Analyse dieses Aspektes. Um aber auch diese Seite der Medaille 'temporäre Arbeitsmigration' - zumindest ansatzweise - zu diskutieren, werden die wenigen vorliegenden Daten in der Wirkungsanalyse der jugoslawischen Arbeitsmigration Berücksichtigung finden. Darüber hinaus zwingt die unbefriedigende Datensituation dazu, die Analyse einiger Aspekte der jugoslawischen Arbeitsmigration (z.B. die Analyse der Wanderungsströme) auf die Außenwanderungen jugoslawischer Arbeitskräfte zwischen der Bundesrepublik Deutschland und Jugoslawien zu beschränken. Da aber die Bundesrepublik Deutschland das weitaus bedeutendste Beschäftigungsland jugoslawischer Arbeitsmigranten ist, dürften diese Ergebnisse für die jugoslawischen Außenwanderungen auch weitgehend allgemeine Relevanz haben.

Eingeleitet wird die Arbeit durch die Beschreibung der Untersuchungsregion sowie eine eingehende Diskussion des Datenmaterials.

Daran wird sich die Diskussion der politischen, ökonomischen, sowie institutionellen Voraussetzungen der externen Arbeitskräftewanderungen in Jugoslawien anschließen. Ihr wird deshalb ein breiter Raum eingeräumt, weil nur eine eingehende Analyse der politischen und wirtschaftlichen Entwicklung Jugoslawiens zu erklären vermag, warum Jugoslawien als sozialistischer Staat die Abwanderung bzw. den Export von Arbeitskräften ermöglicht hat und damit allgemein anerkannte sozialistische Positionen aufgab.

Im Mittelpunkt des nachfolgenden Kapitels steht schließlich der Wanderungsprozeß selbst, d.h. die Deskription und Analyse seiner wesentlichen Merkmale und Strukturen sowie Bestimmungsgründe. Grundlage dieser Ausführungen bilden die eingangs des Kapitels diskutierten Hypothesen zur Erklärung internationaler Wanderungen.

Das Schlußkapitel enthält schließlich - wie schon erwähnt - die Diskussion der Auswirkungen der Arbeitsmigration auf Jugoslawien.

Der Betrachtungszeitraum der Analyse umfaßt im wesentlichen die Nachkriegszeit Jugoslawiens, wobei der Schwerpunkt in den 60er Jahren bzw. Anfang der 70er Jahre liegt. Trotz dieser zeitlichen Begrenzung soll nicht verkannt werden, daß die Abwanderung jugoslawischer Arbeitskräfte ins Ausland zumindest für einige Landesteile eine lange Tradition hat und sogar bis in das letzte Jahrhundert zurückreicht[1]. Diese älteren Wanderungsströme

---

1 Vgl. Josef Velikonja: Emigration, in: Klaus-Detlev Grothusen (Hrsg.): Südosteuropa-Handbuch, Band I, Jugoslawien, Göttingen 1975, S. 360 ff.

sind statistisch jedoch kaum erfaßt und verschließen sich daher einer gründlicheren Analyse. Überdies hatten diese Wanderungen im Unterschied zu den neueren Wanderungen keinen temporären Charakter und schon gar nicht einen Massencharakter, so daß ihre Vernachlässigung im Hinblick auf die Untersuchungsziele vertretbar erscheint.

2 Anmerkungen zur Untersuchungsregion sowie zur statistischen Grundlage der Analyse

2.1 Die Untersuchungsregion

Die neuere Geschichte Jugoslawiens (der Südslawen) beginnt nach dem Zerfall des österreichisch-ungarischen Reiches mit der Gründung des Königreiches der Serben, Kroaten und Slowenen (1.12.1918), das 1929 in "Königreich Jugoslawien" umbenannt wurde. Damit kam es erstmals in der Geschichte der Südslawen - bis auf die ebenfalls südslawischen Bulgaren - zu einem staatlichen Zusammenschluß aller südslawischen Völker (Kroaten, Makedonier, Montenegriner, Serben und Slowenen). Diese staatliche Einheit wurde während des Zweiten Weltkrieges zerschlagen, konnte jedoch nach Beendigung des Krieges - unter kommunistischer Führung - wieder erreicht werden. Am 29.11.1945 wurde die Föderative Volksrepublik Jugoslawien (FNRJ) ausgerufen und schließlich nach einer Verfassungsreform im Jahre 1963 in die Sozialistische Föderative Republik Jugoslawien (SFRJ) umgewandelt.

Die SFRJ setzt sich aus 6 sozialistischen Republiken (Bosnien und Herzegowina, Montenegro, Kroatien, Makedonien, Slowenien sowie Serbien) und 2 autonomen Provinzen (Kosovo und Vojvodina, die zusammen mit dem 'Engeren Serbien' - Uža Srbija - die Republik Serbien bilden) zusammen[1]. Die Republiken bzw. autonomen Provinzen sind wiederum in Gemeinden (obštine) eingeteilt, die in ihrer Größe etwa den Kreisen in der BRD entsprechen. Ihre Gesamtzahl beläuft sich auf 508 (Stand: 1.1.1976)[2].

Die SFRJ zählte zum Stichtag der letzten Volkszählung vom März 1971 20,5 Millionen Einwohner und hatte damit bei einer Gesamtfläche von 255.804 qkm eine Einwohnerdichte von 80,2 Einwohner je qkm[3]. Die größte Bevölkerungsgruppe bildeten zu diesem Zeitpunkt die Serben (mit 8,1 Millionen Einwohnern bzw. 39,7% der Gesamtbevölkerung) gefolgt von den Kroaten (4,5 Millionen Einwohner bzw. 22,1% der Gesamtbevölkerung)[4].

---

1 In den folgenden Ausführungen und Tabellen steht Serbien immer für das 'Engere Serbien', d.h. es umfaßt nicht die autonomen Provinzen Vojvodina und Kosovo.
2 Savezni Zavod za Statistiku (im folgenden SZzS geschrieben): Statistički Godišnjak Jugoslavije 1976 (in folgenden SGJ-76 geschrieben), Beograd 1976, Tab. 3-1., S. 550.
3 SGJ-76, Tab. 104-1., S. 101.
4 SGJ-76, Tab. 104-3., S. 102.

Deutlich geringer vertreten in diesem Vielvölkerstaat waren die Moslems (8,7% der Gesamtbevölkerung), Slowenen (8,2%), Makedonier (5,8%) sowie Montenegriner (2,5%)[1]. Insgesamt stellten diese Bevölkerungsgruppen (in der jugoslawischen Terminologie Völker im Unterschied zu Volksgruppen bezeichnet) 86,6% der Gesamtbevölkerung. Bedeutende Volksgruppen sind schließlich noch die Albaner (6,4% der Gesamtbevölkerung) sowie die Ungarn (2,3%)[2].

Die Völkervielfalt Jugoslawiens dokumentiert sich auch in der großen Zahl verschiedener Staatssprachen. Hierzu zählen Serbokroatisch, Slowenisch, Makedonisch und in den autonomen Provinzen Albanisch sowie Ungarisch. Überdies werden in Jugoslawien zwei verschiedene Schriften verwendet: im östlichen Teil die kyrillische Schrift, im Westen hingegen die lateinische.

Die Struktur der aktiven Bevölkerung in Jugoslawien weist trotz großer Erfolge im Ausbau des industriellen Sektors nach dem Zweiten Weltkrieg insgesamt noch sehr starke agrarische Züge auf. So waren zum Volkszählungsstichtag vom 31. März 1971 immerhin noch 47,0% der aktiven Bevölkerung in der Landwirtschaft bzw. Fischerei beschäftigt [3].

Da im landwirtschaftlichen Sektor das Privateigentum an den Produktionsmitteln dominiert, enthält das sozialistische Wirtschaftssystem Jugoslawiens noch ein starkes Element nicht-sozialistischer Produktionsverhältnisse. Im Jahre 1971 waren im Durchschnitt knapp 4 Millionen Personen im vergesellschafteten Sektor beschäftigt, d.h. nicht einmal die Hälfte der aktiven Bevölkerung von 8,9 Millionen [4].

Die Heterogenität der jugoslawischen Bevölkerung hinsichtlich Sprache, Kultur oder auch Volksgruppenzugehörigkeit findet ihr sozioökonomisches Gegenstück in den starken Disparitäten zwischen den Republiken bzw. autonomen Provinzen Jugoslawiens. Tab. 2-1.

---

1 SGJ-76, Tab. 104-3., S. 102. Der Begriff Moslem bezeichnet nach jugoslawischer Terminologie ebenfalls ein Volk.
2 Ebenda.
3 SGJ-76, Tab. 202-4.,S.372.
4 SGJ-76, Tab. 105-1., S. 112 und Tab. 104-7., S. 104.

vermittelt einen Eindruck dieser Disparitäten. Nimmt man die angeführten Variablen als Indikatoren des Entwicklungsstandes, so zeigt sich, daß die Republik Slowenien auf der Rangskala deutlich den Rang 1 einnimmt. Ebenso deutlich tritt aber auch hervor, daß die Provinz Kosovo den letzten Rang belegt.

Tab. 2-1.: Regionale Disparitäten hinsichtlich ausgewählter demographischer und sozioökonomischer Variablen, 1971

Regionen	Variablen					
	Personen je Haushalt	Geburten je 1.000 Einwohner	Beschäftigte des Sektors Landwirtschaft a in v.H. der aktiven Bevölkerung	Beschäftigte des Sektors vergesellschaft. Sektors in v.H. der aktiven Bevölkerung	Personen ohne Grundschulabschluß in v.H. d.Bevölkerung (10 Jahre und älter)	Pro-Kopf-Einkommen in Dinar (Preise von 1966)
	(1)	(2)	(3)	(4)	(5)	(6)
SFRJ	3,82	18,2	44,6	45,4	66,8	6041,7
Bosnien und Herzegowina	4,41	22,0	47,1	39,8	76,4	3826,4
Montenegro	4,34	20,5	43,2	48,8	68,1	4063,8
Kroatien	3,43	14,6	37,6	49,8	64,0	7417,3
Makedonien	4,68	22,9	44,5	43,5	68,9	4371,9
Slowenien	3,35	15,9	25,5	68,5	42,1	11196,6
Serbien	3,63	14,8	53,6	37,8	69,0	5981,9
Vojvodina	3,18	13,4	44,4	50,8	65,5	7313,6
Kosovo	6,61	37,5	52,8	33,2	75,1	1969,5

a einschließlich Forstwirtschaft und Fischerei

Quelle: SGJ-73, Tab. 202-1., S. 348 (Sp. 1), SGJ-73, Tab. 202-2., S. 349 (Sp. 2), SGJ-73, Tab. 203-1., S. 362 SGJ-73, Tab. 202-3., S. 352 f., eigene Berechnungen (Sp. 3); SGJ-73, Tab. 202-3., S. 352, eigene und Tab. 202-3., S. 352, eigene Berechnungen (Sp. 4), SGJ-73, Tab. 202-3., S. 351, eigene Berechnungen (Sp. 5), SGJ-73, Tab. 204-2., S. 380 und Tab. 202-3., S. 351, eigene Berechnungen (Sp. 6).

Zwischen den genannten Regionen besteht ein sehr großes Entwicklungsgefälle, das vergleichbar ist mit dem Gefälle zwischen den Industrieländern und den Staaten der Dritten Welt; so ist z.B. das Pro-Kopf-Einkommen in Slowenien fast sechsmal größer als in Kosovo. Aus diesem Grunde fällt es auch schwer, in binnenwirtschaftlichen Fragen von der SFRJ zu sprechen.

Aber auch die übrigen Teilregionen Jugoslawiens weisen bezüglich der in Tab. 2-1. aufgeführten Variablen noch beachtliche Unterschiede auf. Die offizielle jugoslawische Politik anerkennt diese regionalen Disparitäten insofern, als sie zwischen entwickelten (Slowenien, Kroatien, Vojvodina, Serbien) und weniger entwickelten Gebieten (Bosnien und Herzegowina, Montenegro, Makedonien, Kosovo) differenziert und ihre Regionalpolitik entsprechend ausrichtet[1].

Die regionalen Disparitäten sind z.T. Erbe jahrhundertelanger Fremdherrschaft, und zwar Fremdherrschaft durch Österreich-Ungarn auf der einen und durch das Osmanische Reich auf der anderen Seite. Im Unterschied zu den im Einflußbereich Österreich-Ungarns liegenden Gebieten prägte in den Gebieten des osmanischen Reiches - dies waren ausnahmslos die heute als weniger entwickelt bekannten Gebiete Jugoslawiens - der Feudalismus das Gesellschafts- und Wirtschaftsleben bis in das 20. Jahrhundert hinein. Aus diesem Grunde konnte auch kein größeres Bürgertum als Träger einer industriellen Entwicklung entstehen.

Aber auch das sozialistische Jugoslawien vermochte bis zum heutigen Tag nicht, die Kluft zwischen weniger entwickelten und entwickelten Gebieten zu schließen. Im Gegenteil, auch in der Nachkriegszeit ist die Kluft größer geworden. So ist das Pro-Kopf-Einkommen im Zeitraum 1947 bis 1971 in den entwickelten Gebieten um das 3,9-fache, in den weniger entwickelten Gebieten dagegen nur um das 2,9-fache gestiegen[2].

---

1 Vgl. Marta Bazler-Madžar: Problems of Regional Economic Development in Yugoslav Theory and Practice, in: Ekonomska analiza, 3-4/1974, Beograd 1975, S. 239 ff. (Separat 182).
2 Ebenda, S. 240.

Für Jugoslawien sind also auch nach diesen wenigen Anmerkungen bedeutende regionale Problem zu erkennen, die a priori Relevanz für das Wanderungsgeschehen haben dürften. Aus diesem Grunde wird die Analyse der jugoslawischen Arbeitsmigration nicht nur für Gesamt-Jugoslawien sondern weitgehend auch für seine Teilregionen durchgeführt.

2.2 Die statistische Grundlage der Migrationsanalyse

Die empirische Analyse der jugoslawischen Arbeitsmigration wird entscheidend durch fehlendes bzw. mangelhaftes Datenmaterial erschwert. Dieses Problem soll im folgenden kurz dargestellt werden, um damit auch eine bessere Einschätzung der Auswertungsergebnisse zu ermöglichen.

Grundlage der empirischen Analyse der jugoslawischen Arbeitsmigration sind im wesentlichen die entsprechenden jugoslawischen bzw. deutschen Angaben. Auf jugoslawischer Seite liegen statistische Angaben zur jugoslawischen Arbeitsmigration erst seit 1964 vor. In diesem Jahr schaltete sich erstmalig das Bundesbüro für Beschäftigungsangelegenheiten[1] in Belgrad in die Vermittlung jugoslawischer Arbeitnehmer in ausländische Arbeitsplätze ein; die von ihm vermittelten Arbeitnehmer stellen seitdem die Erhebungsgrundlage der jugoslawischen Abwanderungsstatistik dar. Diese Statistik ist notwendigerweise nicht umfassend, denn auch nach 1964 fand weiterhin eine große Zahl von jugoslawischen Arbeitnehmern durch direkten Kontakt mit ausländischen Unternehmen, d.h. ohne Einschaltung der jugoslawischen Vermittlungsbehörde im Ausland eine Beschäftigung[2].

---

1 Savezni Biro za Poslove Zapošljavanje (im folgenden SBPZ geschrieben).
2 Vgl. hierzu die Ausführungen im Abschnitt 3.4 dieser Arbeit.

Um einen größeren Einfluß auf den Migrationsprozeß zu erhalten, verabschiedete die jugoslawische Bundesversammlung am 8.6.1973 schließlich das "Gesetz über die Grundbedingungen der vorübergehenden Beschäftigung und des Schutzes im Ausland arbeitender jugoslawischer Bürger"[1]. Dieses Gesetz bestimmt u.a., daß die Vermittlung jugoslawischer Arbeitskräfte in ausländische Arbeitsplätze nur durch das Bundesbüro für Beschäftigungsangelegenheiten bzw. durch die Arbeitsämter der Republiken und autonomen Provinzen erfolgen darf. Aber auch dieses Gesetz - so zeigt ein Vergleich entsprechender deutscher und jugoslawischer Statistiken[2] - konnte nicht sicherstellen, daß die Abwanderung ausschließlich über den offiziellen Vermittlungsweg erfolgte.

Das Bundesbüro für Beschäftigungsangelegenheiten erfaßt - ebenfalls seit 1964 - neben den ins Ausland vermittelten Arbeitskräften auch die nach zeitweiligem Auslandsaufenthalt zurückkehrenden jugoslawischen Arbeitnehmer. Erhebungsgrundlage sind die Meldungen der Rückwanderer bei den lokalen Arbeitsämtern. Diese Meldungen sind freiwillig und erfolgen im wesentlichen nur dann, wenn der Rückwanderer erhofft, durch Einschaltung des Arbeitsamtes einen Arbeitsplatz (im vergesellschafteten Sektor) zu finden und/oder wenn der Rückwanderer durch Einschaltung des Arbeitsamtes Ansprüche auf Arbeitslosenunterstützung bzw. freie medizinische Versorgung aufgrund der Auslandstätigkeit geltend macht.

Sobald also der Rückwanderer durch Eigeninitiative einen Arbeitsplatz im vergesellschafteten Sektor findet oder aber einer Beschäftigung im privaten Sektor nachgehen kann und will (z.B. Rückkehr in den landwirtschaftlichen Familienbetrieb), unter-

---

1 Vgl. o.V.: Das neue Belgrader Gastarbeitergesetz. Zwischen Fachkräftemangel und Arbeitslosigkeit, in: Wissenschaftlicher Dienst Südosteuropa, 22. Jahrgang (1973), H. 7, S. 101 ff.
2 Vgl. Tab. 2-2.

bleibt eine Meldung beim lokalen Arbeitsamt und somit die statistische Erfassung als Rückwanderer. Aber auch Rückwanderer, die trotz Beschäftigung im privaten Sektor einen Arbeitsplatz im vergesellschafteten Sektor (z.B. in der Industrie) anstreben , nehmen nicht in jedem Fall die Vermittlungsaktivitäten des lokalen Arbeitsamtes in Anspruch. Denn dieser Schritt hängt wesentlich von der subjektiven Einschätzung seiner Erfolgsaussichten durch den Einzelnen ab. Diese sind jedoch in einigen Regionen aufgrund hoher Arbeitslosigkeit und/oder mangelhaft arbeitender Vermittlungssysteme vielfach sehr gering.

Ein weiterer Grund, das lokale Arbeitsamt nach der Rückkehr aus dem Ausland aufzusuchen, besteht in der Geltendmachung von Arbeitslosenunterstützung bzw. freier medizinischer Versorgung aufgrund der Auslandstätigkeit. Da entsprechende Leistungen in Jugoslawien jedoch in Abhängigkeit von der Bedürftigkeit des Einzelnen, d.h. unter Berücksichtigung der eigenen Ersparnisse, des Einkommens nächster Verwandter u.ä. gewährt werden, dürften nur wenige Rückwanderer wegen dieser Leistungen Anlaß gehabt haben, das lokale Arbeitsamt aufzusuchen. Diese Vermutung wird auch durch folgendes Zahlenbeispiel gestützt; so erhielten Ende 1975 nur 3% der registrierten Stellensuchenden in Jugoslawien Arbeitslosenunterstützung bzw. 25% freie medizinische Versorgung[1].

Zusammenfassend läßt sich also sagen, daß sowohl die statistische Erfassung des Abwanderungsstroms als auch die des Rückwanderungsstroms in Jugoslawien nicht umfassend ist und somit der empirischen Analyse Grenzen setzt[2].

---

1 SGJ, Tab. 105-12 und Tab. 105-14., S. 123 f., eigene Berechnungen.
2 Überdies ist das statische Material nur schwer zugänglich. Dennoch standen dem Verfasser - vor allem für den Zeitraum ab 1972 - einige Daten zur Verfügung.

Umfassender dagegen sind die im Rahmen der jugoslawischen Volkszählung vom März 1971 erhobenen Angaben zur jugoslawischen Arbeitsmigration[1]. Hierbei handelt es sich jedoch im Unterschied zu den obengenannten Daten um Bestandsdaten; überdies ist ausschließlich der Abwanderungsaspekt der jugoslawischen Arbeitsmigration berücksichtigt. Die Verläßlichkeit der Angaben ist aber auch in diesem Fall nicht uneingeschränkt gegeben[2], da bei der Erfassung der zeitweilig im Ausland beschäftigten jugoslawischen Arbeitnehmer die Beurteilung der "Zeitweiligkeit" jeweils von der befragten Person (Familienangehöriger, Nachbar des Auswanderers) vorgenommen wurde. Dennoch dürften diese Daten den besten Einblick in die Struktur des jugoslawischen Abwanderungsprozesses geben.

Zusätzlich zum jugoslawischen Material soll auch statistisches Material der wichtigsten Aufnahmeländer, d.h. vor allem der BRD in die Analyse aufgenommen werden. Gleichzeitig kann ein Vergleich entsprechender deutscher bzw. jugoslawischer Angaben Aufschlüsse über die Genauigkeit des vorliegenden Materials liefern.

Die Wanderungsströme zwischen der Bundesrepublik Deutschland und Jugoslawien werden vom Statistischen Bundesamt in Wiesbaden quartalsweise bzw. jährlich in der Statistik "Bevölkerung und Kultur, Reihe 3, Wanderungen" ausgewiesen. Erhebungsgrundlage sind die bei einem Wohnungswechsel aufgrund der gesetzlichen Meldepflicht auszufüllenden An- (Zuzug) bzw. Abmeldescheine (Fortzug). Die Einstufung der wandernden Person als Erwerbsperson bzw. Arbeitskraft erfolgt danach, ob in einer

---

1 Vgl. SZzS: Lica na privremenom radu u inostranstvu. Prema popisu stanovništva i stanova 1971, Statistički bilten 679, Beograd 1971 (im folgenden Statistički bilten 679 geschrieben).
2 Hierzu vgl. auch Ivo Baučić: Radnici u inozemstvu prema popisu stanovnije Jugoslavije 1971, Zagreb 1973, Tab. I, S. 26. Danach wurden insgesamt 7,7% der im europäischen Ausland arbeitenden jugoslawischen Arbeitskräfte von der Volkszählung nicht erfaßt (Vergleich mit den statischen Angaben der Immigrationsländer).

Meldung eine Berufsbezeichnung angegeben ist. Von der deutschen Wanderungsstatistik nicht erfaßt wird die Qualifikation der Wanderer; so daß also ein wichtiger Aspekt der Migrationsproblematik von der deutschen Statistik nicht abgedeckt wird.

Wenngleich dieses statistische Material die jugoslawische Arbeitsmigration zwischen der Bundesrepublik Deutschland und Jugoslawien ungleich besser erfaßt als das entsprechende jugoslawische Material, so müssen doch einige Einschränkungen hinsichtlich seiner Güte gemacht werden. Abgesehen von der illegalen (Ein-) Wanderung können Abweichungen zwischen der ausgewiesenen Zahl jugoslawischer Arbeitsmigranten und der tatsächlichen auch durch mehrmalige Ein- und Auswanderung im Jahresverlauf und entsprechender Meldung beim jeweiligen Einwohnermeldeamt, durch Unterlassung der Abmeldung u.a.m. zustande kommen.

Schließlich veröffentlicht auch noch die Bundesanstalt für Arbeit in Nürnberg (BA) Daten zur jugoslawischen Arbeitsmigration. Diese Daten beziehen sich aber ausschließlich auf das Volumen der jugoslawischen Arbeitskräfteabwanderung. Erhebungsgrundlage sind die von den Arbeitsämtern erteilten Arbeitserlaubnisse.

Nach diesen Anmerkungen zu den wesentlichen statistischen Quellen der folgenden empirischen Analyse soll abschließend noch anhand der Tab. 2-2. die Güte des vorliegenden jugoslawischen Materials beurteilt werden. Wie oben schon angedeutet, weichen die jugoslawischen Angaben zur Arbeitsmigration zwischen der Bundesrepublik Deutschland und Jugoslawien von denen der deutschen ab. Aus den Spalten 5 und 6 sowie 9 wird ersichtlich, daß diese Abweichungen nicht unerheblich sind. Dies gilt im besonderen Maße für die jugoslawischen Angaben zur Rückwanderung.

Aber auch selbst die deutschen Angaben zur Einwanderung jugoslawischer Arbeitskräfte in die Bundesrepublik Deutschland decken sich nicht. Hierfür lassen sich verschiedene Gründe anführen. Da ist zunächst die schon oben angesprochene Methodik der Wanderungsstatistik zu nennen, sie impliziert die Er-

Tab. 2-2.: Die jugoslawische Arbeitsmigration zwischen der Bundesrepublik Deutschland und Jugoslawien 1964-1975; ein Vergleich der Angaben der deutschen bzw. jugoslawischen Statistik

JAHR	ABWANDERUNG					RÜCKWANDERUNG		
	Bundesanstalt für Arbeit, Nürnberg	Statist. Bundesamt, Wiesbaden	Sp.1/ Sp.2 (in %)	Bundesbüro f. Beschäftigungs- angelegenheiten (SBPZ), Belgrad	Sp.4/ Sp.1 (in %)	Sp.4/ Sp.2 (in %)	Statist. Bundesamt, Wiesbaden	Bundesbüro f. Beschäftigungs- angelegenheiten (SBPZ), Belgrad	Sp.8/ Sp.7 (in %)
	(1)	(2)	(3)	(4)	(5)	(6)	(7)	(8)	(9)
1964	17 459	26 281	66,4				19 095		
1965	30 983	44 873	69,0				21 575		
1966	50 869	65 969	77,1				32 630		
1967	15 379	29 513	52,1				34 824		
1968	76 782	85 491	89,8	43 815	57,1	51,0	24 995	2 643	10,6
1969	192 232	201 985	95,2	93 356	48,6	46,1	48 034	3 651	7,6
1970	202 360	210 364	96,2	96 036	47,5	45,5	78 470	7 072	9,0
1971	113 333	124 875	90,8	62 077	54,8	49,6	91 034	4 660	5,1
1972	75 501	96 368	78,3	39 650	52,5	41,1	77 151	5 993	7,8
1973	81 504	108 368	75,2	59 912	73,5	55,1	67 513	6 106	9,0
1974	7 665	32 983	23,2	1 997	26,1	6,1	73 018	6 995	9,6
1975	3 037	17 142	17,7	502	16,5	2,9	65 365	12 857	19,7

Quelle: Bundesanstalt für Arbeit (im folgenden BA geschrieben): Amtliche Nachrichten der Bundesanstalt für Arbeit, Arbeitsstatistik 1975 - Jahreszahlen, 24. Jahrgang, Sondernummer, Nürnberg 1976, S. 23, (1966-1975) und BA: Ausländische Arbeitnehmer, Beschäftigung, Anwerbung, Vermittlung - Erfahrungsbericht 1972/73 - (im folgenden Erfahrungsbericht 1972/73 geschrieben), Nürnberg 1974, (1964-1965) (Spalte 1);
Statistisches Bundesamt: Bevölkerung und Kultur, Reihe 3, Wanderungen, verschiedene Jahrgänge (Spalte 2 und 7);
Angaben des SBPZ (Spalte 4 und 8).

fassung der Wanderungsfälle, deren Zahl aufgrund etwaiger
mehrmaliger Einwanderung innerhalb eines Jahres gegenüber
der tatsächlichen Zahl der in diesem Zeitraum dem Abgabeland verlorengegangenen Arbeitskräfte überhöht sein kann.

Ein weitaus gewichtigerer Grund ist jedoch in der von der Bundesanstalt für Arbeit getroffenen Definition "des neu eingerei -
sten ausländischen Arbeitnehmers" zu sehen; danach sind ausländische Arbeitnehmer dann neu eingereist, wenn sie innerhalb von
6 Monaten vor Erteilung der Arbeitserlaubnis erstmals oder
nach einer Unterbrechung von mehr als 3 Monaten erneut in die
Bundesrepublik eingereist sind[1]. M.a.W. können hier Jahr der
Einreise und Jahr der Erteilung der Arbeitserlaubnis auseinan-
derfallen und mithin zu den zu beobachtenden Abweichungen führen.

Die Abweichungen sind auch damit zu erklären, daß nicht alle
der eingewanderten jugoslawischen Erwerbspersonen tatsächlich
einer Beschäftigung nachgehen wollen bzw. können, d.h. eine
Arbeitserlaubnis erhalten. Dies dürfte z.B. für viele der
nachreisenden Ehefrauen gelten, die jedoch bei der Anmeldung eine Berufsbezeichnung angeben. Hiermit ist auch die Erklärung
für die starken Abweichungen in den Rezessionsjahren 1967 bzw.
1974/75 sowie für die generell niedrigeren Angaben der Bundesanstalt für Arbeit gegeben.

Zusammenfassend läßt sich sagen, daß die Wanderungsstatistik
des Statistischen Bundesamtes verläßlichere Angaben zur jugoslawischen Arbeitsmigration bereithält als die entsprechende
Statistik der Bundesanstalt für Arbeit. Sie erfaßt auch jene
Abwanderer, die keine Arbeitserlaubnis erteilt bekommen haben,
aber dennoch potentielle Arbeitnehmer oder in einigen Fällen
sogar illegal beschäftigt sind.

---

1 Vgl. BA: Amtliche Nachrichten der Bundesanstalt für Arbeit,
Arbeitsstatistik 1975 - Jahreszahlen, a.a.O., S. 23. Diese
Definition ist seit 1973 gültig. Vorher galten davon abwei-
chende Definitionen.

Die Güte der Daten des Statistischen Bundesamtes zur Rückwanderung jugoslawischer Arbeitnehmer (Fortzüge ausländischer Erwerbspersonen nach Jugoslawien) läßt sich aufgrund fehlender Vergleichsmöglichkeiten nur schwer beurteilen. Zu vermuten ist jedoch, daß diese Angaben eher die untere Grenze der tatsächlichen Rückwanderungsfälle wiedergibt. Denn eine Vielzahl ausländischer Arbeitnehmer kommt der gesetzlichen Abmeldepflicht nicht nach.

Bevor im folgenden anhand dieser verschiedenen Wanderungsstatistiken die jugoslawische Arbeitsmigration eingehend beschrieben und analysiert wird, werden vorab die politischen, ökonomischen und institutionellen Voraussetzungen der Arbeitsmigration in Jugoslawien genannt.

Absender:

Antwortkarte

Verlagsgruppe
Athenäum-Hain-Scriptor-Hanstein
Postfach 1220

D-6240 Königstein/Ts.

50 Pfg.

Bitte senden Sie uns ab sofort
Ihre laufenden Informationen über
neue Bücher zu den Themen:

- [ ] 02 Literatur- und Sprachdidaktik
- [ ] 03 Literaturwissenschaft
- [ ] 04 Pädagogik
- [ ] 05 Philosophie und Wissenschaftstheorie
- [ ] 07 Rechtswissenschaft
- [ ] 08 Sozialwissenschaften und Psychologie
- [ ] 09 Sprachwissenschaft
- [ ] 10 Wirtschaftswissenschaft
- [ ] 11 Theologie
- [ ] 12 Geschichte
- [ ] 13 Literarisches- und Sachbuchprogramm
- [ ] 14 Reprints
- [ ] 15 AutorenEdition

Gewünschte Informationen bitte ankreuzen

- [ ] Außerdem bitten wir um regelmäßige Zusendung Ihrer zweimal im Jahr erscheinenden Prospekte »Vorankündigung«.

3   Die politischen, ökonomischen und institutionellen
     Voraussetzungen der Außenwanderungen in Jugoslawien

Internationale Arbeitskräftewanderungen setzen - sofern sie legal erfolgen - die Bereitschaft des Abgabe- und Aufnahmelandes zum Arbeitskräfteexport bzw. -import voraus. Dabei wird diese Bereitschaft weniger von moralischen Wertvorstellungen (freie Wahl des Wohn- und Beschäftigungsortes über die nationalen Grenzen hinaus) als von ökonomischen und politischen Interessen bestimmt. Als Beispiel sei nur der Anwerbestop ausländischer Arbeitskräfte genannt. In der Bundesrepublik Deutschland wurde diese Maßnahme im Herbst 1973 als Antwort auf die sich ankündigende Beschäftigungskrise ergriffen.

Im folgenden soll nun das ökonomische und auch politische Interesse Jugoslawiens am Arbeitskräfteexport diskutiert werden[1]. Zusätzlich werden auch die von jugoslawischer Seite ergriffenen politischen Maßnahmen zur Beeinflussung der Arbeitsmigration behandelt sowie die institutionellen Vermittlungsmechanismen genannt.

Die Bereitschaft zum Arbeitskräfteexport ist für einen sozialistischen Staat wie die SFRJ nicht selbstverständlich, denn sie beinhaltet die Abkehr von sozialistischen Positionen und zieht somit Legitimationsprobleme des Staates nach sich[2]. Daß dennoch

---

1 Auf die Diskussion des ökonomischen Interesses der Aufnahmeländer an der Zuwanderung von Arbeitskräften soll hier verzichtet werden, da zu dieser Problematik - zumindest für die Bundesrepublik Deutschland als Untersuchungsregion - verschiedene Untersuchungen vorliegen. Vgl. z.B. Siegfried Bullinger u.a.: Ausländerbeschäftigung, Arbeitsmarkt und Konjunkturverlauf in der Bundesrepublik Deutschland, Tübingen 1974 - Peter Huber: Ausländerbeschäftigung und Wirtschaftswachstum, Tübingen 1974 - Ursula Mehrländer: Beschäftigung ausländischer Arbeitnehmer in der BRD unter spezieller Berücksichtigung von Nordrhein-Westfalen, Köln und Opladen 1969 - Marios Nikolinakos: Politische Ökonomie der Gastarbeiterfrage, Reinbek 1973.
2 Diese Legitimationsprobleme werden u.a. an dem Manifest der '3000 Worte' der Universität Beograd aus dem Jahre 1969 deutlich, in dem es bezüglich der Arbeitsmigration heißt: "Hunderttausende unserer Arbeiter im Ausland stellen eine Reservearbeitsarmee dar, von der man nur schwerlich behaupten kann, daß sie zum Kampf der Arbeiterklasse dieser Länder für die Verbesserung ihrer Lebensbedingungen beiträgt". Othmar N. Haberl: Abwanderung und Folgen der Abwanderung von Arbeitskräften aus Jugoslawien, o.O. o.J. (unveröffentlichtes Manuskript), S. 46.

das sozialistische Jugoslawien - wenn auch erst zu Beginn
der 60er Jahre - die Abwanderung von Arbeitskräften legalisierte, ist nur vor dem Hintergrund der ökonomischen und
politischen Probleme bzw. Entwicklungen Jugoslawiens in der
Nachkriegszeit zu verstehen. Der Diskussion des politischökonomischen Hintergrundes des jugoslawischen Abwanderungsprozesses wird hier daher auch ein breiter Raum eingeräumt.
Zusätzlich sollen die nachfolgenden Ausführungen über die
Anmerkungen im Abschnitt 2.1 hinaus mit den Entwicklungsproblemen Jugoslawiens sowie mit seinem Wirtschafts- und Ordnungssystem bekanntmachen.

3.1 Die politischen Entwicklungen

3.1.1 Die Phase des administrativen bzw. etatistischen Sozialismus

Die dominierende Rolle der Kommunisten im Befreiungskampf gegen die Besatzungstruppen brachten der Kommunistischen Partei
Jugoslawiens nach dem Zweiten Weltkrieg die Führung im Staate
ein. Entsprechend dem sowjetischen Vorbild gingen die Kommunisten sofort daran, ein zentralverwaltetes Wirtschaftssystem
aufzubauen[1].

---

1 Zur ordnungspolitischen Entwicklung Jugoslawiens in der
  Nachkriegszeit vgl. u.a. Peter Dobias: Das jugoslawische
  Wirtschaftssystem. Entwicklung und Wirkungsweise, Tübingen
  1969. S. 4 ff. - Werner Gumpel: Das Wirtschaftssystem, in:
  Klaus-Detlev Grothusen (Hrsg.): Südosteuropa-Handbuch, Band
  I Jugoslawien, Göttingen 1975, S. 199 ff. - Branko Horvat: Yugoslav Economic Policy in the Post-War Period: Problems, Ideas,
  Institutional Developments, in: The American Economic Review,
  Supplement, Vol. LVI (1971), No. 3, S. 69 ff. - International
  Bank for Reconstruction and Development (Hrsg.): Yugoslavia:
  Development with Decentralization, Report of a mission sent to
  Yugoslavia by the World Bank, Baltimore-London 1975, S. 22 ff.

Auf der Grundlage der Anfang 1946 in Kraft getretenen Verfassung bzw. des 'Gesetzes über den gesamtgesellschaftlichen Plan und die staatlichen Organe für Planung'[1] wurden als Voraussetzung dazu die wichtigsten Industrie- und Handelsunternehmen sowie Banken verstaatlicht. Begleitet wurde diese Maßnahme vom Aufbau eines staatlichen Planungsamtes, das die zentrale Planung und Lenkung des Wirtschaftsprozesses bis hinab auf Betriebsebene praktizierte. Somit war zwangsläufig dem Staat die beherrschende Rolle in diesem Wirtschaftssystem eingeräumt[2].

In diesem System war natürlich kein Platz für irgendeine Art von Marktmechanismus. Der Wettbewerb zwischen den Unternehmungen war ausgeschaltet, die Preisbildung erfolgte administrativ, nach außen hin war die Volkswirtschaft durch das staatliche Außenhandelsmonopol abgeschirmt u.a.m.

Diese Phase des sogenannten administrativen bzw. etatistischen Sozialismus währte bis Anfang der 50er Jahre. Die Abkehr Jugoslawiens vom Wirtschaftssystem sowjetischer Prägung wurde objektiv schon 1948 mit dem von den Ostblockstaaten vollzogenen Abbruch der außenpolitischen Beziehungen eingeleitet. Die 'Exkommunizierung' Jugoslawiens durch Stalin und das Kominform (Kommunistisches Informationsbüro) wurde mit verschiedenen ideologischen und politischen Abweichungen begründet[3]. Ein Vorwurf galt dem Streben Jugoslawiens nach einer unabhängigen Außenpolitik (so zum Beispiel in der Frage einer Balkanföderation); ein weiterer richtete sich gegen die Massenaufnahmen der Kommunistischen Partei Jugoslawiens, weil darin die Verwässerung der ideologischen und politischen Führungsrolle der Partei im Staat gesehen wurde. Auch wurden der jugoslawischen Agrarpolitik Ab-

---

1 Zakon o opštedruštvenom planu i državnim organima za planiranje, in: Službeni list SFRJ, br. 45/46.
2 Neben dem vergesellschafteten Sektor gab es weiterhin einen privaten Sektor. Zu diesem Sektor zählten vor allem die Kleinbauern, Handwerker sowie sonstige in der kleinen Warenproduktion und im Dienstleistungsgewerbe beschäftigte Personen.
3 Vgl. Milojko Drulović: Arbeiterselbstverwaltung auf dem Prüfstand - Erfahrungen in Jugoslawien, Berlin-Bad Godesberg 1976, S. 41 f.

weichungen vorgeworfen, da sie die Kollektivierung der Landwirtschaft nach sowjetischem Muster, d.h. konkret die Kollektivierung auch des Kleinbauerntums, nicht durchgeführt hatte[1].

Der Ausschluß Jugoslawiens aus dem Kominform hatte unmittelbare politische und ökonomische Folgen. Nachdem die vertraglichen Zahlungs- und Lieferungsverpflichtungen der Ostblockstaaten gegenüber Jugoslawien nicht mehr erfüllt wurden und die diplomatischen Beziehungen abgebrochen waren, sah sich Jugoslawien 1949 einer absoluten politischen und ökonomischen Blockade von seiten der Ostblockstaaten gegenüber.

Diese Entwicklung hat zweifelsohne den Prozeß der ideologischen Verselbständigung Jugoslawiens beschleunigt. Stalins These von der 'Stärkung des Staates' wurde die These 'vom Bürokratismus als Hauptgefahr in der sozialistischen Entwicklung' entgegengesetzt und daraus die Forderung nach Dezentralisierung der wirtschaftlichen und politischen Entscheidungen sowie nach unmittelbarer Produzentenherrschaft aufgestellt.

Zunächst hielt Jugoslawien jedoch noch an dem System der Zentralverwaltungswirtschaft fest. Als Antwort auf die massive Kritik der Ostblockstaaten an der Agrarpolitik ging Jugoslawien 1949 sogar dazu über, den Prozeß der Kollektivierung zu beschleunigen. "Individual peasants were free not to join cooperatives if they chose. But by political propaganda and various administrative and financial devices, the authorities exerted strong pressure on them to join, and they did so in great numbers"[2].

---

1 'Das Land gehört denen, die es bearbeiten' war die Maxime der jugoslawischen Agrarreform in den Jahren 1946-48. In Übereinstimmung mit diesem Grundsatz wurde Großgrundbesitz und verlassener Grundbesitz neu verteilt, wobei die landwirtschaftliche Nutzfläche pro Kleinbauern auf maximal 25-35 ha begrenzt wurde. Ein Teil des neuverteilten Landes ging auch in Staatsbzw. genossenschaftliches Eigentum über. Vgl. Branko Horvat: Die Entwicklung der jugoslawischen Landwirtschaft 1945-1972, in: Hans Raupach (Hrsg.): Jahrbuch der Wirtschaft Osteuropas, Veröffentlichungen des Osteuropa-Instituts München, Bd. 5, München 1974, S. 368.
2 Branko Horvat: Yugoslav Economic Policy in the Post-War Period, a.a.O., S. 74.

Im Jahre 1950 wurden aber die ersten Schritte zur Entmachtung des Staates und somit der Bürokratie eingeleitet. Hierzu zählt u.a. die Verabschiedung des 'Grundgesetzes über die Verwaltung der staatlichen Wirtschaftsunternehmungen und höheren wirtschaftlichen Vereinigungen von Seiten der Arbeitskollektive'[1]. Mit diesem Gesetz ging die Verwaltung der in staatlichem Eigentum befindlichen Unternehmungen in die Hände der Beschäftigten bzw. von ihnen frei gewählter Arbeiterräte über.

Einen weiteren wichtigen Schritt im Übergang von der Zentralverwaltungswirtschaft zur 'sozialistischen Marktwirtschaft' stellt die Verabschiedung (Dezember 1951) des 'Gesetzes über die planmäßige Lenkung der Volkswirtschaft' dar[2]. Mit diesem Gesetz wurde in Jugoslawien die zentrale und direkte Planung zugunsten einer dezentralen, indirekten Planung, d.h. einer Planung der sogenannten Grundstruktur bzw. Grundproportionen des Wirtschaftsprozesses über Investitionslenkung u.a. ersetzt und damit den Unternehmungen größere Autonomie eingeräumt. Durch Liberalisierung der staatlichen Preispolitik erhielten die Unternehmungen auch hinsichtlich der Preisgestaltung größere Dispositionsmöglichkeiten.

3.1.2 Einführung und Weiterentwicklung der selbstverwalteten sozialistischen Marktwirtschaft

Diese verschiedenen reformerischen Maßnahmen zu Beginn der 50er Jahre bedeuteten das Ende der Phase des sogenannten administrativen Sozialismus in Jugoslawien und leiteten die bis in die Gegenwart reichende Epoche des Selbstverwaltungssystems bzw. der sozialistischen Marktwirtschaft ein. Die Entwicklung der selbstverwalteten sozialistischen Marktwirtschaft vollzog sich über verschiedene Wirtschafts- und Verfassungsreformen des

---

1 Osnovi zakon o upravljanju državnim privrednim poduzećima i višim privrednim udruženjama od strane radnih kolektiva, in: Službeni list br. 43/50.
2 Zakon o planskom upravljanju narodnom privredom, in: Službeni list SFRJ, br. 58/51.

letzten Vierteljahrhunderts. Diese Reformen zielten in ihrer
Grundtendenz in Richtung Dezentralisierung der politischen und
ökonomischen Entscheidungen, d.h. Verlagerung dieser Entscheidungen von zentralen staatlichen Institutionen auf selbstverwaltete Grundeinheiten der Unternehmungen und anderer gesellschaftlicher bzw. politischer Einrichtungen sowie in Richtung
Stärkung des Marktmechanismus.

Besondere Bedeutung für die Weiterentwicklung des Selbstverwaltungssystems bzw. der sozialistischen Marktwirtschaft hatten
die Reformen zu Beginn und Mitte der 60er Jahre. Im Jahre 1961
wurde die faktisch geschlossene Wirtschaft Jugoslawiens durch
Vereinfachung bzw. Liberalisierung des Wechselkurs- und Außenhandelssystems gegenüber den Weltmärkten geöffnet, um damit
die Produktionstechnologien sowie Produktqualitäten an das
internationale Niveau heranzuführen. Um dieses zu erreichen,
wurde das multiple Wechselkurssystem ersetzt durch ein Zolltarifsystem, wurden verschiedene Importkontingente aufgehoben
und der Dinar gegenüber dem US-Dollar abgewertet. Darüberhinaus wurde Jugoslawien ein assoziiertes Mitglied des GATT.

Hohe Handelsbilanzdefizite in den Jahren 1962-64 veranlaßten
die jugoslawische Regierung jedoch wieder zu einer restriktiveren Ausgestaltung der Außenwirtschaftspolitik, so daß im
Grunde Mitte der 60er Jahre wieder das alte System multipler
Wechselkurse wirksam war.

Die Reformen des Jahres 1961 im Außenwirtschaftsbereich gingen
einher mit Reformen im Geld- und Bankensystem (Etablierung
des zweistufigen Bankensystems) sowie mit der Gewährung größerer Autonomie bei der Festlegung der Beschäftigteneinkommen
durch die selbstverwalteten Unternehmungen.

In der neuen Verfassung des Jahres 1963 wurden schließlich die
verschiedenen Veränderungen im institutionellen Rahmen der politischen und sozioökonomischen Abläufe Jugoslawiens festgeschrieben. Sie stellte überdies auch die Weichen für die
Weiterentwicklung des Ordnungs- und Wirtschaftssytems[1].

---

[1] So bestimmte die Verfassung des Jahres 1963, daß das Selbstverwaltungssystem nicht nur im ökonomischen, sondern auch im
sozialen und politischen Bereich Anwendung finden sollte.

Die Wirtschaftsreform vom Sommer 1965 kann man als konsequente Fortführung der Reformen des Jahres 1961 bezeichnen, sie war jedoch weitaus radikaler. Die Lösung der ökonomischen Schwierigkeiten der Vorjahre wurde gesucht in "... further decentralization, perfection of self-government autonomy, development of a more competitive market and an integration into the world economy."[1] Die wesentlichen Merkmale der Wirtschaftsreform waren die Liberalisierung und Änderung des Preissystems (Anhebung der relativen Preise für Agrar-, Rohstoff- und Zwischenprodukte sowie für Energie und Transportdienste), Minderung der Gewinnbesteuerung der Unternehmungen zwecks Stärkung ihrer Selbstfinanzierungskraft, Entlassung der Investitions- und Geschäftsbanken aus der staatlichen Bevormundung, Auflösung der Investitionsfonds auf Bundes- und Republikenebene[2],

---

[1] Branko Horvat: Yugoslav Economic Policy in the Post-War Period, a.a.O., S. 83.
[2] Diese Auflösung wurde schon 1963 eingeleitet. Ihre Auswirkungen lassen sich an dem folgenden Strukturbild der Investitionen nach ihren Finanzierungsquellen ablesen:

Jahr	insges.	ökon. u.andere Organisationen	Banken	Mittel des Bundes u.a. gesellschaftl.-polit. Gemeinschaften
1952	100%	22,0	-	78,0
1957	100%	41,9	1,2	56,9
1962	100%	37,4	2,9	56,7
1964	100%	32,2	31,4	35,7
1967	100%	37,3	44,9	17,8
1971	100%	33,9	50,9	15,2

Vgl. Dušan Miljkovic: Yugoslavia's Socio-Economic Development, 1947 - 1972, in: Yugoslav Survey, Vol. XV (1974), No. 1, S. 23.

Liberalisierung des Außenhandels (Senkung der Zolltarife,
Aufhebung bestehender Exportprämien und Importrestriktionen)
sowie Abwertung des Dinars.

Diese Reformen ließen die jugoslawische Marktwirtschaft zu
voller Entfaltung kommen; die gesellschaftliche Planung büßte
noch mehr an Verbindlichkeit ein, so daß schließlich die einzelwirtschaftlichen Pläne die wirtschaftliche Entwicklung des
Landes bestimmten.

Die Verfassungsamendements der Jahre 1971 - 1973 und ihre Zusammenfassung in der Verfassung von 1974 trieben schließlich
den politischen und ökonomischen Dezentralisierungsprozeß noch
weiter voran. Hinsichtlich der Unternehmensverfassung sahen
diese Reformen die Bildung sogenannter Grundorganisationen
der vereinten Arbeit (GOVA) vor, und zwar für jeden Teil einer
Unternehmung, der technisch und wirtschaftlich eine Einheit
bildet. Diese Organisationen der Vereinten Arbeit sollten selbständig und ohne äußeren Einfluß ihre Arbeits- und Geschäftspläne aufstellen.

"Damit sollten die unmittelbaren Produzenten im stärkeren Umfang an der betrieblichen und politischen Meinungsbildung beteiligt werden und zugleich durch ökonomische Anreize - eine
größere Transparenz von Struktur, Ursprung und Verwendung des
Betriebseinkommens - zu mehr Leistung motiviert werden"[1] und
gleichzeitig die technokratische Struktur der bisherigen Planungspraxis überwunden werden.

Die Abstimmung der Pläne der verschiedenen GOVA innerhalb einer Unternehmung erfolgt mittels sogenannter Selbstverwaltungsabkommen. Neben diesen Plänen auf Betriebsebene (in der Regel
Einjahrespläne) sind als weitere den Wirtschaftsablauf beeinflussende Pläne diejenigen der Gemeinden (sie beziehen sich vor
allem auf die bestehende Regelung der kommunalen Tätigkeit
und Versorgung der Bevölkerung) sowie die des Bundes und der

---

1 Dragan Mandrović: Das jugoslawische Planungssystem. Entwicklung und Wirkungsweise, in: Osteuropa-Wirtschaft, Bd. 21 (1976), H. 4, S. 289.

Republiken bzw. autonomer Provinzen zu nennen. Letztere sind für die einzelwirtschaftlichen Entscheidungsträger unverbindlich; durch ihre prognostische Funktion erleichtern sie jedoch den Entscheidungsprozeß.

Zusammenfassend läßt sich das bestehende jugoslawische Wirtschaftssystem recht gut durch den Vergleich mit dem Wirtschaftssystem der Bundesrepublik Deutschland beschreiben.

"Von der 'sozialen' Marktwirtschaft...unterscheidet es sich (das jugoslawische Wirtschaftssystem, Anm. d. Verf.) vor allem durch das gesellschaftliche Produktionsmitteleigentum und das Prinzip der Arbeiterselbstverwaltung"[1].

Wie die nachfolgende Analyse der wirtschaftlichen Entwicklung Jugoslawiens zeigen wird, sind die vielfältigen und einschneidenden Veränderungen des jugoslawischen Wirtschaftssystems nicht ohne Folgen für das Wirtschaftsgeschehen in der Nachkriegszeit geblieben.

3.2 Entwicklungstendenzen und -probleme der jugoslawischen Volkswirtschaft

3.2.1 Ausgangslage

Bei ihrer Machtübernahme 1946/47 übernahm die Kommunistische Partei Jugoslawiens ein wenig entwickeltes, vorwiegend agrarisches und stark vom Zweiten Weltkrieg zerstörtes Land[2].

---

[1] Dieter Cassel und H. Jörg Thieme: Makroökonomische Stabilisierungsprobleme in der sozialistischen Marktwirtschaft Jugoslawiens, in: Hannelore Hamel (Hrsg.): Arbeiterselbstverwaltung in Jugoslawien, München 1974, S. 137.
[2] Die materiellen Verluste und Bevölkerungsverluste waren sehr groß. Rund 1,7 Millionen (ca. 11% der Gesamtbevölkerung) Menschen verloren durch den Krieg ihr Leben; 3,5 Millionen Menschen waren am Ende des Krieges obdachlos. Auch die Wirtschaft war stark zerstört, so waren u.a. zwei Fünftel der verarbeitenden Industrie entweder vernichtet oder stark beschädigt. Vgl. Branko Horvat: Yugoslav Economic Policy in the Post-War Period , a.a.O., S. 73.

Zum Zeitpunkt der ersten Volkszählung nach dem Zweiten Weltkrieg (15.3.1948) zählten 10,6 Millionen Einwohner bzw. 67,2 Prozent der Gesamtbevölkerung von 15,8 Millionen zur sogenannten agrarischen Bevölkerung (poljoprivredno stanovništvo)[1]. Das Sozialprodukt (društveni proizvod) wurde fast zur Hälfte (44,6%) in den Sektoren Land- und Forstwirtschaft sowie Fischerei erzeugt; der entsprechende Anteil der Sektoren Industrie und Bergbau belief sich dagegen nur auf 18,2%[2]. 72,7% der aktiven Bevölkerung waren Aktive der agrarischen Bevölkerung[3]. Ferner war der Ausbildungsstand der Bevölkerung noch sehr niedrig; 42,1% der Bevölkerung im Alter von zehn Jahren und älter waren ohne jede Ausbildung, und nur 11,4% hatten eine über die dritte Grundschulklasse hinausgehende Schulausbildung[4].

3.2.2 Rasche Industrialisierung als Entwicklungsstrategie

Die Überwindung der Unterentwicklung Jugoslawiens sollte durch eine rasche Industrialisierung des Landes erreicht werden.

---

1 SGJ-76, Tab. 104-4. und Tab. 104-5., S. 103; eigene Berechnungen.
2 SGJ-76, Tab. 102-6., S. 81; eigene Berechnungen. Die Anteilswerte beziehen sich auf das Jahr 1947 und sind berechnet auf der Grundlage in Preisen von 1972 bewerteter Produktionsergebnisse.
3 SGJ-76, Tab. 104-4. und Tab. 104-5., S. 103; eigene Berechnungen.
4 Vgl. Statistisches Bundesamt: Allgemeine Statistik des Auslandes, Länderberichte, Jugoslawien 1974, S. 89. Diese Angaben beziehen sich auf das Jahr 1953. Angaben für die unmittelbare Nachkriegszeit liegen nicht vor.

"Industrialization creates additional urban employment, which alleviates latent unemployment in agriculture. The growth of the urban labor force generates additional demand for agricultural products and so stimulates the development of agriculture. Physical control of foreign trade, in order to prevent the import of non-essential goods and to secure imports of capital goods, and the more rapid growth of consumer goods industries... helps to accelerate industrial growth which in turn generates development impulses throughout the economy. Imports are paid for by exports of raw materials and agricultural products. The necessary saving is secured by a proper price policy. Prices in predominantly private agriculture are kept low and in consumer industries are inflated by means of high turnover taxes."[1]

Diese Ausführungen geben in verdichteter Form die jugoslawische Entwicklungsstrategie im ersten Jahrzehnt der Nachkriegszeit wieder. Die Industrialisierungsbemühungen Jugoslawiens werden besonders deutlich an der sektoralen Verteilung der Investitionsmittel. Im Zeitraum 1947 - 1956 machten die Investitionen in den sogenannten produktiven Sektoren der Wirtschaft und dort vor allem in den Sektoren Industrie und Bergbau allein im Jahresdurchschnitt 75,3 bzw. 42,8% der Gesamtinvestitionen aus[2].

Nach 1955/56 ist eine gewisse Modifizierung der entwicklungspolitischen Prioritäten zu erkennen; dies zumindest zeigen die Kurvenverläufe der Abb. 3-1. an. Deutlich ist die relative Zunahme der Investitionstätigkeit im Sektor 'Wohnungs- und Kommunalwirtschaft' (stambena i komunalna) und der korrespondierende Rückgang der Investitionstätigkeit im Industriesektor zu erkennen, somit erhielt nunmehr die unmittelbare Verbesserung der Lebensverhältnisse (Wohnungsbau) stärkeres Gewicht in der Entwicklungsstrategie.

Darüber hinaus erhöhte sich der Anteil der Investitionen im land- und forstwirtschaftlichen Sektor. Hierin dokumentieren

---

1 Aussage des Direktors des staatlichen Planungsbüros Cobeljić zur jugoslawischen Entwicklungsstrategie, zitiert nach Branko Horvat: Jugoslav Economic Policy in the Post-War Period, a.a.O., S. 93 f.
2 SGJ-76, Tab. 102-8., S. 82; eigene Berechnungen. Die Investitionen (investicije u osnovna sredstva) sind mit Preisen des Jahres 1966 bewertet.

sich die staatlichen Bemühungen - vor allem im Rahmen des zweiten Fünfjahresplanes (1957-1961)[1] -, die durch die rasche Industrialisierung entstandenen Disproportionen zwischen dem Industrie- und landwirtschaftlichen Sektor abzubauen[2].

Die Jahre 1965/66 markieren gemessen an der sektoralen Verteilung der Investitionsmittel eine weitere Zäsur in der jugoslawischen Entwicklungsstrategie. Der nunmehr dominante Marktmechanismus - als Folge der Wirtschaftsreform des Jahres 1965 - führte wieder zu einer stärkeren relativen Investitionstätigkeit im Industriesektor bei gleichzeitig gegenläufiger Entwicklung im Sektor Wohnungs- und Kommunalwirtschaft. Seit 1968 zeichnet sich schließlich die sektorale Investitionsstruktur durch ein hohes Maß an Stabilität aus.

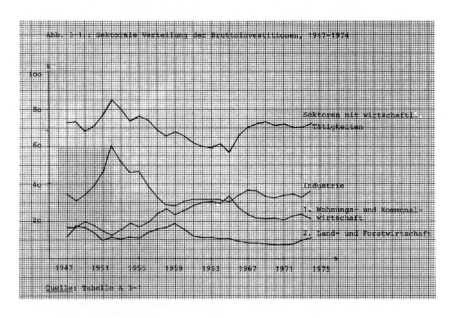

Abb. 3-1: Sektorale Verteilung der Bruttoinvestitionen, 1947-1974

Quelle: Tabelle A 3-1

---

1 Der erste Fünfjahresplan umfaßte den Zeitraum 1947-1951. Bis zum zweiten Fünfjahresplan gab es dann jeweils Einjahrespläne.
2 Vgl. Dušan Miljković: Yugoslavia's Socio-Economic Development, 1947-1972,..., a.a.O., S. 22.

Die Investitionstätigkeit in Jugoslawien war im Beobachtungszeitraum (1947-1974) sehr stark; insgesamt sind die Investitionen real (in Preisen von 1966) um jahresdurchschnittlich 7,3% angestiegen[1]. Sie war im Betrachtungszeitraum jedoch sehr großen Schwankungen unterworfen[2].

Die Industrialisierungsbemühungen Jugoslawiens haben im Zeitablauf zu weitreichenden strukturellen Veränderungen der Volkswirtschaft geführt, d.h. namentlich zu einer Verschiebung des Produktionsschwerpunktes vom Agrarsektor zu den Sektoren Industrie und Bergbau. So stieg der von den Sektoren Industrie und Bergbau im Zeitraum 1947-1975 erzeugte Anteil am gesamtwirtschaftlichen Produktionsergebnis von 18,2 auf 36,8 Prozent, während der entsprechende Anteil des Sektors Land- und Forstwirtschaft sowie Fischerei im gleichen Zeitraum von 44,6 auf 20,3 Prozent zurückging[3]. Hieran lassen sich u.a. die bedeutenden Erfolge Jugoslawiens im wirtschaftlichen Transformationsprozeß vom Agrar- zu einem Industriestaat ablesen. Die rasche industrielle Entwicklung Jugoslawiens in der Nachkriegszeit war jedoch stets begleitet von einer Vielzahl unterschiedlicher sozialer sowie ökonomischer Probleme. Aus den ökonomischen Entwicklungsproblemen ragen vor allem zwei Problemkreise heraus, die wiederum eng verknüpft sind mit der hier interessierenden Migrationsproblematik, die Beschäftigungs- sowie Handels- bzw. Zahlungsbilanzprobleme.

3.2.3. Zur Arbeitsmarktentwicklung

Die sektorale Verlagerung der Produktionsschwerpunkte in der jugoslawischen Volkswirtschaft ging mit tiefgreifenden beruflichen und räumlichen Mobilitätsprozessen einher. Der Anteil der Agrarbevölkerung an der Gesamtbevölkerung verkleinerte sich

---

1 SGJ-76, Tab. 102-8., S. 82; eigene Berechnungen.
2 Vgl. Tab. A 3-2. im Anhang.
3 SGJ-76, Tab. 102-6., S. 81; eigene Berechnungen.

im Zeitraum 1948-1971 von 67,2 auf 38,2%[1]. Gleichzeitig erhöhte sich der Anteil der in städtischen Gebieten lebenden Bevölkerung von 20,8 auf 38,6%[2]. Die Zahl der im Jahre 1975 Beschäftigten[3] war mehr als das Vierfache größer als die entsprechende Zahl im Jahre 1947; sie stieg von 1,167 auf 4,758 Millionen[4]. Die zusätzlich beschäftigten 3,591 Millionen Arbeitnehmer fanden vor allem in den Wirtschaftsbereichen mit wirtschaftlichen Tätigkeiten (ca. 83%) und dort zu einem großen Teil in den Sektoren Industrie und Bergbau (40,4%) eine Beschäftigung[5].

Trotz dieser Erfolge wurde der jugoslawische Industrialisierungsprozeß in der Nachkriegszeit ständig von Beschäftigungsproblemen begleitet. So stieg die Zahl der Stellensuchenden (lica koja traže zaposlenje) im Zeitraum 1952 - 1975 von 44.718 auf 540.135, d.h. jahresdurchschnittlich um 11,4%[6]. Bezogen auf die Zahl der Beschäftigten nahm die Erwerbslosenrate in dem Betrachtungszeitraum von 2,7 auf 11,6% zu[7].

---

1 SGJ-76, Tab. 104-4. und Tab. 104-5., S. 103; eigene Berechnungen.
2 Vgl. Dušan Miljković: Yugoslavia's Socio-Economic Development, 1947-1972, ..., a.a.O., S. 26.
3 Die Terminologie der jugoslawischen Beschäftigungsstatistik unterscheidet zwischen den Begriffen 'Beschäftigte' (zaposleno osoblje) und 'aktive Bevölkerung' (aktivno stanovništvo). Statistische Angaben zur aktiven Bevölkerung liegen nur als Ergebnisse von Volkszählungen vor. Dagegen werden statistische Angaben für die Gruppe der Beschäftigten regelmäßig erhoben. Letztere Gruppe umfaßt im wesentlichen die Beschäftigten des vergesellschafteten Sektors; hinzu kommen noch die im privaten Sektor, d.h. vor allem in der 'kleinen Wirtschaft' abhängig Beschäftigten (rund 2% der Gesamtbeschäftigten).
4 SGJ-76, Tab. 102-4., S. 80.
5 Ebenda, eigene Berechnungen. Nach jugoslawischer Terminologie werden die Wirtschaftsbereiche nach nichtwirtschaftlichen Tätigkeiten (kulturelle und soziale Dienste) und wirtschaftlichen Tätigkeiten getrennt.
6 SGJ-76, Tab. 102-5., S. 80. Die Angaben sind Jahresdurchschnittswerte. Für die Zeit vor 1952 liegen keine Angaben vor.
7 Ebenda und Tab. 102-4., S. 80, eigene Berechnungen.

Aus der strukturellen Zusammensetzung der Stellensuchenden lassen sich einige Aussagen über die Quellen der tendenziell zunehmenden Arbeitslosigkeit in Jugoslawien ableiten. Für den Zeitraum 1961 bis 1975 sind drei wesentliche Tendenzen zu erkennen:

- Zunahme der weiblichen Arbeitslosigkeit (von 46,8 auf 51,2% der Beschäftigungssuchenden insgesamt),

- Zunahme der Zahl der Personen, die erstmalig einen Arbeitsplatz suchen (von 28,8 auf 59,8%) sowie

- Zunahme der Zahl der Beschäftigungssuchenden mit qualifizierter Ausbildung (von 13,3 auf 37,2%)[1].

Der hohe Anteil weiblicher Stellensuchender und seine tendenzielle Zunahme verdeutlicht zweierlei, einmal die besonderen Beschäftigungsprobleme weiblicher Arbeitnehmer und zum anderen das verstärkte Drängen weiblicher Personen (Hausfrauen) auf den Arbeitsmarkt. Obgleich schon beachtliche Erfolge bezüglich der beruflichen Partizipation der Frau am Wirtschaftsleben erzielt worden sind[2], so zeigen doch die regional sehr unterschiedlichen Raten der weiblichen Erwerbsbeteiligung noch bedeutende Arbeitskräftereserven. Die höchsten Anteilswerte weiblicher Arbeitskräfte an der Gesamtzahl der Beschäftigten hatten 1975 die Republiken Slowenien (43,1%) und Kroatien (37,8%), die sich deutlich von denen der Republiken Makedonien (29,0%), Bosnien und Herzegowina (28,5%) oder gar der autonomen Provinz Kosovo (19,8%) unterschieden[3]. Das verstärkte Drängen weiblicher Personen auf den Arbeitsmarkt erklärt u.a. auch die starke Zunahme des Anteils der erstmalig Stellensuchenden [4].

---

1 SGJ-76, Tab. 105-12., S. 123, eigene Berechnungen.
2 Der Anteil der weiblichen Personen an der Gesamtzahl der Beschäftigten ist von 28,3% im Durchschnitt der Jahre 1947-50 auf 33,6% der Jahre 1972-75 gestiegen. SGJ-76, Tab. 102-4., S. 80; eigene Berechnungen.
3 SGJ-76, Tab. 203-4., S. 384, eigene Berechnungen.
4 Im Durchschnitt der Jahre 1966 bis 1975 lag der Anteil der weiblichen Personen an den erstmalig Beschäftigungssuchenden bei 58,3%. SGJ-76, Tab. 105-17., S. 125; eigene Berechnungen.

Zu der Gruppe der erstmalig Stellensuchenden dürfen auch jene
Arbeitskräfte gezählt werden, die vom privaten bzw. landwirtschaftlichen Sektor in den vergesellschafteten Sektor überwech-
seln wollen. Weiter müssen dieser Gruppe auch solche Personen
zugerechnet werden, die nach Schulabschluß keine Beschäftigung
finden. Dies erklärt auch die Zunahme der Stellensuchenden
mit qualifizierter Ausbildung. Letzteres ist aber auch Indiz
für allgemeine Beschäftigungsprobleme, d.h. für Schwierigkeiten
bei der Beschäftigung erfahrener und qualifizierter Arbeitskräfte.

Die Struktur der Stellensuchenden sowie ihre wachsende Zahl sind
Ausdruck des großen Arbeitskräftereservoirs Jugoslawiens. 1971
waren immerhin noch 43,9% der aktiven Bevölkerung in Landwirtschaft sowie Fischerei beschäftigt; nimmt man als Bezugsgröße
die aktive Wohnbevölkerung, d.h. bleibt die im Ausland lebende
jugoslawische Bevölkerung unberücksichtigt, so beläuft sich dieser Anteil sogar auf 47,0%[1]. Diese Bevölkerungsgruppe produzier-
te dagegen nur 17,8% des Volkseinkommens[2].

Vor dem Hintergrund dieses großen Arbeitskräftereservoirs muß
aber auch in der Industrialisierungspolitik Jugoslawiens selbst
eine Ursache der im Betrachtungszeitraum zu beobachtenden Verschärfung der Arbeitsmarktprobleme gesehen werden. So lassen
sich bei genauer Betrachtung der Beschäftigungsentwicklung zwei
Phasen unterscheiden: eine Phase durchschnittlich hoher Zuwachsraten (1947-1961) und eine Phase deutlich geringerer Beschäfti-
gungszuwachsraten (1961-1975)[3]. Wie die Angaben der nachfolgenden Tabelle zeigen, sind diese Phasen zusätzlich gekennzeichnet
durch starke Unterschiede in den jahresdurchschnittlichen Zuwachsraten der Arbeitsproduktivität. Demnach wurde das wirtschaftliche Wachstum, dessen jahresdurchschnittliche Zuwachsraten in

---

1 SGJ-76, Tab. 104-7., S. 104; eigene Berechnung.
2 SGJ-76, Tab. 102-6., S. 81; eigene Berechnung.
3 Vgl. Tab. A 3-2. im Anhang.

beiden Phasen annähernd gleich waren, im Zeitraum 1947-1961 vom Zuwachs der Beschäftigung getragen, während im Zeitraum 1961-1975 die Steigerung der Arbeitsproduktivität zum tragenden Faktor des wirtschaftlichen Wachstums wurde. Dieser Übergang von einer extensiven zu einer intensiven Wachstumsstrategie muß unmittelbar im Zusammenhang mit den Wirtschaftsreformen der 60er Jahre und ihren Zielsetzungen - namentlich der Modernisierung des Produktionsapparates sowie der Integration in die Weltwirtschaft - gesehen werden.

Tab. 3-1.: Zuwachs der Beschäftigung, des Sozialprodukts und der Arbeitsproduktivität im vergesellschafteten Sektor, 1947-1975

	1961/1947	1975/1961	1975/1947
Beschäftigung	280,0^a	147,2	412,3
	7,6^b	2,8	5,2
Sozialprodukt^c	277,6	257,9	716,0
	7,6	7,0	7,3
Arbeitsproduktivität	99,1	175,2	173,7
	- 0,1	4,1	2,0

a Indexzahl, Basisjahr = 100
b jahresdurchschnittliche Zuwachsrate in %
c društveni proizrod

Quelle: SGJ-76, Tab. 102-4. und Tab. 102-6., S. 80 f; eigene Berechnungen.

Als Konsequenz dieser Wachstumsstrategie verlangsamte sich der Prozeß des Arbeitskräftetransfers vom traditionellen (vorwiegned landwirtschaftlichen) Sektor in den modernen Industrie- und Dienstleistungssektor. So stellte der moderne Sektor der jugoslawischen Volkswirtschaft im Zeitraum 1961-1975 jahresdurchschnittlich nur noch 108.000 zusätzliche Arbeitsplätze gegenüber 148.000 im Vergleichszeitraum 1947-1961 bereit[1].

---

1 SGJ-76, Tab. 102-4., S. 80; eigene Berechnungen.

Die Übernahme der wachstumsintensiven Entwicklungsstrategie durch die jugoslawische Wirtschaftspolitik in den 60er Jahren bedeutete somit eine bewußte Hinnahme der Verschärfung der Beschäftigungsprobleme. Vor diesem Hintergrund mußte die massive Abwanderung von Arbeitskräften in ihrer Funktion als partielle Entlastung des Arbeitsmarktes sehr willkommen sein; sie wurde gleichsam zu einer notwendigen Voraussetzung für die Durchsetzung bzw. Beibehaltung dieser Strategie.

3.2.4 Die Bedeutung des Außenhandels im jugoslawischen Industrialisierungsprozeß

Der Außenhandel nahm bzw. nimmt eine wichtige Rolle in der Industrialisierungsstrategie Jugoslawiens ein. Dies zeigt sich u.a. daran, daß der staatliche Einfluß in diesem Bereich auch heute noch vergleichsweise bedeutsam ist. Die Wechselkurs- und Handelspolitik war in der Nachkriegszeit ein wichtiges Instrument der Entwicklungs- bzw. Industrialisierungspolitik, wobei die Instrumente mit den institutionellen Veränderungen des Wirtschaftssystems modifiziert wurden. "While the foreign exchange and trade policy in the early postwar period was designed to attain the Five Year Plan targets and to isolate Yugoslavia from the world economy, the general theme since 1952 has been liberalization and simplification of the foreign exchange and trade system, to integrate Yugoslavia in the world market and ultimately to achieve the convertibility of the dinar"[1].

Der rasche Auf- bzw. Ausbau der Schwerindustrie in den 50er Jahren wurde durch eine Außenwirtschaftspolitik unterstützt, die sich primär an den gesamtwirtschaftlichen Produktions-Investitionszielen orientierte und nicht an relativen Knapp-

---

[1] International Bank for Reconstruction and Development (Hrsg.): Yugoslavia: Development with Decentralization,..., a.a.O., S. 18.

heitsverhältnissen oder komparativen Kostenvorteilen. So wurden im Rahmen des multiplen Wechselkurssystems u.a. Agrarexporte verbilligt, Exporte der Schwerindustrie dagegen verteuert. Bei den Einfuhren wurden in entsprechender Weise entwicklungsnotwendige Investitionsgüter und Rohstoffe in ihren Preisen niedrig gehalten, die Preise für Konsum- und Luxusgüter dagegen hoch.

Die Wirtschaftsreformen des Jahres 1961 brachten zwar die Abschaffung des multiplen Wechselkurssystems und insgesamt eine Liberalisierung des Außenhandels, dennoch waren das neu eingeführte Zolltarifsystem sowie Importkontingente, Exportprämiensystem u.ä. so zugeschnitten, daß die an den Industrialisierungsvorstellungen Jugoslawiens ausgerichtete Außenwirtschaftspolitik in ihren wesentlichen Zügen beibehalten wurde. Die Außenwirtschaftspolitik hatte dabei sowohl importsubstituierenden als auch exportfördernden Charakter. "While production of raw materials and semiprocessed goods were always considered export-oriented industries, manufacturing industries were protected mainly in their early development stage and increasingly exposed to greater foreign competition through import liberalization."[1]

Die stärkere Öffnung der Inlandsmärkte trat vor allem im Zuge der Wirtschaftsreformen des Jahres 1965 ein, ihr Ziel war u.a. die Integration der jugoslawischen Wirtschaft in die Weltwirtschaft.

Die Industrialisierungsbemühungen Jugoslawiens und die sie unterstützende Außenwirtschaftspolitik haben deutliche Spuren im Außenhandel hinterlassen. Besonders sichtbar wird dies an der warenmäßigen Zusammensetzung der Ein- und Ausfuhren. Wie die nachfolgende Tab. 3-2. offenbart, war die Ausfuhr in den 50er Jahren noch wesentlich bestimmt von Rohstoffen und Nahrungsmitteln, d.h. im Grunde von un- bzw. wenig bearbeiteten Erzeugnissen. Industriell gefertigte Erzeugnisse stellten nur zwei Fünftel des Exportes.

---

1 International Bank for Reconstruction and Development (Hrsg.): Yugoslavia: Development with Decentralization, ..., a.a.O., S. 18.

Tab. 3-2.: **Struktur der jugoslawischen Ein- und Ausfuhr nach ausgewählten Warengruppen**

SITC[a]-Nr.	Warengruppe	Ausfuhr			Einfuhr		
		1953-1957	1961-1965	1969-1973	1953-1957	1961-1965	1969-1973
	alle Warengruppen (in Mio. Dinar)	23.826	68.583	170.981	39.286	92.914	272.060
	in Prozent	100,0	100,0	100,0	100,0	100,0	100,0
0,1	Nahrungs- und Genußmittel	32,1	28,8	17,6	26,6	14,8	9,2
2,3	Rohstoffe, mineral. Brennstoffe	28,4	14,5	10,0	24,2	20,6	16,8
6,8	Halb- und Fertigwaren	30,4	32,3	42,0	15,1	23,2	31,1
7	Maschinen und Transportmittel	4,1	20,2	23,6	25,7	30,8	32,1
4, 5, 9	Sonstiges	5,0	4,2	6,8	8,4	10,6	10,8

a Standard International Trade Classification
Quelle: SGJ-76, Tab. 102-22. und Tab. 102-23., S. 90 f.; eigene Berechnungen.

- 37 -

In den 60er und vor allem zu Beginn der 70er Jahre hat sich dieses Bild als Ergebnis der Industrialisierungserfolge entscheidend geändert. Nunmehr nehmen die industriell gefertigten Erzeugnisse wertmäßig den weitaus größten Anteil am Export ein; dieser Anteil lag im Durchschnitt der Jahre 1969-73 bei über zwei Drittel.

Die industrielle Entwicklung Jugoslawiens hat ebenso auf der Einfuhrseite zu bedeutsamen Veränderungen in der Warenstruktur geführt. Auch hier ist der relative Rückgang von un- bzw. wenig bearbeiteten Erzeugnissen zu beobachten, wobei jedoch die Warengruppe Rohstoffe und mineralische Brennstoffe weniger stark an Bedeutung verliert. Hierin kommt u.a. die relative - gemessen an dem für den Industrialisierungsprozeß notwendigen Bedarf - Rohstoffarmut Jugoslawiens zum Ausdruck. Die bedeutendste Einfuhrwarengruppe waren Maschinen und Transportmittel, also Erzeugnisse, die integraler Bestandteil des Industrialisierungsprozesses sind.

Die Warenstruktur der Einfuhr verdeutlicht, daß Jugoslawien als kleines, relativ rohstoffarmes und technologisch wenig entwickeltes Land zwecks rascher Industrialisierung der Volkswirtschaft auf Rohstoffe sowie Investitionsgüter des Auslandes zurückgreifen mußte. Diese Warengruppen begründen auch in erster Linie das permanente Handelsbilanzdefizit Jugoslawiens seit 1947; ihr kumuliertes Defizit machte im Zeitraum 1947-75 immerhin vier Fünftel des gesamten Handelsbilanzdefizites aus[1]. Nur in den Warengruppen 'Nahrungsmittel', 'Genußmittel' sowie 'Fertigwaren' konnte Jugoslawien in der Nachkriegszeit die Handelsbilanz mit dem Ausland positiv gestalten; die kumulierten Salden betrugen im Zeitraum 1947-1975 1, 16,7 bzw. 27 Milliarden Dinar[2].

Abb. 3-2. zeigt an, daß die Passivierung der jugoslawischen Handelsbilanz im verstärkten Maße Mitte der 60er Jahre

---

1 SGJ-76, Tab. 102-22., und Tab. 102-22. und Tab. 102-23., S. 90 f.; eigene Berechnungen. Vgl. auch Abb. 3-2. Das kumulierte Handelsbilanzdefizit belief sich insgesamt auf rund 310 Milliarden Dinar.
2 Ebenda.

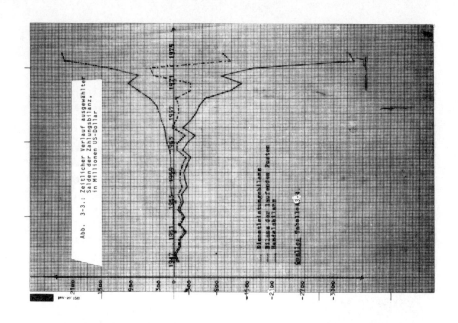

Abb. 3-3.: Zeitlicher Verlauf ausgewählter Salden der Zahlungsbilanz, in Millionen US-Dollar

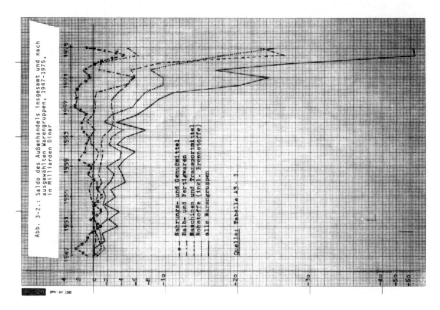

Abb. 3-2.: Saldo des Außenhandels insgesamt und nach ausgewählten Warengruppen, 1947-1975, in Milliarden Dinar

einsetzte. Diese Entwicklung muß im Zusammenhang mit der spezifischen Zielsetzung der Wirtschaftsreform des Jahres 1965 gesehen werden; nämlich mit dem Ziel, durch stärkere Integration in die Weltwirtschaft die inländische Wirtschaft zu modernisieren. Besonders deutlich wird dies an der Entwicklung des Saldos im Handel mit Maschinen und Transportmitteln.

Dem permanenten Handelsbilanzdefizit Jugoslawiens in der Nachkriegszeit standen wachsende Überschüsse in der Dienstleistungs- sowie Übertragungsbilanz gegenüber. An dem Verlauf des Saldos der laufenden Posten in Abb. 3-3. ist jedoch abzulesen, daß diese Überschüsse insgesamt nicht ausreichten, um das Handelsbilanzdefizit zu finanzieren. Mit Ausnahme der Jahre 1965 und 1972/73 war auch dieser Saldo negativ.

Eine besondere Beachtung verdient der Verlauf des Saldos der Dienstleistungsbilanz. Die Überschüsse im Dienstleistungshandel mit dem Ausland entwickelten sich im Zeitablauf zu einem immer bedeutenderen Finanzierungsfaktor des Handelsdefizits; im Zeitraum 1948-1961 deckten diese Überschüsse durchschnittlich 13,0 Prozent des jährlichen Handelsbilanzdefizits, im Zeitraum 1962-1975 belief sich dieser Anteil dagegen schon auf 64,9 Prozent[1]. Diese Entwicklung ist maßgeblich bestimmt worden von der Zunahme der Geldüberweisungen der im Ausland beschäftigten jugoslawischen Arbeitnehmer[2].

Wie schon ausgeführt, konnten die Überschüsse in der Dienstleistungs- sowie Übertragungsbilanz nur selten das Handelsbilanzdefizit ausgleichen, so daß die Bilanz der laufenden Posten in der Nachkriegszeit fast stets negativ war. Zur Finanzierung dieses Defizits mußte Jugoslawien daher auf die Einfuhr ausländischen Kapitals bzw. auf ausländische Kredite zurückgreifen. In den 50er Jahren bestanden diese Finanzierungsmittel vor allem aus ökonomischen Hilfeleistungen der Vereinigten Staaten

---

1 Vgl. Tab. A 3-4. im Anhang; eigene Berechnungen.
2 Der Anteil dieser Überweisungen an den Gesamteinkünften im Dienstleistungshandel erhöhte sich von 39,5% im Jahre 1966 auf 64,0% im Jahre 1975. Vgl. National Bank of Yugoslavia; Quarterly Bulletin, Vol. V (1977), No. 1, Table 23.
Vgl. auch Abschnitt 5.3 dieser Arbeit.

von Amerika. Im Zeitraum 1949-61 stellten die USA rund 2 Milliarden US-Dollar zur Verfügung, wovon drei Viertel Zuschüsse waren bzw. einen zuschußähnlichen Charakter hatten[1].

Diese Art der Kapitalzufuhr ging in den 60er Jahren bedeutend zurück. Zur Finanzierung entwicklungsnotwendiger Einfuhren griff Jugoslawien nunmehr im verstärkten Maße auf Kredite der Weltbank bzw. des Internationalen Währungsfonds und vor allem nach der außenwirtschaftlichen Liberalisierung im Zuge der Wirtschaftsreform des Jahres 1965 auf kurz- und mittelfristige Lieferantenkredite zurück[2]. Als Folge dieser Art der Kapitalzufuhr hat die Nettoverschuldung Jugoslawiens in den 60er und 70er Jahren rasch zugenommen. Sie ist von 1.045 Millionen US-Dollar im Jahre 1965 auf 5.789 Millionen US-Dollar im Jahre 1975 gestiegen[3]. Ihre quantitative Bedeutung wird u.a. an ihrem Verhältnis zu den Exporteinnahmen deutlich; diese Relation belief sich 1965 auf 93,3% und 1975 immerhin schon auf 142,4%[4].

3.2.5　Zusammenfassung

Die Ausführungen zu den ökonomischen Entwicklungstendenzen im sozialistischen Jugoslawien verdeutlichen sowohl die außerordentlichen Industrialisierungsbemühungen und deren Erfolge als auch die nicht zu übersehenden Entwicklungsprobleme.

So haben die durch den Industrialisierungsprozeß ausgelösten Mobilisierungsprozesse auf dem Arbeitsmarkt ein dauerhaftes Beschäftigungsproblem in Jugoslawien begründet. Dieses Problem erfuhr zu Beginn der 60er Jahre im Zuge des Übergangs von einer extensiven zu einer intensiven Wachstumsstrategie eine zusätzliche Verschärfung.

---

1 Vgl. International Bank for Reconstruction and Development (Hrsg.): Yugoslavia: Development with Decentralization, ..., a.a.O., S. 289.
2 Ebenda.
3 Vgl. National Bank of Yugoslavia: Quarterly Bulletin, Vol. V (1977), No. 1, Table 25.
4 Eigene Berechnungen.

In der Industrialisierungsstrategie Jugoslawiens nahm der Außenhandelssektor eine bedeutende Rolle ein. Die Einfuhr von Rohstoffen und vor allem entwicklungsnotwendiger Investitionsgüter konnte jedoch in der Nachkriegszeit in keinem Jahr durch eigene Exportleistungen finanziert werden, so daß Jugoslawien stets dem Problem einer negativen Handelsbilanz gegenüberstand. Die Passivierung der Handelsbilanz setzte im verstärkten Maße im Zuge der Wirtschaftsreform des Jahres 1965 ein, und zwar als Ergebnis der intendierten Integration in die weltwirtschaftliche Arbeitsteilung sowie der Modernisierung des Produktionsapparates.

Die Finanzierung dieses Defizits durch wachsende Überschüsse in der Dienstleistungsbilanz (Geldüberweisungen der im Ausland beschäftigten jugoslawischen Arbeitskräfte) wurde damit implizit zu einer wichtigen Voraussetzung der Durchsetzung bzw. Beibehaltung der wachstumsintensiven Entwicklungsstrategie; ebenso wie die Absorption jener überschüssigen Arbeitskräfte durch das Ausland, die vor allem auch aufgrund dieser Entwicklungsstrategie im Inland keinen Arbeitsplatz finden konnten.

Die Abwanderung jugoslawischer Arbeitskräfte ins Ausland ergänzte somit objektiv die zu Beginn der 60er Jahre eingeschlagene Entwicklungsstrategie. Daß diese Funktion der Arbeitskräftewanderungen von den politisch Verantwortlichen in Jugoslawien schon frühzeitig erkannt wurde, beweist die seit 1961/62 gewährte Freizügigkeit bezüglich der Abwanderung. Die offizielle Anerkennung dieser Funktion ließ jedoch - wie die nachfolgenden Ausführungen zeigen werden - fast ein Jahrzehnt auf sich warten.

3.3 Die jugoslawische Migrationspolitik

Die Möglichkeit, im Ausland eine Beschäftigung aufzunehmen, war in Jugoslawien in den 60er Jahren - wenngleich gesetzlich zugestanden[1] - politisch keineswegs unumstritten. Bis Ende dieses Jahrzehnts stand die politische Beurteilung der externen temporären Arbeitsmigration im Spannungsfeld zwischen ideologischen Bedenken und den von den Entwicklungsproblemen angezeigten ökonomischen Notwendigkeiten. Dieser Zustand hat lange die öffentliche innenpolitische Aufarbeitung der Migrationsproblematik und somit ihre Instrumentalisierung durch die staatliche Wirtschaftspolitik verhindert. Kennzeichnend für die gegenüber der externen Arbeitsmigration eingenommene Haltung relevanter jugoslawischer Institutionen (hier vor allem der die politischen Richtlinien bestimmende Bund der Kommunisten Jugoslawiens - BdKJ) war somit zum einen das politische Totschweigen dieses Phänomens. Gleichzeitig gab es zum anderen verschiedene Bemühungen, partiell Einfluß auf die Arbeitsmigration zu nehmen, d.h. vor allem die Abwanderung zu organisieren und größeren sozialen und rechtlichen Schutz jugoslawischer Bürger im Ausland zu erreichen. Dieser Zwiespältigkeit bzw. Widersprüchlichkeit in der politischen Behandlung des Migrationskomplexes wird in der folgenden Diskussion der jugoslawischen Abwanderungspolitik Rechnung getragen. Zunächst wird kurz die innenpolitische Aufarbeitung der Migrationsfragen skizziert, um dann ausführlicher auf konkrete staatliche Politikmaßnahmen im Zusammenhang mit den Wanderungsbewegungen jugoslawischer Arbeitskräfte zwischen dem In- und Ausland einzugehen.

---

1 So bestimmt u.a. das Arbeitsgesetz vom 4.4.1965 ausdrücklich, daß die Freiheit des Arbeiters bei der Wahl der Arbeitsorganisation von niemandem eingeschränkt werden darf (Službeni list SFRJ, br. 17/65).

3.3.1 Die innenpolitische Aufarbeitung der Migrationsproblematik

Die Verfassungsnorm "Recht auf Arbeit"[1], aber auch die von dem unterschiedlichen Gesellschaftssystem in den westlichen Industriestaaten ausgehenden Bewußtseinsveränderungsprozesse begründen im wesentlichen die ideologischen Bedenken Jugoslawiens in den 60er Jahren gegenüber der Auslandsarbeit.

Diese ideologischen Bedenken waren jedoch keineswegs einheitlich. Ähnlich wie in der Frage der Entwicklung des jugoslawischen Wirtschafts- und Ordnungssystems waren auch hier unterschiedliche Bewertungen der sogenannten Zentralisten bzw. der national-liberalen Kräfte (vor allem aus Slowenien und Kroatien) im BdKJ zu beobachten. Wenngleich letztere ihre Vorstellungen in den verschiedenen politischen und ökonomischen Reformen der 60er Jahre durchsetzen konnten, d.h. vor allem auch die Forderung nach Modernisierung und Rationalisierung der Wirtschaft und damit implizit die Forderung nach Unterbringung überschüssiger Arbeitskräfte im Ausland als wichtige Voraussetzung des Erfolges der Wirtschaftsreformen, so war die offizielle Anerkennung dieser Funktion der Auslandsarbeit zu diesem Zeitpunkt noch nicht möglich.

Die Diskussion der Migrationsproblematik kam zunächst in der Republik Kroatien in Gang. Schon Anfang März 1964 gab der damalige Sekretär des Bundes der Kommunisten Kroatiens (BdKKr) Vladimir Bakarić offen zu, daß die Abwanderung aus Kroatien ökonomisch unvermeidlich ist[2]. Die politische Bejahung der Möglichkeit zur Beschäftigungsaufnahme im Ausland setzte sich jedoch auch in Kroatien erst 1969 durch, und zwar nach dem Sieg national-liberaler Kräfte in der Auseinandersetzung gegen die

---

1 Artikel 36 der jugoslawischen Verfassung des Jahres 1963, zitiert in:o.V., Das jugoslawische Gastarbeiterproblem - ideologische Bedenken mußten zurückgestellt werden, in: Wissenschaftlicher Dienst Südosteuropa, 14. Jg. (1965), H. 10/11, S. 146.
2 Vgl. NIN vom 8.3.1964, in: Othmar N.Haberl: Abwanderung von Arbeitskräften und sozialistisches System, a.a.O., S. 30.
Diese politologische Arbeit gibt einen umfassenden Überblick über die innenpolitische Aufarbeitung der Migrationspolitik.

tendenziell zentralistischen Kräfte innerhalb des BdKKr[1].
Die Möglichkeit zur Abwanderung wurde nunmehr offen vertreten und auch ideologisch begründet:

"Unser Wirtschaftssystem entwickelt sich als ein Modell einer offenen Wirtschaft mit all seinen Konsequenzen, die das nach sich zieht. Das heißt, daß diese Prozesse der gegenwärtigen Wirtschaftsemigration an die internationale Fluktuation der Arbeitskraft gebunden und auf diesem Stand der erreichten Entwicklung unvermeidlich sind. Es ist eine Welterscheinung - wir können sagen, Weltgesetzmäßigkeit, die sich auch bei uns - von ganz spezifischen Ausnahmen abgesehen - auswirkt. Von ihr sind entweder extrem hochentwickelte Länder oder jene Staaten nicht betroffen, die durch administrative Mittel eine freie Bewegung der Arbeiter verhindern.

Eine freie Zirkulation von Waren, Kapital, des Einschließens in den Weltmarkt schließt auch die Freiheit zur Zirkulation der Arbeiter ein."[2]

Auf Bundesebene wurde der Schritt zur politischen Anerkennung der Arbeitsmigration im Jahre 1971 durch die Einrichtung eines "Bevollmächtigten Organs für die Tätigkeit des Bundes der Kommunisten im Zusammenhang mit der Abwanderung und der temporären Arbeit unserer Arbeiter im Ausland" vollzogen[3]. Nunmehr war der Weg für eine breite und intensive Diskussion der Migrationsproblematik geebnet und damit die Voraussetzung für die Erarbeitung eines Programmes zur planvollen Steuerung der Arbeitsmigration geschaffen.

Als Ansatz eines solchen Programmes muß das 'Gesetz über die Grundbedingungen der vorübergehenden Beschäftigung und des Schutzes im Ausland arbeitender jugoslawischer Bürger' betrachtet werden, das im Juni 1973 von der jugoslawischen Bundesversammlung verabschiedet wurde[4]. Weiter wurde auf dem 10. Kongreß

---

1 Vgl. NIN vom 8.3.1964, a.a.O., S. 32.
2 Vgl. BORBA vom 17.1.1970, zitiert in: Othmar N. Haberl: Abwanderung von Arbeitskräften..., a.a.O., S. 32 f.
3 Vgl. Othmar N. Haberl: Abwanderung von Arbeitskräften..., a.a.O., S. 34 sowie Fußnote 151a, S. 67.
4 Zakon o osnovnim uslovima za privremeno zapošljavanje i zaštitu jugoslovenskih gradjana na radu u inostranstvu, Službeni list SFRJ, br. 33/73. Die wichtigsten Bestimmungen dieses Gesetzes werden im nachfolgenden Abschnitt diskutiert.

des BdKJ im Mai 1974 erstmalig eine Resolution über Migrationsprobleme verabschiedet.

Im Punkt 10 der 'Resolution über die Aufgaben des Bundes der Kommunisten Jugoslawiens auf dem Gebiet der Beschäftigung' verpflichtet sich der BdKJ sich einzusetzen:[1]

- für eine schnellere und wirksamere Beseitigung der grundlegenden Ursachen der Abwanderung
- notwendige Bedingungen für eine allmähliche Rückführung jugoslawischer Arbeitskräfte aus dem Ausland zu schaffen,
- allen betrieblichen und anderen Widerständen gegen die Eingliederung entgegenzutreten,
- die Ausführung von Arbeiten im Ausland durch Organisationen der vereinigten Arbeit zu fördern,
- die Möglichkeiten der geschäftlichen und technischen Zusammenarbeit mit ausländischen Partnern zu erweitern,
- Bedingungen für die Anlage von Gastarbeiter-Ersparnissen in Organisationen der vereinigten Arbeit zu schaffen,
- für die Verbesserung der Lebens- und Arbeitsbedingungen der Arbeitskräfte und ihrer Familien im Ausland zu sorgen,
- den Schulunterricht der jugoslawischen Kinder im Ausland sicherzustellen,
- durch kulturelle und informativ-propagandistische Tätigkeit die Verbindung zu den im Ausland lebenden jugoslawischen Bürgern stärker auszubauen.

"Zu diesem Zweck ist es notwendig, die Kader der entsprechenden Dienste im In- und Ausland zu verstärken und auszubilden, und die Aufgaben und Verantwortungen und einen höheren Grad der Zusammenarbeit in der Arbeit aller Faktoren, die sich mit der Problematik der Gastarbeiter im Ausland befassen, genauer zu bestimmen"[2].

---

1 Vgl. o.V.: Die Resolutionen des Zehnten Kongresses des Bundes der Kommunisten Jugoslawiens , in: Sozialistische Theorie und Praxis, Jg. 1 (1974), Nr. 6-7, S. 268.
2 Ebenda.

3.3.2 Gesetzliche Regelungen zur Arbeitskräftewanderung

Lange bevor die temporäre Außenmigration jugoslawischer Arbeitskräfte von politischer Seite, d.h. vor allem vom BdKJ offiziell anerkannt wurde, hatte die Exekutive - auch auf Bundesebene - schon gesetzliche Maßnahmen zur Regelung der Außenmigration verabschiedet. Diese Maßnahmen waren im wesentlichen darauf beschränkt, die rechtliche und soziale Situation der jugoslawischen Arbeitskräfte im Ausland zu verbessern. Darüber hinaus regelten diese Maßnahmen die Organisation der Beschäftigungsaufnahme im Ausland. Unberücksichtigt blieben dagegen zunächst Aspekte wie Umfang und Struktur des Wanderungsstromes oder gar Rückwanderungs- bzw. Reintegrationsfragen.

Das Fehlen programmatisch ausgerichteter Gesetzesmaßnahmen zur Regelung des Ab- und Rückwanderungsstromes bzw. der in ihrem Gefolge auftretenden Probleme kann jedoch wegen der in den 60er Jahren von politischer Seite geübten Praxis der Nichtbehandlung dieses Themas nicht überraschen. Erst nach der politischen Bejahung der externen Arbeitsmigration setzte auch die Diskussion eines entsprechenden Programms ein.

Das erste Gesetz, das auf Bundesebene die externe Arbeitskräftemigration behandelte, wurde im Oktober 1963 im jugoslawischen Amtsblatt verkündet[1]. Diese vom Bundessekretariat für Beschäftigung angeordneten Richtlinien für das Anstellungsverfahren im Ausland nannten als Genehmigungsvoraussetzungen für die Auslandsbeschäftigung nur die Erfüllung folgender Bedingungen:
 (i) die Militärdienstzeit mußte abgeleistet sein und
 (ii) es mußte ein Arbeitsvertrag vorliegen[2].

Mit dem Erlaß dieser Richtlinien schalteten sich die jugoslawischen Arbeitsbehörden erstmals in die Vermittlung jugoslawischer Arbeitskräfte ein und begannen mit ausländischen

---

1 Uputstvo o postupanju pri zapošljavanju u inostranstvu, in: Službeni list SFRJ, br. 42/63. Einen ausgezeichneten Überblick über die gesetzlichen Regelungen bezüglich der externen Arbeitsmigration bietet die Studie von Obrad Radlović: Normativno reguliranje privremenog zapošljavanja jugoslavenskih gradjana u inozemstvu, Zagreb 1977.
2 Vgl. Othmar N. Haberl: Abwanderung von Arbeitskräften und sozialistisches System, a.a.O., S. 36.

Arbeitgebern bzw. Arbeitsbehörden zusammenzuarbeiten. In dieser Phase (seit 1964) wurde auch die Registrierung der ins Ausland vermittelten Arbeitskräfte aufgenommen.

Im sogenannten Grundgesetz über die Organisation und Finanzierung der Arbeitsvermittlung[1] vom April 1965 wurden die Aufgaben und Kompetenzen der relevanten inländischen Behörden hinsichtlich der Vermittlung von Arbeitsplätzen im Ausland geregelt. Danach wurde die Vermittlungstätigkeit in den Kompetenzbereich der lokalen bzw. republikanischen Arbeitsämter gelegt, während die Beobachtung der Beschäftigungsentwicklung und der Arbeitsbedingungen jugoslawischer Arbeitskräfte im Ausland der Bundesanstalt für Arbeitsvermittlung in Belgrad oblag[2].

In einer Novelle zum Grundgesetz über die Finanzierung der Arbeitsvermittlung vom Dezember 1966[3] wurde die Vermittlung zur Auslandsarbeit auch dann gestattet, wenn ein ausländischer einem inländischen Arbeitsplatz vorgezogen wurde[4]. Diese Bestimmung ermöglichte vor allem auch die Vermittlung von Fachkräften. Weiter sah die Novelle eine stärkere Einschaltung der jugoslawischen Arbeitsämter bei der Vermittlung von Arbeitskräften ins Ausland vor, um damit die 'wilde Abwanderung' einzuschränken und eine bessere Erfassung der Zahl der abwandernden Arbeitskräfte zu ermöglichen[5]. Das Prinzip der Freiwilligkeit der Inanspruchnahme der Arbeitsverwaltung durch die Arbeitnehmer wurde hiervon jedoch nicht berührt.

---

1 Osnovnog zakona o organizaciji i finansiranju zapošljavanja , in: Službeni list SFRJ, br. 15/65.
2 Vgl. o.V.: Das jugoslawische Gastarbeiterproblem - Ideologische Bedenken mußten zurückgestellt werden, in: Wissenschaftlicher Dienst Südosteuropa, 14. Jg. (1965), H. 10/11, S. 150.
3 Zakonom o dpounama Zakona o organizaciji i finansiraniu zapošljavanja, in: Službeni list SFRJ, br. 47/66.
4 Vgl. o.V.: Engpässe der jugoslawischen Wirtschaftsreform - Wachsende Erwerbslosenzahl zwingt zur Auslandsgastarbeit, in: Wissenschaftlicher Dienst Südosteuropa, 16. Jg. (1967), H. 1/2, S. 8.
5 Ebenda.

Die Bemühungen Jugoslawiens um die Verbesserung der sozialen und rechtlichen Situation der jugoslawischen Arbeitskräfte im Ausland schlugen sich in verschiedenen zwischenstaatlichen Abkommen zwischen Jugoslawien und den wichtigsten Beschäftigungsländern nieder. Die wichtigste - aufgrund der hohen Zahl beschäftigter jugoslawischer Arbeitskräfte - und weitgehendste Vereinbarung wurde im Oktober 1968 mit der Bundesrepublik Deutschland geschlossen. Sie umfaßte Abkommen über die Arbeitslosen- sowie Sozialversicherung und enthielt darüber hinaus auch ein Abkommen über die Regelung der Vermittlung jugoslawischer Arbeitnehmer und ihre Beschäftigung in der Bundesrepublik[1].

Mit der offiziellen politischen Anerkennung der Migrationsproblematik in Jugoslawien zu Beginn der 70er Jahre und als Ergebnis nunmehr verstärkt einsetzender Diskussionen waren die Voraussetzungen für planerische bzw. lenkende Maßnahmen hinsichtlich der Ab- und Rückwanderung jugoslawischer Arbeitskräfte gegeben. Durch das Gesetz über die Vermittlung jugoslawischer Bürger in ausländische Arbeitsplätze[2] versuchte die jugoslawische Regierung zunächst, die immer noch zu einem großen Teil unkontrollierte Abwanderung dadurch zu stoppen, daß die Vermittlung von jugoslawischen Arbeitskräften ausschließlich in den Kompetenzbereich der jugoslawischen Arbeitsanstalten gelegt wurde[3]. Gleichzeitig wurde in den zuständigen Organen des Bundes, der Republiken und autonomen Provinzen, den Gewerkschaftsgremien und beauftragten Parteiausschüssen ein die Grundbedingungen der Auslandsarbeit regelndes Gesetz diskutiert.

Am 8. Juni 1973 wurde das auch heute noch geltende 'Gesetz über die Grundbedingungen der vorübergehenden Beschäftigung und des Schutzes im Ausland arbeitender jugoslawischer Bürger'[4] von der

---

1 Vgl. Bundesgesetzblatt 1969 II, S. 1107.
2 Vgl. Službeni list SFRJ, br. 13/72. Dieses Gesetz wurde am 29.2.1972 von der jugoslawischen Bundesversammlung angenommen.
3 Vgl. o.V.: Die jugoslawischen Gastarbeiter - Eine Übersicht und ihre Perspektiven, in: Wissenschaftlicher Dienst Südosteuropa, 21. Jg. (1972), H. 4, S. 50.
4 Zakon o osnovnim uslovima za privremeno zapošljavanje i zaštitu jugoslovenskih gradjana na radu u inostranstvu , in: Službeni list SFRJ, br. 33/73.

jugoslawischen Bundesversammlung verabschiedet. Dieses Gesetz
übernahm wichtige Bestimmungen des oben angeführten Gesetzes
über die Vermittlung jugoslawischer Arbeitskräfte. Weiter bestimmte
es die Bedingungen, die erfüllt sein mußten, um eine
ausländische Arbeitsstelle vermittelt zu bekommen. Danach ist
die Vermittlung abhängig vom Nachweis der Versorgung der in Jugoslawien
zurückbleibenden Kinder; weiterhin setzt sie voraus,
daß der Militärdienst abgeleistet worden ist und auch, daß der
ausländische Betrieb nicht bestreikt wird[1]. Das Gesetz regelt
u.a. weiter, daß dem Arbeitssuchenden vor der Vermittlung ins
Ausland eine entsprechende Arbeitsstelle in Jugoslawien angeboten
werden muß. Schließlich enthält das neue Gesetz auch ausführliche
und strenge Bestimmungen in bezug auf den Auslandseinsatz
jugoslawischer Arbeitskräfte durch jugoslawische Unternehmen.

Die volle Wirksamkeit des Gesetzes war gemäß Artikel 5 abhängig
vom Abschluß eines Staatsvertrages zwischen den Republiken. In
diesem Staatsvertrag sollten die wesentlichen Elemente der Beschäftigung
jugoslawischer Arbeitskräfte im Ausland sowie ihrer
Rückkehr festgelegt werden. Ein besonderes Augenmerk galt
der Eindämmung der unkontrollierten Abwanderung von Fachkräften.
Hierzu bestimmte Punkt a 1.4 des Artikels 5, "daß die Arbeitsämter
des Bundes, der Republiken und autonomen Provinzen sich
zum Ende eines jeden Jahres über Zahl, Berufe, Qualifikationsstrukturen,
Herkunftsgebiete und sonstige Einzelheiten der im
folgenden Jahr zu vermittelnden Gastarbeiter sowie über die für
die Wiedereingliederung heimkehrender Gastarbeiter in die jugoslawische
Wirtschaft notwendigen Maßnahmen verständigen."[2]

Durch Abschluß eines 'gesellschaftlichen Übereinkommens über
die zeitweilige Beschäftigung jugoslawischer Bürger im Ausland
und ihre Rückkehr' zwischen den Republiken bzw. autonomen Provinzen
Jugoslawiens wurde der Artikel 5 des obengenannten Ge-

---

1 Vgl. o.V.: Das neue Belgrader Gastarbeitergesetz. Zwischen
Fachkräftemangel und Arbeitslosigkeit, in: Wissenschaftlicher
Dienst Südosteuropa, 22. Jg. (1973), H. 7, S. 101 f.
2 o.V.: Das neue Belgrader Gastarbeitergesetz, ..., a.a.O.,
S. 101.

setzes erfüllt[1]. Artikel 3 dieses Übereinkommens weist nunmehr das Bundesbüro für Beschäftigungsangelegenheiten in Belgrad als Zentralstelle für die Beschäftigungsvermittlung ins Ausland aus; denn seine Aufgabe besteht u.a. darin, die Beschäftigungsangebote für jugoslawische Arbeitskräfte aus dem Ausland entgegenzunehmen und diese entsprechend den aufgestellten Beschäftigungsplänen zu verteilen. In den Artikeln 10-16 werden die Auswahlkriterien sowie Voraussetzungen der Vermittlung genannt. Vorrang bei der Vermittlung zur Auslandsarbeit haben unqualifizierte bzw. wenig qualifizierte Arbeitskräfte. Von der Vermittlung ausgeschlossen sind im Regelfall jene Arbeitskräfte, die einen angebotenen Arbeitsplatz in Jugoslawien abgelehnt oder die wegen der Auslandsarbeit einen Arbeitsplatz aufgegeben haben[2].

Artikel 18 des Übereinkommens bestimmt, "daß die Zahl der im Laufe eines Jahres zur Gastarbeit zu vermittelnden Personen auf Grund des jährlichen Entwicklungsplanes, des Arbeitskräftebedarfes, der Gesamtzahl der im Ausland Beschäftigten und der Zahl der aus dem Ausland Zurückkehrenden festgelegt wird. Die Festsetzung der Zahl der aus den einzelnen Republiken bzw. autonomen Provinzen kommenden Gastarbeiter erfolgt auf Grund der gleichen für diese geltenden Kriterien sowie unter Berücksichtigung ihrer Besonderheiten." [3]

Einem besonderen Kapitel im Rahmen des Übereinkommens sind den Regelungen bzw. Maßnahmen für die Rückkehr jugoslawischer Bürger aus dem Ausland gewidmet. Gleichwohl handelt es sich hierbei

---

1 Društveni dogovor o privremenom zapošljavanju jugoslovenskih gradjana u inostranstvu i vraćanja jugoslovenskih gradjana sa rada iz inostranstva, in: Službeni list SFRJ, br. 39/74. Dieses Übereinkommen wurde am 1. Juli 1974 abgeschlossen. Zu seinen Bestimmungen vgl. auch o.V.: Die Belgrader Gastarbeiterpolitik. Rückführung hat Vorrang, in: Wissenschaftlicher Dienst Südosteuropa, 23. Jg. (1974), H. 8, S. 149 ff.
2 Zusätzlich bestimmt auch dieses Übereinkommen, daß Arbeitskräfte mit besonderem militärischen Fachwissen sowie Arbeitskräfte, die den Nachweis für die Sicherung des Unterhalts der zurückbleibenden Familienangehörigen nicht erbringen können, von der Vermittlung ausgeschlossen sind.
3 o.V.: Die Belgrader Gastarbeiterpolitik..., a.a.O., S. 150.

nur um allgemein gehaltene Grundsätze. So bestimmt Artikel 24,
daß u.a. folgende Maßnahmen zur Förderung der Reintegration
entwickelt werden sollen:

- Förderung des Privatgewerbes,
- Entwicklung der Landwirtschaft,
- Einsatz der Gastarbeiterersparnisse für die Einrichtung neuer Arbeitsplätze,
- Erleichterung bei der Beschaffung von Betriebsaustattungen,
- wirtschaftsfördernde Steuerpolitik[1].

3.3.3 Zusammenfassung

Die politische Behandlung der Migrationsproblematik durch die
relevanten Institutionen Jugoslawiens durchlief im wesentlichen
drei verschiedene Phasen. Zu Beginn der neueren jugoslawischen
Arbeitsmigration ab Mitte der 50er Jahre war die Abwanderung
jugoslawischer Arbeitskräfte ins Ausland ein illegaler Akt;
"denn sie waren illegal über die Grenze gegangen oder hatten
sich, auch nach Ablauf eines jugoslawischen Visums für den Besuch in einem fremden Land, noch weiterhin dort aufgehalten"[2].
Noch im Februar 1962 lehnte der Bundesexekutivrat Jugoslawiens
ein Angebot Österreichs ab, jugoslawische Arbeitskräfte zu beschäftigen [3].

Nicht zuletzt als Folge der im Rahmen der Wirtschaftsreformen
des Jahres 1961 intendierten Verwirklichung einer intensiven
Wachstumsstrategie unter Einbindung Jugoslawiens in die internatione Arbeitsteilung wurde - vor allem von Seiten der Wirtschaftspolitiker - im verstärkten Maße die Möglichkeit des
Arbeitskräfteexports diskutiert. Gleichzeitig begann auch die
Abwanderung jugoslawischer Arbeitskräfte zahlenmäßig anzuwachsen. Kennzeichnend für die zu diesem Zeitpunkt einsetzende zweite Phase der jugoslawischen Migrationspolitik war einerseits

---

1 o.V.: Die Belgrader Gastarbeiterpolitik..., a.a.O., S. 151.
2 Ivo Baučić: Die Auswirkungen der Arbeitskräftewanderungen in Jugoslawien, in: Reinhard Lohrmann und Klaus Manfraß (Hrsg.): Ausländerbeschäftigung und internationale Politik, München 1974, S. 195.
3 Vg. o.V.: Das Problem der Arbeitslosigkeit in Jugoslawien, in: Wissenschaftlicher Dienst Südosteuropa, 11. Jg. (1962), H. 9-10, S. 122 f.

das politische Totschweigen der Migrationsproblematik und andererseits die rechtliche Tolerierung (Ausstellung von Visa mit längeren Laufzeiten) bzw. die organisatorische Förderung der Arbeitsaufnahme jugoslawischer Arbeitskräfte im Ausland (Vermittlungstätigkeiten durch die jugoslawischen Arbeitsbehörden). Darüber hinaus wurden in dieser Phase Maßnahmen zum rechtlichen und sozialen Schutz der jugoslawischen Arbeitsmigranten in Zusammenarbeit mit den Beschäftigungsländern ergriffen.

Zu Beginn der 70er Jahre trat die jugoslawische Migrationspolitik in ihre dritte Phase ein. Nachdem die politische Führungskraft Jugoslawiens - der Bund der Kommunisten - nun offen die Möglichkeit zur Abwanderung vertrat und sie auch ideologisch begründete, bekam die jugoslawische Migrationspolitik konzeptionell erstmals Gestaltungscharakter. Die entsprechenden Maßnahmen - das 'Gesetz über die Grundbedingungen der vorübergehenden Beschäftigung und des Schutzes im Ausland arbeitender jugoslawischer Bürger' vom Juni 1973 sowie das 'gesellschaftliche Übereinkommen über die zeitweilige Beschäftigung jugoslawischer Bürger im Ausland und ihrer Rückkehr' vom Juli 1974 - erfuhren jedoch bezüglich der Abwanderung keine praktische Erprobung mehr. Denn als Folge der im Herbst 1973 einsetzenden Wirtschafts- bzw. Beschäftigungskrisen in den westlichen Industrieländern kam die Abwanderung von jugoslawischen Arbeitskräften fast zum Versiegen[1].

Von einer effektiven Gestaltung der Abwanderung kann somit in keiner Phase der externen jugoslawischen Arbeitsmigration gesprochen werden. Vielmehr hatte die jugoslawische Politik gegenüber diesem Phänomen bis 1973 im wesentlichen eine 'laissez-faire' Haltung eingenommen.

Zum Abschluß dieses Kapitels wird noch kurz die technische Seite der Abwanderung skizziert, das heißt die Vermittlungstätigkeiten des In- und Auslandes sowie die übrigen Wege der Abwanderung.

---

1 Vgl. Tab. 2-2.

3.4 Die institutionellen Aspekte der Arbeitskräftewanderungen

Die jugoslawischen Arbeitskräfte nahmen verschiedene Wege, um im Ausland eine Beschäftigung aufzunehmen. Am Beispiel der jugoslawisch-deutschen Abwanderung sollen im folgenden diese Abwanderungswege genannt und kurz beschrieben werden.

Bis zu den deutsch-jugoslawischen Anwerbevereinbarungen[1] stand den jugoslawischen Arbeitskräften nach deutschem Aufenthaltsrecht nur der Weg über die deutschen diplomatischen Vertretungen in Jugoslawien offen. Die deutschen Auslandsvertretungen (Botschaft, Generalkonsulat) können nämlich in Form des Sichtvermerks eine Aufenthaltserlaubnis an Ausländer erteilen. Dabei darf im allgemeinen diese Aufenthaltserlaubnis nur mit Zustimmung der örtlichen deutschen Ausländerbehörde erteilt werden, die ihre Zustimmung wiederum im Regelfall von der Zusicherung einer Arbeitserlaubnis durch das örtliche Arbeitsamt abhängig macht[2].

Die Arbeitserlaubnis wurde in der Bundesrepublik Deutschland in der Phase des großen Arbeitskräftebedarfes (Ende der 60er und Anfang der 70er Jahre) sehr rasch erteilt, so daß auch der Genehmigung der Visaanträge jugoslawischer Arbeitskräfte durch das Generalkonsulat in Zagreb bzw. die deutsche Botschaft in Belgrad im allgemeinen nichts im Wege stand.

Die Tätigkeit der jugoslawischen Arbeitsämter beschränkte sich in dieser Zeit im wesentlichen auf eine formelle Vermittlung; durch Einwilligung zur Auslandsbeschäftigung verliehen sie

---

1 Vgl. o.V.: Deutsch-jugoslawische Vereinbarung über die Regelung der Vermittlung jugoslawischer Arbeitnehmer nach und ihrer Beschäftigung in der Bundesrepublik Deutschland vom Oktober 1968, in: Bundesgesetzblatt 1969 II, S. 1107. Diese Vereinbarung trat am 4. Februar 1969 in Kraft.
2 Vgl. Bundesanstalt für Arbeitsvermittlung und Arbeitslosenversicherung: Beschäftigung, Anwerbung, Vermittlung ausländischer Arbeitnehmer, Erfahrungsbericht 1967, Nürnberg 1967, S. 15.

den privaten Übereinkommen und Verträgen zwischen jugoslawischen Arbeitnehmern und ausländischen Arbeitgebern eine legale Form[1].

Konnte eine Einreise in die Bundesrepublik Deutschland mit Sichtvermerk nicht zustandekommen, so blieb den jugoslawischen Arbeitskräften noch die Möglichkeit, als 'Tourist' einzureisen und dann eine Beschäftigung aufzunehmen. Obwohl dieser Abwanderungsweg nach deutschem Aufenthaltsrecht illegal ist, so sind doch Fälle bekannt, daß 'Touristen' nachträglich legalisiert worden sind, d.h. eine Aufenthalts- bzw. auch eine Arbeitserlaubnis erhalten haben[2]. Im allgemeinen begründet eine solche Einreise jedoch illegale Beschäftigungs- bzw. Aufenthaltsverhältnisse der Arbeitsmigranten.

Mit dem Inkrafttreten der deutsch-jugoslawischen Anwerbe- bzw. Vermittlungsvereinbarungen am 4. Februar 1969 stand den jugoslawischen Arbeitskräften ein weiterer Weg der Abwanderung zur Verfügung. Dieser sog. erste Weg der Abwanderung[3] führte über eine in Belgrad ansässige Niederlassung der Bundesanstalt für Arbeit (Deutsche Delegation). Aufgabe der Deutschen Delegation war es[4], die Vermittlungsaufträge deutscher Firmen entgegenzunehmen und die Anwerbung und Vermittlung der Arbeitskräfte in Zusammenarbeit mit der zuständigen Stelle Jugoslawiens (Bundesbüro für Beschäftigungsangelegenheiten, SBPZ) durchzuführen. Die über diesen Weg vermittelten Arbeitskräfte erhielten sog. Legitimationskarten, die die Ausländer von der Erfordernis befreite, vor der Einreise in die Bundesrepublik die Aufenthaltserlaubnis in Form des Sichtvermerks einzuholen.

---

1 Vgl. Ivo Baučić: Die jugoslawische Auswanderung im Lichte des Nord-Süd-Konflikts, in: Claus Leggewie und Marios Nikolinakos (Hrsg.): Europäische Peripherie. Zur Frage der Abhängigkeit des Mittelmeerraumes von Westeuropa. Tendenzen und Entwicklungsperspektiven, Meisenheim am Glan 1975, S. 290.
2 Vgl. Karl-Heinz Holjewilken: Ausländische Arbeitnehmer in Deutschland, in: Arbeit, Beruf und Arbeitslosenhilfe - Das Arbeitsamt, Jahrgang 1970, Heft 7, S. 218.
3 Die Einreise mit Sichtvermerk galt allgemein als sog. zweiter Weg der Abwanderung.
4 Die Deutsche Delegation wurde im Jahre 1975 geschlossen.

Die Anwerbevereinbarungen hatten jedoch keinen Ausschließlichkeitscharakter, d.h. der Weg der Einreise über die deutschen Auslandsvertretungen konnte weiterhin gegangen werden. Der Einschaltungsgrad der Deutschen Delegation beweist, daß auch von diesem Weg noch im starken Maße Gebrauch gemacht worden ist. So wurden von der Deutschen Delegation nur knapp über die Hälfte (54,5%) der im Zeitraum 1969 bis 1973 in die Bundesrepublik Deutschland eingereisten jugoslawischen Arbeitskräfte vermittelt[1]. Die übrigen Arbeitskräfte haben also ohne die Inanspruchnahme der jugoslawischen bzw. deutschen Arbeitsämter einen Arbeitsplatz in der Bundesrepublik gefunden. Aber auch die vermittelten jugoslawischen Arbeitskräfte waren kaum arbeitsmarktpolitische 'Manövriermasse' der jugoslawischen Arbeitsbehörden. Denn die ausländischen Vermittlungsaufträge waren zu einem großen Teil namentlich bzw. regional gebunden[2]. Zwar konnte die jugoslawische Arbeitsverwaltung diese Vermittlungsaufträge ablehnen, sie konnte sie aber nicht in eine andere Region bzw. zu anderen Bewerbern umlenken.

In den Jahren 1971 bis 1973 hatten die auf namentlichen Anforderungen beruhenden Vermittlungen jugoslawischer Arbeitskräfte in die Bundesrepublik Deutschland einen Anteil von rd. 40 Prozent[3]. Für alle Vermittlungsaufträge des Auslandes liegen

---

1 Vgl. BA: Erfahrungsbericht 1972/73, a.a.O., S. 114, eigene Berechnungen.
2 Die Anforderung namentlich aufgeführter Arbeitnehmer beschränkte sich auf
 - jugoslawische Arbeitnehmer, die vormals beim anfordernden Arbeitgeber beschäftigt waren und auf
 - Ehegatten, Kinder, Eltern und Geschwister der in der BRD beschäftigten jug. Arbeitnehmer, sofern die Beschäftigung in der Nähe des Wohnortes des schon beschäftigten jug. Arbeitnehmers ausgeübt werden sollte. - Vgl. Karl-Heinz Holjewilken: Vermittlung und Beschäftigung jugoslawischer Arbeitnehmer in der Bundesrepublik Deutschland, in: Arbeit, Beruf und Arbeitslosenhilfe - Das Arbeitsamt, Jahrgang 1969, Heft 2, S. 38 - Vgl. auch BA: Merkblatt für die Vermittlung namentlich benannter jugoslawischer Arbeitnehmer, Nürnberg 1973.
3 Vgl. BA: Erfahrungsbericht 1972/73, a.a.O., S. 51.

entsprechende Anteilswerte für den Zeitraum vom 1.1.1972 bis
28.2.1973 vor. Danach waren 48,2% der Aufträge namentlich gebunden, 33,2% waren nicht namentliche Aufträge mit ausdrücklichen Gebietswünschen, so daß das Bundesbüro für Beschäftigungsangelegenheiten in diesem Zeitraum nur über 18,6% der Angebote
frei verfügen und nach arbeitsmarktpolitischen Gesichtspunkten
auf die verschiedenen Regionen verteilen konnte[1].

Auch nach der Verabschiedung verschiedener bilateraler Vermittlungsvereinbarungen mit den wichtigsten Beschäftigungsländern
kann somit nicht von einer gestaltenden Beeinflussung des Abwanderungsprozesses durch die jugoslawische Arbeitsverwaltung
gesprochen werden. Im Grunde war daher auch die jugoslawische
Abwanderung ein durch sich selbst 'gesteuerter' Prozeß.

4   Die Analyse der Außenwanderungen jugoslawischer Arbeitskräfte

Nachdem im vorhergehenden Kapitel die ökonomischen und politischen Entwicklungen aufgezeigt wurden, die das sozialistische
Jugoslawien zu einer 'laissez-faire'-Haltung gegenüber der Abwanderung von Arbeitskräften ins Ausland veranlaßte, sowie die
von jugoslawischer Seite an die zeitweilige Abwanderung geknüpften Erwartungen genannt wurden, steht im Mittelpunkt der nachfolgenden Ausführungen der Wanderungsprozeß selbst.

Die Analyse des Wanderungsprozesses soll dessen wesentliche
Merkmale, Strukturen sowie Bestimmungsgründe offenlegen. Der
Analyse wird ein theoretischer Rahmen vorangestellt, der die
Formulierung intuitiv relevant erscheinender Erklärungshypothesen erlaubt.

---

1 Vgl. Ivo Baučić: Die jugoslawische Abwanderung im Lichte des
Nord-Süd-Konflikts, a.a.O., S. 291 f.

4.1 Hypothesen zur Erklärung internationaler Wanderungen

"Eine Theorie, die in der Lage wäre, Richtung, Art und Umfang transnationaler Arbeitskräftebewegungen möglichst allgemeingültig zu erklären, gibt es noch nicht."[1] Wenngleich diese Aussage auch für LEE's 'Theorie der Wanderung gilt, so dürfte Everett S. LEE mit seiner Wanderungstheorie doch einen Rahmen geliefert haben, "...what is probably the most appealing and most concise 'general', non-rigorous framework for analysing the migration process, both internal and international"[3]. Er soll im folgenden auch zur Analyse der jugoslawischen Außenwanderungen bzw. zur Hypothesenformulierung herangezogen werden. Dazu werden zunächst die wichtigsten Elemente dieses Rahmens bzw. dieser Theorie der Wanderungen skizziert.

Nach einer sehr allgemeinen Definition der Wanderung als ein permanenter oder semipermanenter Wechsel des Wohnsitzes postuliert LEE in seiner Migrationstheorie, daß unabhängig von der Länge und der Schwierigkeit jeder Wanderungsakt einen Herkunftsort, einen Bestimmungsort und eine Anzahl von intervenierenden Hindernissen (intervening obstacles) enthält[4]. Er unterscheidet schließlich 4 Kategorien von Faktoren, die in die Wanderungsentscheidung bzw. in den Wanderungsprozeß eingehen:
1. Faktoren in Verbindung mit dem Herkunftsgebiet
2. Faktoren in Verbindung mit dem Zielgebiet
3. Intervenierende Hindernisse
4. Persönliche Faktoren.

LEE's graphische Darstellung der ersten 3 Faktorenkategorien kann der nachfolgenden Abbildung entnommen werden.

---

1 Vgl. Klaus Höpfner: Auswirkungen der Ausländerbeschäftigung auf die Wirtschaft der Bundesrepublik Deutschland unter dem Aspekt außenwirtschaftlicher Beziehungen, in: Reinhard Lohrmann und Klaus Manfraß (Hrsg.): Ausländerbeschäftigung..., a.a.O., S. 47.
2 Vgl. Everett S. Lee: Eine Theorie der Wanderung, in György Széll: Regionale Mobilität, München 1972, S. 115 ff.
3 Michael P. Todaro: Migration and Economic Development: A Review of Theory, Evidence, Methodology and Research Priorities, Occasional Paper No. 18, Institute for Development Studies, University of Nairobi, Nairobi 1976, S. 24.
4 Vgl. zu diesen und den folgenden Ausführungen Everett S. Lee: Eine Theorie der Wanderung, a.a.O., S. 117 ff.

Abb. 4-1: Faktoren am Herkunftsort, am Bestimmungsort und
intervenierende Hindernisse bei der Wanderung

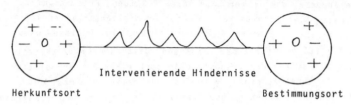

Herkunftsort   Intervenierende Hindernisse   Bestimmungsort

Quelle: Everett S. Lee: Eine Theorie der Wanderung, a.a.O., S. 118

Die Vorzeichen in den beiden durch Kreise gekennzeichneten Regionen symbolisieren die Einflußrichtung der 'unzähligen' Faktoren, d.h. die Plus-(Minus-)zeichen deuten auf einen anziehenden (abstoßenden) Einfluß der jeweiligen Faktoren. Die Null dagegen symbolisiert Faktoren, die ohne Einfluß sind.

Aus der Abbildung wird deutlich, daß in der Herkunfts- und Zielregion gleichzeitig sowohl anziehende (pull) als auch abstoßende (push) Faktoren auf die Wanderungsentscheidungen bzw. den Wanderungsprozeß einwirken. Der Wanderungsakt selbst kann als Ergebnis des Vergleiches dieser Faktoren aufgefaßt werden. Dabei entscheidet jedoch nicht eine einfache Addition der Plus- und Minusfaktoren über den Wanderungsakt, vielmehr muß das Gewicht zugunsten des Umzugs "...groß genug sein, um die natürliche Trägheit zu überwinden, die jederzeit existiert."[1]

LEE führt dann weiter aus, daß die Wanderung nicht so sehr von der tatsächlichen Wirkung dieser Faktoren in den Vergleichsregionen hervorgerufen wird als vielmehr von der individuellen Perzeption dieser Faktoren. Die individuelle Perzeption ist aber im starken Maße abhängig von verschiedenen persönlichen Merkmalen der Entscheidenden (Alter, Ausbildung, berufliche Stellung, Geschlecht usw.). Dennoch lassen sich nach LEE Gruppen von Personen unterscheiden, die sich gegenüber bestimmten

---

1 Everett S. Lee: Eine Theorie der Wanderung, a.a.O., S. 119 f.

Sätzen von Faktoren in der Herkunfts- bzw. Zielregion ähnlich verhalten.

Ein besonderes Merkmal des Wanderungsprozesses besteht darin, daß er nicht bei vollständiger Information der Beteiligten abläuft. So sind die Faktoren in der Heimatregion im allgemeinen besser bekannt als jene in der Zielregion, so daß damit ein Element der Unsicherheit bzw. des Risikos Bestandteil des Wanderungsprozesses wird. Hier sei noch hinzugefügt, daß die Risikobereitschaft wiederum individuell sehr verschieden ist.

Große Bedeutung für den Wanderungsprozeß haben nach LEE auch die sog. intervenierenden Hindernisse, die in vielfältigen Ausprägungen auftreten können. So etwa in Form administrativer Beschränkungen (restriktive Einwanderungsgesetze u.ä.) oder aber in Gestalt natürlicher Gegebenheiten wie vor allem die räumliche Distanz zwischen der Herkunfts- und Zielregion. Die räumliche Distanz selbst verkörpert weitere Formen intervenierender Hindernisse wie z.B. Raumüberwindungs- und Informationsgewinnungskosten. Es ist unmittelbar einsichtig, daß die Überwindung der intervenierenden Hindernisse im Regelfall individuell unterschiedliche Schwierigkeiten bereitet.

Auf der Grundlage seiner Wanderungstheorie formulierte LEE schließlich eine Anzahl von Hypothesen hinsichtlich des Umfanges der Wanderung, hinsichtlich der Entwicklung von Strom und Gegenstrom der Wanderung sowie hinsichtlich der Merkmale der Wandernden[1]. Auf eine umfassende Darstellung dieser Hypothesen kann hier verzichtet werden; es werden dagegen im folgenden jene Hypothesen genannt, kommentiert und ergänzt, die intuitiv als relevant für den jugoslawischen Wanderungsprozeß bzw. deren empirische Überprüfung als bedeutsam für das Verständnis dieses Prozesses erscheinen.

"Das Wanderungsvolumen variiert mit den Fluktuationen in der Wirtschaft"

---

[1] Vgl. Everett S. Lee: Eine Theorie der Wanderung, a.a.O., S. 121 ff.

Veränderungen im Grad der wirtschaftlichen Aktivitäten in der
Ziel- und Herkunftsregion beeinflussen den relativen Stellenwert der migrationsrelevanten Faktoren in beiden Regionen. So
führt etwa ein wirtschaftlicher Aufschwung in der Herkunftsregion zu einer anderen Bewertung der Plus- und Minusfaktoren in
der Ziel- und Herkunftsregion als in einer depressiven Phase.
Analog führen wirtschaftliche Veränderungen in der Zielregion
zu einer Modifizierung des Bewertungssytems.

"Wenn keine bedeutenden Beschränkungen auferlegt werden, tendieren sowohl das Wanderungsvolumen als auch die Wanderungsrate
mit der Zeit zur Zunahme "

Im Zeitablauf werden die intervenierenden Hindernisse zunehmend
abgebaut. Diese Entwicklung tritt einmal dadurch ein, daß als
Folge des technischen Fortschrittes die Kommunikations- und
Transportmöglichkeiten sich verbessern. Zum anderen verstärkt
sich die Wanderung im Zeitablauf selbst, so werden die Kenntnisse der in der Herkunftsregion verbliebenen Personen über die
Zielregion durch den persönlichen Kontakt mit Wanderern verbessert und überdies ihre Resistenzschwelle herabgesetzt.

"Der Wirkungsgrad eines Wanderungsstroms (Verhältnis von Strom
zu Gegenstrom) variiert mit den wirtschaftlichen Bedingungen,
er ist hoch in prosperierenden Zeiten und niedrig in Zeiten der
Depression"

In Boomphasen expandieren die Zielregionen wirtschaftlich, nur
relativ wenige Menschen wandern in Gegenrichtung. Bei wirtschaftlich ungünstiger Entwicklung in den Zielregionen ist der Gegenstrom dagegen stark. In extremen Situationen kann es sogar zur
Umkehrung der Wanderungsströme kommen.

"Wanderung tendiert dazu, größtenteils innerhalb gut definierter
Ströme stattzufinden"

Das Zusammenwirken von Nichtwanderern und Wanderern führt zur
Herausbildung besonderer Wanderungskanäle, d.h. besonderer Beziehungen zwischen spezifischen Ziel- und Herkunftsregionen.

"Wanderung ist selektiv"

Die Menschen reagieren entsprechend ihren persönlichen Merkmalen unterschiedlich auf die Plus- und Minusfaktoren der Herkunfts- bzw. Zielregion, sie haben unterschiedliche Fähigkeiten zur Überwindung der intervenierenden Hindernisse usw. Aus diesem Grunde sind Wandernde keine Zufallsauswahl aus der Bevölkerung der Herkunftsregion.

" Der Grad positiver Selektion wächst mit der Schwierigkeit der intervenierenden Hindernisse"

Mit zunehmender räumlicher Distanz zwischen den Herkunfts- und Zielregionen und entsprechend wachsender sozialer und kultureller Verschiedenartigkeit, abnehmender formeller und informeller Informationsbeziehungen usw. erhöht sich u.a. auch der Schwierigkeitsgrad der intervenierenden Hindernisse. Ihre Überwindung erfordert ein höheres Maß an Anpassungsfähigkeit, an relevantem Wissen u.a.m. und impliziert somit eine stärkere positive Selektion. Gleichzeitig ist auch mit zunehmender Entfernung zur Zielregion eine geringere Wanderungsintensität zu erwarten.

Die intervenierenden Hindernisse - vor allem in Gestalt des migrationsrelevanten Informationsniveaus - sind zu Beginn eines Wanderungsprozesses besonders groß, so daß für diese Phase ein hoher Grad positiver Selektion zu erwarten ist.

Die nachfolgende empirische Analyse der Außenwanderung jugoslawischer Arbeitskräfte versteht sich im wesentlichen als Test dieser Hypothesen. Hierzu wird zunächst der zeitliche Verlauf der Wanderungsströme beschrieben und seine Determinanten analysiert. Daran wird sich dann die Deskription und Analyse der Selektivität der Wanderung hinsichtlich der persönlichen Merkmale der Wandernden sowie hinsichtlich der räumlichen Dimension anschließen.

4.2 Der zeitliche Verlauf der Außenwanderungen jugoslawischer Arbeitskräfte und seine Bestimmungsfaktoren

4.2.1 Die Deskription des zeitlichen Verlaufes

Die Diskussion im Abschnitt 2.2 dieser Arbeit konnte verdeutlichen, daß die statistischen Angaben hinsichtlich der Außenwanderungen jugoslawischer Arbeitskräfte sehr lückenhaft sind. So erlaubt das statistische Datenmaterial auch keineswegs eine korrekte quantitative Beschreibung der zeitlichen Entwicklung der jugoslawischen Arbeitsmigration; es kann jedoch eine Vorstellung von der Größenordnung sowie von den verschiedenen Phasen dieser Wanderung vermitteln.

Die neuere jugoslawische Arbeitsmigration (Abwanderung) läßt sich grob in vier Phasen einteilen[1]. In der ersten Phase bis Anfang der 60er Jahre hatte die Abwanderung noch keinen Massencharakter, sie war eine vereinzelte und spontane Erscheinung.

Ab 1962 setzte jedoch eine Abwanderung größeren Ausmaßes ein, deren mehr oder weniger stetige Zunahme schließlich im Jahre 1966 einen Abschluß fand. Gemessen an der Zahl der in die Bundesrepublik eingereisten jugoslawischen Arbeitskräften hatte sich das jährliche Abwanderungsvolumen in dieser Phase mehr als verdoppelt.

---

1 Diese Phaseneinteilung stützt sich im wesentlichen auf die entsprechenden Angaben der deutschen Wanderungsstatistik. Angesichts der - später noch zu zeigenden - überragenden Bedeutung der Bundesrepublik Deutschland als Beschäftigungsland abgewanderter jugoslawischer Arbeitskräfte, erscheint dieses Vorgehen gerechtfertigt zu sein. Überdies bestätigen die jugoslawischen Angaben hinsichtlich der vom Bundesbüro für Beschäftigungsangelegenheiten in Belgrad ins Ausland vermittelten jugoslawischen Arbeitskräfte - soweit vorhanden - diese Phaseneinteilung. Vgl. dazu Abb. 4-2.

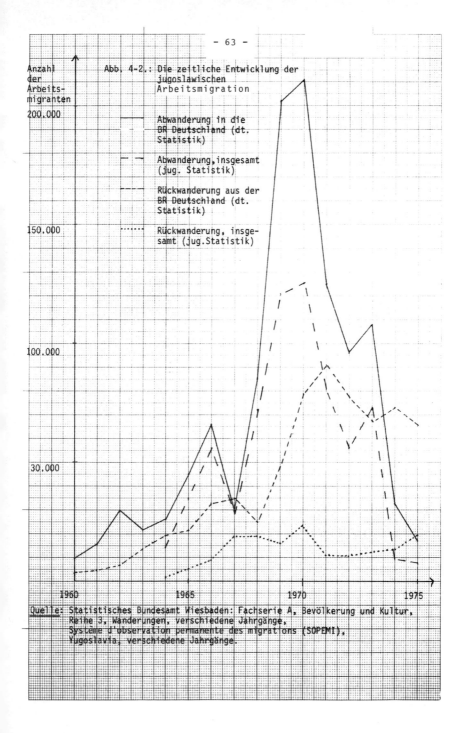

Im folgenden Jahr ging dann die Zahl der jugoslawischen Abwanderer um rund die Hälfte zurück. So vermittelte das Bundesbüro für Beschäftigung 1967 28.556 jugoslawische Arbeitskräfte ins Ausland während 1966 noch insgesamt 54.997 vermittelt wurden.[1] In der deutschen Wanderungsstatistik spiegelt sich diese abrupte Änderung in der zeitlichen Entwicklung der Abwanderung jugoslawischer Arbeitskräfte in einem Rückgang der eingewanderten jugoslawischen Arbeitskräfte von rd. 66.000 (1966) auf rd. 30.000 (1967) wieder[2].Mit diesem Jahr trat dann auch die Abwanderung jugoslawischer Arbeitskräfte in ihre 3. Phase ein, die sich zunächst durch sehr starke Zuwächse des Abwanderungsstroms (bis 1970) auszeichnete. Innerhalb von vier Jahren hatte sich gemessen an der deutschen Wanderungsstatistik der jährliche Abwanderungsstrom versiebenfacht. Im Jahre 1970 wurde auch der bisherige Höchststand im jährlichen Abwanderungsvolumen erreicht. So vermittelte das Bundesbüro für Beschäftigungsangelegenheiten 1970 insgesamt 125.371 jugoslawische Arbeitnehmer in die Bundesrepublik Deutschland[3].

In den Folgejahren (1971-73) war das jährliche Abwanderungsvolumen zwar weiterhin hoch,gegenüber den Jahren 1969/70 jedoch merklich niedriger, es stagnierte auf knapp der Hälfte des Niveaus dieser"Rekordjahre".

Das Jahr 1974 leitete schließlich die vierte und bisher letzte zu beobachtende Phase in der zeitlichen Entwicklung der Abwanderung jugoslawischer Arbeitskräfte ein. Das jährliche Abwanderungsvolumen ging in diesem und in den folgenden Jahren auf den Stand der Jahre 1963/64 zurück. Der bislang negative Wanderungssaldo mit dem Ausland schlug in einen positiven um, d.h. der Rückwanderungsstrom jugoslawischer Arbeitnehmer aus dem Ausland übertraf nunmehr den Abwanderungsstrom.

Die zeitliche Entwicklung des Rückwanderungsstroms jugoslawischer Arbeitskräfte aus dem Ausland läßt sich weniger eindeutig beschreiben bzw. in Phasen einteilen.

---

1 Vgl. SOPEMI, Yugoslavia, verschiedene Jahrgänge.
2 Vgl. Tab. 2-2.
3 Vgl. SOPEMI 1977, Yugoslavia, S. 1

Abb. 4-2. läßt erkennen, daß das jährliche Rückwanderungsvolumen bis zu Beginn der 'Boomphase' der Abwanderung tendenziell leicht anstieg, danach aber mit der Zunahme der Abwanderung auch rasch expandierte. Seit 1970 ist schließlich auf relativ hohem Niveau eine Stagnation des Rückwanderungsvolumens zu beobachten.

Die Beschreibung der zeitlichen Entwicklung des Rückwanderungsstromes jugoslawischer Arbeitnehmer aus dem Ausland muß sich im wesentlichen auf diese Ausführungen beschränken, da das vorliegende Datenmaterial sehr mangelhaft ist. Eine Größenvorstellung von der Rückwanderung jugoslawischer Arbeitnehmer aus der Bundesrepublik Deutschland vermitteln jedoch die entsprechenden Angaben in der deutschen Wanderungsstatistik; danach belief sich das jährliche Rückwanderungsvolumen seit 1970 (bis 1975) im Jahresdurchschnitt auf 75.000 Arbeitnehmer[1].

Wie oben schon ausgeführt wurde, ist die Wanderungsbilanz jugoslawischer Arbeitskräfte mit dem Ausland seit 1974 erstmalig positiv; hierzu dürfte wesentlich der hohe positive Saldo mit der Bundesrepublik Deutschland beigetragen haben. Als Folge dieser Entwicklung ist in der Bundesrepublik auch die Zahl der versicherungspflichtig beschäftigten jugoslawischen Arbeitnehmer zurückgegangen, und zwar von 473.209 (30.6.1974) auf 390.005 (31.12.1975)[2].

Nach Schätzungen des Migrationszentrums in Zagreb hielten sich Ende 1975 annähernd 770.000 jugoslawische Arbeitnehmer im europäischen Ausland sowie 200.000 in überseeischen Ländern (USA, Australien, Kanada u.a.) auf[3]. Vergleicht man diese Zahl mit der Zahl der 1975 im vergesellschafteten Sektor Beschäftigten in Höhe von 4,758 Millionen[4], so kommen auf fünf im Inland

---

[1] Vgl. Tab. 2-2.
[2] Vgl. BA: Ergebnisse der Beschäftigungsstatistik, Ib4 - 4204/4205, Nürnberg 1977, S. 9.
[3] Vgl. Ivo Baučić: Regional Differences in Yugoslav External Migration, Manuskript für die Conference on Demography and Urbanization in Eastern Europe, Center for Russian and East European Studies, University of California at Los Angeles, Febr. 5-9, 1976, S. 3.
[4] SGJ-76, Tab. 102-4., S. 80; Jahresdurchschnittswert.

beschäftigte Arbeitnehmer ein im Ausland beschäftigter Arbeitnehmer. Dieser Indikator vermittelt einen ersten Eindruck von der sozialen bzw. ökonomischen Dimension des Migrationsproblems für Jugoslawien.

4.2.2 Die Analyse der Bestimmungsfaktoren

Die auffallenden zeitlichen Schwankungen der Wanderungsströme jugoslawischer Arbeitskräfte ins Ausland bzw. aus dem Ausland verlangen nach einer Erklärung. Im folgenden wird daher analysiert, welche Faktoren die Entwicklung der Wanderungsströme im Betrachtungszeitraum maßgeblich bestimmt haben. Grundlage der empirischen Analyse bilden die eingangs hinsichtlich des Wanderungsvolumens bzw. der Wanderungsströme formulierten Hypothesen sowie ein in der Migrationsforschung häufig verwendeter Erklärungsansatz, das Push-Pull-Modell.

4.2.2.1 Push-Pull-Modelle internationaler Wanderungen

Zur Beschreibung und Erklärung internationaler Wanderungen werden in der Migrationsforschung häufig sog. Push-Pull-Modelle verwendet[1]. Diese Modelle teilen mit der LEE'schen Theorie die

---

[1] Vgl. u.a. Wolf R. Böhning: The Differential Strength of Demand and Wage Factors in Intra-European Labour Mobility: with Special Reference to West Germany, 1957-1968, in: International Migration, Vol. VIII (1970), No. 4, S. 193 ff. - Gene L. Chapin, Richard K. Vedder und Lowell E. Gallaway: The Determinants of Emigration to South Africa, 1950-1967, in: South African Journal of Economics, Vol. 38 (1970), S. 374 ff.- Emmanuel G. Drettakis: Yugoslav Migration to and from West Germany 1962-1973, Zagreb 1975. - Belton M. Fleisher: Some Economic Aspects of Puerto Rican Migration to the United States, in: The Review of Economics and Statistics, Vol. 45 (1963), S. 245 ff. - Lowell E. Gallaway und Richard K. Vedder: Emigration from the United Kingdom to the United States: 1860-1913, in: The Journal of Economic History, Vol. 31 (1971), No. 3/4, S. 885 ff. - Allan C. Kelley: International Migration and Economic Growth: Australia, 1865-1935, in: The Journal of Economic History, Vol. XXV (1965), No. 3, S. 333 ff. - John A. Tomaske: The Determinants of Intercountry Differences in European Emigration: 1881-1900, in: The Journal of Economic History, Vol. 31 (1971), No. 3/4, S. 840 ff. - Maurice Wilkinson: European Migration to the United States: An Econometric Analysis of Aggregate Labor Supply and Demand, in: The Review of Economics and Statistics, Vol. 52 (1970), No. 7, S. 272 ff.

Grundannahme, daß der Wanderungsakt verstanden werden kann als das Ergebnis eines Vergleiches von anziehenden und abstoßenden Faktoren, die in der Herkunfts- bzw. Zielregion wirksam sind. Dabei stellt sich die Ausgangsfrage etwa so wie in einer Analyse der britisch-amerikanischen Wanderungen des letzten Jahrhunderts "... as to whether emigrants were 'pushed' into leaving by adverse economic conditions in the United Kingdom or were 'pulled' by favorable economic conditions in the United States"[1].

In diesen Push-Pull-Modellen werden internationale Wanderungen in erster Linie als Antworten auf Arbeitsmarktungleichgewichte zwischen der Herkunfts- und Zielregion aufgefaßt, wobei die Ungleichgewichte durch unterschiedliche Einkommensentwicklungen (Einkommenshypothese) und/oder unterschiedliche Beschäftigungsentwicklungen (Beschäftigungshypothese) beschrieben werden. Diese Hypothesen können auch als Konkretisierung der oben formulierten allgemeinen Hypothese, wonach das Wanderungsvolumen mit den Fluktuationen in der Wirtschaft variiert, verstanden werden.

Ohne hier nun die Ergebnisse der verschiedenen empirischen Studien über internationale Wanderungen im einzelnen referieren zu wollen, soll doch betont werden, daß sich in all diesen Studien die Arbeitsmarktungleichgewichte als signifikant in der Erklärung der internationalen Mobilität erwiesen haben. Aus diesem Grunde sollen die Beschäftigungs- und Einkommenshypothese auch für die jugoslawischen Außenwanderungen getestet werden.

Die Wanderung aufgrund von Arbeitsmarktungleichgewichten setzt voraus, daß diese den Entscheidenden auch bekannt sind. Nun ist in der Realität zu erwarten, daß entsprechende Informationen nicht zu allen Zeiten und nicht für alle Individuen in gleicher Qualität verfügbar sind. Aus diesem Grunde fällt der Informationsgewinnung im Wanderungsprozeß eine besondere Rolle zu.

---

1 Lowell E. Gallaway und Richard K. Vedder: Emigration from the United Kingdom..., a.a.O., S. 886.

Insbesondere ist zu erwarten, daß im Zeitablauf durch den
Wanderungsprozeß selbst die Informationsbasis verbessert
wird und die Wanderung von daher schon tendenziell zunimmt[1].
Die Bedeutung dieser sog. Informationshypothese im Wanderungsprozeß wurde in verschiedenen empirischen Studien getestet.
Zunächst war es aber vor allem NELSON, der auf die überragende Rolle des Informationsaspektes im Wanderungsprozeß, d.h.
konkret auf die Rolle von Verwandten und Bekannten als Ver -
mittler wanderungsrelevanter Informationen hingewiesen hat[2].
Er versuchte zu zeigen, daß die regressionsanalytische Bestimmung des Zusammenhanges zwischen der Mehrzahl der üblicherweise
gewählten erklärenden Variablen und der zu erklärenden Variable
'Wanderung' überschätzte Regressionskoeffizienten liefert,
und zwar als Konsequenz des 'relatives and friends'-Multipli-
kators. Dieser Multiplikator erhöht den tatsächlichen direkten
Zusammenhang zwischen erklärender und zu erklärender Variable
um jenen indirekten Einfluß, der über die Abwanderung von Verwandten und Bekannten und damit einhergehender Zunahme von Kon-
takten zwischen der Ab- und Zuwanderungsregion zustandekommt.
"The calculated regression coefficients between migration and
some variables will be multiplied through the operation of
relations and friends"[3].

Verschiedene Autoren haben versucht, den Einfluß dieser Art von
Information auf die Wanderung zu messen, und zwar im wesentlichen durch Einführung einer sog. "migrant stock"-Variable als

---

1 Diese Vermutung ist in der eingangs formulierten Hypothese
  enthalten: Wenn keine bedeutenden Beschränkungen auferlegt
  werden, tendieren sowohl das Wanderungsvolumen als auch die
  Wanderungsrate mit der Zeit zur Zunahme. Vgl. Abschnitt 4.1
2 Philipp Nelson: Migration, Real Income and Information, in:
  Journal of Regional Science, Vol. 1 (1959), S. 43 ff. Nun
  hat der Informationsaspekt zweifelsohne keinen Pull- oder
  Push-Charakter, er ist vielmehr im Zusammenhang mit LEE's
  intervenierenden Hindernissen zu sehen. Dennoch wird die
  Diskussion dieses Aspektes im allgemeinen im Rahmen der Pus-
  Pull-Modelle geführt. Auf die Bedeutung des Informationsaspektes im Wanderungsprozeß wird noch im einzelnen im Abschnitt
  4.3.1.5 dieser Arbeit eingegangen.
3 Philip Nelson: Migration..., a.a.O., S. 49.

zusätzliche erklärende Variable[1]. Diese Variable nimmt den Bestand schon abgewanderter Personen der Abwanderungsregion zu einem bestimmten Zeitpunkt auf. U.a. wegen der offensichtlichen Multikollinearitätsprobleme ist dieses Vorgehen jedoch nicht unkritisiert geblieben[2].

Die Beschäftigungs-, die Einkommens- und die Informationshypothese werden auch die Grundlage der nachfolgenden empirischen Analyse der jugoslawischen Außenwanderungen bilden. Dieser Analyse wird jedoch zunächst eine Beschreibung der Wanderungsmotive jugoslawischer Arbeitskräfte vorangestellt, die in besonderer Weise unterstreichen, daß auch die jugoslawischen Außenwanderungen (die Abwanderung von jugoslawischen Arbeitskräften) als Antwort auf Arbeitsmarktungleichgewichte zwischen der Heimat und dem Ausland anzusehen sind.

---

1 Vgl. Michael J. Greenwood: An Analysis of the Determinants of Geographic Labor Mobility in the United States, in: The Review of Economics and Statistics, Vol. LI (1969), S. 189 ff. - Derselbe: Lagged Response in the Decision to Migrate, Journal of Regional Science, Vol. 10 (1970), S. 375 ff. - Mildred B. Levy und Walter J. Wadycki : The Influence of Family and Friends on Geographic Labor Mobility, in: The Review of Economics and Statistics, Vol. LV (1973), S. 198 ff.
Diese Studien beziehen sich auf interregionale Wanderungen. Aber auch für internationale Wanderungen ist ein entsprechender Ansatz getestet worden. Vgl. John A. Tomaske: The Determinants of Intercountry Differences..., a.a.O., S. 840 ff.
2 Zur kritischen Diskussion des Ansatzes von Michael J. Greenwood vgl. Gene Laber: Lagged Response in the Decision to Migrate: A Comment, in: Journal of Regional Science, Vol. 12 (1972), S. 307 ff. - Michael J. Greenwood: Lagged Response in the Decision to Migrate: A Reply, in: Journal of Regional Science, Vol. 12 (1972), S. 311 ff. - Vernon Renshaw: A Note on Lagged Response in the Decision to Migrate, in: Journal of Regional Science, Vol. 14 (1974), S. 273 ff.

4.2.2.2 Die Wanderungsmotive jugoslawischer Arbeitskräfte

Hinsichtlich der Wanderungsmotive jugoslawischer Arbeitskräfte liegen die Ergebnisse zweier Befragungen vor, die im folgenden kurz referiert und kommentiert werden sollen.

Während der Weihnachts- und Neujahrsfeiertage 1970/71 wurde von der Abteilung Migration des Instituts für Geographie der Universität Zagreb in Zusammenarbeit mit der Arbeitsverwaltung der Sozialistischen Republik Kroatien eine Befragung unter 6.648 Arbeitsmigranten durchgeführt[1]. Die Ergebnisse dieser Befragung hinsichtlich der Abwanderungsmotive können der nachfolgenden Tabelle entnommen werden.

Tab. 4-1.: Die Abwanderungsmotive kroatischer Arbeitsmigranten

Motiv	insgesamt %	Frauen %
Die Möglichkeit, Arbeit zu finden	36,3	61,2
Die Möglichkeit, höheren Verdienst oder Ersparnisse zu realisieren	6,9	9,3
Spezialisierung oder Erlernung einer Fremdsprache	2,4	2,4
Kennenlernen fremder Länder	0,2	-
Bau bzw. Ausbau eines Hauses oder Kauf einer Wohnung	38,2	24,8
Kauf von Ackerland oder landwirtschaftlichen Maschinen	6,5	1,8
Kauf eines eigenen Autos	2,7	-
Kauf eines Lastwagens oder Taxis	1,7	-
Eröffnung eines privaten Handwerkbetriebes oder einer privaten Gaststätte	4,5	0,5
Familiäre, persönliche Gründe oder anderes	0,6	-
Insgesamt	100,0 N=6648	100,0 N=1697

Quelle: Vgl. Ivo Baučić: Die Auswirkungen der Arbeitskräftewanderungen in Jugoslawien, in: Reinhard Lohrmann und Klaus Manfrass (Hrsg.): Ausländerbeschäftigung..., a.a.O., S. 187.

---

1 Vgl. Ivo Baučić und Živko Maravić: Vraćanje i zapošljavanje vanjskih migranata iz SR Hrvatske, Zagreb 1971. In dieser Arbeit sind die Befragungsergebnisse ausgewertet worden.

Danach war das Hauptmotiv der Abwanderer der Bau bzw. Ausbau
eines Hauses oder Kauf einer Wohnung, und zwar gaben 38,2 Prozent aller Befragten dieses Motiv als Grund ihrer Abwanderung
an. Dieses Motiv besagt aber nichts anderes, als daß über höhere Verdienstmöglichkeiten bzw. Ersparnisbildung dieser spezifische Zweck verfolgt wird. M.a.W. ist das Motiv Wohnungsbau
ebenso wie Kauf von Ackerland, Kauf eines Lastwagens u.ä. dem
Motiv 'die Möglichkeit, höheren Verdienst oder Ersparnisse zu
realisieren' unterzuordnen. Geht man in dieser Weise vor, so
zeigt sich, daß 60,5 Prozent der Befragten wegen der besseren
Verdienstmöglichkeiten ins Ausland abgewandert sind.

Das zweitwichtigste Abwanderungsmotiv war die Möglichkeit, im
Ausland eine Beschäftigung zu finden; 36,3 Prozent der Befragten
nannten dieses Motiv als Abwanderungsgrund. Die weiblichen Arbeitsmigranten nannten dieses Motiv dagegen mehrheitlich (61,2%)
als Abwanderungsgrund. Hierin dokumentiert sich u.a. die oben
beschriebenen spezifischen Arbeitsmarktprobleme weiblicher Arbeitskräfte in Jugoslawien.

Höhere Verdienstmöglichkeiten bzw. die Möglichkeit, einen Arbeitsplatz zu finden, wurden auch in einer zweiten Befragung
als Hauptmotive der Abwanderung genannt. Im Rahmen dieser Befragung vom August 1970 wurden 2.311 Arbeitsmigranten aus der Republik Bosnien und Herzegowina interviewt[1]. 64,3 Prozent der
Befragten gaben als Motiv ihrer Abwanderung die besseren Verdienstmöglichkeiten (bolja zarada) im Ausland an, wobei dieser
Anteil in der Gruppe der qualifizierten Arbeitskräfte höher
lag (71,7%) als in der Gruppe der nichtqualifizierten Arbeitskräfte (66,5%)[2].

---

1 Vgl. Aleksa Milojević und Vladimir Sultanović: Motivacije
odlaska i sulovi povratka radne migracije iz SR BiH u strane
zemlje, in: Marksisticke Sveske, I godina (1972), Sarajevo
1-2, S. 251.
2 Ebenda, S. 256. Diese beiden Gruppen stellten 36,7% der befragten Arbeitsmigranten.

Die Möglichkeit, im Ausland einen Arbeitsplatz zu finden, d.h. die Arbeitslosigkeit (nezaposlenost) gaben 24,5% der Befragten als Motiv ihrer Abwanderung an, wobei dieses Motiv in der Gruppe der Facharbeiter weniger häufig genannt wurde (19,3%) als in der Gruppe der nichtqualifizierten Arbeitskräfte (24,7%)[1]. Andere Motive wie Abenteuerlust, Schulung der Kinder im Ausland u.ä. wurden dagegen von nur relativ wenigen Arbeitsmigranten als Grund ihrer Abwanderung angegeben.

Die Ergebnisse beider Befragungen verdeutlichen, daß im wesentlichen nur zwei Motive für die Abwanderung jugoslawischer Arbeitskräfte von Bedeutung waren, die höheren Verdienstmöglichkeiten im Ausland sowie die Möglichkeit, im Ausland eine Arbeit zu finden. Wenngleich diese Motive von den Befragten alternativ genannt wurden, so ist doch zu vermuten, daß auch bei vorhergehender Arbeitslosigkeit die Aussicht auf einen Arbeitsplatz allein nur in wenigsten Fällen Anlaß zur Abwanderung war. Die Aussicht auf einen Arbeitsplatz und höhere Verdienstmöglichkeiten dürfte für diese Gruppe der Arbeitsmigranten das Motiv der Abwanderung gewesen sein. M.a.W. muß das Einkommensgefälle zwischen dem In- und Ausland als wesentliche Voraussetzung der Abwanderung jugoslawischer Arbeitskräfte angesehen werden.

4.2.2.3 Die Determinanten der Wanderungsströme jugoslawischer Arbeitskräfte

Die Wanderungsmotive jugoslawischer Arbeitskräfte lassen erkennen, daß der jugoslawische Abwanderungsprozeß als Antwort auf Arbeitsmarktungleichgewichte in Gestalt von unterschiedlichen Verdienst- und Beschäftigungsmöglichkeiten zwischen dem In- und Ausland angesehen werden muß. Im folgenden soll nun empirisch analysiert werden, ob die an anderer Stelle beschriebenen zeitlichen Schwankungen der Abwanderungsströme von der Beschäftigungs- und Lohnentwicklung des Inlandes oder des Auslandes bestimmt

---

1 Vgl. Aleksa Milojević und Vladimir Sultanović: Motivacije odlaska..., a.a.O., S. 256.

wurden oder aber, ob die Entwicklungen in beiden Ländern gemeinsam wesentlich den Wanderungsprozeß in seiner zeitlichen Entwicklung beeinflußt haben. Zusätzlich soll der Versuch unternommen werden, die sog. Informationshypothese empirisch für den jugoslawischen Abwanderungsprozeß zu testen. Die empirischen Tests werden im Rahmen verschiedener Push-Pull-Modelle durchgeführt, als statistisches Schätzverfahren dient die multiple Regressionsanalyse[1].

Der Mangel an entsprechenden statistischen Angaben zwingt dazu, die Prüfung der oben angedeuteten Hypothesen auf die jugoslawisch-deutsche Arbeitsmigration zu beschränken. Da aber die Bundesrepublik Deutschland - wie noch zu zeigen sein wird - das wichtigste Beschäftigungsland jugoslawischer Arbeitskräfte ist, haben diese Ergebnisse zweifelsohne auch Bedeutung für den gesamten jugoslawischen Abwanderungsprozeß.

Der Betrachtungszeitraum der Analyse umfaßt die Jahre 1960-1973, also jenen Zeitraum, in dem die Wanderungen zwischen der Bundesrepublik Deutschland und Jugoslawien weitgehend unreglementiert waren.

Der eingehenden Diskussion des Abwanderungsprozesses wird sich schließlich der Versuch anschließen, ebenfalls die Bestimmungsfaktoren des Rückwanderungsprozesses jugoslawischer Arbeitskräfte aus der Bundesrepublik Deutschland empirisch zu bestimmen.

4.2.2.3.1 Die Variablen der Analyse

Als abhängige Variable des 'Abwanderungsmodelles' und des 'Rückwanderungsmodelles' werden jeweils die entsprechenden Angaben des Statistischen Bundesamtes Wiesbaden zur Ab- bzw. Rückwanderung jugoslawischer Arbeitskräfte (Zu- bzw. Fortzüge von

---

1 Die Berechnungen wurden mit Hilfe des SPSS-Unterprogrammes REGRESSION durchgeführt. Vgl. Norman H. Nie u.a.: SPSS, Statistical Package for the Social Sciences, New York 1975, S. 320 ff.

ausländischen bzw. staatenlosen Erwerbspersonen aus bzw. nach Jugoslawien) gewählt[1].

Die Wahl der unabhängigen Variablen des Modells, die den empirischen Test der Beschäftigungs-, der Einkommens- und Informationshypothese erlauben, wirft einige Probleme auf. So werden die nachfolgenden Ausführungen zeigen, daß einige der in Frage kommenden Zeitreihen bei näherer Betrachtung ihre vordergründige Relevanz für das Untersuchungsanliegen verlieren.

Zur Beschreibung der Beschäftigungssituation bzw. ihrer zeitlichen Entwicklung bieten sich im wesentlichen die Zeitreihe der 'Stellensuchenden' und/oder die der 'offenen Stellen' an. Für die Bundesrepublik Deutschland dürften diese Zeitreihen die kurzfristigen Beschäftigungsentwicklungen ausreichend wiedergeben. Für Jugoslawien ist jedoch zu vermuten, daß diese Variablen kaum geeignet sind, die kurzfristigen Beschäftigungsentwicklungen angemessen zu beschreiben.

Anlaß zu dieser Vermutung gibt das wichtigste jugoslawische Arbeitsmarktproblem, der Arbeitskräfteüberschuß des landwirtschaftlichen Sektors[2]. Von diesem Sektor ging im Laufe des Industrialisierungsprozesses ein zunehmender Angebotsdruck auf den Arbeitsmarkt aus, d.h. eine wachsende Zahl landwirtschaftlich tätiger Arbeitskräfte strebte eine Beschäftigung im vergesellschafteten Sektor Jugoslawiens, also in der Industrie, im Dienstleistungssektor usw. an. Vor diesem Hintergrund ist auch die gleichgerichtete Entwicklung der Zeitreihen 'Stellensuchende' und 'Beschäftigung im vergesellschafteten Sektor' zu verstehen[3]. Die Variable 'Stellensuchende' signalisiert somit weniger die kurzfristigen als vielmehr die längerfristigen Beschäftigungsentwicklungen bzw. -probleme Jugoslawiens.

---

1 Die Wahl der Abwanderungsdaten des Statistischen Bundesamtes anstelle der von der Bundesanstalt für Arbeit ermittelten Daten ist willkürlich. Sie hat aber hinsichtlich des Ergebnisses keine Bedeutung, da beide Zeitreihen sehr eng miteinander korreliert sind (r=0,99).
2 Vgl. hierzu auch Abschnitt 3.2 dieser Arbeit.
3 Vgl. Tab. 4-2.

Tab. 4-2.: Die Variablen der Regressionsanalysen

Jahr	Ab-wanderung	Rück-wanderung YU[a]	Stellensuchende D[b]		offene Stellen YU	D	reale Lohnentwicklung YU (in Dinar)	D[c] (in DM)	Beschäftigte im vergesell. Sektor (in 1.000)
	(1)	(2)	(3)	(4)	(5)	(6)	(7)	(8)	(9)
1960	9 812[d]	3 679[d]	159 230	270 678	59 092	465 081	610	684	2 972
1961	15 635[d]	4 826[d]	191 283	180 855	57 136	552 098	633	736	3 242
1962	29 887	6 734	236 563	154 523	57 805	573 843	633	789	3 318
1963	21 798	13 737	230 272	185 646	78 605	554 805	704	816	3 390
1964	26 281	19 095	212 486	169 070	83 067	609 187	809	861	3 608
1965	44 873	21 575	236 969	147 352	53 304	648 999	833	917	3 662
1966	65 969	32 630	257 607	161 059	43 677	539 752	927	937	3 582
1967	29 513	34 824	269 067	459 489	33 531	302 008	985	919	3 561
1968	85 491	24 995	310 996	323 480	35 505	488 317	1 032	968	3 587
1969	201 985	48 034	330 626	178 579	43 202	746 998	1 103	1 053	3 706
1970	210 364	78 470	319 586	148 846	46 293	794 817	1 173	1 174	3 850
1971	124 875	91 034	291 301	185 072	45 093	648 084	1 243	1 215	4 034
1972	96 368	77 151	315 304	246 433	45 408	545 849	1 255	1 248	4 210
1973	108 368	67 513	381 586	273 498	53 009	572 039	1 208	1 293	4 306

a Jugoslawien; b Bundesrepublik Deutschland
c Umrechnung von Wochen- auf Monatswerte sowie von Nominal- auf Realwerte
d einschließlich Nichterwerbspersonen
Quelle: Statistisches Bundesamt Wiesbaden: Fachserie A, Bevölkerung und Kultur, Reihe 3, Wanderungen, verschiedene Jahrgänge (Sp. 1 u.Sp. 2); SGJ-76, Tab. 102-5.; S. 80 (Sp. 3 u.Sp. 5); Statistisches Bundesamt Wiesbaden: Statistisches Jahrbuch für die Bundesrepublik Deutschland 1974, S. 145 sowie Statistisches Jahrbuch 1968, S. 131 (Sp. 4 u.Sp. 6); SGJ-76, Tab.102-29., S. 94; eigene Berechnungen (Sp. 7); Statistisches Jahrbuch 1974, S. 467 u.470 (Sp. 8);
SGJ-76, Tab. 102-4., S. 80 (Sp. 9)

Auch die Zeitreihe 'offene Stellen' scheint wenig geeignet zu sein, um die kurzfristigen Beschäftigungsentwicklungen in Jugoslawien für den Betrachtungszeitraum nachzuzeichnen. Sie stagnierte im wesentlichen im Zeitraum 1960-1973. Hieran sowie an der hohen, zunehmenden Zahl der Stellensuchenden ist vielmehr zu erkennen, daß diese Variable spezifische sektorale Beschäftigungsprobleme und nicht so sehr Veränderungen in der allgemeinen Beschäftigungsentwicklung anzeigt.

Nach diesen Ausführungen muß die Verwendung der Zeitreihen 'offene Stellen' sowie 'Stellensuchende' zur Beschreibung der kurzfristigen Beschäftigungsentwicklung in Jugoslawien zurückgewiesen werden. Als Alternative zu diesen Variablen bietet sich die Zeitreihe 'Beschäftigte im vergesellschafteten Sektor' an. Hiermit wird zwar nur ein Teilbereich des jugoslawischen Beschäftigungsmarktes abgedeckt; dieser ist jedoch der eigentlich relevante in Jugoslawien.

Zur Überprüfung der Einkommenshypothese bietet sich für die Bundesrepublik Deutschland der reale Bruttomonatsverdienst eines Industriearbeiters und für Jugoslawien als vergleichbare Einkommensgröße das persönliche reale Monatsdurchschnittseinkommen der Arbeitnehmer (prosečna neto lična primanja) an. Während nun aber die Lohnentwicklung in der Bundesrepublik annähernd in allen Sektoren parallel verläuft, so ist dieses wegen des dualen Charakters seiner Volkswirtschaft jedoch kaum für Jugoslawien zu erwarten. Denn die 'Lohnentwicklung' in den landwirtschaftlichen und handwerklichen Familienbetrieben dürfte sich von der im vergesellschafteten Sektor stark unterscheiden. Hier wirft also die notwendige Durchschnittsbetrachtung eines Makromodells besondere Probleme auf.

Die Verwendung der Lohnvariablen im nachfolgenden 'Abwanderungsmodell' erscheint auch aus einem anderen Grund sehr problematisch bzw. wenig sinnvoll. So ist aus Tab. 4-2. leicht zu sehen, daß beide Lohnvariablen einen starken Trendverlauf aufweisen; sie sind sehr hoch mit der Zeitvariablen (r=0,99 bzw. 0,98) sowie miteinander korreliert (r=0,96). Die gemeinsame Berücksichtigung der Lohnvariablen in einem Regressionsmodell wirft somit schwerwiegende statistische Probleme (Multikollinearitätsprobleme) auf, die sich bei zusätzlicher Berücksichtigung der Zeitvariablen noch verschärfen würden.

Eine sinnvolle Überprüfung der Einkommenshypothese erscheint somit für den jugoslawischen Abwanderungsprozeß nicht möglich. Überdies erscheint es überhaupt fraglich, ob die Lohnentwicklungen im Aufnahme- bzw. Abgabeland kurzfristig Einfluß auf den Abwanderungsstrom nehmen können. Durch ihre institutionelle Festlegung weisen die Löhne im Zeitablauf im allgemeinen keine größeren Schwankungen auf; dies zeigt auch der Trendcharakter der deutschen bzw. jugoslawischen Lohnvariablen. Für das Entscheidungskalkül der Abwanderer besagt diese Beobachtung aber nichts anderes, als daß die Entscheidungsgrundlage kurzfristig durch die Lohnentwicklungen in der Herkunfts- bzw. Zielregion nicht verändert wird; m.a.W. können Jahresschwankungen des Abwanderungsvolumens nicht durch die Lohnentwicklungen in den betrachteten Regionen erklärt werden.

Damit sind die Löhne bzw. die sich aus unterschiedlichen Lohnentwicklungen ergebenden Lohndifferenzen jedoch keineswegs irrelevant für den Wanderungsprozeß; dies zeigen schon die Wanderungsmotive jugoslawischer Arbeitskräfte an. Sie müssen als notwendige Voraussetzung des Wanderungsprozesses angesehen werden. Auf die kurzfristige Entwicklung des Abwanderungsstromes haben sie jedoch keinen Einfluß.

Statistische aber im wesentlichen auch inhaltliche Probleme sprechen somit gegen die Verwendung der Lohnvariablen im Push-Pull-Modell der jugoslawischen Abwanderung.

Zum Abschluß dieser Variablendiskussion soll geprüft werden, ob und wie die sog. Informationshypothese getestet werden kann. Als ein mögliches Vorgehen wurde schon die Einführung einer sog. migrant stock-Variablen genannt. Diese Variable hat sich gemessen an ihrem Erklärungsbeitrag in verschiedenen empirischen Arbeiten als sehr bedeutend erwiesen. Nun kann hieraus aber nicht die Schlußfolgerung gezogen werden, daß in den untersuchten Fällen tatsächlich die über die schon abgewanderten Verwandten

und Bekannten laufenden Informationsströme die Entwicklung des
Abwanderungsstromes maßgeblich beeinflußt haben. Der enge Zusammenhang zwischen dem Bestand von Abwanderern in einer Vorperiode und nachfolgenden Abwanderern derselben Herkunftsregion kann auch dahingehend interpretiert werden, daß "... the only reason people are migrating to place j at time t is for the same reasons they migrated at time t-n"[1].

M.a.W. kann allein aus diesen Gründen ein enger Zusammenhang zwischen der migrant stock-Variable und den übrigen Variablen abgeleitet werden. Daß der Aussagewert eines solchen Modells stark eingeschränkt ist, konnte SHAW recht eindrucksvoll demonstrieren[2]. Er zeigte, daß der bedeutende Erklärungsbeitrag der migrant stock-Variable zulasten der übrigen unabhängigen Variablen ging. So erhöhte die zusätzliche Einbeziehung der migrant stock-Variable zwar das Bestimmtheitsmaß von $R^2 = 0,68$ auf $R^2 = 0,80$, sie führte jedoch auch dazu, daß die übrigen vorher signifikanten unabhängigen Variablen nun nicht mehr signifikant waren. Als Ergebnis formulierte SHAW daher, daß die Variablen 'migrant stock' und Einwanderung "... are not related as cause and effect, bot more likely as effect following effect"[3]. Aufgrund der unterschiedlichen Bestimmtheitsmaße vermutete SHAW jedoch, daß die migrant stock-Variable eine gewisse Bedeutung haben könnte.

Der Einfluß von schon abgewanderten Verwandten und Bekannten auf die nachfolgende Abwanderung kann auch - wie später noch eingehender diskutiert werden wird[4] - auch für die jugoslawische Abwanderung postuliert werden. Seine Quantifizierung durch die zusätzliche Berücksichtigung einer migrant stock-Variable im Modell erscheint nach den obigen Ausführungen jedoch als sehr problematisch. Im folgenden soll daher auch ein anderer - ebenfalls indirekter - Weg beschritten werden, der sich an folgenden Überlegungen orientiert.

---

1 R. Paul Shaw: Migration Theory and Fact. A Review and Bibliography of Current Literature, Bibliography Series Number Five, Regional Science Research Institute, Philadelphia 1975, S. 84.
2 Vgl. ebenda, S. 84 f. Sein Beispiel bezog sich auf die kanadische Immigration.
3 Ebenda, S. 85
4 Vgl. Abschnitt 4.3.1.5 dieser Arbeit

Jede zusätzliche Abwanderung bedeutet im Regelfall auch eine
Zunahme der persönlichen Beziehungen oder Kontakte zwischen
der Ziel- und Herkunftsregion. Diese persönlichen Kontakte
verbessern die Kenntnisse hinsichtlich der Push- und Pull-
Faktoren in der Zielregion, überdies setzt im allgemeinen die
Aussicht auf ein mögliches Zusammenleben mit Bekannten in der
Zielregion die Resistenzschwelle potentieller Wanderer herab.
M.a.W. ist im Zeitverlauf ceteris paribus eine steigende Tendenz der Abwanderung zu erwarten. Um diesen postulierten
Trendeinfluß von schon abgewanderten Verwandten und Bekannten
auf die Abwanderungsentwicklung abzuschätzen, wird in das Abwanderungsmodell explizit eine Trend- bzw. Zeitvariable eingeführt. Darüber hinaus erfüllt diese Variable auch eine technische Funktion im Modell, sie mindert die allgemein bei Zeitreihenanalysen zu beobachtende Autokorrelation[1].

Da die Beziehungen zwischen der 'Informationsvariable' und
den übrigen Variablen multiplikativer Art sind, wurde der Regressionsgleichung eine logarithmisch-lineare Kurvenform zugrundegelegt. Das Abwanderungsmodell hat somit folgendes Aussehen:

$$\log AW_t = a_0 + a_1 \log B_t^D + a_2 \log B_t^{YU} + a_3 \log T + e_t$$

$$t, T = 1960, \ldots, 1973.$$

Die in der obigen Gleichung verwendeten Symbole haben dabei
folgende Bedeutung:

AW = Abwanderung
B = Beschäftigungsentwicklung
T = Trend
e = Residuen
a = Regressionskoeffizienten
D = Bundesrepublik Deutschland
YU = Jugoslawien

4.2.2.3.2 Die Ergebnisse der Analyse

Zur Beschreibung der Beschäftigungsentwicklung in der Bundesrepublik Deutschland standen die Zeitreihen 'offene Stellen'

---

[1] Zum Trendproblem in der multiplen Regressionsanalyse
vgl. Heinz Gollnick: Einführung in die Ökonometrie, Stuttgart
1968, S. 119 ff. - Gerhard Tintner: Handbuch der Ökonometrie,
Berlin u.a. 1960, S. 276 ff.

(B_{oS}^{D}) und 'Stellensuchende' (B_{S}^{D}) zur Verfügung. Für beide Zeitreihen wurde das obige Modell alternativ durchgerechnet; die Ergebnisse können den folgenden empirischen Regressionsgleichungen entnommen werden:

(1) $\log AW_t = -2869{,}34 - 1{,}39\ B_{S,t}^{D} - 10{,}15\ B_{t}^{YU} + 895{,}05\ T$

   (0,21)   (2,15)   (104,22)

$$R^2 = 0{,}96$$
$$F = 80{,}3$$
$$DW = 1{,}11$$

(2) $\log AW_t = -2109{,}26 + 1{,}72\ B_{oS,t}^{D} - 6{,}68\ B_{t}^{YU} + 652{,}12\ T$

   (0,37)   (2,58)   (119,57)

$$R^2 = 0{,}93$$
$$F = 45{,}3$$
$$DW = 0{,}92$$

Beide Regressionsgleichung 'erklären' mit 96 bzw. 93 Prozent einen sehr hohen Anteil der abhängigen Variablen Abwanderung; ihre Regressionskoeffizienten sind bei einem Signifikanzniveau von P = 0,05 gegen Null gesichert und weisen auch die theoretisch zu erwartenden Vorzeichen auf. D.h. eine positive Beschäftigungsentwicklung (Abnahme der Zahl der Stellensuchenden bzw. Zunahme der offenen Stellen) in der Bundesrepublik Deutschland führte im Betrachtungszeitraum zu einer Zunahme der Abwanderung jugoslawischer Arbeitskräfte in die Bundesrepublik Deutschland, während positive Beschäftigungsentwicklungen auf dem jugoslawischen Arbeitsmarkt abwanderungsmindernd wirkten. Überdies bestätigen beide Regressionsgleichungen den positiven Trend der Abwanderung.

Insgesamt können die Ergebnisse dieser Analysen als Bestätigung der sog. Beschäftigungshypothese aufgefaßt werden, denn die Varianz des Abwanderungsstromes läßt sich gemeinsam mit der Trendvariablen fast vollständig durch die Beschäftigungsentwicklungen in der Bundesrepublik Deutschland bzw. Jugoslawien 'erklären'.

Bei näherer Betrachtung zeigen sich jedoch die Beschäftigungsentwicklungen auf den beiden Märkten sehr unterschiedlich in ihrer Bedeutung. Ein hier als 'Pull-Modell' bezeichnetes Regressionsmodell - es enthält als abhängige Variablen neben der Trendvariablen nur jeweils die die Beschäftigungsentwicklung in der Bundesrepublik beschreibende Zeitreihe - erklärt 87 bzw. 89[1] Prozent der Varianz der abhängigen Variablen. Das entsprechende 'Push-Modell' weist dagegen nur ein Bestimmtheitsmaß von $R^2 = 0,78$ auf; überdies ist der Regressionskoeffizient der die Beschäftigungsentwicklung in Jugoslawien beschreibenden Zeitreihe bei einem Signifikanzniveau von $P = 0,05$ nicht gegen Null gesichert. Schließlich wurde auch noch die Einfachregression zwischen der abhängigen Variablen und der Trendvariablen bestimmt. Der Erklärungsbeitrag der Trendvariablen erweist sich mit einem $R^2 = 0,77$ als relativ bedeutend. Die Bedeutung dieser Variablen wird auch daran deutlich, daß die ursprünglichen Regressionsmodelle ohne Trendvariable nur 67 bzw. 73[1] Prozent der abhängigen Variablen erklären, d.h. bei Hinzunahme der Trendvariablen erhöhte sich das Bestimmtheitsmaß um 29 bzw. 20 Prozentpunkte. Durch die zusätzliche Berücksichtigung der Trendvariablen ist überdies auch erst eine sinnvolle Interpretation der Regressionsgleichungen möglich, denn damit wird der Einfluß der Zeitreihen 'Stellensuchende' sowie 'offene Stellen' statistisch signifikant und die Zeitreihe 'Beschäftigte im vergesellschafteten Sektor' erhält das theoretisch zu erwartende positive Vorzeichen.

Bei Zugrundelegung der der Trendvariablen eingangs zugewiesenen inhaltlichen Bedeutung läßt sich das Ergebnis der Abwanderungsmodelle wie folgt zusammenfassen. Die Beschäftigungsentwicklungen in den betrachteten Ländern sowie das Wirken von schon abgewanderten Verwandten und Bekannten im Abwanderungsprozeß 'erklären' fast vollständig die zeitliche Entwicklung der Abwan-

---

1 Alternatives Ergebnis bei Berücksichtigung der Zeitreihe 'offene Stellen' statt 'Stellensuchende'.

derung. Bei getrennter Analyse der Einzeleinflüsse zeigt sich
jedoch, daß diese in ihrer Bedeutung sehr unterschiedlich sind.
Geringe oder kaum eine Bedeutung hatten im Betrachtungszeitraum die Arbeitsmarktentwicklungen in Jugoslawien. Die Arbeitsmarktentwicklungen in der Bundesrepublik Deutschland sowie das
Wirken schon abgewanderter Verwandter und Bekannter bestimmten
vielmehr im wesentlichen die zeitliche Entwicklung der Abwanderung[1].

---

1 In einer sehr umfangreichen ökonometrischen Analyse der jugoslawischen Wanderung in die bzw. aus der Bundesrepublik Deutschland für den Zeitraum 1962-1973 kommt Emmanuel G. Drettakis hinsichtlich der Bedeutung der Arbeitsmarktentwicklungen in beiden Ländern für den Wanderungsprozeß zu einem ähnlichen Ergebnis. So zeigten sich etwa die Push-Faktoren erst gemeinsam mit den Pull-Faktoren statistisch signifikant. Bei gemeinsamer Betrachtung der Push-und Pull-Faktoren konnte Drettakis ebenfalls zeigen, daß "... when employment or employment opportunities in Yugoslavia increased they dampened the 'pulling' force of the employment opportunities in West Germany". (S. 57). Darüber hinaus hat Drettakis auf der Basis von Quartalswerten für den Zeitraum 1966-1973 verschiedene 'distributed lag'-Modelle getestet. Die Ergebnisse bestätigen im wesentlichen die auf der Basis von Jahresdaten gewonnenen Resultate, wobei jedoch davon abweichend die Push-Faktoren in diesen Modellen, d.h. namentlich die zeitliche Entwicklung der Arbeitslosigkeit in Jugoslawien die Abwanderung besser'erklären' konnte. Die geringe Eignung der Zeitreihe 'Stellensuchende' zur Beschreibung der Arbeitsmarktentwicklung in Jugoslawien gestaltet dieses Ergebnis jedoch sehr fragwürdig. Überhaupt läßt sich Drettakis in seiner Analyse vor allem von statistischen Ambitionen leiten. So fehlt etwa eine eingehende Eignungsprüfung der verwendeten Daten. Seine Diskussion der Variablen 'Stellensuchende' beschränkt sich auf den Hinweis "... the state of the labour market in Yugoslavia is, admittedly in an imperfect way, reflected in the number of persons seeking employment in Yugoslavia" (S. 39). Ebenfalls wird die Zeitreihe 'offene Stellen' undiskutiert in die Analyse aufgenommen. Das vorrangig statistische Interesse von Drettakis wird auch etwa daran sichtbar, daß die Wahl der Kurvenform nicht inhaltlich bestimmt ist, sondern aufgrund der Höhe des Bestimmtheitsmaßes festgelegt wird. "The model is in log-linear form because,..., that form gave a better fit than the linear." (S. 52).
Die Seitenangaben beziehen sich auf Emmanuel S. Drettakis: Yugoslav Migration..., a.a.O.

Hier sei noch einmal darauf hingewiesen, daß die Einkommenshypothese nicht irrelevant für die Erklärung des jugoslawischen Abwanderungsprozesses ist. Unterschiedliche Lohnentwicklungen, d.h. Lohndifferenzen[1] zwischen der Bundesrepublik Deutschland und Jugoslawien müssen als notwendige Voraussetzung der Abwanderung jugoslawischer Arbeitskräfte in die Bundesrepublik betrachtet werden. Sie dürften im Betrachtungszeitraum ein ständiger Anreiz für die jugoslawischen Arbeitskräfte zur Abwanderung gewesen sein, wobei jedoch die tatsächliche Abwanderung im wesentlichen durch die Arbeitsmarktentwicklung in der Bundesrepublik Deutschland sowie teilweise autonom, d.h. über die abwanderungsstimulierenden Einflüsse schon abgewanderter Arbeitskräfte bestimmt wurde.

Die Abwanderung jugoslawischer Arbeitskräfte ins Ausland zwecks Beschäftigungsaufnahme impliziert aufgrund ihres temporären Charakters einen Wanderungsstrom in entgegengesetzter Richtung, d.h. die Rückwanderung von jugoslawischen Arbeitnehmern ins Heimatland. Die Bestimmungsgründe dieses Wanderungsstroms dürften sich von denen der Abwanderung wesentlich unterscheiden, dies lassen zumindest die unterschiedlichen Entscheidungskalküle der Arbeitsmigranten bezüglich Ab- und Rückwanderung vermuten. So wird die Entscheidung zur Rückwanderung kaum durch die Aussicht auf höhere Verdienstmöglichkeiten, auf einen sicheren Arbeitsplatz u.ä. bestimmt. Ausschlaggebend für die Rückwanderungsentscheidung dürften vielmehr Faktoren wie Höhe des Sparkapitals, Integrationsschwierigkeiten u.ä. sein. Die zeitliche Entwicklung der Rückwanderung kann somit a priori als eine Funktion des Abwanderungsvolumens bzw. des Bestandes im Ausland beschäftigter Arbeitskräfte sowie der Aufenthaltsdauer der Arbeitsmigranten (Alter des Wanderungsprozesses) betrachtet werden. D.h. mit dem Abwanderungsvolumen variiert auch das Volumen der kurzfristig wieder zurückwandernden Arbeitskräfte und mit der Alterung

---

1 Auf US-Dollarbasis umgerechnet war 1970 der durchschnittliche reale Bruttomonatsverdienst eines deutschen Industriearbeiters 3,5 mal höher als das reale monatliche Durchschnittseinkommen eines jugoslawischen Arbeiters. Dieser Vergleich wird jedoch ein wenig dadurch beeinträchtigt, daß ihm eine Brutto-Netto-Relation zugrundeliegt und daß er nicht auf Kaufkraftparitäten beruht. Eigene Berechnungen.

des Wanderungsprozesses nimmt vor allem die Zahl der Rückwanderer zu, die die Rückwanderung aufgrund der Realisierung bestimmter Zielvorhaben antreten.

Die Bedeutung der Arbeitsmarktsituation (im Beschäftigungsland) für den Verlauf der Abwanderung läßt jedoch darüber hinaus vermuten, daß der Rückwanderungsstrom ebenfalls <u>direkt</u> durch diese wirtschaftliche Größe bestimmt wird[1]. Um diesen Einfluß auf den Verlauf der Rückwanderung zu bestimmen, wurden die oben dargestellten Regressionsmodelle für die Rückwanderung getestet. Die Testergebnisse konnten jedoch nicht den vermuteten Zusammenhang bestätigen. Als einzig relevanter Erklärungsfaktor erwies sich der Trend-Faktor, der allein 91 Prozent der Varianz der abhängigen Variablen Rückwanderung 'erklärt'.

Die Arbeitsmarktentwicklungen in der Bundesrepublik Deutschland bzw. in Jugoslawien hatten demnach im Betrachtungszeitraum keinen regressionsanalytisch erfaßbaren Einfluß auf die zeitliche Entwicklung des Rückwanderungsstromes. Aus der Sicht der Bundesrepublik heißt das, daß der Masseneinwanderung ausländischer (jugoslawischer) Arbeitskräfte keine entsprechende Abwanderung in Zeiten angespannter Arbeitsmarktverhältnisse folgte[2].

In der Tatsache, daß der Verlauf der Rückwanderung jugoslawischer Arbeitskräfte ins Heimatland in recht guter Weise durch eine Trendfunktion beschrieben werden kann, manifestiert sich die funktionale Abhängigkeit der Rückwanderung zum tendenziell steigenden Abwanderungsvolumen im Betrachtungszeitraum sowie zur Alterung dieses Wanderungsprozesses. Die direkte empirische Bestimmung des Zusammenhanges zwischen Ab- und Rückwanderung

---

1 Dieser Zusammenhang zwischen wirtschaftlicher Entwicklung (vor allem in der Zielregion) und Veränderungen im Volumen des Rückwandererstromes wurde auch von LEE postuliert. Vgl. Abschnitt 4.1.
2 Vgl. auch Wolf R. Böhning: Differential..., a.a.O., S. 193 f.

ergab ein Bestimmtheitsmaß von $R^2 = 0,78$. Da jedoch selbst die kurzfristige Rückwanderung der Abwanderung nicht unmittelbar folgt, sondern mit einem mehr oder weniger großen time-lag, wurde die Regression mit zeitverzögerter Erklärungsvariable (Abwanderung) vorgenommen. Bei einem time-lag von einem Jahr belief sich der Wert des Bestimmtheitsmaßes auf $R^2 = 0,92$.

Die eingangs formulierten Hypothesen zu den Wanderungsströmen finden sich in den empirischen Analysen im wesentlichen bestätigt, d.h. zum einen die Vermutung, daß das Wanderungsvolumen mit den Fluktuationen in der Wirtschaft (vor allem mit den Fluktuationen des Beschäftigungsmarktes der Zielregion) variiert, und zum anderen die Vermutung, daß das Wanderungsvolumen - sofern keine bedeutenden Beschränkungen bestehen - tendenziell zunimmt. Empirische Bestätigung fand dagegen nicht die Hypothese, wonach der Gegenstrom (Rückwanderung) mit der wirtschaftlichen Entwicklung variiert. Es konnte vielmehr gezeigt werden, daß die Rückwanderung nur indirekt, d.h. über die Abwanderung mit der wirtschaftlichen Entwicklung (in der Zielregion) fluktuiert.

Die Analyse der Außenwanderungen jugoslawischer Arbeitskräfte zwischen der Bundesrepublik Deutschland und Jugoslawien hat somit im wesentlichen folgende Ergebnisse gebracht. Unter den Bedingungen freier Wanderungsmöglichkeiten und eines bedeutenden Einkommensgefälles zwischen der Bundesrepublik Deutschland und Jugoslawien hat die Abwanderung im Beobachtungszeitraum 1960 - 1973 als Ergebnis des Abbaues wanderungshemmender Hindernisse (des Wirkens schon abgewanderter Verwandter und Bekannter) tendenziell zugenommen. Die zeitlichen Schwankungen des Abwanderungsstromes wurden dabei maßgeblich durch die Arbeitsmarktentwicklungen in der Bundesrepublik Deutschland bestimmt. Die Arbeitsmarktentwicklungen in der Bundesrepublik hatten dagegen auf den zeitlichen Verlauf des Rückwanderungsstromes jugoslawischer Arbeitskräfte nur indirekten Einfluß; dieser wurde im wesentlichen geprägt von der Entwicklung des Abwanderungsstromes.

4.3 Zur Selektivität der Abwanderung und ihre Bestimmungsgründe

Die obige Analyse der Wanderungsströme der jugoslawischen Arbeitsmigration hat bedeutende Ergebnisse für das allgemeine Verständnis aber vor allem auch für die ökonomische Beurteilung dieser Erscheinung gebracht. Aufgrund ihrer Globalbetrachtung vermag sie jedoch keine Auskunft über die strukturelle Zusammensetzung dieser Wanderungsströme zu geben, d.h. sie kann nicht erklären, welche Arbeitskräfte aus welchen Regionen die Arbeitsmarktdisparitäten zum Ausland als Anreiz zur Abwanderung verstanden haben. Die Analyse dieser strukturellen Dimension der jugoslawischen Arbeitsmigration ist Gegenstand der nachfolgenden Ausführungen.

Die Überprüfung der oben formulierten Hypothese, daß die Wanderung selektiv wirkt[1], wird auf der Grundlage der 500 Gemeinden[2] (opštine) Jugoslawiens durchgeführt, und zwar sowohl in einer Gesamtbetrachtung als auch nach den Republiken bzw. autonomen Provinzen differenziert. Die zusätzliche Diskussion der wanderungsdifferenzierenden Faktoren auf der Ebene der 8 Teilregionen Jugoslawiens begründet sich mit deren erheblichen sozioökonomischen und kulturellen Unterschieden[3], die ein unterschiedliches Abwanderungsverhalten der Arbeitskräfte erwarten lassen.

---

1 Vgl. Abschnitt 4.1 dieser Arbeit.
2 Zum Zeitpunkt der Volkszählung 1971 hatte Jugoslawien 500 Gemeinden; die Anzahl hat sich inzwischen auf 508 (1.1.1976) erhöht. Vgl. auch Karte A 4-1.
3 Vgl. auch die Ausführungen in Abschnitt 2.1 dieser Arbeit.

Zunächst wird die räumliche Dimension der jugoslawischen Arbeitsmigration beschrieben und analysiert. Die Elemente dieses Aspektes sind Abwanderungsintensität, Abwanderungsrichtung sowie zeitlicher Beginn des Abwanderungsprozesses.

Im Anschluß an die Diskussion der räumlichen Dimension der Abwanderung wird die Selektivität der Abwanderung hinsichtlich demographischer, qualitativer und beruflicher Merkmale der Abwanderer analysiert.

4.3.1 Die räumliche Dimension der jugoslawischen Arbeitsmigration

Starke räumliche Unterschiede hinsichtlich Abwanderungsintensität, Abwanderungsrichtung sowie zeitlichen Verlaufes der Massenabwanderung kennzeichnen den Abwanderungsprozeß jugoslawischer Arbeitskräfte. Die Analyse ihrer Bestimmungsgründe dürfte wesentliche Charakteristika des Abwanderungsprozesses offenlegen.

Die Wanderungsforschung bietet nun verschiedene Ansätze bzw. Modelle an, die die räumlichen Aspekte der Migration in deren Beschreibung bzw. Erklärung explizit berücksichtigen. Wichtigste Vertreter dieser Gruppe sind die sog. Distanz- bzw. Gravitationsansätze.[1]

Die meisten Wanderungsmodelle dieser Art beruhen auf den von RAVENSTEIN am Ende des letzten Jahrhunderts formulierten Wanderungsgesetzen[2].

---

[1] Einen ausgezeichneten Überblick über die verschiedenen Formulierungen des Gravitationsansatzes bietet der Artikel von Gerald A.P. Carrothers: An historical Review of the Gravity and Potential Concepts of Human Interaction, in: Journal of the American Institute of Planners, Vol. XXII (1965), No. 2, S. 94 ff. - Vgl. ferner Günter Albrecht: Soziologie der geographischen Mobilität, Stuttgart 1972, S. 92 ff. - Paul Günter Jansen: Zur Theorie der Wanderungen, in: Zentralinstitut für Raumplanung an der Universität Münster (Hrsg.): Zur Theorie der allgemeinen und regionalen Planung, Bielefeld 1969, S. 155 ff. - Dieter Meinke: Regionale Interaktionsmodelle - Gravitations- und potentialorientierte Ansätze - in: Methoden der empirischen Regionalforschung (2. Teil), Hannover 1975, S. 23 ff. - Marc Termote: Wanderungsmodelle, in: György Széll (Hrsg.): Regionale Mobilität, a.a.O., S. 142 ff.
[2] Vgl. E.G. Ravenstein: Die Gesetze der Wanderung I, in: György Széll (Hrsg.): Regionale Mobilität, a.a.O., S. 51 f.

Aufgrund der empirischen Analyse der britischen Wanderungsbewegungen und in Analogie zum Newton'schen Gravitationsgesetz postulierte er folgenden Zusammenhang: Die Wanderungen zwischen zwei Orten ist direkt proportional zur Zahl der Einwohner dieser Orte sowie indirekt proportional zur Entfernung zwischen diesen Orten. Diese Modelle stellen - auch in ihrer modifizierten Form[1] - auf die räumliche Distanz als wanderungsdifferenzierenden Faktor ab. Es liegt nun nahe, ein entsprechendes Modell für die jugoslawische Arbeitsmigration aufzustellen und den wanderungsdifferenzierenden Einfluß der räumlichen Distanz abzuschätzen. Dieser Test ist jedoch wegen der fehlenden Daten nicht möglich[2]. Die vorliegenden Daten geben keine Auskunft über die nähere Zielregion des Abwanderers.

Die Diskussion des Zusammenhanges zwischen Zahl der Wanderungsfälle und Distanz muß sich aus diesem Grunde auf wenige Plausibilitätsüberlegungen beschränken. Als Indiz für den theoretisch erwarteten negativen Zusammenhang zwischen Abwanderung und räumlicher Distanz kann die relativ starke Konzentration der Abwanderung auf die nördlichen, d.h. am nächsten zu den westeuropäischen Arbeitsmärkten gelegenen Teilregionen Jugoslawiens betrachtet werden. Immerhin waren 1971 61 Prozent der im Ausland beschäftigten Arbeitsmigranten aus den Republiken Slowenien, Kroatien sowie Bosnien und Herzegowina abgewandert, obgleich diese Republiken nur 47,5 Prozent der aktiven Bevölkerung stellten[3].

---

1 Hier ist vor allem auf den Ansatz von Samuel A. Stouffer hinzuweisen, der zwar die räumliche Entfernung als solche in seinem Ansatz nicht mehr verwendet, diese aber indirekt über seine 'intervening opportunities' wieder einführt. Vgl. Samuel A. Stouffer: Intervening Opportunities: A Theory Relating Mobility and Distance, in: American Sociological Review, Vol. 5 (1940), S. 845 ff. - Derselbe: Intervening Opportunities and Competing Migrants, in: Journal of Regional Science, Vol. 2 (1960), S. 1 ff.
2 Im allgemeinen Mangel entsprechend aufbereiteter Daten dürfte auch der Grund liegen, daß bis heute - soweit bekannt - noch kein empirisches Gravitationsmodell für internationale Wanderungen getestet worden ist.
3 Statistički bilten 679, Tab. 1-1., S. 9 und SGJ-73, Tab. 202-3., S. 352.

Für den wanderungsdifferenzierenden Charakter der Distanz spricht
z.B. auch die räumliche Konzentration der jugoslawischen Arbeitskräfte in Süddeutschland. Während Baden-Württemberg und Bayern
Ende Januar 1973 insgesamt 41 Prozent der ausländischen Arbeitskräfte beschäftigten, befanden sich in diesen Ländern allein 51
Prozent aller in der Bundesrepublik beschäftigten jugoslawischen
Arbeitskräfte[1].

Wie schon angesprochen, ist der empirische Test eines entfernungsabhängigen Wanderungsmodelles für die jugoslawische Arbeitsmigration nicht möglich, d.h. der Einfluß der räumlichen Distanz
auf die Intensität der Abwanderung läßt sich nicht abschätzen.
Unabhängig davon, läßt sich aber für die jugoslawische Arbeitsmigration vermuten, daß die regionalen Unterschiede in der Abwanderungsintensität nicht allein von der räumlichen Distanz sondern
auch von anderen Komponenten bestimmt sind.

So ist für die jugoslawische Arbeitsmigration - wie noch zu zeigen sein wird - charakteristisch, daß die Abwanderung in bezug
auf Ausgangs- und Zielregion jeweils auf bestimmte Gebiete konzentriert ist. Die makedonischen Arbeitsmigranten präferieren
z.B. in stark überdurchschnittlichem Maße Australien als Beschäftigungsland. Weitere auffallende Wanderungsbeziehungen bestehen etwa zwischen Montenegro und den USA oder zwischen Serbien und Frankreich. Besonders deutlich werden diese Beziehungssysteme auf der Ebene der jugoslawischen Gemeinden[2]. Hier lassen
sich als Ergebnis kommunikativer Prozesse bestimmte Wanderungsbahnen bzw. -kanäle vermuten, die den Faktor physische Distanz
mindern bzw. ausschalten.

Der Einfluß kommunikativer Prozesse auf das Wanderungsgeschehen
ist von verschiedenen Forschern unter Begriffen wie 'chain

---

1 Vgl. BA: Erfahrungsbericht 1972/73, a.a.O., S. 82.
2 Vgl. dazu die Karten A 4-2. und A 4-3. im Anhang.
  Für den jugoslawischen Abwanderungsprozeß findet die Ausgangshypothese, daß die Wanderung dazu tendiert, größtenteils innerhalb gut definierter Ströme stattzufinden, im
  besonderen Maße empirische Bestätigung. Vgl. Abschnitt 4.1
  dieser Arbeit.

migration' oder 'the influence of relatives and friends' diskutiert worden[1]. Aber auch hier beschränken sich im wesentlichen die empirischen Tests entsprechender Modelle wegen der schlechten Datensituation auf Binnenwanderungen[2].

Für die jugoslawische Arbeitsmigration ist die Datensituation ebenfalls unbefriedigend. Dennoch soll später der Versuch gemacht werden, empirisch die Bedeutung der Kettenwanderung für die jugoslawische Arbeitsmigration zu analysieren.

Zunächst wird aber der Zusammenhang zwischen dem relativen ökonomischen Entwicklungsstand der jugoslawischen Gemeinden und dem Grad ihrer Einbeziehung in den Abwanderungsprozeß geprüft. Dieser Analyse wird die Hypothese vorangestellt, daß Arbeitskräfte dann wandern, wenn sie ihre ökonomischen Bedürfnisse in der Heimatregion nicht in befriedigender Weise erfüllt bzw. erfüllbar sehen, gleichzeitig aber wissen, daß diese Bedürfnisse in anderen Regionen erfüllbar sind. Nun hat jedes Individuum von seiner Umwelt sein persönliches Bild, das nur begrenzt mit der objektiven Struktur der Umwelt übereinstimmt. Dennoch liegt die Vermutung nahe, daß relativ mehr Personen in Gebieten mit geringerem Entwicklungsstand mit ihrer ökonomischen Situation unzufrieden sind als Personen in Gebieten mit höherem Entwicklungs-

---

1 Als bahnbrechend in diesem Zusammenhang müssen die Arbeiten von Torsten Hägerstrand angesehen werden. Vgl. u.a. Torsten Hägerstrand: Migration and Area, in: David Hannerberg, Torsten Hägerstrand und Bruno Odeving (Hrsg.): Migration in Sweden, a Symposium, Lund Studies in Geography, Lund 1957, S. 27 ff. Die Bedeutung der Kommunikation im Rahmen des Wanderungsprozesses haben u.a. auch analysiert Philipp Nelson: Migration, Real Income, and Information, a.a.O., S. 43 ff. - Michael J. Greenwood: An Analysis of the Determinants of Geographic Labor Mobility in the United States, a.a.O., S. 189 ff.- Derselbe: Lagged Response in the Decision to Migrate, a.a.O., S. 374 ff. - Kevin R. Cox: Man, Location and Behavior. An Introduction to Human Geography, New York 1972, S. 78 ff.
2 So etwa die obengenannten Arbeiten von Michael J. Greenwood. Dies gilt auch für die Arbeit von Mildred B. Levy und Walter J. Wadycki: The influence of family and friends on geographic labor mobility: an international comparison, a.a.O., S. 198 ff.

stand. M.a.W. wird hier ein negativer Zusammenhang zwischen Entwicklungsstand und Abwanderungsintensität postuliert.

Dieser Analyse wird jedoch zunächst die Beschreibung der räumlichen Dimension der jugoslawischen Arbeitsmigration vorangestellt.

4.3.1.1 Räumliche Unterschiede hinsichtlich der Abwanderungsraten

Zur Bestimmung der Abwanderungsintensität der Regionen Jugoslawiens bieten sich verschiedene Definitionen der Abwanderungsrate an. Um der demographischen Komponente stärker Rechnung zu tragen, kann die Zahl der Abwanderer auf die jeweilige Einwohnerzahl bezogen werden. Will man dagegen mehr die jeweilige arbeitsmarktpolitische Bedeutung der Arbeitsmigration abbilden, so muß die Zahl der Abwanderer auf die der Beschäftigten bezogen werden; dabei ist für Jugoslawien noch die Wahl zwischen den Beschäftigungskonzepten 'Aktive Bevölkerung' bzw. 'Beschäftigte des vergesellschafteten Sektors' zu treffen[1].

Die Abwanderungsintensität soll im folgenden durch das Verhältnis Zahl der Arbeitsmigranten zu Zahl der aktiven Bevölkerung bestimmt werden. Diese Bezugsgröße erhält deshalb den Vorzug, weil sie im Unterschied zur erstgenannten Größe den arbeitsmarktpolitischen Aspekt der Abwanderung miteinbezieht. Gegenüber der dritten Größe weist sie den Vorteil auf, daß sie selbst regional weniger stark schwankt und somit die Abwanderungsintensität besser abbildet.

Für die Republiken bzw. autonomen Provinzen Jugoslawiens sind zunächst alle drei Abwanderungsraten berechnet worden. Dabei zeigt Tab. 4-3., daß die regionalen Unterschiede in der Abwanderungsintensität von den ersten beiden Abwanderungsraten annähernd gleich wiedergegeben werden; die dritte Rate weicht dagegen aufgrund der großen regionalen Unterschiede in der Bedeutung des vergesellschafteten Sektors stark von diesem Bild ab. Alle drei

---

1 Vgl. hierzu die terminologischen Erklärungen in Abschnitt 3.2 dieser Arbeit.

Raten verdeutlichen jedoch das unterschiedliche Ausmaß der Abwanderung für die Republiken bzw. autonomen Provinzen Jugoslawiens.

Am stärksten betroffen von der Arbeitsmigration war zum Volkszählungsstichtag die Republik Kroatien, 11,1 Prozent der aktiven Bevölkerung war zu diesem Zeitpunkt im Ausland beschäftigt. Oberdurchschnittlich in den Abwanderungsprozeß einbezogen waren weiterhin die Republiken Bosnien und Herzegowina (10,0%) sowie Makedonien (8,6%).

Tab. 4-3.: Abwanderungsraten nach Regionen,in v.H.

	Arbeitsmigranten/ Bevölkerung (1)	Arbeitsmigranten/ aktive Bevölkerung (2)	Arbeitsmigranten/ Beschäftigte im verges. Sektor (3)
SFRJ	3,3	7,6	17,0
Bosnien und Herzegowina	3,7	10,0	25,5
Montenegro	1,5	4,5	9,4
Kroatien	5,1	11,1	23,0
Makedonien	3,3	8,6	20,1
Slowenien	2,8	5,7	8,6
Serbien	2,2	4,2	11,4
Kosovo	2,0	7,5	23,8
Vojvodina	3,1	7,3	14,7

Quelle: SGJ-76, Tab. 202-4, S. 372 (Sp. 1 u. 2),
SZzS: INDEKS. Mesečni pregled privredne statistike SFR Jugoslavije, 21 (1972), broj 5, S. 56 (Sp. 3), Statistički bilten 679, Tab. 1-2., (Sp. 1 bis 3), eigene Berechnungen.

Die Abwanderungsraten der autonomen Provinzen Vojvodina und Kosovo[1] entsprachen dagegen annähernd dem Landesdurchschnitt, während die Republiken Slowenien (5,7%), und Montenegro (4,5%) sowie die Teilrepublik Serbien (4,2%) deutlich unterdurchschnittlich am Wanderungsprozeß beteiligt waren.

---

1 Bezogen auf die Bevölkerungszahl wies Kosovo dagegen eine deutlich unterdurchschnittliche Abwanderungsrate auf. Der Grund dieser starken Abweichung liegt in der besonderen Altersstruktur sowie geringen Frauenerwerbstätigkeit Kosovos.

Die in Tab. 4-4. ausgewiesene regionale Zusammensetzung der ins
Ausland vermittelten jugoslawischen Arbeitskräfte läßt für die
Jahre 1972 und 1973 vermuten, daß die das Abwanderungsmuster von
1971 gestaltenden Kräfte im wesentlichen auch in den beiden nachfolgenden Jahren wirksam waren. Als auffällige Abweichung ist nur
die stärkere Einbeziehung der autonomen Provinz Kosovo zulasten
der Republik Kroatien festzustellen.

Tab. 4-4.: Arbeitsmigranten und aktive Bevölkerung nach
Regionen, in v.H.

Region	im Ausland beschäftigte Arbeitskräfte	aktive Bevölkerung	ins Ausland vermittelte Arbeitskräfte	
	März 1971	1971	1972	1973
	(1)	(2)	(3)	(4)
SFRJ	100,0	100,0	100,0	100,0
Bosnien u. Herzegowina	20,4	15,5	22,4	24,5
Montenegro	1,2	2,0	1,4	2,0
Kroatien	33,5	22,7	25,7	22,9
Makedonien	8,1	7,1	8,0	10,1
Slowenien	7,2	9,4	7,3	4,5
Serbien	17,1	30,4	17,5	14,7
Kosovo	3,6	3,6	9,1	12,2
Vojvodina	9,0	9,4	9,0	9,1

Quelle: Statistički bilten 679, Tab. 1-1., S. 9 (Sp. 1),
SGJ-76, S. 372 (Sp. 2)
Angaben des SBPZ (Sp. 3 u. 4),
eigene Berechnungen

Noch deutlicher als auf der Ebene der Republiken bzw. autonomen
Provinzen tritt die regionale Dimension der Arbeitsmigration auf
der Ebene der Gemeinden hervor; die Abwanderungsraten liegen zwischen 45,2% (Imotski) und 0,8% (Bosiljgrad)[1]. Zwecks kartographi-
scher Darstellung der räumlichen Unterschiede in der Abwanderungs-

---
1 Vgl. Tab. A 4-1. im Anhang.

intensität aber auch zur Illustration verschiedener Untersuchungsergebnisse wurden die Gemeinden zu verschiedenen Gruppen bzw. Abwanderungsregionen zusammengefaßt. Dabei wurde unter Zugrundelegung des gewichteten arithmetischen Mittels (AM) sowie der Standardabweichung (SD) folgende Gruppenbildung vorgenommen:

1. Gemeinden mit extrem überdurchschnittlicher Abwanderung
   Abwanderungsrate (R) > AM + 2xSD

2. Gemeinden mit stark überdurchschnittlicher Abwanderung
   AM + SD < R $\leq$ AM + 2xSD

3. Gemeinden mit überdurchschnittlicher Abwanderung
   AM < R $\leq$ AM + SD

4. Gemeinden mit unterdurchschnittlicher Abwanderung
   AM - SD < R $\leq$ AM

5. Gemeinden mit stark unterdurchschnittlicher Abwanderung
   AM - 2xSD < R $\leq$ AM - SD

6. Gemeinden mit extrem unterdurchscnittlicher Abwanderung[1]
   R $\leq$ AM - 2xSD

In Karte 4-1. sind die Gemeinden Jugoslawiens entsprechend ihrer Gruppenzugehörigkeit gekennzeichnet. Wie nach den obigen Ausführungen zu erwarten war, häufen sich die Gemeinden mit hohen Abwanderungsraten in den Republiken Kroatien sowie Bosnien und Herzegowina. Besonders auffallend ist, daß die Gemeinden mit überdurchschnittlicher Abwanderungsintensität im wesentlichen abgeschlossene Regionen bilden. Grob vereinfacht lassen sich drei solcher Regionen benennen.

Die größte Abwanderungsregion bilden die Gemeinden Kroatiens - mit Ausnahme des Gebietes um Bjelovar, des Gebietes südlich von Sisak sowie Istriens - und die in einem breiten Gürtel an die Republik Kroatien angrenzenden Gemeinden Bosniens und Herzego-

---

[1] Wegen der leicht positiven Schiefe der Verteilung der Abwanderungsraten entfallen auf die 6. Gruppe keine Gemeinden.

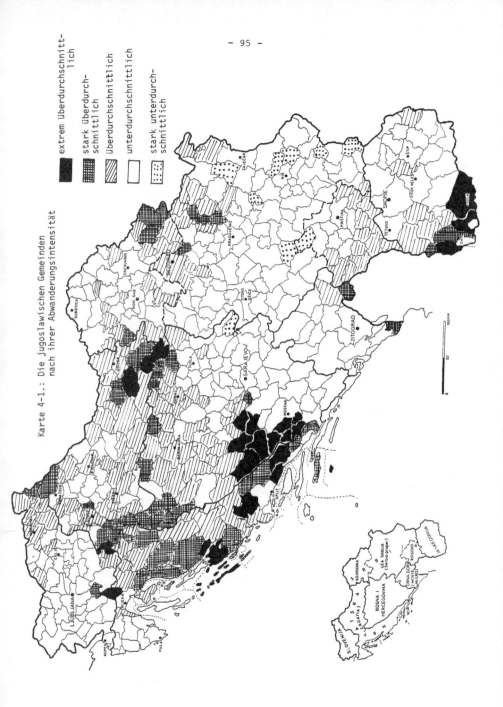

Karte 4-1.: Die jugoslawischen Gemeinden nach ihrer Abwanderungsintensität

winas. Zu diesem Gebiet sind schließlich noch die nordöstlichen
Gemeinden Sloweniens hinzuzuzählen.

Eine zweite Abwanderungsregion bilden die östlich des Großraums
Belgrad gelegenen Gemeinden Vojvodinas sowie Serbiens.

Schließlich läßt sich als dritte Region jene Gruppe von Gemeinden
benennen, die im engeren Grenzgebiet zur Ostalbanien liegen. Diese Gemeinden bilden einen Gürtel der von Montenegro über Kosovo
bis nach Südmakedonien verläuft. Dazu kommen noch die südlichen
Gemeinden Kosovos.

Diese am Landesdurchschnitt orientierte Gruppierung der jugoslawischen Gemeinden kann wegen der unterschiedlichen Einbeziehung
der Republiken bzw. Provinzen in den Abwanderungsprozeß die intraregionale Differenzierung der Abwanderung nicht ausreichend erfassen. Aus diesem Grunde wurde für jede Teilregion eine Neugruppierung auf der Grundlage des jeweiligen regionalen Durchschnittes vorgenommen, deren Ergebnis in Karte 4-2. abgebildet
ist. Diese Karte erlaubt einige ergänzende Aussagen hinsichtlich
des räumlichen Abwanderungsmusters. Vor allem tritt auch die
intraregionale Differenzierung in den Republiken Kroatien sowie
Bosnien und Herzegowina deutlicher hervor.

Für <u>Kroatien</u> sind im wesentlichen 2 größere Abwanderungsgebiete
zu erkennen. Ein Gebiet bilden die Gemeinden des fruchtbaren
Slawoniens im Nordosten und das zweite Gebiet besteht aus einem schmalen Band von Gemeinden, das sich von Karlovac bis
Süddalmatien hinzieht.

Das 'Abwanderungsgebiet' der Republik <u>Bosnien und Herzegowina</u>
beschränkt sich im wesentlichen auf die Grenzgemeinden zu Kroatien, wobei das Schwergewicht im Süden liegt. Auffallend ist
weiter die geringe Einbeziehung der im östlichen Landesteil gelegenen Gemeinden in den Abwanderungsprozeß.

Überdurchschnittliche Abwanderungsraten weisen in <u>Slowenien</u> einige an Kroatien angrenzende sowie die Gemeinden des Nordostens auf.

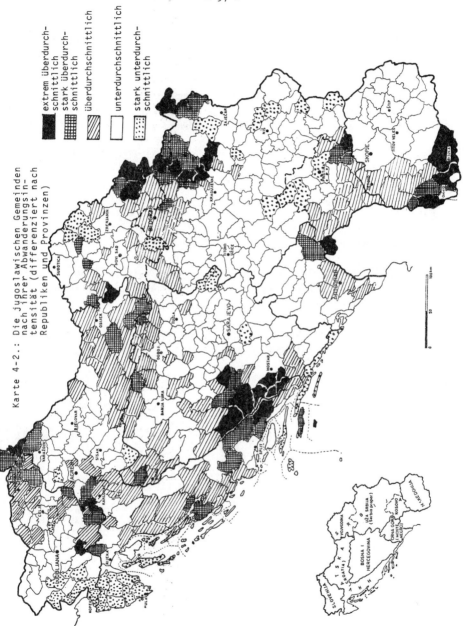

Karte 4-2.: Die jugoslawischen Gemeinden nach ihrer Abwanderungsintensität (differenziert nach Republiken und Provinzen)

Auch für die übrigen Republiken bzw. Provinzen sind im wesentlichen geschlossene Abwanderungsgebiete zu erkennen, die z.T. schon oben angesprochen worden sind.

Für die Vojvodina sind dies die Gemeinden im südöstlichen Landesteil, die in direkter Nachbarschaft zum Abwanderungsgebiet Serbiens liegen, zu dem auch Belgrad gehört.

Die Abwanderungsgebiete Montenegros, Kosovos sowie Makedoniens bestehen schließlich aus den Grenzgemeinden zu Albanien.

4.3.1.2 Räumliche Unterschiede hinsichtlich der Abwanderungsrichtung

Der Abwanderungsprozeß jugoslawischer Arbeitskräfte ins Ausland weist auch hinsichtlich der Abwanderungsrichtung, d.h. hinsichtlich des Beschäftigungslandes starke räumliche Unterschiede auf. Aus Tab. 4-5. wird deutlich, daß die jugoslawischen Arbeitsmigranten je nach Herkunftsregion die verschiedenen Aufnahmeländer unterschiedlich präferieren.

Tab. 4-5.: Die Arbeitsmigranten nach Herkunftsregion und Beschäftigungsland, in v.H.

	Australien (1)	BRD (2)	Frankreich (3)	Österreich (4)	Schweiz (5)	USA (6)	Sonst. (7)
SFRJ	6,0	61,2	5,5	12,3	3,2	2,4	9,4
Bosnien u. Herzegowina	2,4	71,0	2,5	16,8	1,5	0,6	5,2
Montenegro	3,6	41,5	8,1	3,6	3,9	21,7	17,6
Kroatien	6,3	70,1	2,6	5,6	3,6	2,5	9,3
Makedonien	28,2	45,7	2,7	3,6	1,6	5,6	12,6
Slowenien	1,9	62,2	1,6	17,3	5,7	1,0	10,3
Serbien	2,3	38,6	18,6	23,1	3,8	1,8	11,8
Kosovo	0,5	74,7	4,2	8,6	5,9	0,8	5,3
Vojvodina	5,7	59,4	4,3	13,3	2,3	4,1	10,9

Quelle: Statistički bilten 679, Tab. 1-2., S. 9

Eine überragende Stellung als Beschäftigungsland nimmt für alle
Republiken bzw. autonomen Provinzen - jedoch im unterschiedlichen
Ausmaß - die Bundesrepublik Deutschland ein. Im Landesdurchschnitt gingen zum Zeitpunkt der Volkszählung 61,2 Prozent der
jugoslawischen Arbeitsmigranten in der Bundesrepublik Deutschland
einer Beschäftigung nach; deutlich über diesem Wert lagen die
entsprechenden Anteile von Kosovo (74,7%), von Bosnien und Herzegowina (71,0%) sowie von Kroatien (70,1%), während Makedonien
(45,7%), Montenegro (41,5%) sowie Serbien (38,6%) mit ihren Anteilswerten deutlich unter dem Landesdurchschnitt lagen.

Nach der Bundesrepublik Deutschland war zum Zeitpunkt der Volkszählung Österreich das zweitwichtigste Beschäftigungsland für
jugoslawische Arbeitskräfte. Diese Aussage trifft jedoch nicht
für alle Teilgebiete Jugoslawiens zu, nicht für Montenegro,
Kroatien und Makedonien.

Die je Teilgebiet Jugoslawiens unterschiedliche Präferierung
bestimmter Beschäftigungsländer wird weiterhin deutlich an den
Wanderungsbeziehungen zwischen Montenegro und den Vereinigten
Staaten von Amerika, zwischen Makedonien und Australien und auch
zwischen Serbien und Frankreich.

Diese besonderen Abwanderungsmuster bezüglich der Beschäftigungsländer treten erwartungsgemäß auf Gemeindeebene noch stärker
hervor. Als herausragende Beispiele seien nur drei Gemeinden
genannt. Von den 1210 Einwohnern der Gemeinde Lastovo (Republik
Kroatien) gingen zum Zeitpunkt der Volkszählung 138 Arbeitskräfte
im Ausland einer Beschäftigung nach, davon alleine 76,1% in
Australien[1]. Die Arbeitskräfte der Gemeinde Sesvete (ebenfalls
Republik Kroatien) präferierten dagegen in eindeutiger Weise
die BRD als Beschäftigungsland, und zwar belief sich der entsprechende Anteilswert auf 93,7%.

---

1 Vgl. zu diesen und den nachfolgenden Angaben Statistički
bilten 679, Tab. 3-1., S. 79 ff.; eigene Berechnungen.

Schließlich sei noch die Gemeinde Ulcinj (Republik Montenegro) genannt. 53,5% der im Ausland beschäftigten Arbeitskräfte dieser Gemeinde waren in den USA beschäftigt. Insgesamt lebten über zwei Drittel (67,6%) der abgewanderten Arbeitskräfte in außereuropäischen Ländern. Im wichtigsten europäischen Aufnahmeland - der Bundesrepublik Deutschland - waren dagegen nur 11,5% aller Arbeitsmigranten beschäftigt.

Wenngleich diese Beispiele zu den extremsten gezählt werden müssen, so belegt das vorhandene Datenmaterial doch eindeutig die regionale Präferierung bestimmter Zielregionen[1]. Ohne auch an dieser Stelle auf die näheren Ursachen dieses spezifischen Abwanderungsmusters eingehen zu wollen, so läßt sich schon jetzt der Wirkungsmechanismus der sog. Kettenwanderung vermuten, d.h. die besondere Rolle, die schon abgewanderte Freunde und Verwandte durch Übermittlung relevanter Informationen und durch Verringerung der Anpassungskosten für potentielle Arbeitsmigranten spielen[2].

Die vorliegenden Daten des Bundesbüros für Beschäftigungsangelegenheiten bezüglich der in den Jahren 1972 - 1975 ins Ausland vermittelten jugoslawischen Arbeitskräfte bestätigen im wesentlichen die im Rahmen der Volkszählung ermittelte regionale Zusammensetzung der Arbeitsmigranten nach Beschäftigungsländern.[3]

---

1 Vgl. hierzu auch die Karten A 4-2. und A 4-3. im Anhang.
2 Vgl. hierzu die Ausführungen im Abschnitt 4.3.1.5 dieser Arbeit.
3 Vgl. Tab. 4-6.

Tab. 4-6.: Die vermittelten Arbeitsmigranten nach Herkunftsregion und Beschäftigungsland 1972 - 1975, in v.H.

	Australien	BRD	Frankreich	Österreich	Schweiz	USA	Sonst.
	(1)	(2)	(3)	(4)	(5)	(6)	(7)
SFRJ	0,2	69,2	8,4	11,3	3,3	0,1	7,5
Bosnien u. Herzegowina	0,0	78,2	7,8	13,2	0,2	0,0	0,6
Montenegro	0,0	83,5	10,2	0,0	0,0	0,0	6,3
Kroatien	0,0	63,7	1,8	9,2	4,6	0,2	20,5
Makedonien	1,8	75,7	6,1	8,2	2,3	0,1	5,8
Slowenien	0,0	39,0	0,2	56,2	2,0	0,2	2,4
Serbien	0,0	59,4	29,5	3,3	1,5	0,0	6,3
Kosovo	0,0	73,1	7,2	5,9	13,0	0,0	0,8
Vojvodina	0,1	89,2	2,8	4,4	0,2	0,0	3,3

Quelle: Angaben des SBPZ; eigene Berechnungen.

Eine Ausnahme bilden die Abwanderungsströme in die überseeischen Länder USA und Australien, ihre Anteilswerte an der Gesamtabwanderung lagen in diesem Zeitraum deutlich unter den entsprechenden Werten der Volkszählung. Diese Abweichungen dürften darauf zurückzuführen sein, daß die außereuropäische Migration im Unterschied zur europäischen im stärkerem Maße direkt, d.h. ohne Einschaltung des Bundesbüros für Beschäftigungsangelegenheiten zustandekommt.

Bis auf die Republik Slowenien war für alle anderen Republiken bzw. autonomen Provinzen Jugoslawiens auch in den Jahren 1972 - 1975 die Bundesrepublik Deutschland das bedeutendste Beschäftigungsland. Die Präferierung bestimmter Beschäftigungsländer, d.h. die besondere Herkunfts-Zielregion-Beziehung (z.B. Engeres Serbien-Frankreich und Makedonien-Australien) kann ebenfalls beobachtet werden.

4.3.1.3 Räumliche Unterschiede hinsichtlich des zeitlichen Verlaufes der Abwanderung

Direkte statistische Angaben zur raum-zeitlichen Ausbreitung der Abwanderung liegen für Jugoslawien nicht vor. Aus den Volkszählungsergebnissen des Jahres 1971 lassen sich jedoch indirekt einige wichtige Schlüsse hierzu ableiten, und zwar aus den Angaben zum Jahr der Abwanderung bzw. zur Aufenthaltsdauer der Arbeitsmigranten.

Auch hinsichtlich dieses Merkmales sind starke räumliche Unterschiede zu beobachten. So läßt Abbildung 4-3. z.B. erkennen, daß der Anteil der Arbeitskräfte mit längerer Aufenthaltsdauer im Ausland für die Republiken Slowenien und Kroatien weitaus höher liegt als der entsprechende Anteil der restlichen Teilregionen. Extrem niedrig liegen die Anteilswerte für Kosovo.

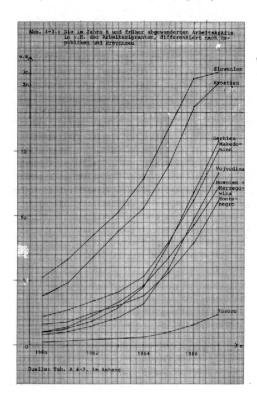

Diese regionalen Unterschiede lassen sich nur vordergründig allein durch je Teilregion unterschiedliche Verhaltensweisen der Arbeitsmigranten hinsichtlich ihrer Aufenthaltsdauer erklären. Vielmehr dürfte sich in dieser Erscheinung auch wesentlich das zeitlich unterschiedliche Einsetzen des Abwanderungsprozesses ausdrücken. M.a.W. haben die regionalen Unterschiede im jeweiligen Umfang der Abwanderung zu den verschiedenen Zeitpunkten diese Erscheinung wesentlich mitbestimmt.

Dies zumindest unterstreichen auch zahlreiche Expertenaussagen[1]. So ist etwa für Jugoslawien bekannt - wenngleich auch statistisch nicht belegbar - , daß die Abwanderung ins Ausland zunächst in den nördlichen Republiken Slowenien und Kroatien einsetzte und sich dann auch auf die südlicheren Landesteile ausdehnte, wobei die überwiegend von Albanern bewohnte Provinz Kosovo zuletzt vom Abwanderungsprozeß erfaßt wurde. Genau dieses Verlaufsmuster der Abwanderung kann aber aus der obigen Abbildung abgelesen werden.

Die Verwendung der statistischen Angaben zur Zusammensetzung der Arbeitsmigranten nach dem Jahr ihrer Abwanderung in der oben beschriebenen Weise wird durch einige Faktoren beeinträchtigt, so daß das nachfolgende Bild des raumzeitlichen Abwanderungsmusters mit entsprechender Zurückhaltung interpretiert werden muß.

Zu diesen Faktoren zählt u.a. die Assimilationsfähigkeit der Arbeitsmigranten im Ausland. Diese Größe ist z.T. regional bestimmt. So dürfte etwa die Assimilationsfähigkeit und auch -bereitschaft von Abwanderern aus städtischen (Industrie-) Gebieten größer sein als diejenige von Abwanderern aus ländlichen Regionen und somit auch ihre Aufenthaltsdauer. Für Jugoslawien gilt in dieser Hinsicht noch eine Besonderheit. Jahrhundertelange Fremdherrschaft durch Österreich-Ungarn bzw. durch das Osmanische Reich haben zwei sehr unterschiedliche Kulturbereiche geschaffen, die auch unterschiedliche Anpassungserfordernisse an die jeweiligen Abwanderer bedingen.

---

1 Entsprechende Aussagen wurdem dem Verfasser gegenüber während eines längeren Forschungsaufenthaltes in Jugoslawien häufig geäußert.

Ein weiterer Faktor ist darin zu sehen, daß hinsichtlich der Aufenthaltsdauer ein Unterschied zwischen der überseeischen und europäischen Abwanderung erwartet werden kann. Da nun aber die Überseewanderung regional sehr unterschiedliche Bedeutung hat, wird die Deskription des Raum-Zeit-Musters der Abwanderung anhand der statistischen Angaben zur Aufenthaltsdauer der Arbeitsmigranten erschwert. Um größere Probleme zu vermeiden, sind daher auch die Gemeinden mit stark bzw. extrem überdurchschnittlicher Überseewanderung aus der Betrachtung ausgeschlossen[1].

In den Karten 4-3. und 4-4. sind die regionalen Unterschiede hinsichtlich der Aufenthaltsdauer der Arbeitsmigranten dargestellt. Hierzu wurden die verbliebenen 464 Gemeinden Jugoslawiens entsprechend der relativen Zusammensetzung der Arbeitsmigranten nach dem Jahr ihrer Abwanderung (hier 1962 und früher bzw. 1968 und früher)[2] gruppiert, und zwar analog dem oben beschriebenen Vorgehen. Dieses Bild dient nun im folgenden als Grundlage zur Beschreibung der raum-zeitlichen Ausbreitung der jugoslawischen Abwanderung.

Der jugoslawische Prozeß setzte demnach (Karte 4-3.) zunächst in Slowenien sowie Nordwest-Kroatien ein, also in jenen Gemeinden Jugoslawiens, die sich durch starke räumliche und kulturelle Nähe

---

[1] Die aus der Analyse ausgeschlossenen Gemeinden mit extrem bzw. stark überdurchschnittlicher Überseewanderung sind: Bar, Titograd, Ulcinj, Budva, Cetinje, Plav (alle Montenegro); Gracac, Korčula, Krk, Lastovo, Makarska, Pag, Ploce, Zadar, Benkovac, Biograd, Brač, Crikvenica, Dubrovnik, Labin, Mali Losinj, Našice, Opatija, Ozalj, Poreč, Rijeka, Šibenik, Vrbovsko (alle Kroatien); Bitolj, Demir-Hisar, Ohrid, Prilep, Resen, Kruševo (alle Makedonien); Alibunar sowie Kovačica (Vojvodina). Diese Gemeinden hatten einen 'Übersee-Anteil' von 23,5 Prozent und mehr.
[2] Die Jahre 1962 und 1968 wurden deshalb gewählt, weil sie in gewisser Weise Zäsuren im zeitlichen Verlauf der jugoslawischen Abwanderung darstellen. Zu Beginn der 60er Jahre nahm die Abwanderung in Jugoslawien immer mehr Massencharakter an, während sie zum Ende der 60er Jahre volumenmäßig auf ihren Höhepunkt zusteuerte.

zu den westeuropäischen Industrieländern auszeichnen. Das zweite größere Gebiet mit längerer Abwanderungstradition wird von den Gemeinden der adriatischen Karstregion gebildet. Bis auf die Randgemeinden des Großraumes Belgrad sowie das Gebiet um Titovo Uziće sind dann aber keine größeren Gebiete in Jugoslawien mehr zu erkennen, in denen die Abwanderung längere Tradition hat.

Dieses Raum-Zeit-Muster der jugoslawischen Abwanderung wird im wesentlichen von Karte 1-4. bestätigt. Letztere Karte verdeutlicht in besonderer Weise das späte Einsetzen des Abwanderungsprozesses im Nordosten der Republik Bosnien und Herzegowina, im Osten Serbiens sowie Makedoniens und in allen Teilen der autonomen Provinz Kosovo.

Um auch das Raum-Zeit-Muster der jugoslawischen Abwanderung für die Teilregionen Jugoslawiens sichtbar zu machen, wurde ebenfalls in analoger Weise zum obigen Vorgehen für die Republiken bzw. Provinzen eine Gruppierung vorgenommen, deren Ergebnisse in den Karten A4-4. und A4-5. wiedergegeben sind[1].

Im folgenden sollen nur kurz die auffälligsten Erscheinungen dieser Karten angesprochen werden. Zu diesen zählt zweifelsohne die Tatsache, daß sich die Arbeitsmigranten aus den größeren Städten der jugoslawischen Republiken bzw. Provinzen durchschnittlich durch eine längere Aufenthaltsdauer auszeichnen als die Arbeitsmigranten der übrigen Regionen, wobei jedoch einige Gemeinden Sloweniens sowie des adriatischen Karstgebietes eine Ausnahme darstellen.

Die durchschnittlich höhere Aufenthaltsdauer der Abwanderer aus Städten wie Zagreb, Novi Sad, Belgrad, Priština, Skoplje u.a. kann zum einen mit der höheren Anpassungsfähigkeit begründet werden. Sie legt zum anderen aber auch die Vermutung nahe, daß

---

[1] Vgl. Anhang

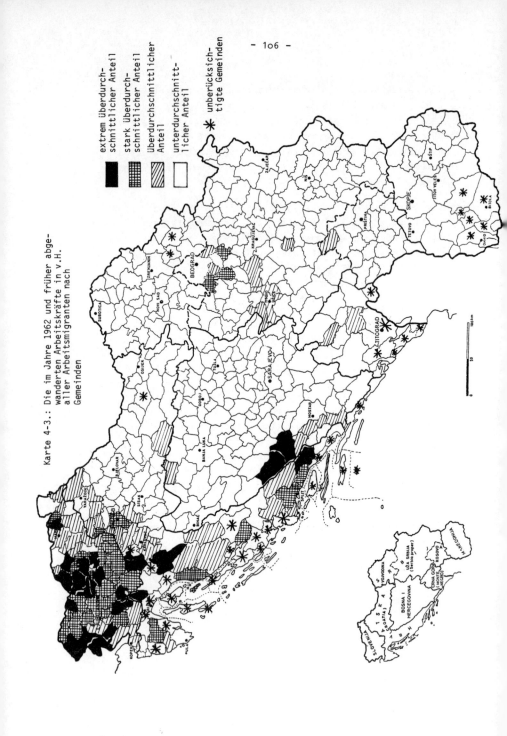

Karte 4-3.: Die im Jahre 1962 und früher abgewanderten Arbeitskräfte in v.H. aller Arbeitsmigranten nach Gemeinden

Karte 4-4: Die im Jahre 1968 und früher abgewanderten Arbeitskräfte in v.H. aller Arbeitsmigranten nach Gemeinden

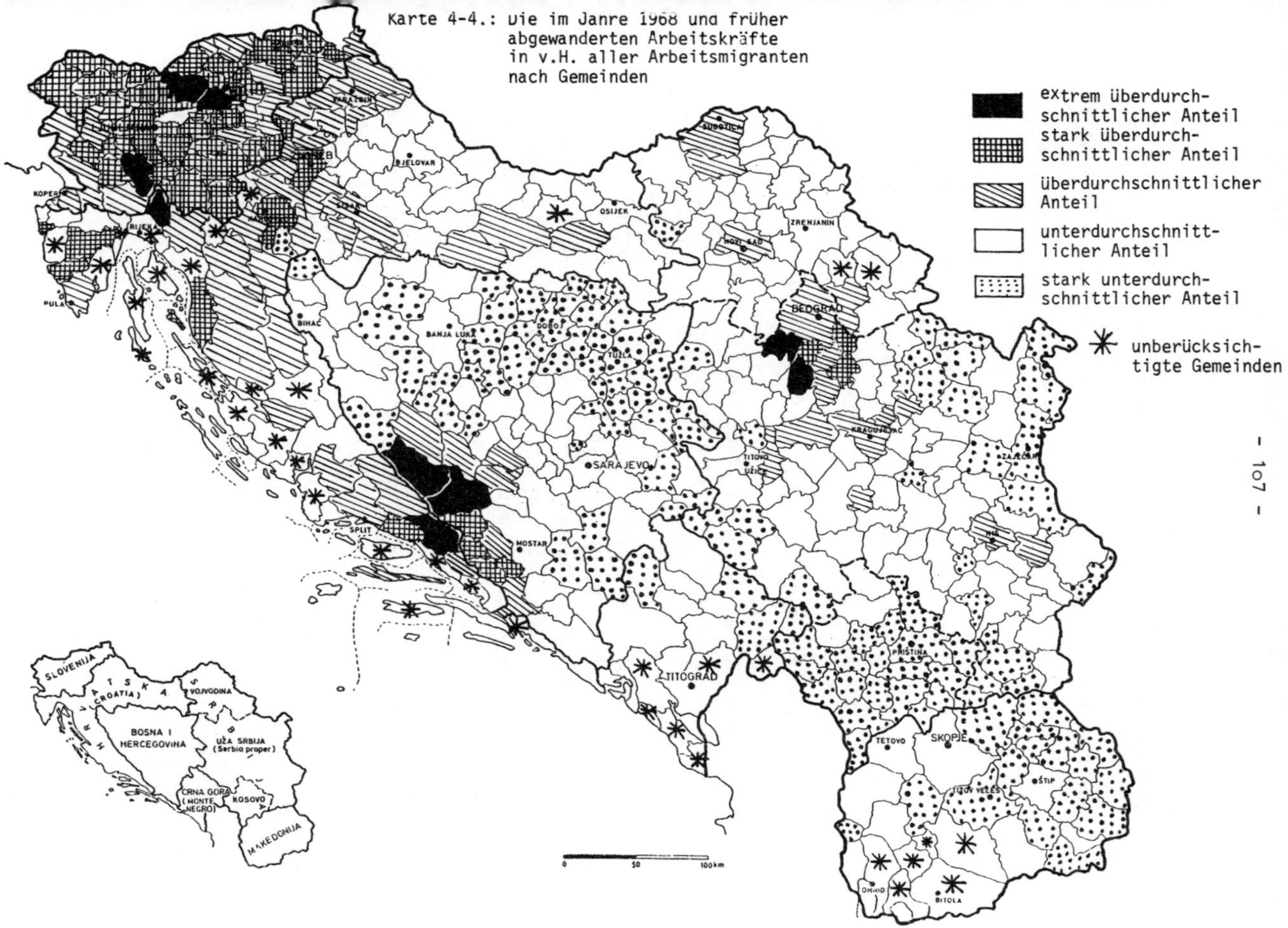

- extrem überdurchschnittlicher Anteil
- stark überdurchschnittlicher Anteil
- überdurchschnittlicher Anteil
- unterdurchschnittlicher Anteil
- stark unterdurchschnittlicher Anteil
- ✳ unberücksichtigte Gemeinden

abgesehen von den genannten Ausnahmen der Abwanderungsprozeß
zunächst in den größeren Städten eingesetzt hat[1].

4.3.1.4 Abwanderung und sozioökonomischer Entwicklungsstand der Abwanderungsregion

Als mögliche Bestimmungsgründe der räumlichen Dimension der jugoslawischen Arbeitsmigration wurden eingangs dieses Kapitels der Einfluß der räumlichen Distanz, die kommunikative Interaktion zwischen schon abgewanderten Personen und den noch in der Heimat verbliebenen Freunden und Bekannten und die relativen Entwicklungsunterschiede im Inland genannt. Wegen der angesprochenen Datenprobleme konnte der Einfluß der räumlichen Distanz auf das Wanderungsgeschehen nur angedeutet werden. Im folgenden sollen nun die beiden übrigen Komponenten auf ihren wanderungsdifferenzierenden Einfluß überprüft werden.

Der Wanderungsentschluß des Einzelnen muß im Zusammenhang mit der Umwelt gesehen werden, in der er heranreift. D.h. verschiedene Umweltfaktoren dürften maßgeblich als Parameter in die Entscheidungsfunktion des (potentiellen) Migranten eingehen. Dies gilt namentlich für den sozioökonomischen Aspekt der Umwelt, der im folgenden begrifflich mit 'Entwicklungsstand' gefaßt werden soll.

Auf die Frage, was Entwicklungsstand heißt und wie er gemessen wird, gibt die ökonomische Literatur keine eindeutige Antwort. Vielmehr variiert Definition und somit auch Messung mit dem Forschungsanliegen bzw. Forscher. Weitgehende Übereinstimmung

---

1 Eine Ausnahme bildet zweifelsohne die Republik Bosnien und Herzegowina. Für die Republik Montenegro lassen sich entsprechende Aussagen deshalb nicht machen, da hier die größeren Städte wegen ihres hohen 'Überseeanteils' unter den Abwanderern aus der Betrachtung ausgeschlossen sind.

besteht jedoch darin, daß zur Abbildung des Entwicklungsstandes einer Region eine einzige ökonomische oder soziale Variable allein nicht ausreicht. Vielmehr müssen die Beschäftigungs- und Bildungsmöglichkeiten, die wirtschaftliche Leistungsfähigkeit, das Versorgungsniveau, die demographischen Entwicklungen u.a.m. als Elemente des Entwicklungsstandes angesehen werden. M.a.W. bedarf es zur Beschreibung bzw. Messung des Entwicklungsstandes verschiedene ökonomische und soziale Indikatoren.

Entscheidend für die hier getroffene Auswahl entsprechender Indikatoren war deren intuitiv erscheinende Eignung zur Erfassung von Teilaspekten des sozioökonomischen Entwicklungsstandes sowie deren direkte bzw. indirekte Relevanz im Entscheidungsprozeß des (potentiellen) Migranten.

Hinsichtlich der Prüfung des wanderungsdifferenzierenden Einflusses des regionalen Entwicklungsstandes stellen sich somit methodisch-analytisch folgende Aufgaben. Zunächst ist die Wahl den Entwicklungsstand hinreichend charakterisierender Variablen zu treffen. Die in diesen Variablen enthaltenen Informationen sind dann zu einer Größe zu verdichten, die begrifflich als Entwicklungsstand interpretiert werden kann. In dieser neuen Dimension sind danach den jugoslawischen Gemeinden jeweils ein Indexwert zuzuordnen, der über den relativen Entwicklungsstand der Gemeinden Auskunft gibt, um dann abschließend den Zusammenhang zwischen diesen Indexwerten und der Abwanderungsintensität zu überprüfen.

Obige Aufgabe soll im folgenden im Rahmen einer Hauptkomponentenanalyse gelöst werden. Die Wahl dieser Methode erscheint trotz nicht zu übersehender Schwächen sowohl notwendig als auch problemadäquat[1].

Die Notwendigkeit einer multivariaten Betrachtung ergibt sich aus der Vielschichtigkeit des hier interessierenden Untersu-

---

1 Zur Darstellung und Kritik der Hauptkomponentenmethode vgl. Anhang.

chungsgegenstandes. Mit dem Verzicht auf eine derartige Betrachtungsweise würde man sich der Möglichkeit verschließen, sozioökonomische Phänomene inmitten ihres komplexen Bedingungsrahmens zu erfassen. Stattdessen würden diese Phänomene eindimensional, d.h. als isolierte empirische Fakten behandelt.

Die Problemadäquatheit der Hauptkomponentenanalyse ergibt sich im wesentlichen aus ihrer Eigenschaft, die gewünschte Zuordnung von kardinalen Meßwerten je Raumeinheiten zu ermöglichen und damit die Grundlage des interregionalen Vergleichs zu legen.

4.3.1.4.1 Die Auswahl der beschreibenden Indikatoren

A priori läßt sich eine Vielzahl von sozioökonomischen Variablen benennen, die als wichtig anzusehende Aspekte der vielschichtigen Größe 'Entwicklungsstand' verkörpern. Die spezifische jugoslawische Datensituation setzt jedoch der Wahl den Entwicklungsstand repräsentierender sozioökonomischer Variablen enge Grenzen. Aus diesem Grunde kann der nachfolgende Indikatorenkatalog auch nicht als erschöpfend betrachtet werden, seine Zusammensetzung ist wesentlich von der Datensituation mitbestimmt.

Die Indikatoren wurden zu folgenden Aspekten des Begriffes Entwicklungsstand zusammengefaßt:

A. Erwerbswirtschaftliche Merkmale
B. Merkmale der wirtschaftlichen Leistungsfähigkeit
C. Demographische Merkmale
D. Merkmale der wirtschaftlichen und medizinischen Versorgung der Bevölkerung
E. Merkmale der Schulqualifikation
F. Sonstige Merkmale

Übersicht 4-1. enthält die 27 der Hauptkomponentenanalyse zugrundeliegenden Variablen[1]. Die Diskussion dieser Variablen wird im Zusammenhang mit der inhaltlichen Deutung der extrahierten Faktoren erfolgen.

---

1 Die Ausprägungen dieser Variablen je Gemeinde können der Tab. A4-3. entnommen werden.

Übersicht 4-1.: Die Variablen der Hauptkomponentenanalyse

Lfd.Nr	Beobachtungsmerkmal und Einheit	Variablenname[a]

A. Erwerbswirtschaftliche Merkmale

1	Aktive Bevölkerung in v.H. der Bevölkerung	BAKT
2	Beschäftigte des vergesellschafteten Sektors in v.h. der Bevölkerung	BVS
3	Index des Beschäftigungswachstums im vergesellschafteten Sektor (1966 = 100)	BVSWA
4	Aktive Bevölkerung des Sektors Industrie und und Bergbau in v.H. der aktiven Bevölkerung	BIB
5	Aktive Bevölkerung des Sektors Landwirtschaft u.Fischerei in v.H. der aktiven Bevölkerung	BLFI
6	Aktive Bevölkerung des Sektors Bauwirtschaft in v.H. der aktiven Bevölkerung	BBAU
7	Aktive Bevölkerung des Sektors Handel und Gastronomie in v.H. der aktiven Bevölkerung	BHG
8	Aktive Bevölkerung des Sektors Handwerk in v.H. der aktiven Bevölkerung	BHA

B. Merkmale der wirtschaftlichen Leistungsfähigkeit

9	Sozialprodukt je Einwohner in Dinar	PKE
10	Beitrag des vergesellschafteten Sektors zum Sozialprodukt in v.H.	VEKVS
11	Umsatz des Einzelhandels je Einwohner in Dinar	PKUM

C. Demographische Merkmale

12	Index des Bevölkerungswachstums (1961 = 100)	BEVWA
13	Einwohner je qm Fläche	BEVDI
14	Natürlicher Zuwachs der Bevölkerung	NATZU
15	Nichtgewanderte Bevölkerung in v.H. der Bevölkerung	BIWA
16	Schüler auf 1.000 der Bevölkerung	SCHUE

D. Merkmale der wirtschaftlichen und medizinischen Versorgung der Bevölkerung

17	Einwohner je Wohnung	VWOHN
18	Krankenhausbetten auf 1.000 der Bevölkerung	VKBET
19	Ärzte auf 1.000 der Bevölkerung	VARZ
20	Anzahl der Einwohner je Personenkraftwagen	VPKW
21	Anzahl der Einwohner je Radiogerät	VRA
22	Anzahl der Einwohner je Fernsehgerät	VFE

E. Merkmale der Schulqualifikation

23	Bevölkerung (10 Jahre und älter) ohne Schulausbildung in v.H. der Bevölkerung (10 Jahre und älter)	SQKEI
24	Bevölkerung (10 Jahre und älter) mit höherer Schulausbildung in v.H. der Bevölkerung (10 Jahre und älter)	SQHOE

F. Sonstige Merkmale

25	Anzahl der touristischen Übernachtungen in 1000	TOU
26	Weizenertrag je ha	WEERT
27	Maisertrag je ha	MAERT

[a] Diese Variablennamen wurden im Rechengang verwendet und finden sich in einigen Tabellen wieder

4.3.1.4.2. Die Ergebnisse der Hauptkomponentenanalyse

Die Hauptkomponentenanalyse wurde mithilfe der PA 1-Methode des SPSS-Programms FACTOR durchgeführt[1]. Diese Methode geht bei der Festlegung der Faktorenanzahl[2] von dem Eigenwertkriterium aus (Voreinstellung). Diesem Kriterium entspricht die Extraktion von 7 Faktoren. Die Entscheidung über die Anzahl der zu extrahierenden Faktoren wurde zusätzlich anhand des SCREE-Tests getroffen[3]. In Abb. 4-4. ist das Eigenwert-Diagramm der Hauptkomponentenanalyse abgebildet. Deutlich zu erkennen ist der theoretisch geforderte 'Knick' im Kurvenverlauf der Eigenwerte zwischen den Faktoren 7 und 8. Gleichzeitig sind jedoch weitere 'Knicks' zu erkennen, so zwischen den Faktoren 5 und 6 sowie den Faktoren 10 und 11. In diesem Fall liefert der SCREE-Test

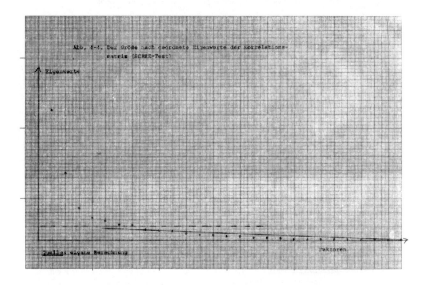

---

1 Vgl. Norman H. Nie u.a.: SPSS, ..., a.a.O., S. 479 f.
2 Hier wird begrifflich nicht zwischen Hauptkomponente bzw. Faktor differenziert.
3 Der SCREE-Test ist spezifisch für die Faktorenanalyse entwickelt worden und kann bei Hauptkomponentenanalysen nur sinngemäß angewandt werden. Vgl. Eberhard Scholing: Komponentenanalytische Untersuchungen zum Internationalen Konjunkturzusammenhang zwischen den Ländern der OECD von 1955-1975, Frankfurt u.a. 1977, S. 84.

also keine eindeutige Antwort auf die Frage nach der Zahl der
zu extrahierenden Faktoren. In Kombination mit dem Eigenwert-
kriterium (gestrichelte Linie) heißt jedoch die Antwort: 7
Faktoren. Diese 7 Faktoren repräsentieren 79,9 Prozent der Gesamtvarianz.

Zwecks Interpretation des Faktorenmusters wurden die Faktoren
mithilfe des Quartimax-Verfahrens rotiert[1]. Die Wahl dieses Ver-
fahrens aus mehreren alternativen Verfahren begründet sich mit
der diesem Verfahren zugrundeliegenden Zielsetzung der Vereinfachung. Die maximale Vereinfachung ist beim Quartimax-Verfahren
dann erreicht, wenn jede Variable nur einen Faktor hochlädt.
Dieses Prinzip betont also die Vereinfachung der Zeilen der
Faktorladungsmatrix und führt dazu, daß der erste Faktor ein
'General-Faktor' ist, während die übrigen Faktoren Subcluster
der Variablen darstellen. Da aber aufgrund der Ausgangsvariablen zu erwarten ist, daß der 'Generalfaktor' als die hier interessierende Größe Entwicklungsstand interpretiert werden kann,
ist somit das Quartimax-Verfahren der Problemstellung angemessen.

Die Interpretation der Faktoren setzt ihre Einfachstruktur
voraus. Die Prüfung auf Signifikanz der Einfachstruktur des
Faktorenmusters mithilfe des BARGMANN-Tests[2] verlief negativ,
d.h. die strengen Anforderungen dieses Testes wurden von dem
vorliegenden Faktorenmuster nicht erfüllt. Dagegen werden die
von THURSTONE entwickelten Postulate zur Einfachstruktur weitgehend erfüllt, so daß die Interpretation der Faktoren gerechtfertigt erscheint[3].

Um einen schnellen Überblick über die korrelativen Beziehungen
zwischen den Variablen und den Faktoren zu geben, wurden die
hohen positiven und hohen negativen Ladungen wie in Übersicht
4-2. gekennzeichnet. Dieses Muster dient im folgenden als Grundlage der Faktoreninterpretation.

---

1 Vgl. Tab. A4-4. im Anhang.
2 Vgl. die Ausführungen im Anhang sowie Karl Uberla: Faktorenanalyse, Berlin u.a. 1968, S. 188 ff und die Tabellen auf den
  Seiten 372 ff.
3 Vgl. die Ausführungen im Anhang. Die jeweilige Raumstruktur
  der Faktoren unterstreicht zudem die Plausibilität der In-
  terpretationsversuche.

Übersicht 4-2.: Die Stärke der Korrelationen zwischen den Variablen und den rotierten Faktoren

Faktoren / Variablen	I	II	III	IV	V	VI	VII
BAKT		▓					
BVS	▒			▒			▒
BVSWA							
BIB		▒		╱			
BLFI		▓╱					
BBAU			▒				
BHG	▒				▒		
BHA	▒				▒		
PKE	▒					▒	
VEKVS							
PKUM				▒		▒	
BEVWA		▒	▒				▒
BEVDI	▒					▒	
NATZU		▒					
BIWA	╱		╱				
SCHUE		▒					
VWOHN	╱						
VKBET				▒			
VARZ	▒			▒			
VPKW	╱	▒				▒	
VRA	╱	╱					
VFE		╱				▒	
SQKEI		▓					
SQHOE							
TOU	▒				▒		
WEERT			▒				
MAERT			▒				

▓ r > 0,7
▒ r = 0,3 bis 0,7
╱ r = 0,3 bis -0,7
▓ r < -0,7

4.3.1.4.3 Die Interpretation der Faktoren

Der erste Faktor wird hoch positiv (r > 0,7) von den Variablen 'Beschäftigte des vergesellschafteten Sektors', 'Aktive Bevölkerung des Sektors Industrie und Bergbau', 'Sozialprodukt je Einwohner', 'Beitrag des vergesellschafteten Sektors zum Sozialprodukt', 'Umsatz des Einzelhandels je Einwohner' sowie 'Bevölkerung mit höherer Schulausbildung' und hoch negativ (r < -0,7) von den Variablen 'Beschäftigte des Sektors Landwirtschaft und Fischerei' sowie 'Bevölkerung ohne Schulausbildung' geladen. Diese Variablen können sicherlich direkt oder indirekt mit dem Begriff 'Entwicklungsstand' in Verbindung gebracht werden. Denn charakteristisch für entwickelte im Unterschied zu weniger entwickelten Regionen ist im allgemeinen die Dominanz industrieller, d.h. nichtlandwirtschaftlicher Beschäftigung, hohes Pro-Kopf-Einkommen sowie hoher Pro-Kopf-Einzelhandelsumsatz der Region und - spezifisch für Jugoslawien - die Dominanz des vergesellschafteten Sektors. Schließlich muß gerade für ein Entwicklungsland ein ausgeprägtes Ausbildungsgefälle zwischen den entwickelteren und den weniger entwickelten Regionen erwartet werden, so daß also auch höhere Schulausbildung der Bevölkerung als Aspekt des Entwicklungsstandes aufgefaßt werden muß.

In der Gesamtbetrachtung kann der erste Faktor somit als die hier interessierende Größe 'Entwicklungsstand' interpretiert werden. Diese inhaltliche Deutung des Faktors wird auch von den Variablen mit positiven bzw. negativen Ladungen zwischen r = 0,3 und r = 0,7 unterstrichen.

Positiv verknüpft mit dem Begriff Entwicklungsstand sind sicherlich die Beschäftigung im Dienstleistungssektor, die Bevölkerungsdichte, die ärztliche Versorgung sowie speziell für Jugoslawien der Tourismus. Dagegen ist im allgemeinen ein negativer Zusammenhang zwischen geringer Ausstattung mit Personenkraftwagen sowie Fernseh- und Radiogeräten und dem Begriff Entwick-

lungsstand zu erwarten. Dies gilt vor allem auch bezüglich der
Versorgung mit Wohnungen. Aber auch das Ausmaß der Mobilität
der Bevölkerung muß als Aspekt des Entwicklungsstandes angesehen, d.h. entwickeltere Regionen sind im allgemeinen auch
Zuwanderungsregionen (Verdichtungsräume).

Wenngleich mit der Bestimmung des Faktors Entwicklungsstand das
primäre Anliegen der Hauptkomponentenanalyse erfüllt ist, so
soll doch im folgenden anhand der Übersicht 4-2. kurz die Interpretation der übrigen 6 Faktoren erfolgen. Damit wird nicht nur
der Vollständigkeit Genüge getan, sondern auch der Überlegung
Rechnung getragen, daß möglicherweise einige dieser Faktoren sich
als wanderungsdifferenzierend erweisen könnten. M.a.W. wird
hier die Hauptkomponentenanalyse in ihrer Eigenschaft der Hypothesenfindung genutzt[1].

Der zweite Faktor wird hoch positiv von den demographischen Variablen 'Bevölkerungswachstum', 'Natürlicher Zuwachs der Bevölkerung' und 'Schüler auf 1.000 der Bevölkerung' geladen sowie
zusätzlich von der Variablen 'Einwohner je Wohnung'. Darüber
hinaus weist dieser Faktor eine hohe negative Korrelation mit
der Variablen 'Aktive Bevölkerung' auf. Hoher Überschuß der Ge-
burtenzahl über die Sterbefälle gepaart mit Bevölkerungswachstum und hoher Schülerzahl bei entsprechend geringer aktiver Bevölkerung weist auf eine expansive Bevölkerungsstruktur hin.
Dieser Faktor soll 'Bevölkerungswachstum' genannt werden.

Der dritte Faktor wird von den beiden Variablen 'Weizenertrag
je ha' und 'Maisertrag je ha' hoch geladen. Er mißt also die in
Jugoslawien stark ausgeprägten Unterschiede in der Bodenbeschaffenheit, d.h. er differenziert vor allem zwischen den fruchtbaren Tiefebenen und den Gebirgs- bzw. Karstregionen. Dieser
Faktor wird mit dem Begriff 'Bodenbeschaffenheit' belegt.

---

1 Zu den Eigenschaften bzw. Funktionen der Hauptkomponentenanalyse vgl. die Ausführungen im Anhang.

Der vierte Faktor läßt sich ebenfalls leicht interpretieren, er repräsentiert im weitesten Sinne den medizinischen Versorgungsstand der Regionen Jugoslawiens. Begrifflich soll er daher als 'Medizinische Versorgung' gefaßt werden.

Auch der fünfte Faktor bereitet keine Interpretationsschwierigkeiten. Hohe positive Ladung der Variablen 'touristische Übernachtungen' zusammen mit positiven Ladungen der Variablen 'Beschäftigte des Sektors Handwerk sowie Handel und Gastronomie' weisen diesen Faktor als Faktor 'Tourismus' aus.

Interpretationsschwierigkeiten bereitet dagegen der sechste Faktor. Einzig hochladende Variable ist die Variable 'Bevölkerungsdichte'. Weitere hier als substanziell definierte Ladungen auf diesen Faktor weisen die Variablen 'Sozialprodukt je Einwohner', 'Umsatz des Einzelhandels je Einwohner' sowie die Variablen 'Einwohner je Personenkraftwagen/Radiogerät/Fernsehgerät' auf. Diese Ladungen haben das gleiche Vorzeichen, obgleich a priori ein negativer Zusammenhang zwischen den genannten Merkmalen der wirtschaftlichen Leistungsfähigkeit und den der wirtschaftlichen Unterversorgung der Bevölkerung zu erwarten ist. In diesem Faktor drückt sich jedoch die in vielen Entwicklungsländern zu beobachtende Erscheinung des Nebeneinanders von Gebieten mit hoher Bevölkerungsdichte sowie hoher Wirtschaftskraft (städtische Verdichtungsräume) und Gebieten mit ebenfalls hoher Bevölkerungsdichte jedoch geringer Wirtschaftskraft aus. Der sechste Faktor wird hier entsprechend der hochladenden Variablen 'Bevölkerungsdichte' genannt.

Der siebte Faktor schließlich wird ebenfalls nur von einer Variablen hochgeladen, und zwar von der Variablen 'Beschäftigungswachstum im vergesellschafteten Sektor'. Zusätzlich weist dieser Faktor eine substanzielle Korrelation mit der Variablen Bevölkerungswachstum auf. Zur begrifflichen Fassung dieses Faktors soll auch in diesem Fall auf den Namen der hochladenden Variablen zurückgegriffen werden. Der siebte Faktor wird somit 'Beschäftigungswachstum' genannt.

Mit der Lösung des Rotationsproblems liegen also interpretierbare Faktoren vor, die Aussagen über die in den gemessenen Variablen verborgene Struktur erlauben; Aussagen über den Beziehungszusammenhang zwischen den Merkmalsträgern (hier die Gemeinden Jugoslawiens) und den Faktoren sind dagegen nicht möglich. Um diese regionale Komponente der Hauptkomponentenanalyse, d.h. die Meßwerte der Gemeinden innerhalb der 'Faktoren-Dimensionen' herauszuarbeiten, ist es erforderlich,sog. Faktorenwerte (factor scores) zu ermitteln[1]. Tab. A4-1. enthält die Faktorenwerte der Gemeinden Jugoslawiens. Der hier vor allem interessierende Faktor 'Entwicklungsstand' wurde zusätzlich in Karte 4-5. abgebildet.

Karte 4-5. verdeutlicht in eindrucksvoller Weise das Nord-Süd-Gefälle im Entwicklungsstand der Gemeinden Jugoslawiens[2]. Deutlich überdurchschnittlich entwickelt sind die Gemeinden der Republik Slowenien; nur die Gemeinden Lenart und Ormož im Nordosten der Republik haben - gemessen am Landesdurchschnitt - einen unterdurchschnittlichen Entwicklungsstand. Oberdurchschnittlich entwickelt sind auch die an der jugoslawischen Adria gelegenen und vom Tourismus erfaßten Gemeinden Kroatiens und Montenegros; weiterhin als zusammenhängendes Gebiet die Gemeinden der Vojvodina und schließlich die größeren Städte mit ihren Einzugsgebieten (Belgrad, Zagreb, Sarajevo, Tuzla, Mostar, Novi Sad, Osijek, Kragujevac, Bor, Niš, Skoplje, Karlovac). Auffallend ist schließlich noch die Häufung von Gemeinden mit stark bzw. extrem unterdurchschnittlichem Entwicklungsstand in der autonomen Provinz Kosovo.

Im Anschluß an die Hauptkomponentenanalyse für Gesamt-Jugoslawien wurde wegen der oben skizzierten regionalen Besonderheiten und ihren etwaigen Implikationen hinsichtlich des Abwanderungsprozesses unter Zugrundelegung der ausgewählten 27 Variablen für die Republiken bzw. Provinzen Jugoslawiens jeweils getrennt Hauptkomponentenanalysen durchgeführt. Diese Analysen erbrachten in allen Fällen ein der Gesamtanalyse sehr ähnli-

---

[1] Zum Rechenverfahren vgl. Anhang.
[2] Vgl. hierzu auch die Ausführungen im Abschnitt 2-1. dieser Arbeit.

Karte 4-5.: Der Entwicklungsstand der jugoslawischen Gemeinden, 1971

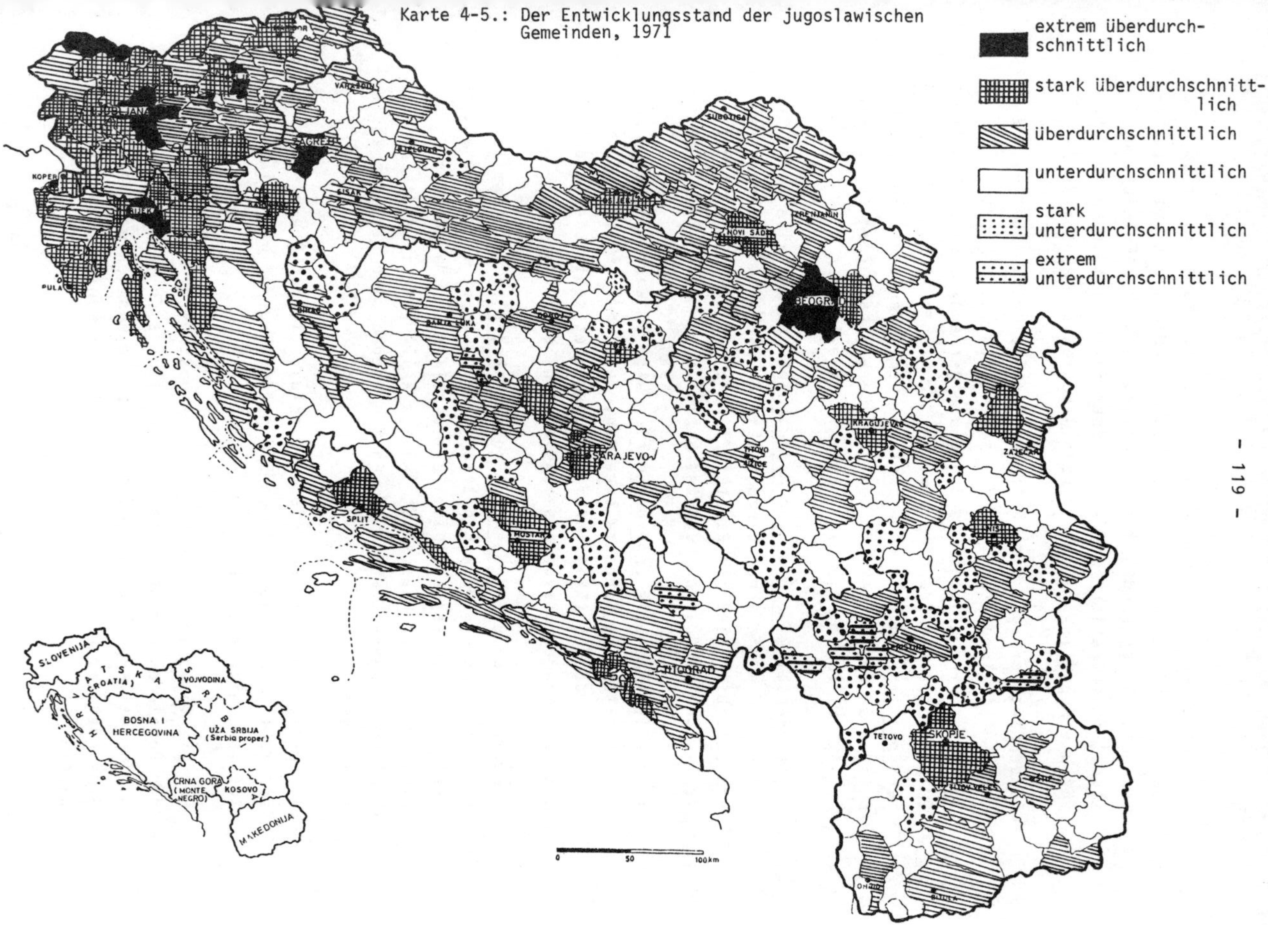
extrem überdurch-schnittlich
stark überdurchschnitt-lich
überdurchschnittlich
unterdurchschnittlich
stark unterdurchschnittlich
extrem unterdurchschnittlich
ZAGREB
KOPER
RIJEKA
PULA
SPLIT
MOSTAR
SARAJEVO
BEOGRAD
KRAGUJEVAC
TITOGRAD
SKOPJE
TETOVO
0
50
100 km
SLOVENIJA
HRVATSKA
(CROATIA)
SRBIJA
VOJVODINA
BOSNA I HERCEGOVINA
UŽA SRBIJA
(Serbia proper)
CRNA GORA
(MONTE NEGRO)
KOSOVO
MAKEDONIJA

ches Faktorenmuster, wobei jedoch das Eigenwert-Kriterium eine
jeweils unterschiedliche Anzahl von Faktoren bestimmte. In allen
acht Fällen konnte der 1. Faktor als Größe 'Entwicklungsstand'
interpretiert werden. Dieser Faktor ist in Karte 4-6.
für die Republiken und Provinzen Jugoslawiens abgebildet.

Diese Karte erlaubt eine differenziertere Betrachtung des Faktors
Entwicklungsstand für die jeweiligen Teilregionen. Für
Slowenien wird deutlich, daß die weniger entwickelten Gemeinden
im Nordosten der Republik bzw. an der Grenze zu Kroatien liegen.
Für Kroatien sind als entwickeltere Gemeinden vor allem die Gemeinden
an der Adriaküste sowie größere Städte (Zagreb, Varazdin,
Osijek, Karlovac, Bjelovar, Sisak) ausgewiesen.

In der Republik Bosnien und Herzegowina stellen allein die Größeren
Städte mit ihren Einzugsgebieten die entwickelteren Regionen
dar. Dies sind die Hauptstadt Sarajevo sowie die Städte
Tuzla, Zenica, Banja Luka und Bihać.

In der Teilrepublik Engeres Serbien sind im wesentlichen 4
entwickeltere Regionen zu erkennen, der Großraum Belgrad, die
Industriestadt Bor mit ihrem Einzugsgebiet sowie die in den Tälern
des Ibar sowie Moravaflusses gelegenen Gemeinden.

Für die Republiken Montenegro sowie Makedonien ist jeweils die
Konzentration der entwickelteren Gemeinden auf ein im wesentlichen
abgeschlossenes Gebiet festzustellen; in Makedonien ist
dies ein von der Hauptstadt Skoplje keilförmig in südlicher
Richtung ausgehendes Gebiet, in Montenegro sind dies die küstennahen
Gemeinden.

In Kosovo konzentrieren sich die entwickelteren Gebiete ausschließlich
auf die größeren Städte der Provinz wie Priština,
Kosovska Mitrovica, Prizren und Peć.

Für die Vojvodina dagegen ist die Raumstruktur der entwickelteren
Gemeinden weniger eindeutig. Es läßt sich jedoch zumindest
die Negativ-Aussage machen, daß sich die weniger entwickelten
Gemeinden der Provinz im Grenzgebiet zu Rumänien (Banat-Gebiet)
häufen.

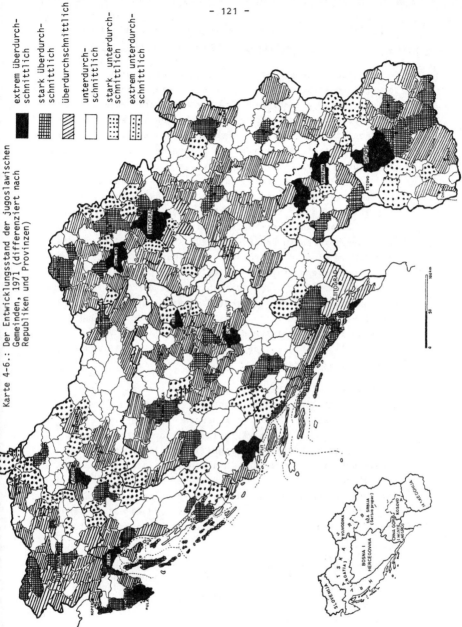

Karte 4-6.: Der Entwicklungsstand der jugoslawischen Gemeinden, 1971 (differenziert nach Republiken und Provinzen)

4.3.1.4.4 Die Prüfung des Entwicklungsstandes auf seine wanderungsdifferenzierende Bedeutung

Im folgenden interessiert der Zusammenhang zwischen der Abwanderungsintensität der Gemeinden Jugoslawiens und ihrem relativen Entwicklungsstand. Mithilfe der Korrelationsanalyse ist dieser Zusammenhang sowohl für Jugoslawien als auch für die Republiken bzw. Provinzen Jugoslawiens geschätzt worden. Üblicherweise erfolgt die Bestimmung der Stärke des linearen Zusammenhangs für intervallskalierte Variablen im Rahmen des Modells der Produkt-Moment-Korrelation. Dieses Modell fand auch in dieser Zusammenhangsanalyse Verwendung. Darüber hinaus wurde jedoch zusätzlich der Rangkorrelationskoeffizient nach Spearman für den Zusammenhang der betrachteten Variablen bestimmt. Hierbei interessieren im Unterschied zum Modell der Produkt-Moment-Korrelation nicht die absoluten Ausprägungen der betrachteten Variablen sondern vielmehr die relative Position der Merkmalsträger hinsichtlich dieser Variablen. Bei der Signifikanzprüfung der empirischen Korrelationskoeffizienten zeichnet sich der Rangkorrelationskoeffizient zusätzlich dadurch aus, daß die Voraussetzung der gemeinsamen Normalverteilung der Variablen - wie im Fall des Modells der Produkt-Moment-Korrelation - nicht gegeben zu sein braucht[1].

Die Stärke der linearen Zusammenhänge zwischen dem Entwicklungsstand und der Abwanderungsintensität der Gemeinden Jugoslawiens können der Tab. 4-7. entnommen werden. Für Jugoslawien weisen sowohl der Produkt-Moment-Korrelationskoeffizient als auch der Rangkorrelationskoeffizient signifikante Zusammenhänge aus, wobei auch die Richtung des Zusammenhanges der ökonomischen a priori Erwartung entspricht. D.h. hoher Entwicklungsstand ist mit geringer Abwanderungsintensität verknüpft und vice versa. Zur Illustration dieses Zusammenhanges sind für die an anderer Stelle definierten 5 Abwanderungsregionen[2] die ungewichteten

---

1 Zur Diskussion der Korrelationsanalyse vgl. u.a. Klaus-Peter Lotze: Korrelationsanalyse, in: Methoden der empirischen Regionalforschung (2. Teil), Veröffentlichungen der Akademie für Raumforschung und Landesplanung, Bd. 105, Hannover 1975, S. 73 ff. - Jürgen Kriz: Statistik in den Sozialwissenschaften, Hamburg 1973, S. 211 ff.
2 Vgl. Abschnitt 4.3.1.1 dieser Arbeit.

Gruppenmittelwerte hinsichtlich der Ausprägung des Faktors
Entwicklungsstand bestimmt; sie nehmen folgende Werte an:
1. Gemeinden mit extrem überdurchschnittlicher
   Abwanderung (Anzahl: 22)   - 476
2. Gemeinden mit stark überdurchschnittlicher
   Abwanderung (Anzahl: 42)   - 226
3. Gemeinden mit überdurchschnittlicher
   Abwanderung (Anzahl: 139)   - 131
4. Gemeinden mit unterdurchschnittlicher
   Abwanderung (Anzahl: 288)   161
5. Gemeinden mit stark unterdurchschnittlicher
   Abwanderung (Anzahl: 9)   - 632   [1]

Mit Ausnahme der Gruppe 5 ist also auch an den Gruppenmittelwerten zu erkennen, daß der Entwicklungsstand einen negativen Zusammenhang zur Abwanderungsintensität hat. Die Höhe des Korrelationskoeffizienten von -0,18 bzw. -0,12 zeigt jedoch an, daß der lineare Zusammenhang zwischen den betrachteten Variablen nicht sehr eng ist.

Tab. 4-7.: Der Zusammenhang zwischen der Abwanderungsintensität und dem Entwicklungsstand der jugoslawischen Gemeinden

Region	Produkt-Moment Korrelationskoeffizient (1)	Rangkorrelationskoeffizient (2)
SFRJ	- 0,18	- 0,12
Bosnien und Herzegowina	- 0,31	- 0,28
Montenegro	- 0,14+	- 0,07+
Kroatien	- 0,27	- 0,22
Makedonien	- 0,26+	- 0,45
Slowenien	- 0,68	- 0,63
Serbien	0,05+	0,17+
Vojvodina	- 0,19+	- 0,14+
Kosovo	- 0,32+	- 0,16+

+ nicht signifikant (P = 0,05)
Quelle: eigene Berechnungen

1 Eigene Berechnungen

Der Tab. 4-7. können ferner die Ergebnisse der Korrelationsanalysen auf Republiks- bzw. Provinzebene Jugoslawiens entnommen werden. Signifikante Zusammenhänge (bei einem Signifikanzniveau von 5 Prozent) zwischen der Abwanderungsintensität und dem Entwicklungsstand liegen nur für die Republiken Bosnien und Herzegowina, Kroatien, Slowenien und hinsichtlich des Rangkorrelationskoeffizienten auch für Makedonien vor. Mit Ausnahme des Ergebnisses für Slowenien sind diese Zusammenhänge jedoch nicht sehr eng.

Das Ergebnis für Slowenien ragt so aus den anderen heraus, daß es nach einer besonderen Interpretation bzw. Erklärung verlangt. Eine plausible Erklärung für den im Vergleich zu den übrigen Teilregionen deutlich engeren negativen Zusammenhang zwischen der Abwanderungsintensität und dem Entwicklungsstand dürfte in dem hohen - nicht nur mit jugoslawischen sondern auch mit westeuropäischen Maßstäben gemessenen - Entwicklungsstand Sloweniens zu suchen sein. Ausreichende Beschäftigungsmöglichkeiten in den entwickelteren Gemeinden[1], gemessen am jugoslawischen Durchschnittseinkommen bessere Verdienstmöglichkeiten und damit geringeres Einkommensgefälle zum Ausland u.a.m. dürften dafür ausschlaggebend gewesen sein, daß die Arbeitskräfte der entwickelteren Gemeinden Sloweniens die ökonomischen Disparitäten zum Ausland relativ weniger als Anreiz zur Abwanderung verstanden haben. Für die Arbeitskräfte der weniger entwickelten Gemeinden dieser Republik waren diese Disparitäten jedoch weitaus größer und damit auch der Anreiz zur Abwanderung. Die Wanderungsentscheidung dieser Arbeitskräfte dürfte auch dadurch erleichtert worden sein, daß die Auslandsbeschäftigung im nahegelegenen Österreich oder auch Deutschland ausgeübt werden konnte.

Der stark wanderungsdifferenzierende Charakter des Faktors Entwicklungsstand für Slowenien besagt nichts anderes, als daß die Pull-Kräfte des Auslandes besonders in solchen Gemeinden stark wirkten, in denen auch die Push-Kräfte relativ bedeutend

---

[1] Vgl. auch Abschnitt 2.1 dieser Arbeit.

waren. Für die Gemeinden der übrigen Republiken bzw. Provinzen Jugoslawiens impliziert diese Erklärung dagegen, daß die Pull-Kräfte des Auslandes unabhängig bzw. weitgehend unabhängig von den relativen Push-Kräften dieser Gemeinden gewirkt haben. Diesem Ergebnis kommt zweifelsohne hinsichtlich der Beurteilung der ökonomischen Auswirkungen der Abwanderung auf das Abgabeland besondere Bedeutung zu. Oberdies legt es die Vermutung nahe, daß nichtökonomische Faktoren weitgehend das regionale Ausmaß der Abwanderung bestimmt haben. In diesem Zusammenhang wird im folgenden der Einfluß der sog. Kettenwanderungen diskutiert.

Vorab sollen jedoch noch zum Abschluß dieses Abschnittes einige Anmerkungen zu den übrigen extrahierten und interpretierten Faktoren, d.h. zu ihrer wanderungsdifferenzierenden Bedeutung gemacht werden. Neben dem Faktor Entwicklungsstand erwies sich für Jugoslawien nur noch der Faktor Beschäftigungswachstum als wanderungsdifferenzierend[1]; mit Korrelationskoeffizienten von -0,23 (Produkt-Moment-Korrelation) bzw. -0,29 (Rangkorrelation) war der Zusammenhang zur Abwanderungsintensität jedoch ebenfalls nicht sehr eng.

Auch die für die Republiken bzw. autonomen Provinzen ermittelten Faktoren weisen entweder nicht signifikante oder aber nicht sehr enge Zusammenhänge zur Abwanderungsintensität auf. Aus diesem Grunde soll auch auf eine nähere Diskussion dieser Faktoren bzw. ihrer Zusammenhänge zur Abwanderungsintensität verzichtet werden.

Die in den ausgewählten 27 sozioökonomischen Variablen enthaltene Faktorenstruktur für Jugoslawien bzw. seine Teilregionen läßt also keine engen linearen Zusammenhänge zur Abwanderungsintensität erkennen.

---

[1] An dieser Stelle sei noch einmal darauf hingewiesen, daß die Unabhängigkeit der extrahierten Faktoren eine Annahme des Modells ist und nicht ein Ergebnis der Analyse. M.a.W. kann hier trotz formaler Unabhängigkeit eine inhaltliche Abhängigkeit zwischen den Faktoren Entwicklungsstand und Beschäftigungswachstum vermutet werden.

4.3.1.5 Der Einfluß der Kettenwanderungen

Die individuelle Migrationsentscheidung setzt Informationen über das oder die alternativen Wanderungsziele voraus. Diese Informationen z.B. hinsichtlich der Attraktivität alternativer Zielorte oder hinsichtlich der jeweiligen Raumüberwindungskosten werden je Person und Region in ihrer Fülle, Genauigkeit und auch Interpretation variieren. Aus diesem Grunde dürfte der Informationsgewinnungsprozeß wesentlichen Einfluß auf das räumliche Abwanderungsmuster - hier vor allem auf die Abwanderungsrichtung sowie -intensität - haben.

Migrationsrelevante Informationen können u.a. von öffentlichen Einrichtungen (Arbeitsämter) oder über Massenmedien bereitgestellt werden. Eine weitere Informationsquelle für potentielle Migranten stellen schließlich auch die schon abgewanderten Freunde und Verwandte dar. Über Briefe oder gelegentliche Besuche vermitteln sie gezielte Informationen über eine spezielle Abwanderungsregion. Die Vorzüge der Abwanderung und vor allem auch die der jeweiligen Abwanderungsregion werden vielfach zusätzlich durch demonstrativen Nachweis eines verbesserten Lebensstils dokumentiert.

Über diesen reinen Informations- und Demonstrationseffekt hinaus nehmen die schon abgewanderten Arbeitskräfte auch in der Weise Einfluß auf die Migrationsentscheidung der noch in der Heimatregion verbliebenen Personen, daß sie im allgemeinen zur Verringerung der materiellen oder immateriellen Migrationskosten beitragen. Dies kann z.B. in Form des Vorschießens der Reisekosten, der Hilfe bei der Wohnungs- und Arbeitsplatzbeschaffung sowie allgemein in Form der Hilfe bei der Anpassung an die neue Umwelt geschehen.

Die durch diese Einflüsse induzierte Migration wird in der Migrationsforschung mit dem Begriff Kettenwanderung (chain migration) belegt. "Chain migration is the continual movement of people who perform the sequential functions of migrant,

information provider for following migrants, and agent of
locational adaption for following migrants".[1]

Natürlich kann die Kettenwanderung nicht die Verursachung der
Wanderung an sich erklären, da ihr Zustandekommen schon Abwanderung voraussetzt[2]. Sie gibt aber Bedingungen an, unter denen
Abwanderung mit größerer Leichtigkeit erfolgen kann, so daß
von ihr wesentliche Einflüsse auf das räumliche Abwanderungsmuster sowohl hinsichtlich der Abwanderungsrichtung als auch
-intensität ausgehen dürften.

In folgenden soll nun diskutiert werden, ob Kettenwanderungsmechanismen auch für den jugoslawischen Abwanderungsprozeß beobachtbar sind. Wegen der unzureichenden Datensituation beschränkt
sich diese Diskussion im wesentlichen auf einige Plausibilitätsüberlegungen.

4.3.1.5.1 Kettenwanderung und Abwanderungsrichtung

An anderer Stelle[3] konnte gezeigt werden, daß die jugoslawischen Arbeitsmigranten je Abwanderungsregion verschiedene Zielregionen unterschiedlich stark präferierten. Diese Erscheinung
weist auf das Wirken von Kettenwanderungen. Im folgenden werden
exemplarisch einige Beispiele für die regionale Präferenz bestimmter Zielregionen angeführt, um zu verdeutlichen, daß Kettenwanderungen die Abwanderungsrichtung maßgeblich beeinflussen
und dabei ganz oder doch weitgehend den wanderungshemmenden
Faktor physische Distanz ausschalten.

Herausragendes Beispiel ist die Abwanderung jugoslawischer Arbeitskräfte nach Australien. Diese Abwanderungsströme konzentrieren sich im wesentlichen auf einige Gemeinden im Süden

---

1 Kevin R. Cox: Man, Location, ..., a.a.O., S. 82.
2 In diesem Zusammenhang unterscheidet Torsten Hägerstrand
  zwei Typen von Abwanderern, den aktiven und den passiven.
  "The active migrant seeks methodically for a suitable
  destination guaranteeing future prosperity (according to his
  lights). The passive migrant follows impulses emanating from
  persons of his acquaintance, perhaps principally from those
  who have themselves made 'fortunate' moves". Torsten Hägerstrand: Migration and Area, a.a.O., S. 132.
3 Vgl. Abschnitt 4.3.1.2 dieser Arbeit.

der Republik Makedonien. Allein aus der Gemeinde Bitolj
stammten zum Volkszählungsstichtag 9168 der 40.168 in Australien beschäftigten jugoslawischen Arbeitskräfte, also rd.
23 Prozent; einschließlich der umliegenden Gemeinden Demir-Hisar,
Kruševo, Ohrid, Prilep und Resen betrug dieser Anteil rd. 35
Prozent[1]. Durchschnittlich hatten 55,5 Prozent der Arbeitsmigranten dieser Gemeinden Australien als Zielregion gegenüber
28,2 bzw. 6,0 Prozent aller Arbeitsmigranten Makedoniens bzw.
Jugoslawiens gewählt. Da die Vorteilhaftigkeit der Kettenwanderung für die Abwanderer nur dann zum Tragen kommt, wenn sie
sich auch in der Zielregion örtlich konzentriert, ist zu vermuten, daß auch für die Aufnahmeländer der Arbeitsmigranten
solche Konzentrationen vorliegen. Aus statistischen Gründen
ist es jedoch nicht möglich, diesen Zusammenhang für die jugoslawische Arbeitsmigration nachzuweisen [2].

Besondere 'Wanderungskanäle' sind auch zwischen der Republik
Serbien und Frankreich zu beobachten. Obgleich Serbien nur 17
Prozent aller Arbeitsmigranten stellte, kamen aber 58 Prozent
der in Frankreich beschäftigten jugoslawischen Arbeitskräfte
aus dieser Republik.

Diese besondere Vorliebe für Frankreich als Beschäftigungsland
hatten in der Republik Kroatien dagegen nur die Arbeitskräfte
aus der nördlich von Rijeka gelegenen Gemeinde Čabar; aus dieser Gemeinde wanderten 53 Prozent aller Arbeitsmigranten nach
Frankreich ab. Für Kroatien insgesamt belief sich der entsprechende Anteilswert nur auf 2,6 Prozent.

Für den Einfluß von Kettenwanderungen sprechen auch folgende
Beispiele. Insgesamt waren 2,4 Prozent der jugoslawischen Arbeitsmigranten nach den USA abgewandert. In den Gemeinden

---

[1] Vgl. zu diesen und den nachfolgenden statistischen Angaben Statistički bilten 679, Tab. 3-1., S. 79 ff.; eigene Berechnungen.
[2] Entsprechende Beispiele für die räumliche Konzentration von Arbeitskräften aus derselben Herkunftsregion im Aufnahmeland liegen dagegen für die italienische Arbeitsmigration vor. Vgl. John S. Macdonald, Leatrice D. Macdonald: Chain Migration, Ethnic Neighborhood Formation and Social Networks, in: The Milbank Memorial Fund Quarterly, Vol. XLII (1964), No.1, S. 92 f.

Alibunar (Vojvodina), Titograd und Ulcinj (beide Montenegro) betrug dieser Anteil dagegen 43, 46 bzw. 55 Prozent. Die Reihe dieser Beispiele ließe sich noch fortsetzen; es dürfte aber schon jetzt deutlich geworden sein, daß sich als Ergebnis kommunikativer Prozesse zwischen schon Abgewanderten und den noch in der Heimat verbliebenen Personen im Zeitablauf besondere 'Wanderungskanäle' herausgebildet haben.

In den Vermittlungsvereinbarungen zwischen den Regierungen Jugoslawiens und der Bundesrepublik Deutschland wurde der Menismus der Kettenwanderung - wenngleich auf einen bestimmten Personenkreis begrenzt - sozusagen institutionalisiert[1]. Durch die Möglichkeit namentlicher Anforderungen seitens der deutschen Firmen war es schon abgewanderten jugoslawischen Arbeitskräften auch über dem offiziellen Vermittlungswege[2] möglich, verwandte Personen nachkommen zu lassen. Der Anteil der auf namentlichen Anforderungen beruhenden Vermittlungen an dem Gesamtergebnis betrug in den Jahren 1971 bis 1973 43,8%, 37,6% bzw. 41,8%[3].

Obige Ausführungen dürften in anschaulicher Weise belegt haben, daß im jugoslawischen Abwanderungsprozeß Kettenwanderungsmechanismen gewirkt haben müssen.

---

[1] Vgl. Abschnitt 3.4 dieser Arbeit.
[2] Nur wenig mehr als die Hälfte der im Zeitraum 1968 bis 1973 in die Bundesrepublik Deutschland abgewanderten jugoslawischen Arbeitskräfte ist von der jugoslawischen Arbeitsverwaltung vermittelt worden.
[3] Vgl. BA: Erfahrungsbericht 1972/73, a.a.O., S. 51.

4.3.1.5.2 Kettenwanderung und Abwanderungsintensität

Das Wirken sog. Kettenwanderungsmechanismen legt nun die Vermutung nahe, daß diese Mechanismen auch Einfluß auf die regionale Abwanderungsintensität gehabt haben könnten, zumal nach den obigen Ergebnissen der regionale Entwicklungsstand- außer für die Gemeinden Sloweniens - als wanderungsdifferenzierender Faktor vernachlässigbar erscheint[1].

Folgende Vorstellungen lassen diese Vermutung als plausibel erscheinen. Im Unterschied zu anderen wichtigen Entscheidungen eines Arbeitnehmers dürfte die Informationsbasis für die Migrationsentscheidung im allgemeinen weitaus schlechter sein. Große räumliche Distanz, Sprachbarrieren u.ä. können hierfür als Gründe genannt werden. Demgegenüber stellt aber der Wanderungsentschluß eines Arbeitnehmers eine so weitreichende Entscheidung dar, daß sie nicht leichtfertig sondern wohl nur im subjektiven Bewußtsein ausreichender Informiertheit gefällt wird. M.a.W. dürfte die Entscheidung der Mehrzahl der Arbeitsmigranten zur Abwanderung als Ergebnis eines längeren Informationsgewinnungsprozesses bzw. Lern- und Überzeugungsprozesses angesehen werden.

In diesem Prozeß fällt nun vor allem den schon vorher abgewanderten Bekannten und Verwandten eine bedeutende Rolle zu. Ihr Informationsangebot dürfte gegenüber institutionellen Informanten (Massenmedien, Arbeitsämter usw.) detaillierter und auch stärker auf die Persönlichkeit des Adressaten zugeschnitten sein[2], so daß es einen wesentlichen Bestandteil der Informationsbasis eines potentiellen Arbeitsmigranten ausmacht.

Es liegt nun die Vermutung nahe, daß mit der Stärke der Wanderungsströme auch die Wahrscheinlichkeit der Abwanderung zusätzlicher Personen variiert. Hieraus läßt sich weiter postulieren,

---

1 Vgl. auch die Ausgangshypothese: Wenn keine bedeutenden Beschränkungen auferlegt werden, tendieren sowohl das Wanderungsvolumen als auch die Wanderungsrate mit der Zeit zur Zunahme. Vgl. Abschnitt 4.1 dieser Arbeit.
2 Überdies dürften diese Informationen die Vorteile einer Auslandsbeschäftigung in besonderer Weise herausstellen, um dadurch nachdrücklich die Richtigkeit der eigenen Entscheidung zu unterstreichen.

daß die Abwanderungintensität einer Region ceteris paribus um
so größer ist, je früher die Abwanderung in einer Region eingesetzt hat.

Aus dem Vergleich der Karten 4-1. und 4-3. wird jedoch sofort
deutlich, daß dieser Zusammenhang im wesentlichen nur für eine begrenzte Region Jugoslawiens erkennbar ist, und zwar für
die Gemeinden der Gebirgs- und Karstregion Süddalmatiens,
Westherzegowinas und Südbosniens. Im Unterschied zu diesen
Gemeinden hat dagegen die frühe Abwanderung in den meisten
slowenischen Gemeinden nicht auch zu einer hohen Abwanderungsintensität dieser Gemeinden geführt[1].

Demgegenüber sind in Jugoslawien Gebiete mit hoher Abwanderungsintensität zu erkennen, in denen die Abwanderung aber erst
relativ spät eingesetzt hat. Diese Erscheinung ist z.B. für
die Gemeinden im Nordosten Kroatiens, für die Gemeinden im
Südosten der Vojvodina bzw. Nordost Serbiens und vor allem
auch für die Abwanderungsgebiete Kosovos zu beobachten.

Es spricht demnach nur wenig für die Hypothese der Wanderungsstimulierung durch Kettenwanderungsprozesse, d.h. hier für den
Zusammenhang zwischen Abwanderungsbeginn und Abwanderungsintensität. Dieser Hypothese liegen nun aber auch sehr unrealistische
Annahmen zugrunde, so daß aufgrund obiger Beobachtungen diese
Hypothese nicht verworfen werden sollte. So unterstellt sie u.a.,
daß regional keine Unterschiede hinsichtlich der Güte der Informationsübertragungen durch Abwanderer bestehen, daß die Informationsverarbeitung und der Entscheidungsprozeß für alle
Arbeitskräfte unabhängig von ihren persönlichen Merkmalen abläuft, und schließlich auch, daß die Rolle von abgewanderten
Freunden und Bekannten im Informationsgewinnungsprozeß für alle
potentiellen Arbeitsmigranten gleich bedeutend ist. Diese
Voraussetzungen dürften in der Realität aber kaum erfüllt sein.

Vor allem ist zu erwarten, daß die Bedeutung der Information
von schon abgewanderten Bekannten und Verwandten im Entscheidungsprozeß potentieller Arbeitsmigranten wesentlich mitbestimmt ist von der Schichtzugehörigkeit des potentiellen

---

[1] Hier dürfte auch ein Zusammenhang zum wanderungsdifferenzierenden Faktor Entwicklungsstand bestehen.

Arbeitsmigranten aber auch von dem vorhandenen quantitativen und qualitativen Angebot anderer Informationsträger[1]. Hinsichtlich des Informationsangebotes über Zeitungen und andere Massenmedien, über staatliche (Arbeitsämter) und nichtstaatliche Institutionen (Gewerkschaften) besteht zweifelsohne in Jugoslawien ein Stadt-Land-Gefälle, so daß der Einfluß der Kettenwanderungsprozesse in ländlichen Regionen größer sein dürfte. Überdies hat gerade im ländlichen Raum wegen der geringeren Anonymität, in denen sich ihre Bewohner bewegen, die nichtinstitutionelle Informationsübermittlung noch einen größeren Stellenwert als in städtischen Gebieten.

Für Jugoslawien kann nun beobachtet werden, daß die Abwanderung aus ländlichen Gebieten mit extrem bzw. stark überdurchschnittlicher Abwanderung durchschnittlich stärker auf wenige Zielländer konzentriert ist als etwa die Abwanderung aus städtischen Gebieten bzw. aus Gebieten mit sehr geringer Abwanderungsintensität. So sind z.B. aus den abwanderungsintensiven Gemeinden Kroatiens die Abwanderer im Durchschnitt in 3,8 Zielländer abgewandert[2]. Das entsprechende Konzentrationsmaß für Gemeinden mit stark unterdurchschnittlicher Abwanderung lag dagegen bei 6,6, das für städtische Gemeinden bei 6,1 und schließlich das für Kroatien insgesamt bei 6[3].

---

1 "Es gibt allerdings die Erfahrung, daß die Bedeutung der Informationsrücklieferung durch Freunde und Verwandte mit zunehmendem Entwicklungsstand einer Gesellschaft und bei höheren sozialen Schichten geringer wird." Heinz Wittmann: Migrationstheorien, Saarbrücken 1975, S. 76. So betont Albrecht auch, daß vor allem bei Unterschichten die Familien- und Sippenbande sehr ausgeprägt sind. Vgl. Günter Albrecht: Soziologie der geographischen Mobilität, a.a.O., S. 118.
2 Hier sind nur die Aufnahmeländer berücksichtigt, die mehr als 2,5% der Abwanderer aus einer Region aufgenommen haben. Statistički bilten 679, Tab. 3-1., S. 79 ff.; eigene Berechnungen.
3 Ebenda.

Offensichtlich sind also die Migrationsentscheidungen der Abwanderer aus städtischen Gebieten bzw. aus Gebieten mit geringerer Abwanderungsintensität weitaus unabhängiger von den getroffenen Entscheidungen schon abgewanderter Arbeitskräfte als die Entscheidungen der Abwanderer aus ländlichen, abwanderungsintensiven Gebieten. Diese Beobachtungen geben Anlaß zur Vermutung, daß sowohl die Konzentration auf relativ wenige Zielregionen als auch das Ausmaß der Abwanderungsintensität in diesen ländlichen,abwanderungsintensiven Gebieten wesentlich durch Kettenwanderungsmechanismen zustande gekommen sind.

Für den postulierten Einfluß von Kettenwanderungsmechanismen auf die Richtung und auch die Intensität der Abwanderung bietet vor allem die südmakedonische Gemeinde Bitolj ein interessantes Beispiel. Diese Gemeinde zeichnete sich 1971 durch einen überdurchschnittlichen Entwicklungsstand und auch durch große räumliche Distanz zu den wichtigsten Beschäftigungsländern jugoslawischer Arbeitskräfte aus. Dennoch hatte sie 1971 eine der höchsten Abwanderungsraten in Jugoslawien. Die wichtigste Zielregion der Abwanderer aus dieser Gemeinde war überdies Australien.

Nun könnten für Jugoslawien noch weitere Beispiele angeführt werden, die die Plausibilität des Einflusses von Kettenwanderungsprozessen auf Abwanderungsrichtung und -intensität stützen. Sie alle können jedoch nicht den Beweis für diesen Einfluß erbringen. Hierzu wäre letztlich eine Befragung der Arbeitsmigranten erforderlich. Obige Überlegungen dürften aber deutlich gemacht haben, daß mit gutem Grund von einem wanderungsstimulierenden Einfluß der Kettenwanderungsmechanismen - vor allem in ländlichen Gebieten - im jugoslawischen Abwanderungsprozeß gesprochen werden kann.

4.3.2   Die demographische, qualitative und berufliche
         Dimension der jugoslawischen Arbeitsmigration

Die obige Diskussion der räumlichen Dimension des jugoslawischen Abwanderungsprozesses konnte zeigen, daß die Entscheidung zur Aufnahme einer Auslandstätigkeit sowie die Wahl des Beschäftigungslandes von den jugoslawischen Arbeitskräften regional sehr unterschiedlich getroffen worden ist. Im folgenden wird geprüft, ob der jugoslawische Abwanderungsprozeß auch hinsichtlich ausgewählter persönlicher Merkmale der Abwanderer selektiv gewirkt hat. Dieser Test der Ausgangshypothese, daß Wanderung selektiv ist, beschränkt sich auf die Merkmale Geschlecht, Alter, schulische Qualifikation sowie Beruf. Zusätzlich wird für die Merkmale Alter, schulische Qualifikation und Beruf geprüft, ob die strukturelle Zusammensetzung der Arbeitsmigranten mit der Abwanderungsintensität einer Gemeinde variiert, d.h. ob der Grad positiver Selektion mit der Schwierigkeit der intervenierenden Hindernisse zunimmt[1]. Hierbei wird unterstellt, daß zu Beginn des Abwanderungsprozesses bzw. bei geringer Abwanderungsintensität einer Gemeinde die intervenierenden Hindernisse (z.B. in Gestalt mangelnder migrationsrelevanter Informationen) besonders groß sind.

4.3.2.1 Die Zusammensetzung nach dem Geschlecht

Die Rolle der Frau im gesellschaftlichen bzw. wirtschaftlichen Leben dürfte wesentliche Determinante für den Einbeziehungsgrad weiblicher Personen in den Abwanderungsprozeß sein. Nun zeichnet sich aber die Rolle der Frau in weiten Teilen Jugoslawiens eher durch solche Merkmale aus, die hemmend auf die Mobilitätsbereitschaft weiblicher Personen wirken. Diese Merkmale sind zunächst durchschnittlich geringeres Bildungsniveau bzw. geringere berufliche Qualifikation mit der Folge geringerer Beschäftigungsmöglichkeiten im Inland. Überdies ist die Frauenrolle durch größere Familienbindung gekennzeichnet, d.h. der Frau obliegt im gesellschaftlichen Leben vor allem die Haushaltsführung sowie die Kindererziehung. Diese und andere Merkmale begründen zum einen

---

1 Vgl. Abschnitt 4.1.

die geringere Erwerbsquote weiblicher Personen im Inland und damit zum anderen auch mittelbar die geringere Migrationsbereitschaft der Frauen.

Die geringere Migrationsbereitschaft bzw. -möglichkeit weiblicher Personen belegen die Angaben in Tab. 4-8. Danach waren von den 1971 im Ausland beschäftigten jugoslawischen Arbeitskräften, die auch schon vor der Abwanderung aktiv waren, nur 25,2 Prozent weiblichen Geschlechts. Dieser Anteilswert lag deutlich niedriger als die weibliche Erwerbsquote Jugoslawiens von 38,6 Prozent. Höhere Anteile für den Einbeziehungsgrad weiblicher Personen in den Abwanderungsprozeß zeigen die Werte in Spalte 1 an. Diese höheren Werte kommen dadurch zustande, daß hier alle Arbeitsmigranten betrachtet werden, also auch solche vornehmlich weiblichen Personen, die vor der Abwanderung nicht aktiv sondern ökonomisch abhängig waren.

Tab. 4-8.: Der Frauenanteil an der Arbeitsmigration und an der aktiven inländischen Bevölkerung, in v.H.

Region	Der Frauenanteil an der Arbeitsmigration		Anteil der Frauen an der aktiven inländischen Bevölkerung
	alle Arbeitsmigranten	vormals aktive Arbeitsmigranten	
	(1)	(2)	(3)
SFRJ	31,4	25,2	38,6
Bosnien und Herzegowina	21,8	17,0	34,8
Montenegro	19,2	10,4	32,3
Kroatien	36,8	30,1	42,6
Makedonien	18,1	13,5	32,8
Slowenien	40,1	38,1	46,0
Serbien	35,7	29,7	41,1
Vojvodina	42,7	30,4	33,7
Kosovo	4,7	3,2	16,8

Quelle: Statistički bilten 679, Tab. 2-3., S. 49 ff.
(Sp. 1 und 2), SGJ-73, Tab. 202-3., S. 352 (Sp. 3);
eigene Berechnungen.

Der wanderungsdifferenzierende Charakter des Merkmals Geschlecht ist für alle Teilregionen Jugoslawiens zu beobachten. Deutlich zu erkennen ist weiterhin der enge Zusammenhang zwischen dem Anteil weiblicher Arbeitsmigranten an der Abwanderung und der regionalen Frauenerwerbsquote. Betrachtet man die Abweichungen dieser Größen, so sieht man, daß diese regional auch mehr oder weniger stark schwanken, d.h. also das Ausmaß der unterdurchschnittlichen Vertretung weiblicher Arbeitskräfte im Abwanderungsprozeß. Am geringsten sind diese Abweichungen für die Regionen Vojvodina sowie Slowenien. Zumindest für Slowenien läßt sich diese Erscheinung mit dem relativ höheren Entwicklungsniveau dieser Republik erklären, das der Frau u.a. eine größere Gleichberechtigung im wirtschaftlichen Leben und somit auch im Abwanderungsprozeß zugesteht.

4.3.2.2 Die Zusammensetzung nach dem Alter

Der Vergleich des Altersaufbaus der aktiven inländischen Bevölkerung mit demjenigen der Arbeitsmigranten weist das Alter als weiteren wanderungsdifferenzierenden Faktor aus. Während fast 70 Prozent der Arbeitsmigranten zum Volkszählungsstichtag jünger als 35 Jahre war, belief sich der entsprechende Anteil für die aktive inländische Bevölkerung auf knapp 40 Prozent[1]. Im Alter von 50 bis 64 Jahren waren nur 2,9 Prozent der Arbeitsmigranten gegenüber 17,7 Prozent der aktiven inländischen Bevölkerung[2]. Demnach waren also die älteren jugoslawischen Arbeitskräfte weniger bereit auf die ökonomischen Stimuli des Auslandes mit dem Risiko einer Wanderung zu reagieren als ihre jüngeren Kollegen. Die Gründe der relativen Immobilität älterer

---

1 Vgl. Tab. 4 -9.
2 Ebenda. Die überdurchschnittliche Vertretung junger Arbeitskräfte unter den Arbeitsmigranten wird auch besonders deutlich an den für verschiedene Altersklassen berechneten Abwanderungsraten. So waren 1971 5,0 Prozent der Bevölkerung im Alter von 15 - 64 Jahren im Ausland beschäftigt. Für die verschiedenen Altersklassen sahen die Abwanderungsraten dabei wie folgt aus: Altersklasse 20 - 24: 9,4%, Altersklasse 25 - 34: 8,9%, Altersklasse 35 - 49: 4,0% und Altersklasse 50 - 64: 0,9%, SGJ-73, Tab. 202-3., S. 351 und Tab. 203-13., S. 377; eigene Berechnungen.

Arbeitskräfte dürften dabei im Familienstand, Berufsstatus, in
der stärkeren Einbindung in die soziale Umwelt u.a.m. zu suchen
sein. Ein wesentlicher Grund dieser Immobilität dürfte aber
auch die spezifische Nachfrage des Auslandes nach jungen, sehr
aktiven Arbeitskräften sein, die dem älteren Arbeitnehmer von
vornherein geringere Chancen im Wettbewerb mit jüngeren Arbeitskräften einräumt.

Tab. 4-9.: Die Altersstruktur der im Ausland beschäftigten
Arbeitnehmer (A)^a und der aktiven inländischen
Bevölkerung (B)^b, in v.H.

Region		bis 14 (1)	15-24 (2)	Alter 25-34 (3)	35-49 (4)	50-64 (5)	65 u.älter (6)
SFRJ	A	0,1	29,7	38,8	27,4	2,9	0,4
	B	0,8	19,2	19,9	31,5	17,7	10,6
Bosnien und	A	0,1	30,1	41,9	25,7	1,8	0,1
Herzegowina	B	0,8	26,6	21,2	28,7	13,8	7,0
Montenegro	A	0,1	29,5	47,1	20,6	1,7	0,4
	B	1,0	20,4	21,7	28,4	16,0	12,2
Kroatien	A	0,1	29,5	36,8	28,8	3,5	0,5
	B	0,3	16,3	19,2	31,6	20,0	12,4
Makedonien	A	0,1	33,0	38,2	25,0	3,0	0,4
	B	1,1	23,3	22,6	29,2	16,0	7,7
Slowenien	A	0,0	35,7	37,6	21,8	3,5	0,6
	B	0,1	17,8	20,2	29,3	18,6	13,9
Serbien	A	0,1	27,1	38,9	29,4	3,0	0,3
	B	0,6	17,9	19,3	33,5	17,8	10,6
Vojvodina	A	0,0	29,2	37,0	28,2	3,7	0,4
	B	0,2	15,5	19,1	32,7	19,9	12,5
Kosovo	A	0,1	27,1	48,3	22,6	1,2	0,3
	B	0,7	24,2	24,3	27,3	16,0	7,2

a ohne Arbeitskräfte, die vor der Abwanderung nicht aktiv waren.
b einschließlich der Bevölkerung mit beschäftigungsunabhängigem
Einkommen.

Quelle: SZzS: Popis stanovništva i stanova 1971. Stanovništvo.
Etnička, prosvetna i ekonomska obeležja stanovništva i domaćinstva prema broju članova, Beograd
1974, Tab. 1-3., S. 4 f., eigene Berechnungen.

Die Dominanz jüngerer Arbeitskräfte im jugoslawischen Abwanderungsprozeß wird auch durch die deutsche Wanderungsstatistik belegt[1]. Darüber hinaus läßt die zeitliche Entwicklung der Anteilswerte in der Altersklasse 'unter 16 Jahre' erkennen, daß die Abwanderung von Arbeitskräften im Zeitablauf immer mehr zu einer Abwanderung von Arbeitnehmerfamilien wurde. Der Anteil der von Jugoslawien nach der Bundesrepublik Deutschland zugezogenen Personen in dieser Altersklasse belief sich 1962 auf 3,1 Prozent; bis 1973 hatte sich dieser Wert dann schon mehr als verfünffacht (16,6 Prozent)[2].

Im folgenden soll nun analysiert werden, ob der Altersaufbau der Abwanderer mit der Intensität der Abwanderung einer Region variiert. Dieser Analyse wird die Hypothese vorangestellt, daß, sofern die Abwanderung regional noch keinen Massencharakter angenommen hat bzw. die intervenierenden Hindernisse noch relativ groß sind, jüngere Arbeitskräfte im Abwanderungsstrom dominieren. Die Gründe der hier postulierten größeren Mobilität jüngerer Arbeitskräfte wurden schon oben indirekt angesprochen, zu diesen zählen der vielfach ledige Familienstand, das Anfangsstadium der beruflichen Entwicklung (das noch nicht zu einer engen Anbindung an die Heimatregion geführt hat), der bei jüngeren Personen häufiger zu beobachtende allgemeine Wunsch nach Veränderung u.a.m.. Zur Überprüfung der genannten Hypothese wurde der Zusammenhang zwischen Abwanderungsintensität und dem Altersaufbau der Arbeitsmigranten korrelationsanalytisch bestimmt. Die Ergebnisse können der nachfolgenden Tabelle entnommen werden.

---

1 Vgl. Statistisches Bundesamt Wiesbaden: Bevölkerung und Kultur, Reihe 3, Wanderungen, verschiedene Jahrgänge.
2 Ebenda; eigene Berechnungen.

Tab. 4-10.: Der Zusammenhang zwischen der Abwanderungsintensität der Gemeinden und dem Altersaufbau ihrer Arbeitsmigranten

Region	Altersklassen					
	20 - 24 (1)	25 - 29 (2)	20 - 29 (3)	30 - 34 (4)	35 - 39 (5)	40 u. älter (6)
SFRJ	-0,38[a]/-0,40[b]	-0,24/-0,29	-0,41/-0,43	0,05/0,01	0,32/0,37	0,30/0,36
Bosnien und Herzegowina	-0,63/-0,66	-0,15/-0,15	-0,61/-0,64	0,02/-0,06	0,30/0,40	0,70/0,70
Montenegro	-0,10/0,02	-0,51/-0,44	-0,37/-0,26	-0,44/-0,66	0,34/0,44	0,67/0,47
Kroatien	-0,34/-0,33	-0,06/-0,10	-0,30/-0,29	0,31/0,34	0,26/0,29	0,02/0,12
Makedonien	-0,72/-0,83	-0,72/-0,49	-0,83/-0,81	0,30/0,52	0,66/0,82	0,85/0,58
Slowenien	-0,08/-0,01	-0,08/-0,13	-0,13/-0,03	-0,34/-0,31	-0,15/-0,15	0,39/0,31
Serbien	-0,51/-0,54	-0,39/-0,54	-0,51/-0,59	-0,10/-0,04	0,52/0,56	0,49/0,56
Vojvodina	-0,51/-0,45	-0,30/-0,25	-0,60/-0,42	-0,43/-0,33	0,23/0,28	0,64/0,45
Kosovo	-0,65/-0,63	-0,49/-0,50	-0,70/-0,68	0,18/0,20	0,75/0,68	0,59/0,68

a Produkt-Moment-Korrelationskoeffizient
b Rangkorrelationskoeffizient nach Spearman
  nicht signifikant (P = 0,05)

Quelle: eigene Berechnungen.

Zwischen der Alterszusammensetzung der Arbeitsmigranten und der Abwanderungsintensität bestehen für Gesamt-Jugoslawien signifikante Zusammenhänge. Besonders deutlich ist dieser Zusammenhang für die Altersklassen '20 - 29', '35 - 39' sowie '40 und älter' zu erkennen. Demnach besteht also ein negativer Zusammenhang zwischen der Abwanderungsintensität einer Region und dem Anteil jüngerer Arbeitnehmer an den Arbeitsmigranten dieser Region bzw. ein positiver Zusammenhang zwischen der Abwanderungsintensität und dem Anteil älterer Arbeitnehmer an den Arbeitsmigranten. M.a.W. zeichnen sich die Abwanderer aus Gemeinden mit geringerer Abwanderungsintensität gegenüber Gemeinden mit größerer Abwanderungsintensität dadurch aus, daß der Anteil jüngerer Arbeitnehmer relativ größer ist. Dieses Ergebnis legt bei dynamischer Betrachtungsweise den Schluß nahe, daß den jüngeren Arbeitskräften im Anfangsstadium eines Abwanderungsprozesses - bei noch geringer Abwanderungsintensität - die sog. Pionierrolle zufällt. Erst im späteren Stadium der Abwanderung geht der Anteil jüngerer Arbeitskräfte wegen der relativ stärkeren Abwanderung älterer Arbeitskräfte zurück.

Keine Unterschiede hinsichtlich des Altersaufbaus der Arbeitsmigranten zwischen Regionen unterschiedlicher Abwanderungsintensität sind dagegen für die Altersklasse 30 - 34 Jahre zu beobachten. Arbeitskräfte dieses Alters markieren somit die Übergangszone zwischen jenen Altersklassen, die je Abwanderungsstärke einer Region unterschiedlich im Abwanderungsprozeß einbezogen sind.

Aus Gründen der Illustration sind in der nachfolgenden Tabelle für die an anderer Stelle definierten Abwanderungsregionen jeweils die ungewichteten Gruppenmittelwerte für verschiedene Altersklassen ausgewiesen.

Tab. 4-11.: Der Altersaufbau der Arbeitsmigranten
nach Abwanderungsregionen[a], in v.H.

Abwanderungsregion (Anzahl der Gemeinden)	Altersklassen		
	20 - 29 (1)	30 - 34 (2)	40 u. älter (3)
extrem überdurchschnittliche Abwanderung; (22)	39,8	18,8	27,4
stark überdurchschnittliche Abwanderung; (42)	41,5	17,5	26,4
überdurchschnittliche Abwanderung; (139)	46,0	17,9	23,0
unterdurchschnittliche Abwanderung; (288)	50,8	17,6	20,2
stark unterdurchschnittliche Abwanderung; (9)	51,8	21,3	17,3

a zur Definition der Abwanderungsregionen vgl. Abschnitt 4.3.1.1.
Quelle: eigene Berechnungen

Sehr anschaulich werden obige Ergebnisse auch für die hier betrachteten Abwanderungsregionen bestätigt. Abwanderungsregionen mit unterdurchschnittlicher Abwanderungsintensität weisen einen deutlich höheren Anteil jüngerer Arbeitskräfte an den Abwanderern auf als die Regionen mit überdurchschnittlichen Abwanderungsraten.

Dieses für Gesamt-Jugoslawien formulierte Ergebnis setzt sich aus z.T. recht unterschiedlichen Teilergebnissen für die verschiedenen Republiken bzw. Provinzen zusammen, wobei die Unterschiedlichkeit sich weniger in der Grundaussage als in der geschätzten Enge des Beziehungszusammenhanges dokumentiert.

Besondere Erwähnung verdienen vor allem die Ergebnisse für Slowenien und Kroatien. Hier sind die betrachteten Zusammenhänge entweder nicht signifikant bzw. relativ gering. M.a.W. ist die relative Dominanz jüngerer Arbeitskräfte unter den Abwanderern aus Gemeinden mit geringer Abwanderungsintensität nur schwach ausgeprägt. Zu vermuten ist, daß aufgrund der engeren kulturellen sowie räumlichen Nähe zum westlichen Ausland hier die Pionierfunktion jüngerer Arbeitskräfte weitaus geringere Bedeutung hat, um einen Abwanderungsprozeß zu initiieren.

4.3.2.3 Die Zusammensetzung nach der Qualifikation

Verschiedene Untersuchungen über wanderungsdifferenzierende Faktoren kommen zu dem Ergebnis, daß das Bildungsniveau (z.B. durch die Länge des Schulbesuchs gemessen) in besonderer Weise selektierend wirkt[1]. Danach wird ein positiver Zusammenhang zwischen Bildungsgrad und Mobilitätsbereitschaft postuliert. Personen mit höherem Ausbildungsstand verfügen über bessere migrationsrelevante Informationen, sie haben vielfach ein höheres ökonomisches und kulturelles Anspruchsniveau, sie weisen eine größere Assimilationsbereitschaft sowie -fähigkeit auf, auch sind sie weniger an die natürliche bzw. soziale Umwelt gebunden als Personen mit niedrigerem Ausbildungsstand.

Die Gültigkeit dieser Hypothese soll im folgenden für die jugoslawische Arbeitsmigration überprüft werden.

Die Qualifikationsstruktur der jugoslawischen Arbeitsmigranten, die zum Zeitpunkt der Volkszählung 1971 im Ausland beschäftigt waren, geht aus Tab. 4-12. hervor. Sowohl für Jugoslawien als auch seine Republiken bzw. Provinzen gilt, daß die Arbeitsmigranten mehrheitlich höchstens Grundschulausbildung hatten; der entsprechende Anteil belief sich im Landesdurchschnitt auf 76 Prozent. Für die Teilregionen Jugoslawiens schwankte dieser Wert zwischen 64,7 Prozent (Slowenien) und 93 Prozent (Kosovo).

Die regionalen Unterschiede im Ausbildungsstand der jugoslawischen Arbeitsmigranten lassen sich in erster Linie mit interregionalen Unterschieden im Ausbildungsstand der Bevölkerung erklären. So ist ein deutliches Bildungsgefälle zwischen den nördlicheren und südlicheren Gebieten zu erkennen. Tab. 4-12. erlaubt schließlich auch einen Vergleich zwischen der Qualifikationsstruktur der Arbeitsmigranten und derjenigen der Bevölkerung[2].

---

1 Vgl. die bei Heinz Harbach: Internationale Schichtung und Arbeitsmigration, Hamburg 1976, S. 68 angegebene Literatur; vgl. ebenfalls die Ausführungen von Günter Albrecht: Soziologie der geographischen Mobilität, a.a.O., S. 85 ff. und die dort angegebene Literatur.
2 Hierbei handelt es sich um die Bevölkerung von 10 Jahren und älter. Da in dieser Vergleichsgröße auch jene Bevölkerungsteile wie schulpflichtige Kinder oder aus dem Erwerbsleben ausgeschiedene Personen enthalten sind, die nicht zur Gruppe potentieller Arbeitsmigranten gezählt werden können, ist der Vergleich ein wenig verzerrt.

Tab. 4-12.: Die Qualifikationsstruktur der im Ausland beschäftigten Arbeitnehmer (A) und der Bevölkerung (10 Jahre und älter; B), in v.H.

Region		ohne[a] d. Grundschule	4 Klassen[b] Grundschule	Schulausbildung bis einschl. Grundsch.	Berufs-[c] ausbildung	Höhere Schulausbld.
		(1)	(2)	(3)	(4)	(5)	(6)
SFRJ	A	10,1	46,1	19,8	76,0	16,6	5,7
	B	24,2	42,3	15,1	81,6	9,0	9,1
Bosnien u.	A	19,5	54,7	12,6	86,8	10,3	2,3
Herzegowina	B	36,2	40,5	10,5	87,2	6,4	6,2
Montenegro	A	12,2	40,3	23,7	76,2	14,2	7,9
	B	25,6	42,7	14,7	83,0	6,9	9,8
Kroatien	A	7,4	43,2	19,5	70,1	21,2	6,8
	B	18,0	46,3	13,5	77,8	11,7	10,0
Makedonien	A	8,5	52,1	27,1	87,7	6,7	5,1
	B	24,9	44,7	16,5	86,1	4,3	9,3
Slowenien	A	1,7	32,6	30,4	64,7	26,7	6,4
	B	6,8	29,6	37,2	73,6	15,9	10,1
Serbien	A	8,5	49,4	17,7	75,6	14,7	7,9
	B	26,0	42,8	12,4	81,2	7,9	10,5
Vojvodina	A	7,3	37,3	22,1	66,7	23,4	6,4
	B	18,8	46,9	13,9	79,6	11,3	8,7
Kosovo	A	17,3	46,7	29,0	93,0	4,0	2,0
	B	39,8	36,8	14,9	91,5	2,8	5,5

a) schließt für die Gruppe der Arbeitsmigranten Personen mit 1-3 Klassen der Grundschule ein
b) schließt für die Gruppe der Arbeitsmigranten Personen mit 4-7 Klassen der Grundschule ein
c) umfaßt folgende Ausbildungsgänge: Škole za KV radnike i ostali stručni kadar , Škole za VKV radnike
d) umfaßt folgende Ausbildungsgänge: Gimnazija; Škole za srednji stručni kadar; više škole; fakulteti i visoke škole

Quelle: SZzS:Popis stanovništva i stanova 1971. Stanovništvo. Etnička, prosvetna i ekonomska obeležja stanovništva i domaćinstva prema broju članova, Beograd 1974, Tab. 1-2., S. 3. Statistički bilten 679, Tab. 1-7., S. 11; eigene Berechnungen.

Da unterschiedliche Definitionen für die ersten beiden Ausbildungsstandards vorliegen, ist dieser Vergleich nur für die Spalten 3 bis 6 möglich. Das Strukturbild der Arbeitsmigranten hinsichtlich der schulischen Qualifikation weicht von dem der Bevölkerung nicht unerheblich ab. Für Gesamt-Jugoslawien lassen sich folgende Aussagen machen. In der Gruppe der Arbeitsmigranten sind Personen mit Grundschulabschluß stärker vertreten als in der Bevölkerung. Diese Aussage gilt vor allem auch für Personen mit einer über die Grundschulausbildung hinausgehenden Berufsausbildung. Umgekehrt sieht dagegen das Verhältnis für Personen mit weiterführender Schul- bzw. Berufsausbildung (Gymnasium, Höhere Schule, Universität u.ä.) aus. Schließlich zeigt der Vergleich der jeweiligen Personengruppen, die höchstens einen Grundschulabschluß haben, daß diese Personen in der Gruppe der Arbeitsmigranten unterrepräsentiert sind.

Der in der Migrationsforschung postulierte positive Zusammenhang zwischen Ausbildungsniveau und Mobilitätsneigung ist somit nur partiell für die jugoslawische Arbeitsmigration gegeben; er ist nicht gegeben für die Gruppe 'Personen mit höherer Schulausbildung' (Gymnasial-, Universitätsausbildung u.ä.). Damit zeichnet sich diese Personengruppe ähnlich wie die der Personen ohne Grundschulabschluß durch relative Immobilität aus. Es liegt auf der Hand, daß hierfür unterschiedliche Faktoren verantwortlich sind.

Die relative Immobilität der Personen mit höherer Schulausbildung muß im Zusammenhang mit dem spezifischen Arbeitsplatzangebot des Auslandes sowie mit den Beschäftigungs- und Verdienstmöglichkeiten im Inland gesehen werden. Das Arbeitsangebot des Auslandes richtet sich in erster Linie an Arbeitskräfte mit manuellen Fertigkeiten. Für sog. white collar Arbeitskräfte dürfte somit die Beschäftigungsaufnahme im Ausland eine Entwertung ihrer Ausbildung bedeuten und vielfach auch persönlich als sozialer Abstieg verstanden werden. Die relativ geringe Abwan-

derungsneigung dieser Personengruppe ist darüber hinaus auch mit
den überdurchschnittlichen Beschäftigungs- und Verdienstmöglichkeiten im Inland und mit der damit verbundenen sozialen Stellung
zu erklären.

Dagegen dürfte die relative Immobilität der Personen ohne Grundschulabschluß mit den obengenannten Faktoren wie geringerer Informationsstand, stärkere Verwurzelung in der Umwelt u.a.m. zu
begründen sein[1].

Obige Aussagen zur wanderungsdifferenzierenden Wirkung der
Schulqualifikation für Gesamt-Jugoslawien gelten im wesentlichen
auch für die Teilregionen Jugoslawiens. In allen Fällen erweisen sich die Personen ohne Grundschulabschluß sowie mit höherer
Schulausbildung als relativ immobil. Am deutlichsten überrepräsentiert in der Gruppe der Arbeitsmigranten sind für alle Teilregionen mit Ausnahme von Makedonien und Kosovo Personen mit
beruflicher Fachausbildung.

Abschließend soll noch die wanderungsdifferenzierende Wirkung
der Schulqualifikation im Zusammenhang mit den regionalen Unterschieden in der Abwanderungsintensität diskutiert werden.
Denn es ist zu vermuten, daß u.a. die relative Immobilität der
Personen ohne Grundschulabschluß in solchen Gebieten weniger
stark anzutreffen ist, wo die Abwanderung besonders intensiv ist
und somit relevante Informationen mehr oder weniger allen Bewohnern der Region zur Verfügung stehen, das 'Wagnis' einer Abwanwanderung spürbar ist, also die intervenierenden Hindernisse
relativ gering sind.

Um den regionalen Unterschieden im Bildungsniveau Rechnung zu
tragen, wurden die Abweichungen des Strukturmusters der Arbeitsmigranten hinsichtlich der Schulqualifikation von dem der Bevölkerung bestimmt und dann der Zusammenhang zur Abwanderungsintensität bestimmt. Die korrelationsanalytischen Ergebnisse können
der nachfolgenden Tabelle entnommen werden.

---

1 Einfluß dürfte hier aber auch die spezifische Nachfragestruktur des Auslandes haben.

Tab. 4-13.: Abweichungen zwischen der Qualifikationsstruktur
der im Ausland beschäftigten Arbeitskräfte und
der inländischen Bevölkerung und ihr Zusammenhang
zur Abwanderungsintensität der Herkunftsregion

Region	Schulausbildung			
	Grundschulabschluß (1)	höchstens Grundschulabschluß (2)	Berufsausbildung (3)	höhere Schulausbildung (4)
SFRJ	-0,09^a/-0,22^b	0,36/0,38	-0,33/-0,31	-0,29/-0,37
Bosnien und Herzegowina	-0,48/-0,64	0,41/0,58	-0,45/-0,60	-0,03/-0,20
Montenegro	0,05/ 0,01	0,61/0,71	-0,64/-0,68	-0,49/-0,64
Kroatien	-0,27/-0,38	0,47/0,47	-0,36/-0,33	-0,49/-0,49
Makedonien	-0,59/-0,77	0,47/0,70	-0,42/-0,59	-0,36/-0,44
Slowenien	-0,39/-0,35	0,49/0,41	-0,39/-0,33	-0,46/-0,49
Serbien	-0,44/-0,57	0,42/0,36	-0,41/-0,32	-0,27/-0,33
Vojvodina	-0,34/-0,25	0,53/0,43	-0,51/-0,37	-0,24/-0,28
Kosovo	-0,76/-0,77	0,71/0,68	-0,61/-0,52	-0,43/-0,43

a Produkt-Moment-Korrelationskoeffizient
b Rangkorrelationskoeffizient nach Spearman
— nicht signifikant (P = 0,05)
Quelle: eigene Berechnungen

Für Gesamtjugoslawien zeigen sowohl die Produkt-Moment-Korrelationskoeffizienten als auch die Rangkorrelationskoeffizienten signifikante Zusammenhänge zwischen der Abwanderungsintensität einer Region und dem spezifischen Strukturmuster der Abwanderer hinsichtlich des Merkmals Schulqualifikation an. Zur Veranschaulichung dieser Zusammenhänge dienen die Angaben in Tab.4 -14. Hier sind für oben definierte Abwanderungsregionen die jeweiligen ungewichteten Gruppenmittelwerte für die Abweichungen zwischen der Qualifikationsstruktur der Abwanderer und der der inländischen Bevölkerung bestimmt. Positive Vorzeichen zeigen an, daß Arbeitskräfte mit der jeweiligen Schulqualifikation in der Gruppe der Arbeitsmigranten im Vergleich zur Bevölkerung der Herkunftsregion überrepräsentiert sind.

Tab. 4-14.: Abweichungen zwischen der Qualifikationsstruktur
der im Ausland beschäftigten Arbeitskräfte und
der inländischen Bevölkerung nach Abwanderungsregionen [a], in Prozentpunkten

Abwanderungs- region (Anzahl der Gemeinden)	Grundschul- abschluß	höchstens Grundschul- abschluß	Berufsaus- bildung	höhere Schul- ausbildung
extrem überdurch- schnittliche Abwanderung (22)	5,1	- 1,8	3,9	-2,1
stark überdurch- schnittliche Abwanderung (42)	4,8	- 4,0	5,5	-1,5
überdurch- schnittliche Abwanderung (139)	5,9	- 7,5	8,5	-1,0
unterdurchschnitt- liche Abwanderung (288)	6,9	-12,7	11,7	1,0
stark unterdurch- schnittliche Abwanderung (9)	12,8	-12,3	10,1	2,2

a Zur Definition der Abwanderungsregionen vgl. Abschnitt 4.3.1.1

Quelle: eigene Berechnungen

Korrelationskoeffizienten und Gruppenmittelwerte zeigen folgende
Zusammenhänge an. Mit Ausnahme des Merkmals 'höhere Schulausbildung' werden in allen anderen Merkmalsgruppen die Strukturmuster
der Schulqualifikation mit zunehmender Abwanderungsintensität
der Regionen einander ähnlicher, d.h. die ausgewiesenen Differenzen werden insgesamt kleiner. Abwanderer aus Gebieten mit
relativ geringerer Abwanderung weisen gegenüber der Bevölkerung
in der Heimatregion größere Unterschiede hinsichtlich der Qualifikationsstruktur auf als die Abwanderer aus Gebieten mit stärkerer Abwanderungsintensität. D.h. also, daß unter den Abwanderern aus den Gebieten mit geringerer Abwanderung Arbeitskräfte
mit Grundschulabschluß bzw. Berufsschulausbildung stärker überrepräsentiert sind und entsprechend auch Personen mit maximal
Grundschulabschluß stärker unterrepräsentiert sind als unter

den Abwanderern aus Gebieten mit stärkerer Abwanderung. Bezüglich des Merkmals 'höhere Schulausbildung' ist sogar zu beobachten, daß Personen mit diesem Ausbildungsniveau unter den Abwanderern aus Gemeinden mit unterdurchschnittlicher bzw. stark unterdurchschnittlicher Abwanderungsrate überrepräsentiert sind.

Bei dynamischer Betrachtung legen obige Ergebnisse folgende Interpretation nahe. Ist die Abwanderung noch auf niedrigem Niveau, so sind es zunächst die qualifizierten, mobileren Arbeitskräfte, die abwandern. Sobald aber die Abwanderung Massencharakter annimmt, werden in einem immer stärkeren Maße auch weniger qualifizierte Arbeitskräfte in den Abwanderungsprozeß einbezogen, so daß sich das Strukturmuster der Arbeitsmigranten hinsichtlich ihrer schulischen Qualifikation immer mehr auf das entsprechende Strukturmuster der heimischen Bevölkerung zubewegt.

Für die verschiedenen Teilregionen Jugoslawiens zeigen die entsprechenden Korrelationskoeffizienten ohne Ausnahme die gleichen Ergebnisse an. Unterschiede sind jedoch hinsichtlich der Enge der Zusammenhänge zu beobachten. Auffallend sind vor allem die insgesamt hohen Werte für die Republik Montenegro und auch für die autonome Provinz Kosovo. Ihre Gründe dürften im allgemein geringen Abwanderungsniveau (Montenegro) bzw. im geringen Bildungsniveau (Kosovo) zu suchen sein.

4.3.2.4 Die Zusammensetzung nach dem Beruf

Die noch stark agrarisch geprägte Volkswirtschaft Jugoslawiens findet ihren Ausdruck auch in der Zusammensetzung der Arbeitsmigranten nach ihrem vor der Abwanderung ausgeübten Beruf bzw. nach dem Wirtschaftssektor, in dem sie vor der Abwanderung aktiv waren. Die Tab. 4-15. verdeutlicht, daß die Mehrzahl (55 Prozent) der Arbeitsmigranten vor der Abwanderung einen landwirtschaftlichen oder ähnlichen Beruf ausgeübt hat. Die zweitwichtigste Berufsgruppe bildeten mit 34 Prozent die Berg- und Industriearbeiter unter den Arbeitsmigranten, so daß sich also die Arbeitsmigranten im wesentlichen aus zwei Berufskategorien rekrutierten. Der Vergleich mit der Berufsstruktur der inländischen aktiven Bevölkerung zeigt auch, daß diese Berufsgruppen unter den im Ausland beschäftigten jugoslawischen Arbeitskräften überrepräsentiert sind. Mit Ausnahme der Provinz Vojvodina sowie der Republik Slowenien gilt dieses Ergebnis für alle Teilregionen Jugoslawiens. Die aus der Vojvodina bzw. aus Slowenien abgewanderten Arbeitskräfte hatten dagegen mehrheitlich vor der Abwanderung den Beruf eines Berg- oder Industriearbeiters ausgeübt, während die Landwirte nur die zweitwichtigste Berufsgruppe darstellte. Letztere waren im Fall der Region Vojvodina sogar unterrepräsentiert.

Tab. 4-15.: Berufsstruktur der Arbeitsmigranten und der inländischen aktiven Bevölkerung, in v.H.

Region	Arbeitsmigranten[a]			aktive Bevölkerung		
	Landwirt[b]	Berg- od. Industriearbeiter	sonst. Berufe[c]	Landwirt	Berg- od. Industriearbeiter	sonst. Berufe
	(1)	(2)	(3)	(4)	(5)	(6)
SFRJ	55,0	34,0	11,0	46,9	27,3	25,8
Bosnien und Herzegowina	70,4	24,5	5,1	51,2	26,8	22,0
Montenegro	60,7	27,3	12,0	45,1	25,0	29,9
Kroatien	47,2	38,9	13,9	40,7	29,7	29,6
Makedonien	62,0	31,5	6,5	47,5	27,3	25,2
Slowenien	34,7	48,0	17,3	26,1	42,0	31,9
Serbien	58,7	28,8	12,5	55,6	21,5	22,9
Vojvodina	37,5	46,6	15,9	42,4	29,4	28,2
Kosovo	69,8	27,2	3,0	58,5	21,4	20,1

a Arbeitsmigranten, die vor der Abwanderung aktiv waren und für die statistische Angaben hinsichtlich des ausgeübten Berufes vorliegen (82,4 Prozent aller Arbeitsmigranten)
b und verwandte Berufe
c Berufe des Handels-, des Sicherheits-, des Verwaltungssektors u.a.

Quelle: Statistički bilten 679, Tab. 1-5., S. 10 (Sp. 1-3); SGJ-73, Tab. 202-3., S. 352 (Sp. 4-6); eigene Berechnungen.

Tab. 4-16. gibt Auskunft über die sektorale 'Herkunft' der Arbeitsmigranten. Da der landwirtschftliche bzw. ein ähnlicher Beruf im wesentlichen nur im landwirtschaftlichen Sektor ausgeübt wird, decken sich die diesbezüglichen Werte dieser Tabelle mit den entsprechenden Werten der Tab. 4-15. Nicht identisch sind dagegen die Angaben für den Beruf Berg- und Industriearbeiter bzw. für den Sektor Bergbau und Industrie, denn vor allem der Beruf des Industriearbeiters kann auch außerhalb des Sektors Bergbau und Industrie ausgeübt werden.

Tab. 4-16.: Beschäftigungssektoren der Arbeitsmigranten und der inländischen aktiven Bevölkerung, in v.H.

Region	Arbeitsmigranten[a]			aktive Bevölkerung		
	Land-, Forstw.- schaft u. Fischerei	Bergbau und Industrie	sonst. Sektoren	Land-, Forstw.- schaft u. Fischerei	Bergbau und Industrie	sonst. Sektoren
	(1)	(2)	(3)	(4)	(5)	(6)
SFRJ	56,6	18,0	25,4	48,0	19,0	33,0
Bosnien und Herzegowina	70,8	11,1	18,1	52,0	18,0	30,0
Montenegro	61,9	14,9	23,2	45,1	16,3	38,6
Kroatien	48,7	21,8	29,5	41,8	20,8	37,4
Makedonien	64,5	10,3	25,2	48,5	15,9	35,6
Slowenien	34,8	35,6	29,6	27,1	34,3	38,6
Serbien	61,1	15,5	23,4	55,9	15,5	28,6
Vojvodina	42,9	26,3	30,8	47,1	18,3	34,6
Kosovo	70,1	5,8	24,1	57,0	12,7	30,3

a Arbeitsmigranten, die vor der Abwanderung aktiv waren und für die statistische Angaben hinsichtlich des Sektors vorliegen, in dem sie vor der Abwanderung beschäftigt waren (82,2 Prozent aller Arbeitsmigranten)

Quelle: Statistički bilten 679, Tab. 1-6., S. 11 (Sp. 1-3);
SGJ-73, Tab. 202-3., S. 353 (Sp. 4-6);
eigene Berechnungen

Für Gesamt-Jugoslawien zeigt obige Tabelle an, daß die Abwanderer aus dem Sektor Bergbau und Industrie im Vergleich zur Beschäftigungsstruktur der aktiven inländischen Bevölkerung geringfügig unterrepräsentiert waren. Diese Aussage trifft jedoch nicht für alle Teilregionen Jugoslawiens zu, und zwar nicht für die entwickelteren Gebiete Kroatien, Slowenien, Serbien und Vojvodina. Berücksichtigt man zusätzlich die stark unterdurchschnittliche Vertretung von Abwanderern aus dem Sektor Bergbau und Industrie für die weniger entwickelten Gebiete Bosnien und Herzegowina, Makedonien sowie Kosovo, so liegt die Vermutung nahe, daß ein Zusammenhang zwischen allgemeinem Entwicklungsstand der Abwanderungsregion und dem Strukturmuster hinsichtlich der Beschäftigungssektoren der Abwanderer besteht. In Gebieten mit geringem Entwicklungsniveau, d.h. auch mit geringen Beschäftigungsmöglichkeiten außerhalb des Agrarsektors hat die Aufgabe eines Arbeitsplatzes im Sektor Bergbau und Industrie eine andere Bedeutung als in Gebieten, in denen entsprechende Arbeitsplätze in größerer Zahl zur Verfügung stehen.

Im folgenden soll auch noch der 'Beitrag' der sonstigen Wirtschaftsbereiche zur Abwanderung sichtbar gemacht werden. Auskunft hierüber geben die in Tab. 4-17. ausgewiesenen Abwanderungsraten.

Tab. 4-17.: Die Abwanderungsraten [a] ausgewählter Wirtschaftssektoren

Region	Landwirt-schaft[b]	Industrie[c]	Bau-wirtsch.	Verkehr	Handel[d]	Hand-werk	staatl.u. kommunale Dienste	insgesamt
	(a)	(2)	(3)	(4)	(5)	(6)	(7)	(8)
SFRJ	7,9	6,3	11,3	4,6	3,7	10,0	1,8	6,7
Bosnien und Herzegowina	13,5	6,1	14,3	5,3	3,6	9,6	1,5	9,9
Montenegro	5,3	3,5	4,1	4,0	2,3	5,2	0,8	3,8
Kroatien	11,5	10,4	19,1	7,3	5,6	13,8	3,0	9,9
Makedonien	10,6	5,1	13,9	4,2	6,8	12,0	1,4	7,9
Slowenien	6,9	5,3	6,6	3,2	4,0	7,3	1,7	5,2
Serbien	3,9	3,6	4,1	2,0	2,1	8,0	1,3	3,6
Vojvodina	4,9	7,6	9,2	3,4	3,5	9,4	2,0	5,3
Kosovo	9,0	3,4	18,0	4,0	2,4	8,1	0,7	7,3

a Die im Ausland beschäftigten Arbeitskräfte in v.H. der aktiven inländischen Bevölkerung
b einschließlich Forstwirtschaft und Fischerei
c einschließlich Bergbau
d einschließlich Gastronomie

Quelle: Statistički bilten 679, Tab. 1-6., S. 11; SGJ-73, Tab. 202-3., S. 353; eigene Berechnungen

Neben den Arbeitskräften aus dem Sektor Land-, Forstwirtschaft und Fischerei waren gemessen am Durchschnitt aller Sektoren die Arbeitskräfte aus dem Sektor Handwerk und vor allem aus dem Sektor Bauwirtschaft sehr mobil. Sehr gering war dagegen die Mobilität der Arbeitskräfte des Sektors 'Staatliche und kommunale Dienste'. Für diese Arbeitskräfte dürfte vor allem das Arbeitsplatzangebot des Auslandes wanderungshemmend gewirkt haben. Denn dieses sieht in erster Linie manuelle Tätigkeiten vor und ist daher für Bürokräfte, Verwaltungsangestellte u.a. trotz bestehender Einkommensunterschiede wenig attraktiv.

Dieses für Gesamt-Jugoslawien gezeichnete Bild gilt im wesentlichen auch für die Teilregionen Jugoslawiens.

Der obigen Betrachtung der sektoralen 'Herkunft' der Arbeitsmigranten auf Landesebene bzw. auf der Ebene der Republiken bzw. Provinzen schließt sich im folgenden eine Diskussion dieses Merkmals der Arbeitsmigration in Abhängigkeit von der Stärke des Abwanderungsprozesses in der Herkunftsregion an. M.a.W. wird auch hinsichtlich des Merkmales Beruf der Abwanderer die Hypothese, daß der Grad der positiven Selektion mit der Schwierigkeit der intervenierenden Hindernisse wächst, getestet[1].

Da die Qualifikationsstruktur eng mit der der Berufsstruktur der Abwanderer zusammenhängt, so hatten z.B. von den Abwanderern mit landwirtschaftlichen Berufen 78,2 Prozent keinen Grundschulabschluß gegenüber 37,9 Prozent der Berg- und Industriearbeiter unter den Abwanderern[2], kann ein Zusammenhang zwischen dem Ausmaß der Abwanderung in einer Region und der Berufsstruktur der Abwanderer erwartet werden.

Die Prüfung dieses Zusammenhanges muß den regionalen Unterschieden in der sektoralen Beschäftigungsstruktur der aktiven inländischen Bevölkerung Rechnung tragen; dies erfolgt dadurch, indem die Abweichungen zwischen den beiden Strukturmustern der Analyse zugrundegelegt werden. Die Ergebnisse können der Tab. 4-18. entnommen werden. Sowohl die Produkt-Moment-Korrelationskoeffizienten als auch die Rangkorrelationskoeffizienten zeigen an,

---

1 Vgl. Abschnitt 4.1 dieser Arbeit.
2 Statistički bilten 679, Tab. 2-2., S. 24 f; eigene Berechnungen.

daß für Jugoslawien signifikante Zusammenhänge zwischen den
Abweichungen der betrachteten Berufsstrukturen und der Abwanderungsintensität bestehen. Diese Zusammenhänge sind besonders
eng für die Berufsgruppe 'Landwirte'.

Tab. 4-18.: Abweichungen zwischen der Berufsstruktur der im
Ausland bzw. Inland beschäftigten Arbeitskräfte
und ihr Zusammenhang zur Abwanderungsintensität
der Herkunftsregion

Region	Berg- u.Industriearbeiter (1)	Landwirt (2)	Sonstige Berufe (3)
SFRJ	0,24^a/0,24^b	-0,41/-0,41	0,28/ 0,29
Bosnien und Herzegowina	0,49/ 0,50	-0,44/-0,51	-0,04/ 0,02
Montenegro	0,41/ 0,48	-0,47/-0,68	0,22/ 0,40
Kroatien	0,15/ 0,11	-0,44/-0,39	0,40/ 0,40
Makedonien	0,21/ 0,29	-0,61/-0,70	0,56/ 0,48
Slowenien	0,07/-0,04	-0,03/ 0,18	-0,04/-0,16
Serbien	0,48/ 0,52	-0,60/-0,68	0,22/ 0,36
Vojvodina	0,24/ 0,12	-0,38/-0,35	0,25/ 0,41
Kosovo	0,35/ 0,34	-0,47/-0,40	0,30/ 0,35

a Produkt-Moment-Korrelationskoeffizient
b Rangkorrelationskoeffizient
_____ nicht signifikant (P = 0,05)
Quelle: eigene Berechnungen

Zur Interpretation dieser Zusammenhänge wird Tab. 4-19. herangezogen. In ihr sind die Abweichungen (Differenzen zwischen den
jeweiligen Anteilswerten) zwischen der Berufsstruktur der im
Inland bzw. Ausland beschäftigten Arbeitskräfte ausgewiesen,
und zwar als ungewichtete Gruppenmittelwerte der Abwanderungsregionen. Negative Vorzeichen zeigen an, daß die jeweilige Berufsgruppe im Vergleich zur aktiven inländischen Bevölkerung
in der Gruppe der Abwanderer überrepräsentiert ist.

Tab. 4-19.: Abweichungen zwischen der Berufsstruktur der im
Ausland bzw. im Inland beschäftigten Arbeitskräfte
nach Abwanderungsregionen [a], in Prozentpunkten

Abwanderungsregion (Anzahl der Gemeinden)	Berg- und Industriearbeiter (1)	Landwirt (2)	sonst. Berufe (3)
extrem überdurchschnittliche Abwanderung (22)	- 9,1	- 9,7	18,7
stark überdurchschnittliche Abwanderung (42)	-14,6	- 0,7	15,3
überdurchschnittliche Abwanderung (139)	-15,9	3,1	12,9
unterdurchschnittliche Abwanderung (288)	-19,2	10,1	9,1
stark unterdurchschnittl. Abwanderung (9)	-30,4	24,7	5,7

a Zur Definition der Abwanderungsregionen vgl. Abschnitt 4.3.1.1
Quelle: eigene Berechnungen

Dieses Bild läßt folgende Zusammenhänge vermuten. Befindet sich die Abwanderung in ihrem Anfangsstadium, d.h. ist die Abwanderungsintensität einer Region noch niedrig, so sind es vor allem die Berg- und Industriearbeiter, aus denen sich die Arbeitsmigranten rekrutieren. Stark unterrepräsentiert sind die landwirtschaftlichen Berufe, weniger die 'sonstigen Berufe'. Bei zunehmender Abwanderung werden schließlich auch Personen mit landwirtschaftlichen Berufen stärker einbezogen, und zwar vor allem zulasten der Personen mit sonstigen Berufen aber auch zulasten der Berg- und Industriearbeiter.

Berücksichtigt man die Ergebnisse der vorhergehenden Abschnitte,
so läßt sich zusammenfassend feststellen, daß die Abwanderung
in ihrem Frühstadium wesentlich von jungen, qualifizierten Berg-
bzw. Industriearbeitern getragen wird.

4.4 Zusammenfassung

Die obigen Beobachtungen zum jugoslawischen Abwanderungsprozeß
bestätigen in eindrucksvoller Weise die eingangs formulierte
Hypothese der Selektivität der Wanderung. Die selektiven Wirkungen des Abwanderungsprozesses konnten dabei sowohl auf räumlicher Ebene als auch hinsichtlich der persönlichen Merkmale
der Abwanderer beobachtet werden.

In räumlicher Hinsicht zeichnet sich der jugoslawische Abwanderungsprozeß durch starke regionale Unterschiede hinsichtlich der
Abwanderungsintensität, der Abwanderungsrichtung sowie hinsichtlich des zeitlichen Verlaufes der Abwanderung aus. Die Analyse
des zeitlichen Verlaufes der Abwanderung ergab folgendes Raum-
Zeit-Muster. Die Abwanderung setzte zunächst im Norden Jugoslawiens ein, d.h. in den Gemeinden Sloweniens sowie Nordwest-
Kroatiens. Längere Abwanderungstradition haben zudem einige Gemeinden des südadriatischen Karstgebietes. Eine nach den Republiken bzw. Provinzen differenzierte Analyse offenbarte schließlich ferner, daß eine Vielzahl von städtischen Gemeinden - gemessen am regionalen Durchschnitt - relativ früh in den Abwanderungsprozeß einbezogen waren. Demnach setzte also der jugoslawische Abwanderungsprozeß - abgesehen von den Gemeinden des Karstgebietes - zunächst in 'entfernungs- bzw. informationsnahen'
Gebieten ein, in Gebieten also, in denen aufgrund der räumlichen Nähe zu den ausländischen Arbeitsmärkten bzw. aufgrund
allgemein besserer kommunikativer Verbindungen zum Ausland
u.a. umfangreichere Informationen über die Push-Pull-Faktoren
der Zielregion vorlagen. Vom Norden des Landes bzw. von den
städtischen Gemeinden, d.h. sowohl in Nord-Süd- als auch in
Stadt-Land-Richtung breitete sich der Abwanderungsprozeß
schließlich auf alle Gebiete Jugoslawiens aus.

Ebenso unterschiedlich wie der Beginn der Wanderungstätigkeit in den jugoslawischen Gemeinden war auch deren Intensität. Anhand der verfügbaren Daten konnte im wesentlichen folgendes Bild des Raummusters der Abwanderungsintensität gezeichnet werden, daß auch heute noch Gültigkeit haben dürfte. Besonders stark betroffen von der Arbeitsmigration sind die Republiken Bosnien und Herzegowina sowie Kroatien. Aber auch in diesen Republiken sind noch starke regionale Unterschiede hinsichtlich der Abwanderungsintensität festzustellen. So weisen in Kroatien vor allem die Gemeinden der Karst- und Gebirgsregion Dalmatiens, die Gemeinden im fruchtbaren Nordosten (Slawonien) sowie Zagreb und angrenzende Gemeinden besonders hohe Abwanderungsraten auf. In Bosnien und Herzegowina besteht das Abwanderungsgebiet im wesentlichen aus den an Kroatien angrenzenden Gemeinden.

Abgeschlossene Abwanderungsgebiete waren auch für die übrigen Teilregionen Jugoslawiens zu erkennen. Das Abwanderungsgebiet Sloweniens besteht auf den östlich von Maribor im Grenzgebiet zu Österreich liegenden Gemeinden. In der Vojvodina und Serbien bilden die östlich des Großraumes Belgrad liegenden Gemeinden im wesentlichen ein abgeschlossenes Abwanderungsgebiet und im Süden bilden schließlich die im Grenzgebiet zu Ostalbanien liegenden Gemeinden ein weiteres Abwanderungsgebiet, das sich von Ostmontenegro über Kosovo nach Makedonien erstreckt.

Fehlendes Datenmaterial schränkte die Analyse der Bestimmungsgründe dieses räumlichen Musters der Abwanderung stark ein. So konnte der Einfluß der räumlichen Distanz als wanderungshemmender Faktor bzw. intervenierendes Hindernis nur angedeutet werden, d.h. ein solcher Einfluß konnte anhand des vorliegenden Datenmaterials zwar abgeleitet werden, die Enge des Zusammenhanges zwischen Abwanderungsintensität und räumlicher Distanz ließ sich jedoch nicht ermitteln.

Es lag nun nahe, die räumlichen Unterschiede hinsichtlich der Abwanderungsintensität mit räumlichen Unterschieden im sozioökonomischen Entwicklungsstand zu erklären. Diesem Vorgehen lag die Vorstellung zugrunde, daß in einer Region mit niedrigerem Entwicklungsstand eine relativ größere Anzahl von Personen vermutet werden kann, die mit ihrer sozialen bzw. ökonomischen Situation unzufrieden und daher eher bereit ist, auf die ökonomischen Stimuli des Auslandes durch Abwanderung zu reagieren, als in einer Region mit höherem Entwicklungsstand. M.a.W. wurde in diesem Vorgehen ein positiver Zusammenhang zwischen den räumlichen Unterschieden in den Pushkräften und den räumlichen Unterschieden in der Abwanderungsintensität postuliert.

Um dem vielschichtigen Charakter des Entwicklungsstandes gerecht zu werden, wurden verschiedene (27) hinsichtlich der Erfassung dieser Größe intuitiv als relevant erscheinende sozioökonomische Variablen ausgewählt und einer Hauptkomponentenanalyse unterzogen. Die als Ergebnis dieser Analyse ermittelten und in der Dimension 'Entwicklungsstand' gemessenen Faktorenwerte der 500 Gemeinden Jugoslawiens wurden dann korrelationsanalytisch auf ihren Zusammenhang zur Abwanderungsintensität geprüft. Dabei zeigte sich für Jugoslawien ein nur sehr geringer Zusammenhang.

Dieses Ergebnis konnte durch entsprechende Analysen auf der Ebene der Republiken bzw. Provinzen noch differenziert werden. Danach lagen signifikante Zusammenhänge zwischen Abwanderungsintensität und Entwicklungsstand nur für die Republiken Slowenien, Bosnien und Herzegowina sowie Kroatien vor, wobei jedoch allein der Zusammenhang für die Gemeinden Sloweniens relativ eng war. Dieses auffällige Ergebnis muß im Zusammenhang mit dem relativ hohen Entwicklungsniveau Sloweniens gesehen werden, d.h. mit dem im Vergleich zu den übrigen Regionen Jugoslawiens deutlich geringerem Entwicklungsgefälle zum Ausland. In Slowenien war ein größeres relatives Abwanderungspotential nur in den weniger entwickelten Gemeinden zu finden.

Der wanderungsdifferenzierende Einfluß des Entwicklungsstandes beschränkte sich also im wesentlichen auf die Gemeinden der Republik Slowenien. Dieses Ergebnis besagt aber für die anderen Teilregionen Jugoslawiens nichts anderes, als daß räumliche Unterschiede hinsichtlich der Abwanderungsintensität nicht oder kaum im Zusammenhang stehen mit räumlichen Unterschieden hinsichtlich der Push-Faktoren. Letztere waren wegen des großen Entwicklungsgefälles zum Ausland offenbar für das Ausmaß der Abwanderung irrelevant.

Besonders charakteristisch für den jugoslawischen Abwanderungsprozeß ist die regional sehr unterschiedliche Konzentration der Abwanderung auf spezifischen Zielländer. Die eingangs formulierte Hypothese, daß die Wanderung dazu tendiert, größtenteils innerhalb gut definierter Ströme stattzufinden, findet demnach durch die jugoslawische Arbeitsmigration besondere empirische Bestätigung. So präferierten beispielsweise die Arbeitsmigranten aus den südwestmakedonischen Gemeinden in besonderer Weise Australien als Beschäftigungsland, über die Hälfte dieser Arbeitsmigranten hatten den weiten Weg nach Australien angetreten, während der entsprechende Anteil in den übrigen Gemeinden Makedoniens mit 5 Prozent vergleichsweise minimal war. Es lassen sich noch eine Vielzahl weiterer Beispiele anführen, die darauf hinweisen, daß die Wahl des Beschäftigungslandes nicht zufällig erfolgte. Auf der Ebene der Republiken bzw. Provinzen sind etwa besondere 'Wanderungskanäle' zwischen Serbien und Frankreich, zwischen Kosovo und der Bundesrepublik Deutschland, zwischen Montenegro und den USA usw. zu beobachten.

Aus diesen Beobachtungen wurde nun die Hypothese abgeleitet, daß sog. Kettenwanderungsmechanismen die Abwanderungsrichtung und auch die Abwanderungsintensität einer Region bestimmen. Die Kettenwanderung wird getragen von schon abgewanderten Arbeitskräften einer Region, die durch Briefe, Besuche u.ä. die Bekannten in der Heimatregion über die Beschäftigungs- und Verdienstmöglichkeiten, über die Wohnsituation usw. in ihrer neuen

Aufenthaltsregion informieren. Über diese Informationsrolle hinaus können schon Abgewanderte auch bei der Arbeitsplatz- und Wohnungssuche neuer Abwanderer oder allgemein bei der Anpassung an die neue Umwelt behilflich sein. Von den Kettenwanderungsmechanismen ist somit der Abbau von Wanderungshemmnissen zu erwarten. Einmal allgemein über die Verbesserung des Angebots migrationsrelevanter Informationen in der jeweiligen Region, aber auch speziell bei jenen Bevölkerungsschichten, die im allgemeinen wenig mobil sind. Bei Vorliegen persönlicher Beziehungen zu schon abgewanderten Arbeitskräften und somit bei Aussicht auf Unterstützung in der neuen Umwelt dürfte sich die Mobilitätsbereitschaft auch dieser Bevölkerungsschichten erhöhen.

Der Anteil relativ immobiler Bevölkerungsschichten ist nun vor allem in ländlichen Regionen groß. Überdies haben in diesen Gebieten die institutionellen Informationsträger noch weitaus geringere Bedeutung als in städtischen Gebieten, so daß insgesamt ein größerer Einfluß der Kettenwanderungsmechanismen in ländlichen Regionen erwartet werden kann.

Für diese Annahme sprach auch die Beobachtung, daß die Abwanderung aus städtischen Gebieten hinsichtlich der Zahl der Zielländer stärker streute als die Abwanderung aus ländlichen, abwanderungsintensiven Gebieten. Letztere Gebiete weisen zu wenigen Zielländern stark ausgeprägte Wanderungskanäle auf, in denen die Abwanderung vermutlich aufgrund der oben beschriebenen Mechanismen leichter ablief als in Gebieten mit weniger engen Beziehungen zu bestimmten Zielländern. Wenngleich auch nicht der Beweis für den wanderungsstimulierenden Einfluß der Kettenwanderung erbracht werden konnte, so ließen doch verschiedene Hinweise einen solchen Einfluß, und zwar vor allem in ländlichen Gebieten, vermuten.

Die selektiven Wirkungen des jugoslawischen Abwanderungsprozesses konnten nicht nur auf räumlicher Ebene sondern vor allem auch hinsichtlich der persönlichen Merkmale der Arbeitsmigranten beobachtet werden. Daß die Arbeitsmigranten keine Zufallsauswahl aus der Bevölkerung der Herkunftsregion darstellen, ist z.B. am Merkmal Geschlecht zu erkennen. So sind die weiblichen Arbeitskräfte im Abwanderungsprozeß deutlich unterrepräsentiert. Diese Erscheinung ist für alle Republiken bzw. Provinzen Jugoslawiens zu beobachten, wobei jedoch das Ausmaß regional sehr unterschiedlich ist. Vor allem ir den Regionen mit relativ geringer Erwerbsbeteiligung weiblicher Personen (Bosnien und Herzegowina, Montenegro, Makedonien, Kosovo) sind die weiblichen Arbeitskräfte besonders stark unterrepräsentiert.

Auch hinsichtlich des Merkmals Alter stellen die Arbeitsmigranten keine Zufallsauswahl aus der heimischen Bevölkerung dar. Die höchsten Abwanderungsraten verzeichnen die Altersklassen 20 - 24 Jahre bzw. 25 - 34 Jahre mit 9,4 bzw. 8,9 Prozent, während die Altersklassen 35 - 49 Jahre und 50 - 64 Jahre mit 4,0 und 0,9 Prozent deutlich darunter liegen. Die höhere Mobilität jüngerer Arbeitskräfte dürfte ihre Ursachen u.a. darin haben, daß sie im Unterschied zu älteren Arbeitskräften im allgemeinen weniger stark familiär gebunden sind, daß sie am Anfang ihrer noch nicht so sehr auf die Heimatregion ausgerichteten beruflichen Entwicklung stehen, daß sie im allgemeinen eine weitaus geringere emotionale Bindung zur Heimatregion haben, daß vor allem aber auch das Ausland insbesondere jüngere Arbeitskräfte nachfragt.

Ein weiterer wanderungsdifferenzierender Faktor der jugoslawischen Arbeitsmigration ist die schulische Qualifikation der Arbeitskräfte. So kann ein partieller positiver Zusammenhang zwischen Bildungsgrad und Mobilitätsneigung beobachtet werden. Oberrepräsentiert sind unter den Arbeitsmigranten im Vergleich zur Bevölkerung Personen mit Grundschulabschluß sowie Berufsschulausbildung, während aber Personen mit höherer Schulausbildung

(Gymnasial-, Universitätsausbildung u.ä.) - ebenso wie Personen
mit geringer bzw. ohne Schulausbildung - unterrepräsentiert
sind.

Die relative Immobilität der letztgenannten Bevölkerungsgruppe
muß sowohl im Zusammenhang mit dem spezifischen Arbeitsplatzangebot des Auslandes als auch mit den Beschäftigungs- und Verdienstmöglichkeiten im Inland gesehen werden. So fragt das Ausland vorrangig Arbeitskräfte für manuelle Tätigkeiten nach, so
daß für sog. white collar Arbeitskräfte das ausländische Arbeitsplatzangebot trotz höherer Verdienstmöglichkeiten nicht sehr
attraktiv ist. Auf der anderen Seite finden hochqualifizierte
Arbeitskräfte in Jugoslawien relativ gute Verdienst- und Beschäftigungsmöglichkeiten vor, die auch ihre besondere soziale
Stellung begründen. Die Abwanderung ins Ausland dürfte von Ihnen
daher auch als sozialer Abstieg verstanden werden.

Schließlich sind die Arbeitsmigranten auch hinsichtlich ihrer
Berufsstruktur bzw. hinsichtlich der Zusammensetzung der Wirtschaftsbereiche, in denen sie vor der Abwanderung tätig waren,
keineswegs ein Abbild der heimischen Bevölkerung. Oberdurchschnittlich im Abwanderungsprozeß einbezogen sind vor allem Arbeitskräfte mit den Berufen 'Landwirt' und 'Berg- und Industriearbeiter' bzw. aus den Wirtschaftsbereichen Bauwirtschaft, Handwerk und Landwirtschaft.

Die selektiven Wirkungen des Abwanderungsprozesses wurden
schließlich auch in Abhängigkeit der Abwanderungsintensität
der jugoslawischen Gemeinden analysiert. Die Prüfung des Zusammenhanges zwischen Abwanderungsintensität und relativem Ausmaß
der selektiven Wirkungen leitete sich aus der eingangs formulierten Hypothese ab, daß der Grad positiver Selektion mit der
Schwierigkeit der intervenierenden Hindernisse zunimmt. Die intervenierenden Hindernisse sind aber vor allem zu Beginn des
Wanderungsprozesses bzw. bei noch geringer Abwanderungsintensität einer Region groß. So sind z.B. die Informationen hinsichtlich der Zielregion(en) noch sehr beschränkt, etwaige Anpassungs-

hilfen im Ausland durch Bekannte können nicht erwartet werden, auch sind die materiellen Vorzüge der Auslandsarbeit eher abstrakt bekannt als konkret durch Demonstrationsobjekte (Hausbau, Kraftwagen u.ä.).

Die Ergebnisse der empirischen Analyse bestätigen die Ausgangshypothese, d.h. für den jugoslawischen Abwanderungsprozeß kann mit abnehmender Abwanderungsintensität der Gemeinde, d.h. annahmegemäß mit Zunahme der Stärke der intervenierenden Hindernisse eine Zunahme des Grads der positiven Selektion der Arbeitskräfte beobachtet werden.

So zeigte sich etwa, daß mit geringerer Abwanderungsintensität einer Gemeinde tendenziell der Anteil jüngerer Arbeitskräfte an den Arbeitsmigranten größer wird. Oder anders formuliert, die relative Mobilität älterer Arbeitskräfte nimmt mit höherer Abwanderungsintensität einer Gemeinde zu.

Diese Beobachtung kann dahingehend interpretiert werden, daß jüngere Arbeitskräfte zu Beginn des Abwanderungsprozesses - in Gebieten mit geringer Abwanderungsintensität - eine sog. Vorreiter bzw. Pionierfunktion ausüben. Sie leiten die Abwanderung ein, der sich dann zu einem Zeitpunkt, zu dem das Risiko der Abwanderung berechenbarer geworden ist, im stärkeren Maße ältere Arbeitskräfte anschließen.

Für die Republiken Slowenien bzw. Kroatien kann diese Erscheinung jedoch nicht beobachtet werden bzw. ist diese Erscheinung weniger stark ausgeprägt. Ein Grund hierfür dürfte in der größeren räumlichen und kulturellen Nähe dieser Gebiete zu den wichtigsten Beschäftigungsländern liegen, die die Pionierfunktion jüngerer Arbeitskräfte weniger notwendig macht.

Ebenso wie die Altersstruktur variiert auch die Qualifikationsstruktur der Abwanderer mit der Abwanderungsintensität der Herkunftsregion. Je geringer die Abwanderungsintensität in einer

Region ist, desto größer sind die Abweichungen zwischen der
Qualifikationsstruktur der Arbeitsmigranten und der Bevölkerung,
d.h. desto größer ist die positive Selektion hinsichtlich der
Schulqualifikation. Die positive Selektion umfaßt in Gebieten
mit geringer Abwanderung auch den Ausbildungsstandard 'höhere
Schulqualifikation'.

Hat also die Abwanderung in einer Region noch nicht Massencharakter angenommen, so wird der Abwanderungsstrom vor allem von
qualifizierten Arbeitskräften getragen. Sobald die Abwanderung
jedoch Massencharakter hat, rekrutieren sich die Arbeitsmigranten im weitaus stärkeren Maße aus den weniger qualifizierten Bevölkerungsgruppen. Auch hier kann also eine Strukturverschiebung mit zunehmender Abwanderungsintensität beobachtet werden,
die ebenfalls vermuten läßt, daß der Abwanderungsprozeß von
spezifischen Arbeitskräften eingeleitet wird. Jüngeren, qualifizierteren Arbeitskräften fällt offensichtlich diese Pionierrolle zu.

Wegen des engen Zusammenhanges zwischen schulischer Qualifikation und Beruf der jugoslawischen Arbeitskräfte überrascht es
auch nicht, daß in Gemeinden mit geringerer Abwanderung die qualifizierteren Berg- und Industriearbeiter relativ stärker unter
den Arbeitsmigranten vertreten sind als in Gebieten mit stärkerer Abwanderung. Entsprechend gegenläufig ist die relative Repräsentanz von Personen mit landwirtschaftlichen Berufen. Die unter 'Sonstige Berufe' zusammengefaßten Berufe sind
in allen Abwanderungsregionen unter den Arbeitsmigranten unterrepräsentiert, das Ausmaß nimmt jedoch mit wachsender Abwanderungsintensität einer Region zu.

Der jugoslawische Abwanderungsprozeß weist in seinen wesentlichen Merkmalen große Parallelen zu Diffusionsprozessen auf.
Zum Abschluß dieser Zusammenfassung werden diese Parallelen
auf der Grundlage der HÄGERSTRAND'schen Theorie der räumlichen

Diffusion von Innovationen[1] kurz skizziert. Damit sollen noch einmal in allgemeiner Weise die Mechanismen angesprochen werden, die die beobachtbare positive Selektion der jugoslawischen Arbeitsmigration maßgeblich begründet haben.

Aufgrund empirischer Beobachtungen konnte HÄGERSTRAND feststellen, daß "... spatial diffusion of new cultural items tends to occur in a regular space-time order, at least in predominantly rural societies"[2]. Zur Erklärung dieser Regelmäßigkeiten entwickelte HÄGERSTRAND im Rahmen seiner Diffusionstheorie das Konzept der Nachbarschaftseffekte und das der Resistenzschwelle. Mit diesen beiden Konzepten lassen sich nun auch weitgehend die beobachtbaren Regelmäßigkeiten des jugoslawischen Abwanderungsprozesses beschreiben bzw. erklären, wobei der Wanderungsakt als Innovationsakt aufgefaßt wird.

Das Konzept des Nachbarschaftseffektes besagt, daß die Wahrscheinlichkeit der Innovationsübernahme "... is highest in the vicinity of an earlier one (adopter, d. Verf.) and decreases with increasing distance"[3]. Dieses Konzept bedeutet auf den Wanderungsprozeß übertragen, daß die Wahrscheinlichkeit der Wanderung mit dem Ausmaß der persönlichen Kontakte zu Innovatoren (Abwanderern) zunimmt. Hier ist die enge Verwandtschaft zum Konzept der Kettenwanderung nicht zu übersehen, so daß auch der Einfluß dieses Effektes nicht diskutiert zu werden braucht.

---

1 Vgl. Torsten Hägerstrand: Quantitative Techniques for Analysis of the Spread of Information and Technology, in: G. Arnold Anderson and Mary Jean Bowman: Education and Economic Development, London 1966, S. 244 ff. - Zu den Theorien der räumlichen Diffusion von Innovationen vgl. auch u.a. Lawrence A. Brown: Diffusion processes and location: a conceptual framework and bibliography, Bibliographic Series, No. 4, Regional Science Institute, Philadelphia 1968 - Derselbe: Diffusion Dynamics: a review and revision of the quantitative theory of spatial diffusion of innovation. Royal University of Lund, Sweden, Series B. Human Geography, No. 29, Lund 1968.
2 Torsten Hägerstrand: Quantitative Techniques..., a.a.O., S. 261.
3 Ebenda, S. 269.

Im Konzept der Resistenzschwelle trägt HÄGERSTRAND der Erfahrung Rechnung, daß eine gewisse natürliche Trägheit bei den Menschen hinsichtlich des Abgehens von gewohnten Bräuchen, Vorstellungen, Tätigkeiten u.ä. besteht, daß also die Übernahme einer Neuerung im wesentlichen einen Lern-und Überzeugungsprozeß erfordert.

Der Verlauf bzw. die Dauer dieses Lern- und Überzeugungsprozesses wird maßgeblich bestimmt vom jeweiligen Grad der Aufgeschlossenheit der potentiellen Innovatoren gegenüber Veränderungen und ist damit stark abhängig von persönlichen Faktoren wie Alter, Qualifikation u.a.m. Je weitreichender die Konsequenzen der Innovationsentscheidung sind, um so deutlicher dürfte dieser Zusammenhang bestehen.

Nun hat die Entscheidung zur Abwanderung zweifelsohne weitreichende Konsequenzen für den Einzelnen, entsprechend deutlich sind auch die positiven Selektionswirkungen des jugoslawischen Abwanderungsprozesses ausgefallen. Nur in Gebieten mit längerer Abwanderungstradition bzw. höherer Abwanderungsintensität treten die selektiven Wirkungen weniger deutlich hervor, hier hat der Wanderungsprozeß im Zeitverlauf die Resistenzschwelle der 'target population' allgemein gesenkt, d.h. auch die der weniger aufgeschlossenen, weniger mobilen Arbeitskräfte.

Vor allem das Konzept der Resistenzschwelle vermag somit zu erklären, daß unter den Bedingungen des 'freien Spiels der Kräfte' und eines hinreichend großen Einkommensgefälles zum Ausland der jugoslawische Abwanderungsprozeß notwendigerweise anders verlaufen mußte als von politischer Seite in Jugoslawien zu Beginn des Abwanderungsprozesses erwartet wurde. Eine wesentliche an den Abwanderungsprozeß geknüpfte Erwartung bestand nämlich darin, daß durch ihn primär weniger qualifizierte, 'überschüssige' Arbeitskräfte des landwirtschaftlichen Sektors ins Ausland transferiert und damit der inländische Arbeitsmarkt vom Angebotsdruck des landwirtschaftlichen Sektors entlastet werden würde.

Die eingehende Diskussion dieser Erwartung, d.h. die Konfrontation dieser Erwartung mit dem tatsächlichen Geschehen ist Gegenstand des nachfolgenden Schlußkapitels.Zusätzlich werden in entsprechender Weise einige andere häufig im Zusammenhang mit dem Abwanderungsprozeß genannte Erwartungen diskutiert. Auf der Grundlage dieser Ausführungen soll schließlich ein Geamturteil hinsichtlich der ökonomischen Implikationen der Arbeitsmigration für Jugoslawien gefällt werden.

5 Abschließende Bemerkungen zu den ökonomischen Auswirkungen der Arbeitsmigration auf Jugoslawien: Zur Frage der Übereinstimmung zwischen Erwartungen und Wirklichkeit

Die Diskussion der politischen und wirtschaftlichen Entwicklung Jugoslawiens im Abschnitt 3 dieser Arbeit hat die wesentlichen Voraussetzungen aufgezeigt, die in Jugoslawien zunächst zur Duldung und später auch zur organisatorischen Förderung der Abwanderung von Arbeitskräften, d.h. des Arbeitskräfteexports geführt haben. Damit wurden indirekt auch die Erwartungen angesprochen, die von jugoslawischer Seite an die Arbeitsmigration geknüpft wurden.

Zum Abschluß dieser Arbeit soll nun im folgenden geprüft werden, ob und inwieweit die Arbeitsmigration diese Erwartungen erfüllen konnte. Grundlage dieser Prüfung sind neben den Ergebnissen der obigen Migrationsanalyse sowie den wenigen Auskünften der offiziellen Statistik vor allem verschiedene empirische Forschungsarbeiten jugoslawischer Wissenschaftler. Der Mangel an relevantem Datenmaterial läßt z.T. nur die Referierung der Ergebnisse dieser Forschungsarbeiten - die in erster Linie Befragungsergebnisse von Arbeitsmigranten sind - zu.

Mit dieser kurzen Darstellung der empirischen Grundlage der nachfolgenden Analyse wird schon deutlich, daß diese Analyse nur qualitativen Charakter haben kann, und zwar in dem Sinne, daß die positiven und negativen Wirkungen der Arbeitsmigration für Jugoslawien aufgezeigt werden, ohne daß jedoch eine quantitative Aufrechnung der verschiedenen Wirkungen möglich ist[1].

Die weitgehende 'laissez-faire'-Haltung der politisch Verantwortlichen in Jugoslawien gegenüber der Abwanderung von Arbeitskräften muß wesentlich als Konsequenz der zu Beginn der 60er Jahre

---

1 Die Vielschichtigkeit der Wirkungen und die daraus resultierenden Bewertungsprobleme lassen allgemein auch bei besserer Datenlage eine quantitative Aufrechnung der verschiedenen Wirkungen der Arbeitsmigration problematisch erscheinen. Ein entsprechender Versuch liegt z.B. für die Bundesrepublik Deutschland vor. Vgl. Rudolph C. Blitz: A Benefit-Cost Analysis of Foreign Workers in West-Germany, 1957-1973, in: Kyklos, Vol. 30 (1977), Fasc. 3, S. 479 ff.

eingeschlagenen und durch die Wirtschaftsreform des Jahres
1965 forcierten wachstumsintensiven Entwicklungsstrategie angesehen werden. Denn das Abgehen von der extensiven Wachstumsstrategie der 50er Jahre ließ erwarten, daß kurz- bis mittelfristig - gemessen an der Entwicklung in der Vergangenheit -
relativ weniger zusätzliche Arbeitsplätze geschaffen und damit
der Angebotsdruck vor allem aus dem privaten bzw. landwirtschaftlichen Sektor auf den inländischen Arbeitsmarkt größer werden
würde. Der Abwanderung von Arbeitskräften fiel somit im Rahmen
dieser Entwicklungsstrategie - zumindest auf Zeit - objektiv
eine kompensatorische Funktion zu; sie sollte eine Entlastung
des inländischen Arbeitsmarktes bringen.

Die Notwendigkeit bzw. Bejahung der Abwanderung von Arbeitskräften wurde auch in offiziellen Stellungnahmen primär mit der
Entlastungsfunktion der Abwanderung für den inländischen Arbeitsmarkt begründet. So etwa auf dem 9. Kongreß des Bundes der
Kommunisten Jugoslawiens vom März 1969. "Um das Problem der Arbeitslosigkeit zu lösen, ist es notwendig, die Möglichkeit einer
organisierten Beschäftigung unserer Menschen im Ausland zu suchen."[1]

Über diesen arbeitsmarktpolitischen Aspekt hinaus erweckte die
Abwanderung auf jugoslawischer Seite vor allem auch positive Erwartungen hinsichtlich verstärkter Devisenzuflüsse aufgrund der
Geldüberweisungen der Arbeitsmigranten; hierin sah man u.a. eine zusätzliche Finanzierungsquelle entwicklungsnotwendiger Einfuhren[2].

---

1 Stellungnahme von Ivan Sert, in: Deveti kongres Saveza komunista Jugoslavije. Beograd 11. - 13.III. 1969. Stenografske
beleške. Knjiga I. Beograd 1970, S. 173, zitiert in: Othmar
N. Haberl: Abwanderung von Arbeitskräften und sozialistisches
System, a.a.O., S. 32.
2 Im Unterschied zu der erwarteten Entlastungsfunktion der Abwanderung für den inländischen Arbeitsmarkt sind diese und
die nachfolgend aufgeführten Erwartungen nie in dieser Deutlichkeit von offizieller Seite ausgesprochen worden. Sie finden sich jedoch vor allem in verschiedenen wissenschaftlichen
Stellungnahmen zur jugoslawischen Arbeitsmigration.

Positive Erwartungen wurden ebenfalls an die Verwendung der Ersparnisse der Arbeitsmigranten im Inland sowie an den Ausbildungseffekt der Auslandsbeschäftigung geknüpft. Von beiden Aspekten versprach man sich entwicklungsstimulierende Einflüsse.

5.1 Die arbeitsmarktpolitische Entlastungsfunktion

Der jugoslawischen Arbeitsmigration muß auf den ersten Blick eine Entlastungsfunktion für den inländischen Arbeitsmarkt zugesprochen werden. So nahm die Zahl der Stellensuchenden erst seit 1973, d.h. vor allem mit dem Zeitpunkt geringerer Beschäftigungsmöglichkeiten im Ausland besonders stark zu. Die jahresdurchschnittliche Zuwachsrate der Stellensuchenden lag im Zeitraum 1973 bis 1976 mit 18,5 Prozent um mehr als das doppelte über der Zuwachsrate des Zeitraumes 1960 bis 1973 von 7,0 Prozent[1]. Das weitgehende Versiegen des Abwanderungsstromes bei annähernd gleichbleibend hoher Zahl von Rückwanderern[2] dürfte maßgeblich diese Entwicklung bestimmt haben, so daß vordergründig die von jugoslawischer Seite an die Arbeitsmigration geknüpfte Erwartung der Entlastung des inländischen Arbeitsmarktes bestätigt werden muß.

Die starke Zunahme der Zahl der Stellensuchenden seit 1973 verdient noch aus einem anderen Grunde Beachtung; sie läßt vermuten, daß die der Abwanderung zugewiesene Entlastungsfunktion im Rahmen der an anderer Stelle beschriebenen Entwicklungsstrategie bei entsprechender Aufnahmefähigkeit der ausländischen Arbeitsmärkte zumindest auch für die 70er Jahre Bedeutung gehabt hätte. Diese Vermutung wird nicht zuletzt dadurch gestützt, daß Jugoslawien selbst Anfang der 70er Jahre noch über hohe Arbeitskräftereserven verfügte. So waren im Jahre 1971 immerhin noch 3,97 Millionen Arbeitskräfte in den Wirtschaftsbereichen Land-, Forstwirtschaft und Fischerei beschäftigt, d.h. knapp die Hälfte der aktiven inländischen Bevölkerung[3]. Von diesen Arbeitskräften

---

1 SGJ-77, Tab. 102-5., S. 80, eigene Berechnungen.
2 Vgl. auch Abb. 4-2.
3 SGJ-77, Tab. 104-7., S. 105, eigene Berechnungen.

waren rund 93 Prozent im privaten Sektor, d.h. vor allem in kleineren Familienbetrieben beschäftigt[1]. Aufgrund kleiner Betriebsgrößen, traditioneller Produktionsverfahren u.a.m. ist die Arbeitsproduktivität dieses Sektors sehr gering; je Arbeitskraft wurden 1971 7.740 Dinar erwirtschaftet und damit 4 bzw. 5 mal weniger als im vergesellschafteten Teil der Sektoren Land-, Forstwirtschaft und Fischerei bzw. im vergesellschafteten Teil der jugoslawischen Volkswirtschaft insgesamt[2]. Dieser Produktivitätsvergleich läßt die Größendimension der Arbeitskräftereserven im privaten Sektor erahnen.

Vor diesem Hintergrund wäre also bei ausreichender Aufnahmefähigkeit der ausländischen Arbeitsmärkte auch für die 70er Jahre, vermutlich aber auch für die 80er Jahre eine Entlastungsfunktion der Arbeitsmigration zu erwarten gewesen[3]. Eine Entlastung des inländischen Arbeitsmarktes bedeutet nun aber nichts anderes als eine Zunahme der im Ausland beschäftigten Arbeitsmigranten.Aber schon im Jahre 1971 war die Zahl der statistisch erfaßten Arbeitsmigranten nicht unbedeutend; bezogen auf die Zahl der aktiven Bevölkerung belief sich ihr Anteil auf 7,6 Prozent[4]. Für eine Vielzahl von jugoslawischen Gemeinden war die Abwanderung ungleich bedeutender; für sie kam die Abwanderung fast einem Exodus der Arbeitskräfte gleich. So etwa in den Gemeinden Imotski und Duvno, aus denen über 40 Prozent der aktiven Bevölderung abgewandert waren[5]. Insgesamt waren aus den Gemeinden mit extrem überdurchschnittlicher Abwanderungsintensität zum Zeit-

---

1 SGJ-77, Tab. 104-7., S. 105 und Tab. 102-4., S. 80, eigene Berechnungen.
2 Die entsprechenden Vergleichszahlen sind 32.071 und 42.609 Dinar. SGJ-77, Tab. 105-2., S. 115, Tab. 104-7., S. 105 und Tab. 105-1., S. 114, eigene Berechnungen.
3 In einer Arbeitsmarktprognose für die Jahre 1980, 1985 und 1990 ermittelte BALETIĆ selbst noch für das Jahr 1990 einen Überschuß von rd. 250.000 Arbeitskräften. Vgl. Zvonomir Baletić und Ivo Baučić:The population, labour force and employment in Yugoslavia, 1950-1990, Zagreb 1976, unveröffentlichtes Manuskript.
4 Vgl. Tab. 4-2.
5 Vgl. Tab. A 4-1. im Anhang.

punkt der Volkszählung über ein Viertel (26,3%) der aktiven Bevölkerung im Ausland beschäftigt[1].

Wenngleich auch in einigen dieser Gemeinden sehr ungünstige wirtschaftliche Standortbedingungen bestehen - so etwa in den Gemeinden der jugoslawischen Karstgebiete -, so kann angesichts dieser Größenordnung der Abwanderung kaum noch von einer Entlastung des Arbeitsmarktes gesprochen werden. Vielmehr ist zu vermuten, daß die Abwanderung die wirtschaftliche Entwicklung in diesen Gebieten negativ beeinflußt hat. Für diese Vermutung spricht u.a. die Tatsache, daß die dynamischeren Elemente der aktiven Bevölkerung abgewandert sind. Überdies entfällt in diesen Gebieten häufig aufgrund des Einkommenstransfers aus dem Ausland die ökonomische Notwendigkeit, den traditionellen Wirtschaftsprozeß zu verändern, so daß in gewisser Weise von einer Konservierung des bestehenden Wirtschaftsprozesses bzw. der Wirtschaftsstruktur gesprochen werden kann.

An dieser Stelle sei die grundsätzliche Frage nach der Angemessenheit einer Entwicklungsstrategie aufgeworfen, die die wirtschaftliche Entwicklung über eine rasche, d.h. kapitalintensive Industrialisierung der Volkswirtschaft anstrebt und dabei den Arbeitskräfteexport zur Entlastung des inländischen Arbeitsmarktes voraussetzt. Die Zweifel an der Angemessenheit dieser Strategie für Jugoslawien leiten sich dabei nicht nur aus der Anfang der 70er Jahre schon zu beobachtenden Größenordnung der Abwanderung ab, sondern vor allem auch aus der aufgrund des oben angedeuteten Ausmaßes der jugoslawischen Arbeitskräftereserven bei entsprechender Aufnahmefähigkeit der ausländischen Arbeitsmärkte noch zu erwartenden Größenordnung der Abwanderung. Denn nur bei weiterer Abwanderung von Arbeitskräften in den 70er Jahren und vermutlich auch in den 80er Jahren hätte die Arbeitsmigration die ihr zugedachte Entlastungsfunktion voll erfüllen können.

---

1 Vgl. Tab. A 4-1. im Anhang, eigene Berechnungen.

Die 'laissez-faire'-Haltung Jugoslawiens gegenüber dem Abwanderungsprozeß begründete sich vor allem mit der Erwartung, daß durch ihn die 'überschüssigen' Arbeitskräfte des landwirtschaftlichen Sektors vorübergehend ins Ausland transferiert und damit der Angebotsdruck aus diesem Sektor gemildert werden würde. Die Ergebnisse der Migrationsanalyse zeigen jedoch, daß diese Erwartung von falschen Vorstellungen hinsichtlich des Abwanderungsprozesses ausging. Dieser zeichnete sich vor allem durch eine positive Selektion der Arbeitskräfte aus sowie dadurch, daß von ihm alle jugoslawischen Gemeinden erfaßt wurden, wobei die jeweilige Abwanderungsintensität weitgehend unabhängig vom relativen Entwicklungsstand der Gemeinden war.

Weniger eine Entlastung als Belastung für die jugoslawische Volkswirtschaft dürfte in vielen Fällen die Abwanderung qualifizierter, berufserfahrener Arbeitskräfte gewesen sein. Die freigewordenen Arbeitsplätze konnten nur selten durch gleichwertige Arbeitskräfte besetzt werden. Im allgemeinen erforderte die Neubesetzung vielmehr längere Einarbeitungszeiten der Anwärter, so daß nicht unerhebliche betriebs- bzw. volkswirtschaftliche Umstellungskosten auftreten mußten.

In einigen Fällen waren die Konsequenzen der Abwanderung qualifizierter Arbeitskräfte noch weitaus schwerwiegender. So konnte etwa das jugoslawische Hotel- und Gaststättengewerbe in einigen Gebieten der jugoslawischen Adriaküste 1970 den durch Abwanderung bedingten Fehlbestand an Fachkräften nur durch Arbeitskräfte aus der Tschechoslowakei decken[1]. Insgesamt wird die Zahl der Arbeitsmigranten mit Mangelberufen auf 50.000 geschätzt[2].

Aber auch die Abwanderung der weniger qualifizierten Arbeitskräfte aus den Sektoren Land-, Forstwirtschaft und Fischerei - nur 2,3 Prozent dieser Abwanderer hatten eine über die Grundschulausbildung hinausgehende Schulausbildung[3] - war nicht ohne

---

1 Vgl. Ivo Baučić: The Effects of Emigration from Yugoslavia and the Problems of Returning Emigrant Workers, Den Haag 1972, S. 19.
2 Vgl. Živan Tanić: Employment Agencies and the National Potential for Employing Migrant Workers, in: O.E.C.D. Joint Projects, Services for Returning Migrant Workers, Yugoslav Report, o.O. 1975, S. 40.
3 Statistički bilten 679, Tab. 2-2., S. 24, eigene Berechnung.

ökonomische Folgen. In einigen Fällen führte die Abwanderung dazu, daß die landwirtschaftlichen Aktivitäten eingestellt wurden. Hierauf deutet auch die seit 1965 zu beobachtende kontinuierliche Abnahme der landwirtschaftlich genutzten Fläche in Jugoslawien hin. Diese nahm z.B. zwischen 1965 und 1974 im privaten Sektor um rund 340.000 ha ab[1].

An dieser Stelle soll die Diskussion aer Entlastungsfunktion der jugoslawischen Arbeitsmigration noch einmal auf die regionale, d.h. auf die Ebene der jugoslawischen Gemeinden gelenkt werden. In den Tabellen A 5-1. sowie A 5-2. wird das Ausmaß der Abwanderung hinsichtlich ausgewählter Schulausbildungsgrade bzw. Berufe für die jeweils am stärksten betroffenen 20 Gemeinden Jugoslawiens ausgewiesen. Danach waren 1971 etwa - um nur einige Zahlen zu nennen - aus den beiden Gemeinden Ćićevac und Čitluk über die Hälfte aller Arbeitskräfte mit Berufsausbildung im Ausland beschäftigt. Aus diesen Gemeinden waren zudem noch jeweils über 20 Prozent der Arbeitskräfte mit höherer Schulausbildung (Gymnasium u.ä.) ins Ausland abgewandert. Für Gesamt-Jugoslawien beliefen sich - zum Vergleich - die entsprechenden Anteilswerte auf 7,4 bzw. 2,5 Prozent[2].

Auch Tab. A 5-2. macht das große Ausmaß der Abwanderung für einige Gemeinden Jugoslawiens deutlich. So waren z.B. über zwei Drittel aller Arbeitskräfte mit landwirtschaftlichen Berufen der Gemeinde Čabar im Ausland beschäftigt. Aufgrund der positiven Selektionsmechanismen des jugoslawischen Abwanderungsprozesses lagen die Anteilswerte in der Gruppe der Industrie- bzw. Bergarbeiter für die am stärksten betroffenen Gemeinden sogar noch höher. In insgesamt 6 Gemeinden waren über zwei Drittel

---

[1] SGJ-77, Tab. 108-2., S. 158, eigene Berechnungen. Da der vergesellschaftete Teil der Sektoren Land-, Forstwirtschaft und Fischerei seine Nutzfläche dagegen ausdehnen konnte (um 96.000 ha), nahm die landwirtschaftlich genutzte Fläche in Jugoslawien insgesamt um knapp 250.000 ha ab. Vgl. ebenda. Nach TADIĆ werden in Jugoslawien 600.000 ha landwirtschaftlicher Fläche nicht landwirtschaftlich genutzt. Vgl. Stipe Tadić: Neki ekonomski učinci vanjskih migracija iz Jugoslavije, Zagreb 1975, S. 51.

[2] SGJ-73, Tab. 202-3., S. 352 und Tab. 203-13., S. 377, eigene Berechnungen.

dieser Arbeitskräfte zur Zeit der Volkszählung im Ausland beschäftigt; für fast 20 Prozent der jugoslawischen Gemeinden (97) lag der entsprechende Anteil über ein Viertel, während der Landesdurchschnitt bei 12,0 Prozent lag[1].

Ohne auf mögliche Besonderheiten von Einzelfällen eingehen zu wollen, lassen doch diese Ausführungen Zweifel an der Entlastungsfunktion der Arbeitsmigration aufkommen. Eine solche Entlastungsfunktion läßt sich allenfalls dann behaupten, wenn sich die Betrachtung auf die Entwicklung der Zahl der Stellensuchenden, d.h. auf ein reines Zahlenspiel beschränkt.

Auch in Jugoslawien setzte sich im Zeitablauf die Einsicht durch, daß die Abwanderung von Arbeitskräften nicht nur als Entlastung des Arbeitsmarktes angesehen werden kann. Hierauf weist nicht zuletzt das Gesetz über die Grundbedingungen der vorübergehenden Auslandsarbeit vom Jahre 1973 hin, das darauf abzielte, die Abwanderung von Fachkräften einzudämmen[2]. Da dieses Gesetz aufgrund der Arbeitsmarktprobleme in den westlichen Industrieländern keine praktische Erprobung erfahren konnte, können auch keine Aussagen zu seiner Wirksamkeit gemacht werden. Zu vermuten ist jedoch, daß eine unterschiedliche Behandlung von qualifizierten Arbeitskräften bei der Arbeitsvermittlung ins Ausland nicht ohne Probleme abgelaufen wäre.

Zum Abschluß dieses Abschnittes verdient noch ein anderer Aspekt der Abwanderung Beachtung. Bis zum arbeitsfähigen Alter verursacht jeder Mensch aufgrund seiner Erziehung, seiner Ausbildung, Ernährung usw. mehr oder weniger große gesellschafliche Kosten. Im Falle der Abwanderung können diese Investitionen vom Investitionsland nicht mehr direkt genutzt werden, sie

---

1 SZzS: Popis stanovništva i stanova 1971. Stanovništvo. Delatnost, Beograd 1974, Tab. 3-4., S. 5 ff., Statistički bilten 679, Tab. 3-5., S. 147 ff., SGJ-73, Tab. 202-3., S. 352 und Tab. 203-13., S. 377; eigene Berechnungen.
2 Vgl. hierzu auch die Ausführungen im Abschnitt 3.3 dieser Arbeit.

stehen vielmehr dem Ausland zur direkten Nutzung zur Verfügung.
VINSKI schätzte das sog. human capital der 1971 im Ausland beschäftigten jugoslawischen Arbeitskräfte auf 6,8 Milliarden US-Dollar, d.h. auf 10 Prozent des Bruttowertes des gesamten jugoslawischen Kapitalbestandes[1].

Die nachfolgende Diskussion des Ausbildungseffektes der Auslandsbeschäftigung wird nun zeigen, ob ein Kapitalstrom dieser Art auch in Gegenrichtung verläuft.

5.2 Der Ausbildungseffekt der Auslandsbeschäftigung

Von politischer Seite wird in Jugoslawien immer wieder darauf hingewiesen, daß die Arbeitsmigration ein vorübergehendes Element in der wirtschaftlichen Entwicklung Jugoslawiens darstellt und mithin der Aufenthalt jugoslawischer Arbeitskräfte nur zeitweilig ist. Dieser Intention entsprechend lautet die offizielle Bezeichnung der Arbeitsmigranten auch 'Personen mit zeitweiliger Beschäftigung im Ausland' (lica na privremenom radu u inostranstvu).

Wenngleich die Betonung der Zeitweiligkeit des Auslandsaufenthaltes jugoslawischer Arbeitskräfte vor allem politische Gründe hat, so finden sich jedoch auch häufig Stellungnahmen, die diesen Aspekt primär mit der Erwartung in Verbindung bringen, daß der Auslandsaufenthalt zu einer Verbesserung der beruflichen und fachlichen Kenntnisse der Arbeitskräfte führt und diese bei der Rückwanderung dem Herkunftsland zugute kommt. Daß diese Erwartungen nicht nur auf die Herkunftsländer beschränkt sind, beweist folgendes Zitat. "In ihre Heimat zurückkehrende Arbeitskräfte können vielfach aufgrund ihrer verbesserten beruflichen Qualifikation einen größeren Beitrag zum wirtschaftlichen Aufbau ihres Landes leisten als dies ohne den Auslandsaufenthalt möglich gewesen wäre."[2]

Im folgenden wird der Versuch unternommen, den Ausbildungseffekt der Auslandsbeschäftigung für die jugoslawischen Arbeitsmigranten zu prüfen. Aber auch diese empirische Analyse wird einmal

---

1 Vgl. Ivo Vinski: Ljudski kapital i neto produkt suvremene jugoslavenske ekonomske emigracije, in: Ekonomski pregled, godina 23 (1972), broj 3-4, S. 126.
2 Vgl. BA: Erfahrungsbericht 1972/73, a.a.O., S.8

mehr durch eine sehr unbefriedigende Datensituation bestimmt. Im wesentlichen stützt sie sich auf eine Repräsentativbefragung ausländischer Arbeitskräfte der Bundesanstalt für Arbeit, die im Frühjahr 1972 durchgeführt worden ist[1]. Aus diesem Grunde bleibt die Diskussion im wesentlichen auch auf die jugoslawischen Arbeitskräfte in der Bundesrepublik Deutschland beschränkt. In den Fällen, in denen die Befragungsergebnisse nicht länderspezifisch vorliegen, leitet sich die Argumentation aus den Ergebnissen für die Gesamtgruppe der ausländischen Arbeitnehmer ab.

Grundsätzlich haben ausländische Arbeitskräfte in der Bundesrepublik Deutschland die gleichen Möglichkeiten zur beruflichen Aus- und Fortbildung wie die deutschen Arbeitnehmer, und zwar sowohl hinsichtlich der innerbetrieblichen Ausbildung als auch hinsichtlich der Bildungsmaßnahmen im Rahmen des Arbeitsförderungsgesetzes (AfG)[2]. Offensichtlich haben auch viele jugoslawische Arbeitskräfte von diesen Möglichkeiten Gebrauch gemacht; von den im Rahmen der Repräsentativbefragung der Bundesanstalt für Arbeit befragten jugoslawischen Arbeitskräfte waren immerhin 31 Prozent beruflich aufgestiegen[3].

Der berufliche Aufstieg beschränkte sich jedoch im wesentlichen auf den Aufstieg vom un- zum angelernten Arbeiter und kam in den meisten Fällen über eine nur wenige Monate dauernde innerbetriebliche Anlernung zustande. "Eine Einstufung als Facharbeiter erreichen die ausländischen Arbeiter...weniger über den Weg des beruflichen Aufstiegs im Bundesgebiet als vielmehr aufgrund ihrer beruflichen Vorbildung oder entsprechender Berufserfahrung in der Heimat."[4] Dementsprechend schafften auch nur 7 Prozent

---

1 Vgl. BA: Repräsentativ-untersuchung '72 über die beschäftigung ausländischer arbeitnehmer im bundesgebiet und ihre familien- und wohnverhältnisse, Nürnberg 1973.
2 Bei ausländischen Arbeitnehmern aus Staaten, die nicht zur Europäischen Gemeinschaft gehören, setzt die finanzielle Förderung im Rahmen des AfG mindestens eine einjährige berufliche Tätigkeit in der Bundesrepublik Deutschland voraus. Vgl. BA: Erfahrungsbericht 1972/73, a.a.O., S. 34.
3 Vgl. BA: Repräsentativ-untersuchung..., a.a.O., S. 84.
4 Ebenda, S. 84.

der befragten männlichen jugoslawischen Arbeitskräfte den beruflichen Aufstieg zum Facharbeiter; von den befragten weiblichen Arbeitskräften war sogar niemand zur Facharbeiterin aufgestiegen[1].

Inwieweit der berufliche Aufstieg von un- zum angelernten Arbeiter als berufliche Qualifizierung betrachtet werden kann, mag anhand der Definition des angelernten Arbeiters beurteilt werden. Danach sind angelernte Arbeiter Arbeitskräfte, "die im Rahmen einer speziellen, meist branchengebundenen Tätigkeit mit gleichmäßig wiederkehrenden oder mit weniger schwierigen und verantwortungsvollen Arbeiten beschäftigt werden, für die keine allgemeine Berufsbefähigung vorausgesetzt werden muß. Die Kenntnisse und Fähigkeiten für diese Arbeiten haben die Arbeiter meist im Rahmen einer mindestens 3 Monate dauernden Anlernzeit mit oder ohne Abschlußprüfung erworben "[2]. Die überdurchschnittliche Konzentration von angelernten Arbeitern in Großbetrieben deutet daraufhin, daß die gleichmäßig wiederkehrenden Tätigkeiten vor allem Fließband- oder ähnliche Arbeiten sind[3]. In diesen Fällen von einer beruflichen Qualifizierung der ausländischen Arbeitnehmer, die im Fall der Rückwanderung positiv zum wirtschaftlichen Aufbau des Heimatlandes beitragen kann, zu sprechen, erscheint jedoch sehr fraglich. Der Ausbildungseffekt der Auslandsarbeit schlägt sich hier allenfalls darin nieder, daß sich die Arbeitskräfte an die Normen und Verhaltensweisen einer Industriegesellschaft gewöhnen[4].

Die Beschäftigung im Ausland muß jedoch nicht notwendigerweise zur beruflichen Qualifizierung oder zumindest zur Erhaltung der beruflichen Qualifikation der Arbeitsmigranten führen, sondern

---

1 Vgl. BA: Repräsentativ-untersuchung..., a.a.O., S. 84
2 Ebenda, S. 169.
3 Ebenda, S. 78.
4 Vgl. Marios Nikolinakos: Zur Frage der Auswanderungseffekte in den Emigrationsländern, in: Das Argument, Zeitschrift für Philosophie und Sozialwissenschaften, 13. Jahrgang (1971), Nr. 68, S. 797 f.

kann zu einem bestimmten Grad auch eine Dequalifizierung zur
Folge haben. Diese Erscheinung kann dann auftreten, wenn Facharbeiter über einen längeren Zeitraum nicht entsprechend ihrer
beruflichen Qualifikation eingesetzt werden. So zeigen die Befragungsergebnisse der zitierten Repräsentativuntersuchung,
daß von den jugoslawischen Arbeitskräften mit einer im Heimatland erworbenen Berufsausbildung nur 59 Prozent in der Bundesrepublik Deutschland als Facharbeiter tätig waren[1]. Die Gründe
hierfür liegen z.T. in der Nichtanerkennung der beruflichen
Qualifikation durch den Arbeitgeber, in der Schwierigkeit, der
Ausbildung angemessene Arbeitsplätze zu finden, aber vor allem
auch in dem Wunsch vieler Arbeitsmigranten etwa durch die Beschäftigung im Akkord als Fließbandarbeiter oder durch andere
Arbeitsverhältnisse mit der Möglichkeit der Überstundenarbeit
rasch Geld zu verdienen[2].

Von einem Ausbildungseffekt der Auslandsarbeit kann nach den
obigen Ausführungen kaum gesprochen werden. Er ist allenfalls
für eine kleine Minderheit der Arbeitsmigranten zu beobachten,
und zwar für jene Arbeitskräfte, die von un- bzw. angelernten
Arbeitern zu Facharbeitern beruflich aufgestiegen sind[3].

Der - auch nur minimale - Ausbildungseffekt der Auslandsarbeit
kommt dem Herkunftsland schließlich nur dann zugute, wenn der
beruflich qualifizierte Arbeitnehmer tatsächlich auch zurückwandert. Nun lassen einige Plausibilitätsüberlegungen vermuten,
daß die Rückkehrneigung beruflich zum Facharbeiter aufgestiegener
Arbeitskräfte - gemessen an der Rückkehrneigung aller Arbeitsmigranten - unterdurchschnittlich ist. So ist der berufliche
Aufstieg im allgemeinen nur unter großen persönlichen Opfern
hinsichtlich der Einkommenserzielung, der Freizeitgestaltung
u.a.m. zu erreichen. Diese Opfer oder Investitionen in die

---

1 Vgl. BA: Repräsentativ-untersuchung..., a.a.O., S. 73.
2 Ebenda, S. 84.
3 Mit dieser Aussage soll nicht bestritten werden, daß nicht
 auch Facharbeiter in Facharbeiterpositionen aufgrund der Auslandsbeschäftigung zusätzliche berufliche Qualifikationen erwerben können. Hierbei dürfte es sich jedoch häufig um sehr
 spezielle Berufserfahrungen handeln, für die im Heimatland
 kein Bedarf besteht.

Berufsausbildung werden nur wenige Arbeitskräfte auf sich nehmen, um nach der Berufsausbildung eine gegenüber dem Ausland deutlich geringer entlohnte Beschäftigung im Heimatland aufzunehmen. Die Entscheidung zur Berufsausbildung dürfte dagegen vielmehr in der Erwartung eines längeren Auslandsaufenthaltes getroffen werden, d.h. in der Erwartung verbesserter Arbeits- und/oder Verdienstmöglichkeiten im Ausland.

An dieser Stelle sei abschließend auch die Frage diskutiert, ob die Rückwanderung ähnlich wie die Abwanderung insgesamt eine Selektion hinsichtlich der Qualifikation der Arbeitsmigranten beinhaltet. Einige Argumente sprechen für einen solchen Selektionsmechanismus. So dürften z.B. qualifizierten Arbeitskräften im allgemeinen die Anpassung an die neue industrielle Arbeitswelt leichter fallen als weniger qualifizierten, d.h. namentlich Arbeitskräften mit landwirtschaftlichen Berufen.

Für eine Selektion zuungunsten des Abgabelandes aufgrund der Rückwanderung spricht auch das Unternehmerverhalten in Zeiten rezessiver wirtschaftlicher Entwicklung. Von einer Entlassungspolitik sind im allgemeinen zunächst die weniger qualifizierten Arbeitskräfte (un- bzw. angelernte Arbeiter) betroffen, während der Stamm an Fachkräften in Erwartung eines zukünftigen wirtschaftlichen Aufschwungs gehalten wird.

Da nur wenige relevante Daten zur Qualifikationsstruktur der Rückwanderer vorliegen, ist eine empirische Überprüfung des Selektionswirkungen der Rückwanderung nur bedingt möglich. Ein Hinweis auf die negativen Selektionswirkungen der Rückwanderung liefert eine in 115 Unternehmen Zentraldalmatiens durchgeführte Befragung[1]. Danach waren von den rund 50.000 Beschäftigten im Zeitraum 1967 bis 1972 3.181 Arbeitskräfte ins Ausland abgewandert und 406 Arbeitskräfte aus dem Ausland zurückgekehrt. Hin-

---

1 Vgl. Ivo Baučić: Economic consequences of external migration for Yugoslavia, in: International migration in its relationship to industrial and agricultural adjustment policies, Proceedings of the seminar organized by the OECD Development Centre at the invitation of the Austrian Government and in co-operation with the Vienna Institute of Development and Co-operation, Vienna 13th-15th May, 1974, Paris 1974, S. 101.

sichtlich des Qualifikationsvergleiches zeigte sich, daß die
Qualifikationsstruktur der Abwanderer deutlich besser war als
die der Rückwanderer.

Im folgenden sollen die Selektionswirkungen der Rückwanderung
hinsichtlich der beruflichen Qualifikation anhand der entsprechenden
statistischen Angaben des jugoslawischen Bundesbüros
für Beschäftigungsangelegenheiten geprüft werden. Hierbei ist
jedoch zu beachten, daß ein großer Teil der Rückwanderer statistisch
unerfaßt bleibt. Und zwar jene Arbeitskräfte, die ohne
Einschaltung der Arbeitsämter eine Beschäftigung finden, wie
z.B. im landwirtschaftlichen Familienbetrieb oder im privaten
Handwerk oder auch in einigen Fällen im vergesellschafteten Sektor[1].

Aus Tab. 5-1. ist eine schlechtere Qualifikationsstruktur der
Rückwanderer gegenüber den in den Jahren 1973 bis 1976 ins Ausland
vermittelten Arbeitskräfte bzw. gegenüber den 1971 im
Ausland beschäftigten Arbeitsmigranten nicht zu erkennen. Im Gegenteil,
gemessen an den Ausbildungsstufen 'Fachausbildung' sowie
'un- bzw. angelernt' ist sogar eine positive Selektion zu
erkennen. Nur in den höheren Ausbildungsstufen findet die Ausgangshypothese
einer negativen Selektionswirkung der Rückwanderung
empirische Bestätigung.

---

1 Vgl. Abschnitt 2.2 dieser Arbeit.

Tab. 5-1.: Die Qualifikationsstruktur der Ab- und Rückwanderer[a], 1973 - 1976

Berufliche Qualifikation	Rückwanderer (1)	Abwanderer (2)	im Ausland beschäftigte Arbeitsmigranten, 1971 (3)
Universitätsausbildung u.ä.	1,1	1,3	1,5
Sekundarausbildung	2,7	2,1	3,3
Fachausbildung	21,3	16,5	18,3
un- bzw. angelernt	74,9	80,0	75,9[b]

a vermittelte Abwanderer sowie sich meldende Rückwanderer
b einschließlich Arbeitskräfte ohne Beschäftigtenstatus vor der Abwanderung

Quelle: Angaben des SBPZ sowie SOPEMI 1977, Yugoslavia, S. 4 und S. 16 (Sp. 1 u. 2), Statistički bilten 679, Tab. 1-8., S. 12 (Sp. 3), eigene Berechnungen.

Wie oben schon ausgeführt, erfaßt das Bundesbüro für Beschäftigungsangelegenheiten nur einen geringen Teil der Rückwanderer[1]. Zu vermuten ist, daß vor allem die weniger qualifizierten Arbeitskräfte des landwirtschaftlichen Sektors im überdurchschnittlichen Maße als Rückwanderer statistisch unerfaßt bleiben, da sie als Alternative zur Beschäftigung im vergesellschafteten Sektor immer noch die Beschäftigung im landwirtschaftlichen Familienbetrieb haben.

Aufgrund dieser Vermutung dürfte daher das in Tab. 5-1. ausgewiesene Qualifikationsniveau der Rückwanderer über dem des tatsächlichen liegen, so daß die postulierte negative Selektionswirkung der Rückwanderung hinsichtlich der beruflichen Qualifikation der Arbeitsmigranten nicht aufgrund der Angaben obiger Tabelle zurückgewiesen werden kann.

---

1 Vgl. auch Tab. 2-2.

Verschiedene Stellungnahmen jugoslawischer Wissenschaftler aber auch des jugoslawischen Gewerkschaftsbundes stützen vielmehr die These von der negativen Selektionswirkung der Rückwanderung. So kritisiert der Gewerkschaftsbund etwa, daß die Rückwanderung sehr selektiv ist und damit nicht im Einklang steht mit der allgemein gültigen These vom beiderseitigen Vorteil der Migration[1].

5.3 Die zahlungsbilanzpolitische Bedeutung der Geldüberweisungen

Im Abschnitt 3.2 dieser Arbeit konnte die außerordentliche Bedeutung des Außenhandels im Rahmen der Industrialisierungsstrategie Jugoslawiens aufgezeigt werden. Als kleines, relativ rohstoffarmes und technologisch wenig entwickeltes Land versuchte Jugoslawien durch Einfuhren von Investitionsgütern und notwendigen Rohstoffen schnelle Industrialisierungserfolge zu realisieren und gleichzeitig die eigene Produktionstechnologie sowie Produktqualität an den Weltmarktstandard heranzuführen. Diese Entwicklungsstrategie der 60er Jahre, die sich vor allem mit der Wirtschaftsreform des Sommers 1965 voll entfalten konnte, mußte notwendigerweise zu höheren Einfuhrausgaben und damit auch zu einer Vergrößerung des Handelsbilanzdefizits führen, denn schon in den 50er Jahren konnten die Einfuhren nicht durch die Ausfuhreinnahmen finanziert werden[2].

Vor diesem Hintergrund waren in Jugoslawien natürlich zusätzliche Deviseneinnahmen erwünscht. Diese erhoffte man sich zum einen von einer Zunahme des Tourismus, aber auch von den Geldüberweisungen der im Ausland beschäftigten jugoslawischen Arbeitnehmer.

Aus Abb. 5-1. ist die außerordentliche zahlungsbilanzpolitische Bedeutung der Geldüberweisungen jugoslawischer Arbeitsmigranten ablesbar. Mit extrem hohen Zuwachsraten (im Zeitraum 1968 bis 1976 lag die jahresdurchschnittliche Zuwachsrate bei rd. 36%)[3]

---

1 Vgl. Savez Sindikata Jugoslavije: III. Gewerkschaftskonferenz westeuropäischer und Mittelmeerländer über Migration, Stuttgart, 20-22. 5. 1976, Mitteilungen des Gewerkschaftsbundes zu einzelnen Punkten der Tagesordnung der Konferenz, Beograd 1976, S. 36.
2 Zur Entwicklung des Handelsbilanzdefizits vgl. Abb. 3-3.
3 Vgl. Tab. A 5-3., eigene Berechnungen.

Abb. 5-1.: Die Geldüberweisungen von jugoslawischen Arbeitsmigranten absolut und in v.H. ausgewählter Posten der Zahlungsbilanz, 1962 - 1976

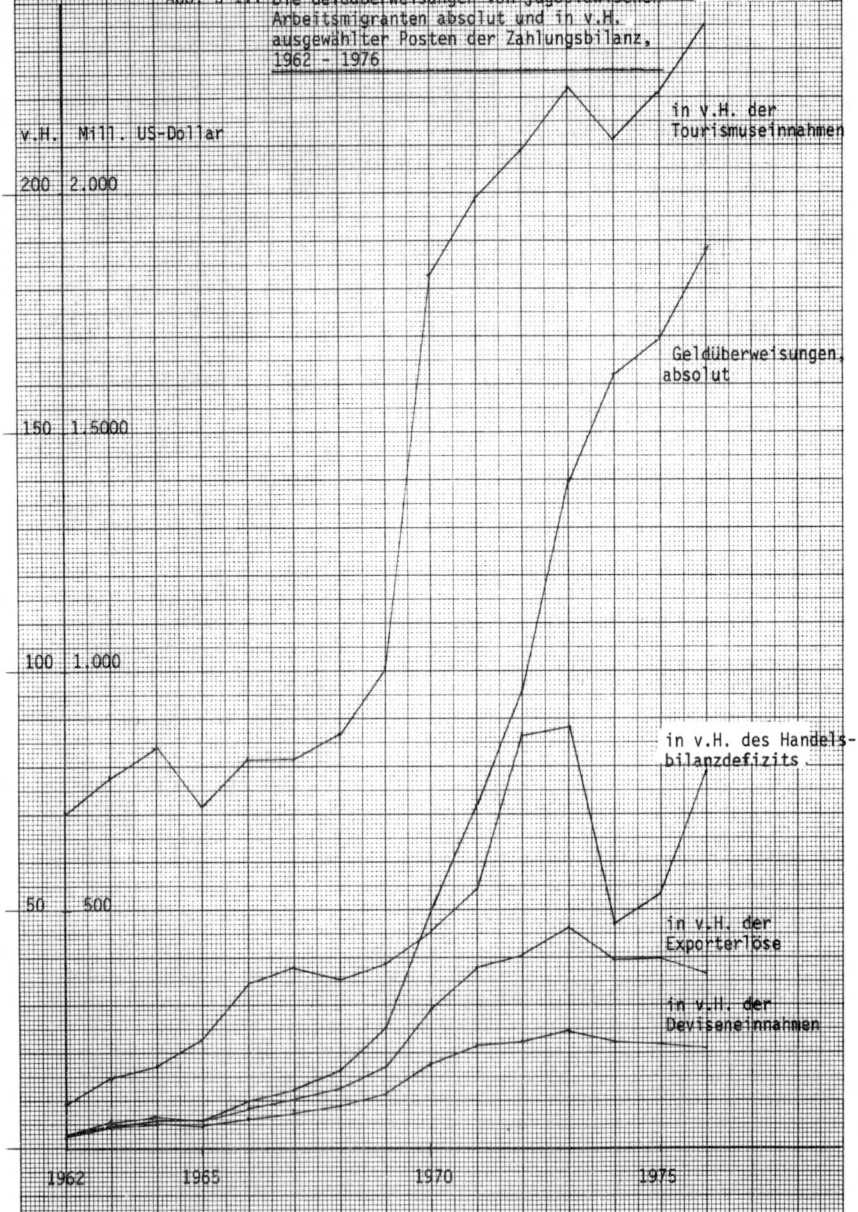

in v.H. der Tourismuseinnahmen

v.H. | Mill. US-Dollar

200 | 2.000

Geldüberweisungen, absolut

150 | 1.5000

100 | 1.000

in v.H. des Handelsbilanzdefizits

50 | 500

in v.H. der Exporterlöse

in v.H. der Deviseneinnahmen

1962   1965   1970   1975

Quelle: Tab. A 5-3. im Anhang.

entwickelte sich dieser Posten der Zahlungsbilanz zu einer bedeutenden Deviseneinnahmequelle Jugoslawiens. Im Jahre 1969 übertrafen die Gelüberweisungen der Arbeitsmigranten schon die Deviseneinnahmen aus dem Tourismus; 1976 waren sie schon mehr als doppelt so hoch.

Das Ausmaß der Geldüberweisungen wird besonders deutlich, wenn sie zu einigen anderen Posten der Zahlungsbilanz ins Verhältnis gesetzt werden. So zeigt Abb. 5-1., daß die Geldüberweisungen in den 70er Jahren durchschnittlich über 20 Prozent aller Deviseineinnahmen ausmachten. Damit wurden diese Mittel - wie auch die entsprechenden Kurvenverläufe der Abb. 5-1. zeigen - zu einem wichtigen Faktor hinsichtlich der Finanzierung der Einfuhren bzw. des permanenten jugoslawischen Handelsbilanzdefizits.

Die Bedeutung der Geldüberweisungen ist auch daran abzulesen, daß ihr Anteil an den Gesamteinnahmen der Bevölkerung (primanja stanovništva) in den Jahren 1973 bis 1975 jahresdurchschnittlich bei 10,7 Prozent lag, während der entsprechende Anteilswert für den Zeitraum 1965 bis 1967 sich erst auf 2,2 Prozent belief[1].

Der Stellenwert, der dieser Deviseneinnahmequelle in Jugoslawien von politischer bzw. wirtschaftlicher Seite beigelegt wird, läßt sich auch an einer Vielzahl von Maßnahmen ablesen, die zur Stimulierung des Devisenzuflusses eingesetzt worden sind. Zu dieser Palette von Maßnahmen zählen u.a. Maßnahmen wie

- die Erleichterung der Einrichtung eines Devisenkontos
- staatliche Sicherheitsgarantien bezüglich der Devisenkonten
- höhere Zinszahlungen auf Guthaben der Devisenkonten und Vorzugskredite aufgrund dieser Guthaben
- die Ausgabe spezifischer Devisenanleihen, die sich vielfach neben einer hohen Verzinsung noch durch andere Vergünstigungen auszeichnen (z.B. Bereitstellung eines Arbeitsplatzes)
- Rabattgewährung bei Zahlungen mit Devisen

---

1 SGJ-77, Tab. 106-2., u. Tab. 106-6., S. 133, eigene Berechnungen(1973 bis 1975); SGJ-68, Tab. 105-11., S. 114 und SGJ-73, Tab. 105-2., S. 111, eigene Berechnungen (1965 bis 1967). In der Größe Geldüberweisungen sind hier andere Transfereinkommen aus dem Ausland enthalten, die eng mit der Arbeitsmigration in Beziehung stehen (z.B. Rentenzahlungen).

- Vorzugsbehandlung beim Kauf von Waren mit langen Lieferfristen (z.B. ausländische Personenkraftwagen), wenn die Zahlung in Devisen erfolgt[1].

Zusätzlich zu diesen auf das Inland beschränkten Maßnahmen bemühte sich Jugoslawien auch durch Aktivitäten im Ausland, d.h. durch eigene Bankniederlassungen bzw. Kooperationen mit ausländischen Banken das Volumen der Geldüberweisungen maximal zu gestalten. Ein Kooperationsabkommen besteht z.B. seit 1968 zwischen der 'Jugobanka' und der 'Bank für Gemeinwirtschaft' (BfG). Die BfG bietet den jugoslawischen Arbeitnehmern in der Bundesrepublik Deutschland spezielle Sparbücher an, mit denen auch in Jugoslawien über das Sparguthaben verfügt werden kann; überdies sind die Guthabenzinsen überdurchschnittlich hoch. Das besondere Element dieses Abkommens liegt aber darin, daß die 'Jugobanka' die Zinsen für die Guthaben zahlt und als Gegenleistung über einen Teil dieser Guthaben verfügen kann[2].

An der Notwendigkeit stimulierender Maßnahmen zur Erhöhung des Devisentransfers wird auch deutlich, daß die Überweisung überschüssiger Einkommensteile für die jugoslawischen Arbeitsmigranten nicht selbstverständlich ist. Hierin drückt sich z.T. auch das geringe Vertrauen der jugoslawischen Arbeitskräfte zu den jugoslawischen Banken aus[3].

Es liegen nun keine statistischen Angaben zum Umfang der von jugoslawischen Arbeitsmigranten auf ausländischen Konten gehaltenen Ersparnisse vor. Ebenso fehlen relevante Hinweise,

---

1 Vgl. Marko Beroš: Policies, Measures and Instruments for the Attraction and Utilization of Savings, in: O.E.C.D., Joint Projects, a.a.O., S. 9 ff. - Vgl. ebenso Ivo Baučić: Die Auswirkungen der Arbeitskräftewanderungen in Jugoslawien, in: Reinhard Lohrmann und Klaus Manfraß (Hrsg.): Ausländerbeschäftigung ..., a.a.O., S. 188 ff.
2 Vgl. Günter Schiller: Utilisation of Migrant Workers' Savings, with Particular Reference to their Use for Job Creation in the Home Country, O.E.C.D., MS/M/404/467, Paris 1974, S. 32.
3 Vgl. Stipe Tadić: Neki ekonomski učinci..., a.a.O., S. 39.

die eine mehr als nur spekulative Abschätzung dieses Volumens erlauben. Nur um eine Vorstellung von der möglichen Größenordnung der Ersparnisse zu geben, sei ein diesbezügliches Ergebnis einer Repräsentativbefragung der Deutschen Bundesbank vom Jahre 1972 angegeben[1]. Danach hatten 44 Prozent der befragten jugoslawischen Arbeitsmigranten Sparguthaben in der Bundesrepublik Deutschland, wobei sich der durchschnittliche Sparbetrag der Haushalte auf 5.111 DM belief[2]. Geht man von Ein-Personen-Haushalten aus, so betrug der Gesamtsparbetrag der jugoslawischen Arbeitskräfte im Frühjahr 1972 rund 1 Milliarde DM[3].

Zum Abschluß dieses Abschnittes soll noch eine qualitative Einschätzung der zukünftigen Entwicklung der Geldüberweisungen ausländischer bzw. jugoslawischer Arbeitskräfte in ihre Heimatländer gegeben werden. Hierzu liefert die obengenannte Befragung der Deutschen Bundesbank interessante Hinweise.

Auf eine Erhöhung der Geldüberweisungen werden auch in der Zukunft die Einkommenssteigerungen im Ausland hinwirken und möglicherweise für Jugoslawien speziell die größere Effizienz der oben angesprochenen stimulierenden Maßnahmen. Dieser Tendenz wirkt natürlich die Abnahme des jugoslawischen Arbeitskräftebestandes im Ausland stark entgegen. In diese Richtung wirkt aber noch zusätzlich ein weiterer häufig in der relevanten Diskussion übersehener Faktor. So ergab die Befragung der Deutschen Bundesbank, daß die Höhe der Geldüberweisungen negativ mit der Aufenthaltsdauer korrespondierte[4]. Nun kann aber beobachtet werden, daß mit zunehmender Aufenthaltsdauer der Arbeitsmigranten sich auch ihre Familienverhältnisse im Ausland verändern, und zwar dahingehend, daß sie in relativ größerer Zahl zusammen mit ihren Familien im Ausland leben. Aufgrund dieses Zustandes werden diese Arbeitsmigranten im allgemeinen ihre Geldüberweisungen in die Heimat reduzieren. Da überdies viele dieser Arbeitsmigranten den Auslandsaufenthalt für dauerhaft ansehen,

---

1 Vgl. o.V.:Ausländische Arbeitnehmer in Deutschland. Ihr Geldtransfer in die Heimatländer und ihre Ersparnisse in der Bundesrepublik, Sonderdruck aus: Monatsberichte der Deutschen Bundesbank, April 1974, S. 22 ff.
2 Ebenda, S. 26.
3 Vgl. BA: Erfahrungsbericht 1972/73, a.a.O., S. 70, eigene Berechnung.
4 Vgl. o.V.: Ausländische Arbeitnehmer in Deutschland ..., a.a.O., S. 25.

kann auch ein späterer Transfer des überschüssigen Einkommens nicht erwartet werden.

5.4   Die ökonomischen Impulse der Ersparnisverwendung

Die laufenden Geldüberweisungen der Arbeitsmigranten bzw. die bei Rückwanderung transferierten Ersparnisse haben für das Abwanderungsland einen doppelten Effekt. Zum einen erhöhen sie - wie im vorangegangenen Abschnitt gezeigt wurde - das Deviseneinkommen und vergrößern damit die Einfuhrmöglichkeiten. Zum anderen bedeuten diese Mittel Einkommen für die Empfänger. Je Verwendungsrichtung dieser Mittel können nun recht unterschiedliche Impulse auf die wirtschaftliche Entwicklung des Abwanderungslandes - bzw. der Abwanderungsregion ausgehen. Nachfolgend werden die beobachtbaren Verwendungsrichtungen dieses Auslandseinkommens beschrieben sowie deren mögliche wirtschaftlichen Impulse für Jugoslawien bzw. für die besonders stark von der Abwanderung betroffenen Gemeinden Jugoslawiens diskutiert. Hierbei interessiert nun nicht der Teil des Auslandseinkommens, der dem täglichen Lebensunterhalt dient, sondern das überschüssige Einkommen, die Ersparnisse der Arbeitsmigranten bzw. Rückwanderer.

Auch hier ist die empirisch-statistische Datenbasis sehr unbefriedigend. Aber dennoch lassen sich die wichtigsten Verwendungsrichtungen der Ersparnisse sowie deren relative Bedeutung anhand des vorliegenden Materials herausarbeiten. Eine Vielzahl von Hinweisen deutet daraufhin, daß der Hauptteil der verausgabten Ersparnisse in den Wohnungsbau investiert worden ist bzw. wird.

Das große Interesse der Arbeitsmigranten an dieser Art von Investitionen zeigte schon die Diskussion der Abwanderungsmotive der kroatischen Arbeitsmigranten[1]. In dieser während der Weihnachts- und Neujahrsfeiertage 1970/71 durchgeführten Befragung wurden zusätzlich auch Angaben hinsichtlich der bisherigen Verwendung der Ersparnisse erhoben. Danach hatten 69,1 Prozent der befragten Arbeitsmigranten ihre Ersparnisse in den Wohnungsbau, d.h. in die Renovierung eines alten Hauses, den Beginn bzw. die Vollendung eines neuen Hauses, den Kauf eines Appartements, eines Grundstückes u.ä. investiert[2].

Auch die Zukunftspläne der befragten Arbeitsmigranten hinsichtlich der geplanten Verwendung der Ersparnisse weisen auf die herausragende Bedeutung des Wohnungsbaues als Investitionsziel der Arbeitsmigranten hin. 50,9 Prozent der befragten Arbeitsmigranten beabsichtigten, ihre zukünftigen Ersparnisse im Wohnungsbau anzulegen[3].

Vergleicht man nun jugoslawische Gemeinden annähernd gleichen Entwicklungsstandes aber stark unterschiedlicher Abwanderungsintensität, so findet man ebenfalls einen Hinweis auf die relativ starke Bautätigkeit von Arbeitsmigranten. So zeigt ein entsprechender Vergleich zwischen 10 Gemeinden mit extrem überdurchschnittlicher Abwanderungsintensität und 7 Gemeinden mit stark unterdurchschnittlicher Abwanderungsintensität[4], daß die private Bautätigkeit in den Abwanderungsgebieten deutlich höher lag. In den Jahren 1975 und 1976 wurden in diesen Gemeinden 13,3 Wohnungen je 1.000 Einwohner privat fertiggestellt gegenüber 7,3 Wohnungen in den Gemeinden mit relativ geringer Abwanderung[5].

---

1 Vgl. Abschnitt 4.2.2.2 dieser Arbeit.
2 Vgl. Ivo Baučić: The Effects of Emigration from Yugoslavia..., a.a.O., S. 24.
3 Ebenda, S. 26.
4 Zu den Gemeinden mit extrem überdurchschnittlicher Abwanderungsintensität zählen hier Čitluk, Duvno, Gornji Vakuf, Grude, Kupres, Lištica, Ljubuški, Posušje, Prozor (alle Republik Bosnien und Herzegowina) und Ozalj (Kroatien) und zu den Gemeinden mit stark unterdurchschnittlicher Abwanderungsintensität Srebenica (Bosnien und Herzegowina), Bela Palanka, Bosilj-Grad, Crna Trava, Ražanj, Svrljig (alle Serbien) und Leposavić (Kosovo). Zur Abwanderungsintensität und zum Entwicklungsstand dieser Gemeinden vgl. Tab. A 4-1.
5 SGJ-77, Tab. 3-2., S. 566 ff und Tab. 3-4., S. 596 ff; SGJ-76, Tab. 3-4., S. 588 ff.; eigene Berechnungen.

Angesichts der Wohnungsknappheit in Jugoslawien[1] sind diese Investitionen zweifelsohne nützlich und notwendig. Sie entlasten die entsprechenden staatlichen Investitionsfonds und ermöglichen damit die Finanzierung zusätzlicher Wohnungseinheiten bzw. anderer Investitionsvorhaben . Kritik an diesen Investitionen wird in Jugoslawien daher auch nicht grundsätzlich geübt, sondern wegen der häufig zu beobachtenden Erscheinung, daß die Größe der Häuser der Arbeitsmigranten mehr dem Prestige als dem Wohnbedarf Rechnung trägt. Auch sind viele Häuser in Gebieten errichtet worden, die keine Beschäftigungsaussicht bieten. Diese Häuser stehen oft leer, weil ihre Besitzer entweder weiterhin im Ausland beschäftigt oder aber in andere Regionen abgewandert sind[2].

Insgesamt dürfte die Bautätigkeit der Arbeitsmigranten jedoch zu einer Verbesserung der Wohnungssituation in Jugoslawien, d.h. vor allem in den Gemeinden mit starker Abwanderung geführt haben. Darüber hinaus wird die Bautätigkeit auch Impulse für die wirtschaftliche Entwicklung der Bauindustrie ausgelöst haben. Ihr Beschäftigungseffekt dürfte dagegen jedoch relativ gering sein, da zumindest in ländlichen Gebieten der private Wohnungsbau überwiegend durch Eigen- bzw. Nachbarschaftshilfe zustandekommt[3].

Ein wesentlicher Teil der Ersparnisse jugoslawischer Arbeitsmigranten ist für den Kauf von Kraftwagen verausgabt worden. Hierauf weist auch die zitierte Umfrage unter den kroatischen Arbeitsmigranten hin. Danach hatten 17,9 Prozent der befragten Arbeitsmigranten ihre Ersparnisse in dieser Weise angelegt[4].

---

1 Nach der Volkszählung des Jahres 1971 waren rund 271.000 jugoslawische Familien - 5 Prozent aller Familien - ohne eigene Wohnung. Vgl. Stipe Tadić: Neki ekonomski učinci..., a.a.O., S. 25.
2 Vgl. Ivo Baučić: The Effects of Emigration from Yugoslavia..., a.a.O., S. 29 f. Ebenso Stipe Tadić: Neki ekonomski učinci..., a.a.O., S. 25 f.
3 Vgl. Ivo Baučić: The Effects of Emigration from Yugoslavia..., a.a.O., S. 27.
4 Ebenda, S. 24.

Der Vergleich zwischen den obenangeführten Gemeinden mit annähernd gleichem Entwicklungsstand aber stark unterschiedlicher Abwanderungsintensität stützt ebenfalls diese Behauptung. In den Gemeinden mit extrem überdurchschnittlicher Abwanderungsintensität kam 1976 ein Personenkraftwagen (Lastkraftwagen) auf 34 (124) Einwohner, während in den Gemeinden mit stark unterdurchschnittlicher Abwanderungsintensität ein PKW (LKW) auf 47 (315) Einwohner entfiel[1].

Durch den Kauf eines Personen- bzw. Lastkraftwagens haben sich nicht wenige Rückwanderer selbst einen Arbeitsplatz geschaffen, indem sie als Taxi- bzw. Fuhrunternehmer tätig wurden. Sie leisteten damit nicht nur einen Beitrag zur Lösung der allgemeinen Beschäftigungsproblemesondern trugen auch zur Verbesserung des Transportwesens bei.

In einigen Regionen kann jedoch ein Überangebot an entsprechenden Dienstleistungen vermutet werden. So lag z.B. im Jahre 1976 die 'LKW-Dichte' in den ausgewählten Gemeinden mit hoher Abwanderungsintensität über dem jugoslawischen Landesdurchschnitt (1 LKW auf 135 Einwohner)[2], obgleich diese Gemeinden im starken Maße agrarisch geprägt sind und ihr jeweiliger Entwicklungsstand deutlich unter dem des Landesdurchschnitts liegt[3].

Einige Arbeitsmigranten haben ihre Ersparnisse auch in landwirtschaftliche Produktionsmittel (Traktoren, Mäh- und Sämaschinen u.a.m.) investiert. Diese Investitionen waren bislang jedoch relativ gering[4]. Auch von den befragten kroatischen Arbeitsmigranten hatten nur relativ wenige (13 Prozent) - gemessen am Anteil der landwirtschaftlichen Arbeitskräfte an den Arbeitsmigran-

---

1 SGJ-77, Tab. 3-4., S. 596 ff. und Tab. 3-2., S. 566, eigene Berechnungen.
2 SGJ-77, Tab. 104-4., S. 104 und Tab. 113-37., S. 232, eigene Berechnungen.
3 Vgl. auch die entsprechenden Angaben in Tab. A 4-1. und Tab. A 4-3. im Anhang.
4 Vgl. Stipe Tadić: Neki ekonomski učinci..., a.a.O., S. 28.

ten - ihre Ersparnisse zur Verbesserung bzw. Modernisierung der eigenen landwirtschaftlichen Betriebsstätte verwendet. Geringe Zukunftserwartungen hinsichtlich der wirtschaftlichen Entwicklung des landwirtschaftlichen Sektors und/oder der persönliche Wunsch nach einer Beschäftigung im vergesellschafteten Sektor dürften diese Zurückhaltung der Arbeitsmigranten begründet haben.

Wie schon bei den anderen Verwendungsarten der Ersparnisse festgestellt werden mußte, so sind auch die Investitionen zur Modernisierung landwirtschaftlicher Betriebsstätten nicht immer ökonomisch sinnvoll getätigt worden. So finden sich etwa in einigen Dörfern mehr Traktoren als für die Bearbeitung der landwirtschaftlichen Flächen überhaupt erforderlich sind[1]. In diesem Zusammenhang muß auch die gesetzliche Begrenzung des privaten Grundbesitzes auf 10 ha angesprochen werden. Sie scheint einer ökonomisch sinnvollen Mechanisierung der Landwirtschaft im Wege zu stehen.

Abschließend soll hier schließlich eine Verwendungsrichtung der Ersparnisse der Arbeitsmigranten genannt werden, die von ihrem Volumen her bislang kaum Bedeutung in Jugoslawien hat, die aber aufgrund ihrer möglichen ökonomischen, d.h. vor allem beschäftigungspolitischen Impulse besondere Erwähnung verdient. Es ist dies die Verwendung der Ersparnisse zur Erweiterung bzw. Neugründung von Betriebsstätten.

Die Errichtung einer Betriebsstätte mit Hilfe der Ersparnisse von Arbeitsmigranten wurde erstmals im Jahre 1970 in dem Dorf Aržano der Gemeinde Imotski praktiziert. Die Arbeitsmigranten dieses Dorfes brachten insgesamt 220.000 DM auf und finanzierten damit die Errichtung einer Kleiderfabrik, in der überwiegend weibliche Verwandte der Investoren Beschäftigung fanden[2].

---

1 Vgl. Ivo Baučić: The Effects of Emigration from Yugoslavia..., S. 32.
2 Vgl. Mladen Vedriš: The utilization of migrant workers' hardcurrency savings in productive economic activities, in: O.E.C.D. Joint Project, a.a.O., S. 26.

Inzwischen gibt es in Jugoslawien weitere Betriebsneugründungen bzw. -erweiterungen, die durch die Ersparnisse von Arbeitsmigranten finanziert worden sind[1]. Insgesamt ist aber das Volumen dieser Finanzierungsmittel gemessen an den Ersparnissen der Arbeitsmigranten vernachlässigbar gering. Auch die Zahl der auf diesem Wege geschaffenen Arbeitsplätze ist gemessen an der Zahl der im Ausland beschäftigten jugoslawischen Arbeitskräfte fast bedeutungslos.

Die unentschlossene Haltung der jugoslawischen Regierungen in dieser Frage muß als ein wichtiger Grund für die relative Bedeutungslosigkeit dieser Verwendungsart der Ersparnisse von Arbeitsmigranten angesehen werden. Lange Zeit waren diese Investitionen in Jugoslawien politisch sehr umstritten, und zwar namentlich in den Fällen, in denen die Einlagen der Arbeitsmigranten mit der Zusicherung eines Arbeitsplatzes verknüpft waren. Der 'Kauf eines Arbeitsplatzes' im vergesellschafteten Sektor wurde von vielen Seiten aus ordnungspolitischen Überlegungen heraus abgelehnt. Aus diesem Grunde war auch die Unsicherheit unter potentiellen Investoren groß, obgleich diese Art der Ersparnisverwendung offiziell geduldet wurde. Überdies fehlte es an entsprechender staatlicher Informationspolitik bzw. Unterstützungsmaßnahmen[2].

Durch Artikel 91 des Ende 1976 erlassenen Gesetzes über die assoziierte Arbeit ist jedoch mittlerweile die Möglichkeit zur Errichtung größerer Unternehmungen mittels privater Investitionen gesetzlich abgesichert[3]. Dies läßt auch für die Zukunft eine größere entsprechende Investitionstätigkeit der Arbeitsmigranten erwarten.

---

1 Einen Überblick über diese Projekte bieten Mladen Vedriš: The utilization of migrant workers' hard-currency savings..., a.a.O., S. 25 ff. - Stipe Tadić: Neki ekonomski učinci..., a.a.O., S. 29 ff.
2 Vgl. Mladen Vedriš: The utilization of migrant workers' hard-currency savings..., a.a.O., S. 27.
3 Vgl. Mladen Vedriš: Zakon o udruženom radu i mogućnosti reintegracije migranata, in: Bilten centra za istraživanje migracija, godina VI (1977), broj 6-7, S. 3.

5.5 Zusammenfassung

Die oben diskutierten Wirkungsbereiche stellen nur einen - wenngleich wichtigen - Ausschnitt aus den Gesamtwirkungen der Arbeitsmigration auf Jugoslawien dar. Unberücksichtigt sind vor allem die sozialen[1] und politischen[2] Folgen der Arbeitsmigration. Die Beschränkung der Wirkungsanalyse auf die diskutierten Wirkungsbereiche erscheint aber aufgrund ihrer schon in der Einleitung dieser Arbeit formulierten Zielsetzung - eine Antwort auf die Frage zu geben, ob sich die von jugoslawischer Seite an die Arbeitsmigration geknüpften Erwartungen erfüllt haben - gerechtfertigt zu sein.

Die primäre und explizit formulierte Erwartung der Arbeitsmarktentlastung im Sinne der Vermeidung größerer Arbeitslosigkeit ist zweifelsohne durch den Abwanderungsprozeß erfüllt worden. Dieses Ziel wurde jedoch nicht durch die vorrangige Abwanderung sog. überschüssiger, wenig qualifizierter Arbeitskräfte des landwirtschaftlichen Sektors erreicht. Charakteristisch für den jugoslawischen Abwanderungsprozeß war vielmehr die positive Selektion der Arbeitskräfte und darüber hinaus auch die Erscheinung, daß der Abwanderungsprozeß keineswegs ein spezifisches Phänomen wirtschaftlich schwach strukturierter Gebiete sondern in allen Gebieten Jugoslawiens beobachtbar war, wobei seine Intensität nur sehr schwach mit dem relativen Entwicklungsstand korrelierte.

---

1 Z.B. aufgrund der Familientrennung (häufigere Scheidungen, Erziehungsprobleme). So lebten im Schuljahr 1972/73 in Kroatien rund 75.000 Schulkinder, von denen sich ein Elternteil oder auch beide Eltern im Ausland aufhielten. Vgl. Ivo Baučić: Die Auswirkungen der Arbeitskräftewanderung in Jugoslawien, in: Reinhard Lohrmann und Klaus Manfraß (Hrsg.): Ausländerbeschäftigung..., a.a.O., S. 205.- Vgl. dazu auch Olivera Burić: Novi tip nepotpune porodice - Porodice čiji su hranioci otišli na rad u inostranstvo, in: Sociologija, godina XV (1973), broj 2, S. 245 ff.
2 Hierzu zählen u.a. Fragen des politischen Bewußtseins der Arbeitsmigranten. Vgl. dazu Mirjana Morokvašić: Jugoslovenski radnici u inostranstvu: klasna svest i borba radnicke klase u zemljama imigracije, in: Sociologija, godina XV (1973), broj 2, S. 273 ff.

Die Abwanderung qualifizierter, berufserfahrener Arbeitskräfte
hat zahlenmäßig natürlich auch eine Entlastung des inländischen
Arbeitsmarktes gebracht. Bei Zugrundelegung ökonomischer Kriterien muß diese Abwanderung jedoch als Belastung für die jugoslawische Volkswirtschaft und letztlich auch für den Arbeitsmarkt aufgefaßt werden. Diese Belastungen sind z.B. immer dann
aufgetreten, wenn bei Ausscheiden qualifizierter, berufserfahrener Arbeitskräfte aus einer Unternehmung diese nicht sofort
durch gleichwertige Arbeitskräfte ersetzt werden konnten. Im
Regelfall dürfte die gleichwertige Besetzung einer Facharbeiterposition nur selten möglich gewesen sein, so daß eine längere
Einarbeitungszeit der neuen Stelleninhaber notwendig wurde.
Hiervon dürften aber negative Einflüsse auf die Arbeitsproduktivität bzw. den Produktionsumfang der Betriebsstätte und letztlich
auf den Arbeitsmarkt ausgegangen sein.

Aufgrund der positiven Selektionswirkungen des Abwanderungsprozesses, d.h. des hohen Anteils der qualifizierten Arbeitskräfte
konnte der häufig postulierte Ausbildungseffekt der Auslandsbeschäftigung für die jugoslawischen Arbeitsmigranten von vornherein nur begrenzt sein[1]. Aber auch nur wenige der beruflich
unqualifizierten jugoslawischen Arbeitskräfte konnten sich aufgrund ihrer Auslandsbeschäftigung vom un- bzw. angelernten Arbeiter beruflich zum Facharbeiter qualifizieren. Der berufliche
Aufstieg dieser Arbeitskräfte bestand vielmehr im wesentlichen
im Aufstieg vom un- zum angelernten Arbeiter, und zwar als Ergebnis der innerbetrieblichen Vermittlung einfacher Arbeitsabläufe. In einigen Fällen dürfte die Auslandsarbeit sogar zu einer Dequalifizierung der Arbeitskräfte geführt haben, und zwar
immer dann, wenn qualifizierte Arbeitskräfte über einen längeren
Zeitraum nur mit einfachen Tätigkeiten (z.B. Fließbandarbeiten)
beschäftigt waren, d.h. keine Möglichkeit hatten, ihre beruflichen Fähigkeiten durch die Berufspraxis zu erhalten.

---

1 Unter dem Ausbildungseffekt wurde in dieser Analyse primär
  die Ausbildung eines un- bzw. angelernten Arbeiters zum
  Facharbeiter verstanden. Also z.B. nicht die in einigen
  Fällen zu beobachtende Spezialisierung von Facharbeitern.

Die Auslandsbeschäftigung führte insgesamt kaum zu einer Verbesserung der beruflichen Qualifikation der jugoslawischen Arbeitsmigranten, so daß hiervon im Wege der Rückwanderung auch keine wesentlichen Impulse für die wirtschaftliche Entwicklung Jugoslawiens ausgehen konnten. Verschiedene empirische Befunde sowie Plausibilitätsüberlegungen lassen darüber hinaus vermuten, daß die Rückwanderung zu einer zweiten Selektion zuungunsten des Abwanderungslandes geführt hat.

Positiv zu Buche schlagen in der jugoslawischen 'Wirkungsbilanz' der Arbeitsmigration zweifelsohne die Geldüberweisungen der Arbeitsmigranten. Sie konnten die Einfuhrmöglichkeiten Jugoslawiens in nennenswerter Weise erweitern.

Auch die von der Verwendung der Geldüberweisungen bzw. der Ersparnisse ausgehenden Einflüsse können mit Einschränkungen als positive Faktoren in der wirtschaftlichen Entwicklung Jugoslawiens bzw. seiner Regionen angesehen werden. Sie haben u.a. zur Verbesserung der Wohnungssituation, des Transportwesens und im beschränkten Maße auch zur Verbesserung der Beschäftigungssituation geführt. Dabei war die Verwendung dieser Mittel jedoch häufig - nach volkswirtschaftlichen Kriterien gemessen - nicht rational, so daß die induzierten ökonomischen Impulse keineswegs optimal waren.

Um nun abschließend ein Gesamturteil hinsichtlich der ökonomischen Implikationen der Arbeitsmigration auf Jugoslawien fällen zu können, ist eine wechselseitige Aufrechnung der diskutierten Wirkungen notwendig, wie etwa Produktionsverlust aufgrund der Abwanderung gegen Produktionsausweitung als Folge der Ersparnisverwendung oder berufliche Qualifizierung der Arbeitsmigranten im Ausland gegen den Verlust an 'human capital' usw. Dieses Vorgehen scheidet hier schon - wie auch eingangs dieses Abschnittes betont wurde - aufgrund fehlender Daten aus. Aber auch bei befriedigender Datensituation lassen die offensichtlichen Bewertungsprobleme dieses Vorgehen nicht unproblematisch erscheinen.

Die obigen Ausführungen dürften jedoch verdeutlicht haben, daß
die jugoslawische Arbeitsmigration nicht ohne ökonomische Probleme abgelaufen ist, ja, daß sie möglicherweise sogar mehr
Probleme geschaffen als gelöst hat. Das Arbeitsmarktproblem
Jugoslawiens hat die Arbeitsmigration zumindest nicht lösen
können. Angesichts der noch stark agrarisch geprägten Beschäftigungsstruktur konnte dies realistischerweise auch nicht erwartet werden, ohne daß nicht ein sehr bedeutender Teil der
Bevölkerung ins Ausland abgewandert wäre.

Inzwischen gibt es in Jugoslawien nicht wenige Stimmen, die die
Abwanderung als negatives Element in der wirtschaftlichen Entwicklung Jugoslawiens betrachten. "Es ist klar, daß die jugoslawischen Migranten, ... , wenn sie in der jugoslawischen Wirtschaft tätig wären - die kleineren Arbeitseffekte und die großen Investitionen, die für die Schaffung neuer Arbeitsplätze
nötig wären, mit eingerechnet -, für Jugoslawien weit größere
ökonomische Effekte erzeugen würden, als die Erträge aus den
Devisenüberweisungen, vom Zoll und den Steuereinnahmen der eingeführten ausländischen Produkte, auch als die gewisse Stimulation der Bauindustrie."[1]

Auch von offizieller Seite mußten die negativen Folgen der Arbeitsmigration anerkannt werden. Ausdruck hierfür sind das 'Gesetz über die Grundbedingungen der vorübergehenden Beschäftigung und des Schutzes im Ausland arbeitender jugoslawischer
Bürger' vom Juni 1973[2] sowie das 'Programm der Maßnahmen und
Aktionen für die allmähliche Rückkehr der jugoslawischen Arbeiter von der Arbeit im Ausland und für ihre Beschäftigung im
Inland'[3] vom Dezember 1975. Das Gesetz sieht vor allem Regelungen

---

1 Ivo Baučić: Die jugoslawische Auswanderung im Lichte des Nord-Süd-Konflikts, in: Claus Leggewie und Marios Nikolinakos (Hrsg.): Europäische Peripherie. Zur Frage der Abhängigkeit ..., a.a.O., S. 299.
2 Vgl. Abschnitt 3.3 dieser Arbeit.
3 Mera i akcija za postepeno vraćanje jugoslovenskih radnika sa rada iz inostranstva i njihovo radno angažovanje u zemlji, Beograd 1975, unveröffentlichtes Papier.

vor, die eine Abwanderung von qualifizierten Arbeitskräften verhindern sollen, während das Programm u.a. als Schwerpunkte Maßnahmen enthält, die die Rückwanderung qualifizierter Arbeitskräfte sowie eine volkswirtschaftlich rationalere Verwendung der Ersparnisse von Arbeitsmigranten fördern sollen.

Sowohl das Gesetz als auch das Programm müssen als Eingeständnis dafür gewertet werden, daß unter den Bedingungen des 'freien Spiels der Kräfte' der Ab- und Rückwanderungsprozeß jugoslawischer Arbeitskräfte nicht in Einklang mit den jugoslawischen Interessen abgelaufen ist.

ANHANG

Tab. A3-1.: Sektorale Verteilung der Bruttoinvestitionen
(in Preisen von 1966) 1947-1974, in v.H.

Jahr	Sektoren mit wirtschaftl. Tätigkeiten (1)	Industrie (2)	Land- und Forstwirtschaft (3)	Wohnungs- und Kommunalwirtschaft (4)
1947	72,8	34,4	11,8	16,7
48	73,3	3o,7	17,4	16,8
49	68,5	34,1	16,7	19,9
195o	71,1	38,8	13,9	17,7
51	77,4	45,7	9,9	14,7
52	85,3	6o,4	11,4	12,2
53	8o,2	52,o	1o,4	15,1
54	74,o	46,o	11,3	18,6
1955	76,4	46,5	1o,8	17,o
56	74,1	39,3	14,3	19,6
57	68,8	32,8	15,3	23,5
58	66,o	28,8	16,4	26,4
59	68,1	28,2	18,6	23,1
196o	65,9	3o,4	15,3	25,6
61	62,1	31,7	11,8	28,4
62	6o,o	31,7	11,4	3o,o
63	59,6	31,8	11,3	3o,6
64	61,4	31,5	1o,8	29,4
965	57,6	3o,3	1o,3	3x,6
66	65,6	33,8	9,o	27,o
67	7o,8	36,7	8,3	23,4
68	72,5	36,3	8,1	21,9
69	73,2	33,3	7,8	21,2
197o	71,5	32,3	7,2	21,6
71	72,o	33,8	7,2	2o,8
72	7o,o	34,4	7,7	22,6
73	7o,1	32,9	9,5	23,9
74	72,2	36,o	1o,4	21,2

Quelle: SGJ-76, Tab. 102-8., S. 82, eigene Berechnungen

Tab. A3-2.: Jährliche Zuwachsraten (Vorjahr=100) ausgewählter ökonomischer Größen, 1947 - 1974

Jahr	Sozialprodukt des vergesellschafteten Sektors	Sozialprodukt des privaten Sektors	Bruttoinvestitionen	Beschäftigung [a]	Arbeitsproduktivität [b]
	(1)	(2)	(3)	(4)	(5)
1947	1oo,o	1oo,o	1oo,o	1oo,o	1oo,o
48	123,3	114,7	132,8	129,9	94,9
49	111,9	1o2,8	111,3	131,3	85,2
195o	95,7	77,2	85,9	98,1	97,7
51	97,2	14o,2	1o1,9	94,4	1o2,9
52	95,6	69,8	92,9	94,2	1o1,5
53	1o6,1	138,2	122,3	1o5,9	1oo,2
54	1o6,8	96,9	1o7,o	1o9,4	97,6
1955	11o,9	118,7	97,2	11o,6	1oo,2
56	99,o	87,7	98,o	1oo,1	98,6
57	116,9	127,8	12o,2	1o7,9	1o8,4
58	1o8,4	89,8	114,2	1o6,6	1o1,7
59	114,9	119,3	115,o	1o7,2	1o7,3
196o	114,6	92,5	119,3	1o9,o	1o5,2
61	1o8,9	97,2	111,2	1o9,2	99,7
62	1o5,6	96,9	1o6,5	1o2,5	1o3,1
63	114,1	1o5,5	1o8,6	1o2,2	111,5
64	113,2	1o5,3	114,5	1o6,5	1o6,3
1965	1o3,6	95,5	88,5	1o1,3	1o2,2
66	1o5,3	118,o	1o8,2	97,4	1o8,1
67	1o2,4	1o1,9	1o2,3	99,3	1o3,1
68	1o5,3	97,8	1o9,1	1oo,6	1o4,5
69	1o9,6	1o9,8	1o6,9	1o3,9	1o5,5
197o	1o7,9	96,8	115,2	1o3,9	1o3,8
71	1o9,1	1o3,6	1o7,2	1o4,8	1o4,1
72	1o5,o	1oo,8	1o3,4	1o4,3	1oo,6
73	1o4,3	1o8,1	1o2,7	1o2,4	1o1,9
74	1o9,5	1o4,1	1o9,o	1o5,o	1o4,3

Quelle: SGJ-76, Tab. 102-6., S. 81, eigene Berechnungen (Sp. 1 und 2)
SGJ-76, Tab. 102-8., S. 82, eigene Berechnungen (Sp. 3)
SGJ-76, Tab. 102-4., S. 80, eigene Berechnungen (Sp. 4)
a im vergesellschafteten Sektor
b im vergesellschafteten Sektor (Sp. 1/Sp. 4)

Tab. A3-3.: Außenhandelsüberschüsse (+) bzw. -defizite (-)
nach ausgewählten Warengruppen 1964 - 1975,
in Millionen Dinar

Jahr	insgesamt	Nahrungs-mittel	Genußmittel	Roh-stoffe	Brenn- u. Schmier-stoffe	Chem. Erzeugnisse	Halb-waren	Maschiren u.Trans-portmittel	Fertig-waren
1946	+ 321	+ 86	-	+ 61	- 127	- 2	+ 149	- 33	- 19
47	- 41	+ 4o8	+ 37o	+ 171	- 154	+ 9	- 149	- 616	- 68
48	- 162	+ 1 5o6	+ 829	+ 333	- 4o9	- 73	- 948	- 1 688	- 15o
49	- 1 634	+ 662	+ 322	+ 47	- 368	- 116	- 774	- 1 247	- 56
195o	- 1 297	+ 381	+ 199	+ 27	- 333	- 125	- 3o9	- 1 o44	- 58
51	- 3 484	- 1 4o6	+ 134	- 141	- 431	- 148	+ 1o2	- 835	- 85
52	- 2 151	+ 255	+ 162	+ 251	- 43o	- 114	- 135	- 1 993	- 68
53	- 3 557	- 1 28o	+ 117	+ 356	- 483	- 128	+ 72	- 2 o96	- 34
54	- 1 683	- 174	+ 173	+ 363	- 457	- 18o	+ 13o	- 1 41o	- 23
1955	- 3 134	- 1 oo4	+ 316	- 29	- 578	- 275	+ 346	- 1 824	+ 5
56	- 2 562	- 1 1o6	+ 446	- 34	- 725	- 334	+ 548	- 1 369	+ 41
57	- 4 524	- 736	+ 438	- 236	- 999	- 519	+ 9o	- 2 43o	+ 139
58	- 4 143	+ 61	+ 623	- 14o	- 5o3	- 912	- 85	- 2 9o2	+ 93
59	- 3 579	- 119	+ 399	- 326	- 586	- 1 o18	+ 191	- 1 9o8	+ 172
196o	- 4 424	+ 1 5o1	+ 45o	- 496	- 677	- 824	- 53o	- 3 77o	+ 2o2
61	- 5 8o2	+ 834	+ 362	- 743	- 569	- 744	- 935	- 3 975	+ 222
62	- 3 353	+ 576	+ 44o	- 523	- 517	- 957	- 11o	- 2 315	+ 382
63	- 4 527	+ 138	+ 54o	- 844	- 537	- 1 454	- 251	- 2 629	+ 578
64	- 7 31o	+ 817	+ 8o6	- 1 595	- 916	- 1 7o4	- 1 2o3	- 4 214	+ 943
1965	- 3 339	+ 714	+ 822	- 1 8o8	- 1 o4o	- 1 oo2	- 535	- 1 678	+ 1 4o7
66	- 6 o41	+ 298	+ 7o5	- 1 777	- 1 o45	- 1 375	- 1 49o	- 2 714	+ 1 5oo
67	- 7 746	+ 1 88o	+ 738	- 1 573	- 1 o55	- 1 583	- 2 o58	- 5 391	+ 1 765
68	- 9 o63	+ 1 618	+ 647	- 1 218	- 1 453	- 1 896	- 1 755	- 6 283	+ 1 557
69	- 11 2o8	+ 1 775	+ 627	- 2 o82	- 1 514	- 2 196	- 1 913	- 7 194	+ 1 357
197o	- 2o 313	+ 933	+ 883	- 2 655	- 2 oo6	- 2 883	- 5 698	- 9 762	+ 1 152
71	- 24 439	- 554	+ 935	- 2 776	- 2 937	- 2 857	- 7 182	- 9 741	+ 1 439
72	- 16 924	+ 546	+ 864	- 2 58o	- 2 696	- 3 5o1	- 4 1o1	- 8 o25	+ 3 2o6
73	- 28 195	- 1 716	+ 884	- 3 592	- 5 722	- 4 652	- 4 537	-12 o85	+ 3 4o6
74	- 63 159	- 5 483	+ 1 169	-1o 951	-15 476	- 7 265	- 9 15o	-18 29o	+ 3 o36
1975	- 61 616	- 3o4	+ 1 3o3	- 7 758	-15 519	- 7 727	- 9 636	-25 o51	+ 4 875

Quelle: SGJ - 1976, Tab.: 1o2-22. und Tab.: 1o2-23., S. 9of; eigene Berechnungen

Tab. A3-4.: Die Salden der Handels-, Dienstleistungs- und
Übertragungsbilanz sowie der Bilanz der laufenden
Posten 1947 - 1975, in Millionen US-Dollar

Jahr	Handelsbilanz	Dienstleistungs-bilanz[a]	Übertragungs-bilanz[b]	Bilanz der laufenden Posten
1947	- 106,1	- 2,9	+ 28,3	- 80,7
48	- 55,2	+ 4,2	+ 19,8	- 31,2
49	- 139,8	+ 8,7	+ 19,6	- 111,5
1950	- 124,3	+ 4,6	+ 13,1	- 106,6
51	- 248,8	+ 10,4	+ 30,4	- 208,0
52	- 143,8	+ 11,2	+ 20,6	- 112,0
53	- 229,2	+ 1,0	+ 24,9	- 203,3
54	- 120,5	+ 9,3	+ 24,9	- 86,3
1955	- 204,7	+ 27,3	+ 27,6	- 149,8
56	- 165,0	+ 43,8	+ 34,1	- 88,1
57	- 272,9	+ 59,5	+ 49,0	- 164,4
58	- 236,1	+ 52,4	+ 51,5	- 132,2
59	- 216,9	+ 47,7	+ 41,2	- 128,0
1960	- 268,8	+ 59,2	+ 32,2	- 177,4
61	- 346,1	+ 59,6	+ 35,7	- 250,8
62	- 199,0	+ 82,1	+ 43,7	- 73,2
63	- 277,9	+ 134,5	+ 58,5	- 84,9
64	- 434,8	+ 162,2	+ 47,5	- 225,1
1965	- 200,0	+ 185,0	+ 50,0	+ 35,0
66	- 353,0	+ 244,0	+ 57,0	- 52,0
67	- 454,0	+ 292,0	+ 67,0	- 95,0
68	- 532,0	+ 357,0	+ 69,0	- 106,0
69	- 659,0	+ 516,0	+ 78,0	- 65,0
1970	- 1 194,8	+ 743,0	+ 104,0	- 347,8
71	- 1 437,6	+ 945,0	+ 136,0	- 356,6
72	- 995,5	+ 735,0	+ 159,0	+ 419,5
73	- 1 658,5	+ 1 387,0	+ 214,0	+ 485,5
74	- 3 715,2	+ 2 276,0	+ 256,0	- 1 183,2
1975	- 3 624,5	+ 2 318,0	+ 275,0	- 1 031,5

a enthält u.a. auch die Geldüberweisungen der Arbeitsmigranten
b private und staatliche Transferzahlungen

Quelle: International Monetary Fund: Balance of Payments Yearbook,
verschiedene Jahrgänge.

Tab. A 4-1.: Abwanderungsvolumen und -intensität sowie Faktorenwerte der jugoslawischen Gemeinden

1	2	3	4	5	6	7	8	9	10	11	12
1001-BANOVIĆI	4	4	245	4.04	522	1600	-715	-293	-1324	-924	-1321
1002-BANJA LUKA	3	4	4957	8.15	749	968	-335	382	-181	-605	1020
1003-BIHAĆ	2	3	2770	14.60	374	1428	-470	450	-437	-932	614
1004-BIJELJINA	3	4	3042	8.42	-511	27	364	155	-143	-543	203
1005-BILEĆA	4	4	182	3.23	-225	101	-1089	-103	-645	-299	1785
1006-BOS. DUBICA	2	3	2399	16.21	-452	-213	139	25	-385	-170	391
1007-BOS. GRADIŠKA	3	3	3012	11.97	-415	-262	200	263	-379	-324	485
1008-BOS. KRUPA	2	3	3009	15.92	-1000	789	-504	183	-276	-32	-482
1009-BOS. BROD	3	3	1279	11.10	285	314	-155	-499	-718	-656	179
1010-BOS. NOVI	4	4	958	6.14	-217	551	-633	-85	-677	-529	31
1011-BOS. PETROVAC	3	4	383	8.10	-353	-177	-1608	81	-525	-308	-417
1012-BOS. ŠAMAC	2	3	2124	16.13	-428	113	388	230	414	-385	-286
1013-BOS. GRAHOVO	3	3	486	12.26	-525	-82	-1523	-230	-445	296	-1021
1014-BRATUNAC	4	5	170	1.58	-1103	736	-33	78	-220	162	233
1015-BRČKO	2	3	4512	16.90	-115	789	-46	222	-312	-741	-51
1016-BREZA	4	4	294	7.42	1041	1225	-1396	-1054	-1200	-862	-749
1017-BUGOJNO	3	3	1340	12.67	480	1296	-457	-425	-659	-762	452
1018-BUSOVAČA	3	4	336	8.49	-181	1205	-329	-528	-488	-732	-277
1019-CAZIN	2	2	2936	18.44	-1275	1298	-516	29	79	212	332
1020-ČAJNIĆE	4	4	195	4.09	-598	-28	-775	140	-312	-460	673
1021-ČAPLJINA	3	3	1196	11.46	-39	466	-227	-157	102	-274	-168
1022-ČELINAC	4	4	308	7.17	-1144	864	-424	-28	-201	360	367
1023-ČITLUK	1	1	2141	30.81	-975	-8	-876	-173	-212	430	-1610
1024-ČERVENTA	3	3	2830	12.37	-474	278	-435	130	-370	-633	-26
1025-DCBOJ	3	4	2787	8.86	13	872	-421	43	-306	-781	132
1026-DONJI VAKUF	4	4	424	6.27	16	1238	-1096	-391	-778	64	-961
1027-DRVAR	4	4	142	2.17	730	433	-2095	-453	-1017	-406	-1064
1028-DUVNO	1	1	3677	41.07	-1309	433	-1073	95	-175	873	405
1029-FOCA	4	4	717	3.92	-403	363	-846	680	-486	-750	-781
1030-FOJNICA	4	4	382	8.79	-253	1082	-584	1747	-071	-881	-197
1031-GACKO	4	4	236	4.87	-1114	-286	-1222	230	-165	210	-284
1032-GLAMOĆ	3	3	788	10.13	-497	56	-1673	161	-600	79	-187
1033-GORAŽDE	4	4	699	5.41	284	705	-833	-194	-708	-898	166
1034-GORNJI VAKUF	1	1	1745	31.01	-806	1281	-239	-82	440	-318	-1066
1035-GRAČANICA	4	4	1107	6.92	-185	915	-581	-478	-423	-689	973
1036-GRADAČAC	3	3	1843	10.36	-865	247	-97	-33	220	-716	692
1037-GRUDE	1	1	2464	29.37	-1193	-45	-851	93	-32	569	-1042
1038-HADŽIĆI	4	4	321	5.78	371	1094	-173	-588	-535	-745	-189
1039-HAN PIJESAK	4	4	97	3.56	-53	390	-1402	189	-651	-314	-575
1040-ILIJAŠ	4	4	383	5.06	538	814	-1138	-729	-1034	-444	-746
1041-JABLANICA	3	3	323	10.15	402	1544	-852	-810	-371	-595	-681
1042-JAJCE	3	4	952	7.90	54	1068	-956	148	-525	-904	505
1043-KAKANJ	4	4	783	6.31	300	1493	-1414	-750	-856	-680	-1291
1044-KALESIJA	3	3	1040	10.05	-1637	1515	394	-110	320	1047	605
1045-KALINOVIK	4	4	124	3.12	-1282	-39	-1674	82	-82	996	-798
1046-KISELJAK	3	3	795	12.82	-234	1087	-653	-516	54	-306	558
1047-KLADANJ	4	4	270	5.90	-90	1385	-609	-305	-525	-471	192
1048-KLJUČ	3	4	1243	8.91	-844	713	-710	139	-274	-118	-373
1049-KONJIC	4	4	948	6.57	-766	978	-1048	-584	-165	1083	-961
1050-KOTOR-VAROŠ	3	3	1367	11.12	-1367	1176	-394	315	-72	159	1104
1051-KREŠEVO	2	3	363	16.49	-7	730	-1031	-587	-273	-525	-909
1052-KUPRES	1	2	1113	23.97	-1178	29	-1887	155	-177	552	-1634
1053-LAKTAŠI	3	4	1045	8.33	-1056	-553	120	-3	103	230	108
1054-LIŠTICA	1	1	3380	31.90	-798	337	-845	-161	-65	114	-605
1055-LIVNO	1	1	6440	37.36	-479	352	-1483	279	-427	-386	1073
1056-LOPARE	4	4	830	6.21	-1491	234	-217	199	0	398	-785
1057-LUKAVAC	4	4	901	5.68	426	1149	-745	-616	-998	-793	-475
1058-LJUBINJE	4	4	46	2.19	-951	-367	-965	260	587	-103	734
1059-LJUBUŠKI	1	1	3902	34.12	-832	177	-552	-2	-104	54	-598
1060-MAGLAJ	3	4	1014	8.03	-188	936	-990	-361	-643	-414	335
1061-MODRIČA	3	3	1371	11.42	-516	331	-165	-53	37	-709	700
1062-MOSTAR	3	4	2455	7.62	1035	1124	-588	359	-308	-524	-587

Noch Tab. A 4-1:

1	2	3	4	5	6	7	8	9	10	11	12
1063-MRKONJIĆ GRAD	3	3	1852	13.82	-812	-59	-1114	169	-383	-253	1127
1064-NEVESINJE	3	4	805	9.93	-1079	-186	-1586	-7	-232	300	-939
1065-NOVI TRAVNIK	3	4	620	7.70	610	1310	-846	-542	-1168	-373	-297
1066-ODŽAK	2	3	1861	17.12	-730	-14	-91	-30	-672	-645	4456
1067-OLOVO	4	4	247	5.56	-63	1033	-958	-401	-484	-513	-280
1068-ORAŠJE	2	2	2066	19.21	-1028	266	390	43	126	273	346
1069-PALE	4	4	267	4.96	-35	328	-1317	124	-78	-724	633
1070-POSUŠJE	1	1	2370	36.06	-1474	1035	-793	12	309	1290	873
1071-PRIJEDOR	3	4	2775	8.16	75	983	-175	-155	-535	-760	464
1072-PRNJAVOR	3	3	2923	13.92	-1058	-176	-337	85	-261	-229	1593
1073-PROZOR	1	2	1516	24.18	-1237	1021	-846	120	2	494	-2666
1074-ROGATICA	4	4	411	4.34	-531	170	-913	7	-313	-304	196
1075-RUDO	4	4	225	3.69	-869	975	102	-328	205	347	-305
1076-SANSKI MOST	3	3	2486	11.70	-608	751	-437	-22	-338	-367	-683
1077-SARAJEVO CENTAR	4	4	1948	3.94	1850	718	-1245	2229	1150	77	-212
1078-SARAJEVO ILIDŽA	4	4	555	3.84	1676	1481	936	157	-684	-321	1279
1079-SARAJEVO NOVO	4	4	1459	3.35	1989	2344	1333	-1259	44	889	1613
1080-SARAJEVO VOGOŠĆA	4	4	203	3.75	1446	1024	-386	-911	-1274	-331	-815
1081-SKENDER VAKUF	4	4	583	6.55	-2468	1638	127	267	349	2628	2295
1082-SOKOLAC	4	4	236	3.50	-841	401	-2	2253	-205	-423	432
1083-SRBAC	2	2	2029	19.65	-1077	-466	20	221	-32	140	113
1084-SREBRENICA	5	5	136	1.03	-959	397	-603	99	-331	-207	1205
1085-SREBRENIK	4	4	688	6.26	-1053	1134	-326	-424	-32	379	89
1086-STOLAC	3	3	887	10.93	-436	104	-1390	535	-637	-743	1513
1087-ŠEKOVIĆI	4	4	165	3.72	-1778	662	-482	336	13	1096	380
1088-ŠIPOVO	3	3	836	11.18	-1180	68	-1048	-136	-121	878	-683
1089-TESLIĆ	4	4	1333	7.01	-854	883	-855	402	-94	-561	-57
1090-TEŠANJ	3	3	1167	10.63	-637	1116	-836	-174	184	-666	-671
1091-TRAVNIK	4	4	1048	5.46	134	1023	-845	284	-316	-952	50
1092-TREBINJE	4	4	291	2.76	390	233	-1603	-20	-447	-424	-936
1093-TRNOVO	4	5	54	1.46	-871	115	-880	-120	124	63	-386
1094-TUZLA	4	4	1707	4.89	1194	1880	-336	-307	-306	-887	-83
1095-UGLJEVIK	4	4	678	7.52	-1707	251	-32	18	284	1454	-2106
1096-VAREŠ	4	4	461	6.28	871	974	-1102	-733	-1209	-713	-1161
1097-VELIKA KLADUŠA	2	3	2117	15.33	-1231	979	-620	57	-78	172	1861
1098-VISOKO	4	4	493	4.27	558	991	-486	-839	-333	-774	335
1099-VIŠEGRAD	4	4	603	6.60	-347	501	-724	-46	-568	-356	-212
1100-VITEZ	4	4	390	6.55	520	1700	-837	-793	-916	-792	-943
1101-VLASENICA	4	4	259	2.72	-884	796	-401	42	-193	-144	222
1102-ZAVIDOVIĆI	4	4	537	3.96	193	1668	-965	-497	-797	-792	118
1103-ZENICA	4	4	1777	4.99	1297	1702	-758	-163	-952	-737	170
1104-ZVORNIK	4	4	997	4.29	-882	904	-195	-47	-78	-208	881
1105-ŽEPČE	3	3	513	10.11	-143	1742	-381	-610	-337	-473	764
1106-ŽIVINICE	4	4	754	6.57	-86	1373	76	-517	-798	-778	155
2001-BAR	4	3	710	7.32	110	191	-694	255	57	-604	894
2002-BIJELO POLJE	4	4	400	2.41	-486	1430	214	288	-309	-381	640
2003-BUDVA	4	4	39	1.95	1555	-76	-1418	-1172	5777	345	768
2004-CETINJE	4	4	103	1.36	681	15	-1182	116	-817	-700	-255
2005-DANILOVGRAD	4	4	118	2.44	31	88	-440	-383	-69	-186	-1008
2006-HERCEG-NOVI	4	4	167	2.70	1033	716	-35	969	3741	-882	-474
2007-IVANGRAD	3	2	1265	8.61	-265	1042	-213	462	-478	-786	-1087
2008-KOLAŠIN	4	4	146	3.05	-171	187	-1164	-612	39	-81	453
2009-KOTOR	4	4	184	2.77	1015	383	-605	2300	1037	-858	-283
2010-MOJKOVAC	4	4	71	2.28	-164	1172	85	-61	-505	-380	-1244
2011-NIKŠIĆ	4	4	547	2.48	648	1019	-1066	140	-865	-716	-471
2012-PLAV	2	1	685	14.44	-1089	1247	-1386	-46	135	213	-2190
2013-PLUŽINE	4	4	48	1.15	-946	964	-406	-681	87	1633	4418
2014-PLJEVLJA	4	4	475	2.80	-320	884	-551	392	-522	-397	-196
2015-ROŽAJ	4	3	202	4.83	-628	2001	-505	10	-552	81	-865
2016-ŠAVNIK	4	4	40	1.34	-2234	101	-883	-139	1096	3514	-1927
2017-TITOGRAD	4	3	1572	4.82	960	1477	-160	33	-17	-491	1441
2018-TIVAT	4	4	70	3.27	1523	200	-1475	-1629	313	-67	366

Noch Tab. A 4-1:

	1	2	3	4	5	6	7	8	9	10	11	12
6	2019-ULCINJ	2	1	938	15.65	-269	748	-307	-302	1792	-645	1215
8	2020-ŽABLJAK	4	4	49	2.76	-795	86	-1706	-202	191	183	-465
	2001-BELI MANASTIR	3	3	2659	11.74	190	-178	2244	89	-161	-216	-1447
10	2002-BENKOVAC	2	3	2701	17.51	-1031	254	-811	432	-193	72	127
	2003-BIOGRAD	2	3	871	14.38	-169	-159	-474	359	1698	-546	-45
12	2004-BJELOVAR	3	4	3360	10.41	151	-708	1532	306	-154	108	-345
	2005-BRAČ	3	4	346	8.36	523	-632	-1833	-699	1690	-670	-1495
14	2006-BUJE	4	5	100	3.40	157	-1045	-749	-106	-422	-382	-481
	2007-BLZET	4	5	77	2.56	156	-1280	-979	-385	-111	-441	-376
16	2008-CRIKVENICA	2	3	822	14.40	1405	-146	-772	-976	3235	-490	-97
	2009-ČABAR	1	2	463	22.38	1009	-437	-2112	-920	-773	-545	-1299
18	2010-ČAKOVEC	2	2	11856	19.82	-134	-143	665	-38	97	19	166
	2011-CAZMA	4	4	648	5.82	-568	-1875	197	62	-319	-6	438
20	2012-DARUVAR	4	4	1260	7.45	20	-713	803	204	-469	-148	-704
	2013-DELNICE	3	4	659	8.77	1275	-405	-1169	-880	-509	-302	-1403
22	2014-DONJA STUBICA	3	4	1647	9.94	-53	-915	-564	-312	-101	-339	-406
	2015-DONJI LAPAC	3	4	262	7.81	65	-435	-1532	-363	-130	-572	-559
24	2016-DONJI MIHOLJAC	3	3	1172	11.66	-392	-840	1302	124	-32	56	-2027
	2017-DRNIS	1	2	2513	21.41	-151	303	-1622	-406	-47	-693	-1300
26	2018-DUBROVNIK	4	5	1034	4.42	897	-310	-1058	47	6485	-864	808
	2019-DUGA RESA	3	4	1997	11.11	239	-957	-719	-393	-969	-370	-83
28	2020-DUGO SELO	4	4	574	7.05	88	-1213	1062	-277	-60	194	121
	2021-DVOR	4	5	449	4.46	-665	-1182	-774	146	-515	-166	-419
30	2022-DJAKOVO	1	2	4809	23.92	-110	-37	1284	122	23	-550	-1134
	2023-DJURDJEVAC	4	4	2077	7.36	-682	-1574	989	125	-5	110	-659
32	2024-GAREŠNICA	3	4	1112	9.94	-225	-1486	478	-98	-436	43	-405
	2025-GLINA	3	4	1341	8.81	-681	-1184	-726	241	-376	-217	-222
34	2026-GOSPIĆ	2	3	2917	17.34	215	-360	-1091	-36	-379	-302	-1172
	2027-GRAČAC	3	3	821	13.47	-429	-590	-1442	-140	-352	-76	-838
36	2028-GRUBIŠNO POLJE	4	4	601	6.17	-356	-1370	391	82	-110	150	-511
	2029-HVAR	4	5	157	3.58	243	-1162	-2020	-523	3284	-256	-1186
38	2030-IMOTSKI	1	1	8767	45.21	-589	-148	-997	94	-135	-407	366
	2031-IVANEC	3	4	1864	7.89	-286	-494	-123	-87	-413	-249	-719
40	2032-IVANIĆ-GRAD	4	4	795	6.50	422	-818	494	-231	-382	-23	387
	2033-JASTREBARSKC	2	2	4099	20.25	-463	-1303	577	108	-104	-40	-490
42	2034-KARLOVAC	2	3	5543	14.31	1094	-390	3	45	-593	282	-187
	2035-KLANJEC	3	4	611	8.58	-428	-1029	491	-76	-164	-106	-298
44	2036-KNIN	3	4	1870	10.11	-8	-26	-1525	122	-349	-662	-130
	2037-KOPRIVNICA	3	4	2785	9.28	38	-824	691	204	-204	-181	-97
46	2038-KORČULA	2	2	1592	18.29	573	-725	-1038	-467	2980	-604	-226
	2039-KOSTAJNICA	4	4	725	7.44	-137	-1201	-435	-181	-495	-92	454
48	2040-KRAPINA	4	4	1370	5.99	208	-394	-219	-275	-824	-446	13
	2041-KRRIŽEVCI	4	4	1662	7.23	-381	-1048	189	100	-291	-160	7
50	2042-KRK	3	4	394	8.59	679	-1360	-1684	-890	3191	-321	625
	2043-KUTINA	3	4	1960	11.12	487	-423	701	50	-514	-157	685
52	2044-LABIN	4	5	374	4.19	1217	-94	-626	-803	569	-701	-1244
	2045-LASTOVO	1	1	138	31.29	127	-1252	-1976	-560	368	117	-2151
54	2046-LUDBREG	3	4	1107	8.57	-373	-1238	601	-48	-217	5	833
	2047-MAKARSKA	3	4	451	7.72	1137	55	-1899	-902	5737	-500	1652
56	2048-MALI LOŠINJ	3	5	161	4.32	1063	-917	-1158	-362	3369	-151	-1156
	2049-METKOVIĆ	3	4	1019	14.58	578	325	-472	-222	344	-242	-1744
58	2050-NAŠICE	2	3	3032	17.72	51	-365	611	26	-156	-361	-1048
	2051-NOVA GRADIŠKA	3	3	3634	11.95	82	-568	770	140	-280	-362	64
60	2052-NOVIGRAD	4	5	20	1.60	1162	4	78	-362	929	341	-1040
	2053-NOVI MAROF	4	4	1376	6.76	-531	-944	-106	65	-127	-75	1032
62	2054-NOVSKA	3	3	1284	11.86	65	-589	765	-18	-102	-29	200
	2055-OBROVAC	3	3	600	12.34	-563	1062	-1232	53	-401	-335	1208
64	2056-OGULIN	3	4	1287	10.42	443	-118	-1086	-75	-550	-644	-1420
	2057-OMIS	1	2	2023	22.54	411	-35	-1962	-517	-56	-645	-246
66	2058-OPATIJA	3	4	970	8.63	1356	-77	-24	-506	3212	-491	-623
	2059-ORAHOVICA	3	3	1033	13.20	-125	-626	952	-39	-214	-328	-1017
68	2060-OSIJEK	3	4	5979	10.28	1360	706	2449	100	-103	98	-420

Noch Tab. A 4-1:

1	2	3	4	5	6	7	8	9	10	11	12
3061-CTOČAC	2	3	2306	16.75	-175	-644	-1392	-319	-290	-199	-1139
3062-CZALJ	1	1	3081	26.87	-645	-1764	-120	-248	-282	157	-223
3063-PAG	3	3	299	11.36	41	-828	-1958	-309	456	-341	-453
3064-PAKRAC	3	4	1226	7.97	45	-843	712	507	-438	-144	-670
3065-PAZIN	4	5	343	4.26	310	-504	-890	-345	-458	-555	-241
3066-PETRINJA	4	4	1116	6.98	311	-540	-142	25	-723	-196	719
3067-PLOČE	3	3	470	11.53	886	552	-402	-257	718	105	-3590
3068-PODRAVSKA SLATINA	3	4	1462	9.00	-163	-799	927	148	-214	-255	-725
3069-POREC	4	5	277	3.59	481	-999	-1535	46	6489	-1113	2529
3070-PULA	4	5	969	3.37	1557	163	-841	-293	2772	-405	230
3071-RAB	3	3	391	12.79	679	-451	-1501	-102	3977	-148	-442
3072-RIJEKA	4	4	3316	4.78	2007	420	-176	-32	1517	573	860
3073-ROVINJ	4	5	250	3.62	1208	-180	-1078	-537	2000	-533	317
3074-SAMOBOR	3	4	1699	9.49	655	-260	245	-457	-197	-144	-195
3075-SENJ	2	3	589	16.03	1068	-45	-1604	-686	-41	-482	-1183
3076-SESVETE	2	8	2427	16.02	617	64	1260	-660	82	430	597
3077-SINJ	2	2	4351	19.63	-256	239	-1135	165	-574	-801	253
3078-SISAK	3	4	3268	7.67	860	-387	65	197	-879	116	223
3079-SLAV. POŽEGA	3	3	4196	12.03	74	-448	921	73	-456	-292	-484
3080-SLAV. BROD	3	3	5470	14.00	653	48	233	-45	-261	-278	-879
3081-SLUNJ	2	3	2090	15.55	-880	-619	-958	384	-502	-308	634
3082-SPLIT	4	4	4656	6.50	1660	948	-824	-339	2088	103	1204
3083-SIBENIK	3	3	4113	13.86	609	-64	-1429	-65	2693	-994	-5
3084-TIT. KORENICA	3	4	742	10.73	-350	-830	-968	79	96	-230	540
3085-TROGIR	4	4	418	6.41	739	54	-1775	-477	-174	-717	783
3086-UMAG	4	5	65	1.89	1440	-389	-580	-447	4068	258	521
3087-VALPOVO	3	3	1404	12.06	544	-46	1328	-305	-547	-248	-982
3088-VARAŽDIN	4	4	2691	6.37	973	124	230	103	-792	-69	-37
3089-VEL.GORICA	3	3	2384	12.29	-63	-484	503	-159	-123	-285	617
3090-VINKOVCI	2	3	5474	15.92	397	424	1632	205	-135	-322	-1199
3091-VIROVITICA	3	3	3161	13.48	-124	-374	789	91	-159	-124	-1103
3092-VIS	4	5	54	2.90	555	-1334	-2555	-940	11	86	-659
3093-VOJNIĆ	3	3	664	11.68	-780	-1345	-393	75	-276	117	-50
3094-VRBOVEC	4	4	1090	6.49	-611	-1630	592	61	-195	81	794
3095-VRBOVSKO	3	3	386	12.14	975	-406	-701	-649	-702	-351	-1209
3096-VRGINMOST	2	3	1964	16.47	-763	-870	-523	344	-439	32	-375
3097-VRGORAC	2	3	674	14.41	-554	-799	-391	205	-480	-455	-544
3098-VUKOVAR	3	4	3205	9.42	996	374	2215	-205	-785	-60	-192
3099-ZABOK	4	5	923	4.26	74	-376	44	263	-387	-395	13
3100-ZADAR	1	2	9046	22.08	686	491	-540	130	1812	-892	678
3101-ZAGREB	3	4	25831	8.92	2211	322	930	-122	1249	1342	765
3102-ZAPREŠIĆ	3	3	1849	13.14	432	-593	277	-594	85	-312	-503
3103-ZELINA	3	4	823	7.86	-417	-1623	556	-61	-116	193	112
3104-ZLATAR BISTRICA	3	4	1632	9.17	-275	-963	-364	-36	-254	-271	-1536
3105-ŽUPANJA	1	2	4027	21.64	-317	34	1580	200	53	-210	-1969
4001-BEROVO	3	4	683	7.69	-256	-292	-798	-386	-132	-350	-90
4002-BITOLJ	1	1	13415	25.36	94	288	321	407	-179	-689	-282
4003-BROD	3	3	567	9.74	-1135	-21	-1020	-30	-38	353	-947
4004-DEBAR	2	2	882	18.60	-212	2082	-223	-59	-155	-802	-416
4005-DELČEVO	4	4	325	3.34	-130	348	-280	-215	-601	-646	3190
4006-DEMIR-HISAR	3	3	1025	13.83	-860	-604	-721	1435	-59	-615	-713
4007-DJEVDJELIJA	2	2	306	2.79	55	-72	-475	36	100	-442	499
4008-GOSTIVAR	3	3	3063	13.89	-490	1611	534	17	600	-820	-1074
4009-KAVADARCI	4	4	391	3.11	209	367	-745	60	-300	-639	-475
4010-KIČEVO	3	3	1965	13.06	-445	643	34	50	-205	-590	-761
4011-KOČANI	4	4	748	4.21	-345	438	165	100	-153	-555	-199
4012-KRATOVO	4	4	374	5.24	-756	-89	-1027	179	177	-244	-286
4013-KRIVA PALANKA	4	4	321	3.46	-803	-31	-924	-26	-323	-181	959
4014-KRUŠEVO	4	4	316	5.53	-475	-65	-745	-60	551	-382	-497
4015-KUMANOVO	4	4	1991	4.38	-238	645	-203	44	-155	-569	-203
4016-NEGOTIN	4	4	148	2.30	-49	676	-99	-73	45	17	446
4017-OHRID	2	2	4094	20.25	189	644	-461	324	455	-1006	84

Noch Tabelle A 4-1:

1	2	3	4	5	6	7	8	9	10	11	12
4018-PRILEP	4	4	2469	6.00	-33	102	-440	236	-419	-594	-316
4019-PROBIŠTIP	4	4	82	1.35	239	253	-1102	-268	-715	-792	-304
4020-RADOVIŠ	4	4	266	2.26	-676	274	-399	50	-339	-383	696
4021-RESEN	1	1	3043	31.51	-406	-713	-941	-293	142	-385	-468
4022-SKOPLJE	4	4	4530	3.24	1073	1827	841	324	796	-322	-3121
4023-STRUGA	1	1	3695	25.58	-306	1369	668	-4	872	-875	-982
4024-STRUMICA	4	4	1765	4.95	-411	334	614	380	-161	-533	405
4025-SV. NIKOLE	4	4	172	2.13	-129	406	-141	-35	-135	-530	1001
4026-ŠTIP	4	4	392	2.30	729	951	190	785	-760	-884	-97
4027-TETOVO	3	3	5178	12.01	-312	1330	588	288	-127	-756	-28
4028-TITOV VELES	4	4	817	3.46	374	515	-578	202	-235	-740	-760
4029-VALANDOVO	4	4	115	3.34	-468	-32	206	145	75	-109	-666
4030-VINICA	4	4	495	7.27	-660	410	-142	53	-158	-204	-1238
5001-AJDOVŠČINA	4	4	394	4.42	1051	-135	-253	-1059	-411	-171	179
5002-BREŽICE	3	2	1276	9.99	347	-829	534	718	235	-121	-347
5003-CELJE	4	4	1308	5.36	2005	347	186	1837	-370	207	-51
5004-CERKNICA	4	4	210	3.38	1377	-461	-894	-1062	-1356	-108	2
5005-ČRNOMELJ	3	2	915	10.40	603	-723	-780	-670	-929	-169	56
5006-DOMŽALE	4	4	655	4.29	1445	187	538	-948	-524	128	-244
5007-DRAVOGRAD	4	4	148	4.93	1134	337	346	-1153	-387	-152	1159
5008-GORNJA RADGONA	3	2	1295	11.97	292	-361	1209	325	-156	-297	290
5009-GROSUPLJE	4	4	429	3.70	487	-475	270	-496	139	-244	-227
5010-HRASTNIK	4	4	124	2.57	1962	-99	-136	-1460	-1532	10	-179
5011-IDRIJA	4	5	82	1.15	1200	-110	-642	685	-1094	-676	536
5012-ILIRSKA BISTRICA	4	4	189	3.04	907	-499	241	-910	-619	-228	-241
5013-IZOLA	4	5	106	2.10	2026	340	100	-997	-199	752	-278
5014-JESENICE	4	4	328	4.19	2046	-44	-179	-95	-271	262	-364
5015-KAMNIK	4	4	413	3.66	1563	-121	272	-941	-888	95	306
5016-KOČEVJE	4	3	546	7.48	1437	-263	-133	-751	-830	79	-481
5017-KOPAR	4	5	279	1.66	1708	139	-128	1830	371	297	875
5018-KRANJ	4	4	706	2.50	1924	281	209	-452	-1013	368	62
5019-KRŠKO	3	3	1029	8.19	722	-774	306	-778	-305	57	-281
5020-LAŠKO	4	3	502	6.41	979	-382	-17	-120	-694	-511	-418
5021-LENART	3	2	969	10.83	-347	-778	835	-258	-256	-33	-991
5022-LENDAVA	2	1	2914	16.90	8	-1223	517	-344	-720	113	312
5023-LITIJA	4	4	166	2.29	811	-464	-90	-904	-596	-254	-251
5024-LOGATEC	4	5	51	1.50	1105	-13	-150	-1045	-512	26	-1321
5025-LJUBLJ. BEŽIGRAD	4	5	391	1.82	2608	1089	613	-208	-112	1870	940
5026-LJUBLJ. CENTER	4	4	467	2.36	4636	-184	-2537	9750	-1380	6380	-1008
5027-LJUBLJ. MOSTE POLJE	4	5	391	1.67	2005	486	1071	-45	35	348	1800
5028-LJUBLJ. ŠIŠKA	4	4	812	2.38	2247	430	1529	-695	394	1234	1223
5029-LJUBLJ. VIČ RUDNIK	4	4	802	3.55	1750	787	1205	-1404	1438	19	-433
5030-LJUTOMER	2	2	1023	10.71	385	-664	312	-446	-458	-1	-122
5031-MARIBOR	3	3	7032	8.69	1826	385	316	94	-435	211	42
5032-METLIKA	3	3	278	7.91	976	-546	-45	-592	-1055	42	1843
5033-MOZIRJE	4	3	417	6.50	563	-496	-343	-815	-143	-245	-845
5034-MURSKA SOBOTA	3	2	4975	12.19	130	-1058	-19	437	-431	-197	642
5035-NOVA GORICA	4	5	475	2.09	1586	-39	-173	299	-215	168	373
5036-NOVO MESTO	4	4	997	3.92	1073	-126	-306	507	-898	-326	904
5037-ORMOŽ	2	2	917	9.11	-141	-880	655	321	-333	-222	-606
5038-PIRAN	4	4	167	3.20	1883	14	140	-612	2858	833	31
5039-POSTOJNA	4	5	153	1.84	1399	-467	-499	-611	182	336	368
5040-PTUJ	3	2	4113	11.39	371	-550	322	59	-513	-208	-227
5041-RADLJE OB DRAVI	4	3	425	6.64	897	88	-431	-1020	-883	-433	-141
5042-RADOVLJICA	4	4	548	4.19	1753	-343	-211	-514	843	40	296
5043-RAVNE NA KOROŠKEM	3	3	735	7.72	1670	258	-1071	-1102	-1229	-232	-413
5044-RIBNICA	2	1	765	15.25	756	-561	-260	-812	-276	-61	-594
5045-SEVNICA	3	3	522	6.47	744	-516	-332	-783	-923	-317	81
5046-SEŽANA	4	5	163	1.59	1264	-840	-704	-251	459	582	-238
5047-SLOV. BISTRICA	4	3	884	6.76	783	-285	136	-873	-367	-201	-387
5048-SLOV. KONJICE	3	3	653	8.53	929	-68	-230	-896	-785	-385	-650
5049-SLOV. GRADEC	4	4	239	3.15	939	179	-286	956	-995	-716	-308

Noch Tabelle A 4-1:

1	2	3	4	5	6	7	8	9	10	11	12
5050-ŠENTJUR PRI ČELJU	4	4	407	5.13	229	-640	159	-695	-560	-362	-87
5051-ŠKOFJA LOKA	4	4	392	2.75	1608	163	-157	-915	-885	-19	1006
5052-ŠMARJE PRI JELSAH	4	4	835	5.35	85	-856	-108	-88	12	-282	-276
5053-TOLMIN	4	4	526	5.65	915	-838	-371	-313	-290	-273	-371
5054-TRBOVLJE	4	5	132	1.59	2348	14	-964	-994	-1405	617	137
5055-TREBNJE	4	4	300	3.80	241	-686	132	-508	-409	-317	-265
5056-TRZIC	4	4	240	3.84	1972	-150	-441	-1310	-1760	288	262
5057-VELENJE	4	4	385	2.88	1940	759	1162	-912	-1672	237	1367
5058-VRHNIKA	4	4	165	2.50	1412	16	289	-1178	0	193	197
5059-ZAGORJE OB SAVI	4	5	108	1.62	1590	40	-518	-1279	-1400	-193	-419
5060-ŽALEC	4	4	816	5.31	1044	-337	948	-936	-304	0	-952
6001-BARAJEVO	4	3	592	6.42	-734	-1545	14	-314	205	226	809
6002-CUKARICA	4	4	2722	4.02	1695	2036	2750	-1645	646	992	1956
6003-GROCKA	3	2	1705	8.38	-594	-961	1081	-17	225	262	827
6005-LAZAREVAC	4	3	1039	4.81	188	-333	426	-304	-750	-338	517
6005-MLADENOVAC	4	3	963	3.98	310	-462	389	-129	-841	0	649
6006-NOVI BEOGRAD	4	4	1229	3.05	2191	3170	5310	-1383	582	2035	5332
6007-OBRENOVAC	4	3	1406	6.02	1	-157	1092	-250	2	-64	68
6008-PALILULA	4	3	2594	4.41	1781	1090	3021	-957	735	1515	1488
6009-SAVSKI VENAC	4	3	1577	5.57	2449	373	-802	17629	1062	-976	-125
6010-SOPOT	4	4	430	3.78	-678	-1318	119	-280	240	71	-197
6011-STARI GRAD	4	3	2300	5.86	4773	-851	-2924	487	-1038	10471	-392
6012-VOZDOVAC	4	3	3251	5.42	1562	1350	1448	-1639	1712	1053	1736
6013-VRACAR	4	3	2155	5.74	3756	-1563	-2655	-3373	-1982	14324	-211
6014-ZEMUN	4	3	3516	5.82	1619	1537	3120	19	157	691	799
6015-ZVEZDARA	4	3	3004	5.77	2043	989	1132	-725	667	2528	1157
6016-ALEKSANDROVAC	4	4	223	1.20	-944	-1092	405	146	-115	-139	3368
6017-ALEKSINAC	4	4	828	2.88	-443	-1118	376	44	-106	-23	165
6018-ARANDJELOVAC	4	4	491	2.91	304	-422	259	52	-563	-393	773
6019-ARILJE	4	4	210	1.77	-556	-931	-491	140	-540	-126	2568
6020-BABUŠNICA	4	4	269	1.45	-1184	-1562	-615	35	50	347	232
6021-BAJINA BAŠTA	4	4	464	2.53	-745	-983	-801	125	-209	-32	-661
6022-BATOCINA	4	3	901	6.93	-208	-1131	666	-150	-348	46	873
6023-BELA PALANKA	5	5	123	1.00	-637	-1471	-662	-41	-41	-41	228
6024-BLACE	4	4	306	2.66	-921	-1286	-194	212	-263	227	733
6025-BOGATIC	4	4	747	3.76	-1089	-1274	1105	231	229	186	55
6026-BOJNIK	4	4	213	2.21	-1096	-612	206	-137	194	386	645
6027-BOLJEVAC	4	4	427	2.80	-700	-1886	-577	-246	-405	233	-373
6028-BOR	5	5	282	1.01	1129	57	-247	-148	-961	-80	1927
6029-BOSILJ-GRAD	5	5	87	0.79	-1482	-836	-609	107	364	1176	208
6030-BRUS	4	4	423	3.14	-1130	-1040	-749	106	-15	256	1083
6031-BUJANOVAC	4	3	782	4.60	-1155	680	178	179	96	139	330
6032-CRNA TRAVA	5	5	46	1.08	-852	40	138	-687	3880	21	-1316
6033-ČACAK	4	4	1258	2.67	499	-62	760	226	-117	-386	1681
6034-ČAJETINA	4	4	240	2.23	-513	-738	-874	24	-56	-377	5132
6035-ČIČEVAC	4	4	195	3.04	-292	-1066	736	-303	5	183	578
6036-CUPRIJA	4	3	798	4.46	54	-283	1536	1152	-282	-486	293
6037-DESPOTOVAC	3	1	2469	11.07	-417	-1131	249	-53	-598	-10	-308
6038-DIMITROVGRAD	4	4	232	2.47	-307	-1370	-711	-138	-543	-9	1030
6039-DOLJEVAC	4	4	221	2.05	-606	-866	981	-382	-32	205	-1017
6040-GADŽIN HAN	4	4	290	2.22	-1369	-1726	0	46	90	599	-221
6041-GOLUBAC	3	2	727	8.31	-829	-1636	-166	-113	-100	117	283
6042-GOR. MILANOVAC	4	4	792	2.90	-132	-960	91	187	-659	-238	1500
6043-IVANJICA	4	4	337	1.53	-765	-593	-151	213	-448	-54	1000
6044-KLADOVO	3	1	2153	11.07	-231	-311	395	205	-291	-177	890
6045-KNIC	4	4	402	2.73	-1113	-1788	405	91	-167	395	-489
6046-KNJAŽEVAC	4	4	505	1.41	-425	-2000	-628	30	-552	-26	1299
6047-KOCELJEVO	4	4	466	4.07	-1263	-1213	11	136	-87	610	879
6048-KOSJERIC	4	4	210	2.02	-843	-1391	-226	-109	-300	141	-96
6049-KRAGUJEVAC	4	4	2098	3.28	1086	89	509	134	-771	-80	1187
6050-KRALJEVO	4	4	1498	3.13	304	3	577	303	163	-463	634
6051-KRUPANJ	4	4	197	1.63	-1166	-367	-393	451	-180	209	808

Noch Tabelle A 4-1:

1	2	3	4	5	6	7	8	9	10	11	12
6052-KRUŠEVAC	4	4	2036	3.14	258	-467	250	533	-677	-329	1366
6053-KUČEVO	3	2	1412	7.68	-723	-1411	-177	-117	-128	57	680
6054-KURŠUMLIJA	4	4	371	2.47	-794	-473	-545	41	-43	101	726
6055-LAJKOVAC	4	4	317	3.16	-662	-1119	630	-77	-130	150	217
6056-LEBANE	4	4	275	1.93	-820	-463	66	30	-171	-29	1487
6057-LESKOVAC	4	4	1484	2.14	107	51	138	22	-322	-463	410
6058-LOZNICA	4	3	2137	6.27	106	298	285	696	-226	-712	440
6059-LUČANI	4	4	380	2.12	-523	-976	0	22	-599	-124	662
6060-LJIG	4	4	270	2.58	-623	-1362	436	-89	37	72	100
6061-LJUBOVIJA	4	4	225	2.01	-1161	-418	-446	273	-117	380	908
6062-MAJDANPEK	4	4	182	1.21	325	-232	-684	-530	-866	-186	3079
6063-MALI ZVORNIK	4	4	153	3.06	-4	415	-87	-362	-256	-295	-164
6064-MALO CRNIĆE	2	1	2564	15.20	-1323	-1920	828	-22	-22	717	433
6065-MEDVEĐA	4	4	243	2.79	-1284	-270	-781	23	138	555	-723
6066-MEROŠINA	4	4	223	1.94	-1202	-1108	289	49	93	135	479
6067-MIONICA	4	4	283	2.27	-1313	-1566	332	66	117	467	-158
6068-NEGOTIN	3	2	4472	10.09	-647	-1824	-160	107	-305	142	972
6069-NIŠ	4	4	1995	2.37	1193	341	657	925	218	-344	643
6070-NOVA VAROŠ	4	4	185	1.50	-311	-239	-875	44	-748	-337	1855
6071-NOVI PAZAR	4	4	999	3.96	-380	845	-429	361	-443	-591	659
6072-OSEČINA	4	4	379	3.10	-1545	-1491	-66	80	151	831	1054
6073-PARAĆIN	4	4	1572	4.20	72	-691	486	47	-550	-177	551
6074-PETROVAC	3	2	3666	10.47	-1030	-1796	302	233	-130	308	82
6075-PIROT	4	4	1002	2.64	79	-696	-213	156	-673	-929	988
6076-POŽAREVAC	3	2	3817	10.25	318	-331	1200	432	-91	-51	-262
6077-POŽEGA	4	4	329	2.03	-144	-354	628	101	-58	-308	1412
6078-PRESEVO	3	1	1228	12.74	-1653	1720	342	355	434	1266	-780
6079-PRIBOJ	4	4	565	4.04	353	1001	-349	-147	-1049	-446	1514
6080-PRIJEPOLJE	4	4	512	3.01	-113	1034	-537	52	-483	-657	1257
6081-PROKUPLJE	4	4	1093	3.74	-229	-548	-443	446	-485	-400	357
6082-RAČA	4	4	389	3.78	-976	-1776	769	5	220	315	78
6083-RAŠKA	5	5	160	1.05	-130	-464	-764	-35	-390	-420	698
6084-RAŽANJ	5	5	125	1.00	-1163	-1987	352	53	-29	564	550
6085-REKOVAC	4	4	582	3.62	-1107	-2209	184	-29	-79	467	181
6086-SJENICA	4	4	341	2.45	-1067	750	-8	343	193	-197	1080
6087-SMEDEREVO	4	3	2906	6.57	266	-95	1335	113	-235	-158	831
6088-SMED. PALANKA	4	4	1159	3.53	-53	-828	681	486	-507	-146	1035
6089-SOKOBANJA	4	4	220	1.34	-912	-1673	322	2479	430	-634	1970
6090-SURDULICA	4	4	365	2.67	-554	-138	-271	1539	323	-923	-735
6091-SVETOZAREVO	4	4	994	2.69	428	-413	937	72	-585	-130	725
6092-SVILAJNAC	2	1	3869	16.37	-593	-1592	968	37	-217	294	733
6093-SVRLJIG	5	5	174	0.98	-924	-1806	-582	-117	-251	165	2158
6094-ŠABAC	4	3	2221	4.30	55	-137	1025	470	-50	-265	496
6095-TITOVO UŽICE	4	4	545	1.80	829	392	17	628	-638	-402	671
6096-TOPOLA	4	4	568	3.24	-606	-1527	471	110	26	91	807
6097-TRGOVIŠTE	4	4	185	2.74	-3207	470	-31	-152	1575	6440	-446
6098-TRSTENIK	4	4	1009	3.35	-445	-1028	476	37	-403	45	267
6099-TUTIN	4	4	467	4.12	-1758	1267	-343	422	283	1054	855
6100-LB	4	3	938	4.43	-1068	-1041	739	171	73	401	-292
6101-VALJEVO	4	4	1449	3.20	175	-405	276	432	-214	-438	710
6102-VARVARIN	4	3	939	5.92	-962	-1440	387	-94	197	299	628
6103-VELIKA PLANA	3	2	2112	7.58	-349	-868	1197	-82	-66	-73	787
6104-VEL. GRADIŠTE	3	1	2192	11.87	-970	-1597	1089	49	-12	376	965
6105-VLADIČIN HAN	4	4	208	1.56	-57	-226	321	-276	-361	348	419
6106-VLADIMIRCI	4	4	704	4.14	-1389	-1530	557	158	29	692	-274
6107-VLASOTINCE	4	4	238	1.28	-563	-431	-199	-7	261	-349	419
6108-VRANJE	4	4	691	2.04	-59	-45	-494	456	-378	-625	901
6109-VRNJAČKA BANJA	4	4	333	3.48	-9	2	1087	2532	3248	-1504	598
6110-ZAJECAR	4	4	860	1.95	181	-1052	-26	357	-464	-34	903
6111-ŽABARI	2	1	2406	14.04	-1210	-2073	928	-15	65	803	595
6112-ŽAGUBICA	4	4	309	2.08	-1372	-1863	255	100	-64	512	27
6113-ŽITORADJA	4	4	176	1.45	-1149	-733	376	-64	-26	488	336

Noch Tabelle A-1-1:

1	2	3	4	5	6	7	8	9	10	11	12
0001-ADA	3	2	1032	10.71	493	-507	1758	-534	370	-44	-1164
0002-ALIBUNAR	2	1	2098	14.99	-324	-542	1361	-11	-24	51	-1045
0003-APATIN	3	2	1553	10.75	599	-162	1769	-366	-40	-2	91
0004-BAČ	2	1	1063	14.21	-313	-621	1799	91	344	90	-2044
0005-BAČKA PALANKA	4	4	1086	4.75	597	-64	1810	-169	-507	31	-708
0006-BAČKA TOPOLA	4	4	1181	6.29	409	-605	1884	-112	329	147	-894
0007-BAČKI PETROVAC	4	4	501	6.38	102	-817	1916	-180	69	-28	-1721
0008-BEČEJ	4	4	938	4.73	485	-577	2014	-206	321	64	-1041
0009-BELA CRKVA	2	1	1948	16.92	-33	-459	1234	530	104	-393	-285
0010-BEOČIN	4	4	214	4.03	647	-110	1081	-567	-380	51	-628
0011-ČOKA	4	5	331	3.61	51	-1173	742	-207	-180	63	-1043
0012-INĐIJA	3	3	1434	9.53	338	399	2310	139	522	-74	-1587
0013-IRIG	4	4	363	6.70	-192	-864	1312	-268	214	141	-1817
0014-KANJIŽA	4	4	976	6.18	105	-827	1163	-363	367	-3	-637
0015-KIKINDA	4	5	1064	3.68	630	-148	1163	193	-317	-142	-364
0016-KOVAČICA	3	3	1477	9.79	-312	-779	1768	-203	568	-3	-735
0017-KOVIN	3	3	1596	8.84	-391	-491	1985	1687	174	-489	-455
0018-KULA	3	3	1339	8.15	613	94	2074	-175	-218	-3	-1633
0019-MALI IĐOŠ	3	2	702	11.18	126	-683	1949	-242	541	277	-1906
0020-NOVA CRNJA	4	4	489	6.08	-346	-1123	1464	207	268	80	-1604
0021-NOVI BEČEJ	4	5	429	3.34	118	-543	858	-438	65	-85	-349
0022-NOVI KNEŽEVAC	4	4	502	6.55	-6	-872	890	1002	232	158	-836
0023-NOVI SAD	4	4	5889	6.37	1634	660	2127	845	718	354	334
0024-ODŽACI	3	3	1360	8.56	279	-4	1989	131	10	-19	-696
0025-OPOVO	4	4	271	4.99	-641	-994	1885	85	492	143	-1491
0026-PANČEVO	3	3	3466	7.82	1081	382	2187	81	-355	-30	330
0027-PEČINCI	4	5	238	3.01	-583	-850	1618	250	206	-14	-1598
0028-PLANDIŠTE	3	3	1007	12.83	-93	-934	999	-160	-345	-66	-173
0029-RUMA	3	3	1576	8.11	406	182	2309	-84	216	7	-427
0030-SEČANJ	4	4	527	5.88	-305	-729	1673	140	117	-3	-1874
0031-SENTA	4	4	648	5.09	773	-113	1364	929	192	-386	-840
0032-SOMBOR	4	4	2723	6.27	506	-199	2003	533	194	-68	-788
0033-SRBOBRAN	4	4	467	5.95	31	-835	1963	-128	386	10	-739
0034-SREM. MITROVICA	4	4	1718	5.06	417	220	1934	464	0	-235	-293
0035-STARA PAZOVA	4	4	1200	7.09	302	207	2275	-311	650	-105	-562
0036-SUBOTICA	4	4	4405	6.77	847	-367	1743	94	190	-89	-511
0037-ŠID	3	3	1577	8.46	2	-605	1261	208	68	-1	-1096
0038-TEMERIN	3	3	618	8.46	395	184	2412	-453	1400	-175	-786
0039-TITEL	4	4	486	6.93	-113	-510	1875	-146	303	-6	-60
0040-VRBAS	4	4	1142	6.96	854	445	2368	396	-587	-179	-1034
0041-VRŠAC	2	1	3982	14.58	323	-438	1217	1682	-146	-302	-430
0042-ZRENJANIN	4	4	2662	4.86	949	213	1725	464	-205	-229	-810
0043-ŽABALJ	4	4	744	6.16	-285	-735	1912	-179	485	225	122
0044-ŽITIŠTE	3	3	1283	9.44	-647	-1208	1610	134	168	205	-1278
7001-DEČANI	3	3	900	11.18	-2199	2445	752	606	387	1673	-505
7002-ĐAKOVICA	3	2	787	10.34	-1875	1936	-16	128	1408	1233	-895
7003-DJAKOVICA	3	3	2100	11.07	-708	2456	373	494	-328	-433	2
7004-GLOGOVAC	4	4	354	5.73	-3191	4135	1403	-145	1470	5443	-829
7005-GNJILANE	3	2	2689	13.89	-843	1947	646	663	-224	-427	-175
7006-ISTOK	3	3	1230	10.87	-1841	2161	1083	521	431	1073	-1330
7007-KAČANIK	3	3	487	9.68	-1163	2946	33	-130	-94	755	-786
7008-KLINA	4	4	780	7.33	-2088	2402	577	333	303	1480	2033
7009-KOSOV. KAMENICA	3	3	1681	11.08	-1769	1491	304	319	101	1125	-7
7010-KOSOV. MITROVICA	4	5	757	3.26	467	2082	-313	177	-772	-1033	-267
7011-LEPOSAVIĆ	5	5	86	1.05	-667	419	-819	-32	-676	14	1307
7012-LIPLJAN	4	4	701	5.77	-1047	2038	712	77	112	-19	-477
7013-ORAHOVAC	3	3	962	7.95	-1872	2255	564	377	70	620	-210
7014-PEĆ	3	3	1987	9.22	-395	2237	1188	724	115	-784	-109
7015-PODUJEVO	4	4	655	4.53	-1936	2595	696	52	757	1794	-340
7016-PRIŠTINA	4	5	901	2.25	493	2477	387	167	-429	-837	813
7017-PRIZREN	3	3	2137	8.72	-317	2392	656	292	345	569	106
7018-SRBICA	4	4	342	4.01	-2621	3085	1003	100	942	3231	-153

Noch Tabelle A 4-1:

1	2	3	4	5	6	7	8	9	10	11	12
7019-SUVA REKA	3	3	1193	10,31	-1960	2493	715	504	127	975	356
7020-URO§EVAC	3	3	1617	7,73	-670	2348	466	-70	162	-355	-9
7021-VITINA	3	2	1437	14,00	-1932	1957	919	500	365	1107	-1178
7022-VUČITRN	4	4	518	4,22	-1090	2360	371	-85	117	288	87
STOP											

1 - Gemeindenmane mit Kennziffer

2 - Abwanderungsintensität der jugoslawischen Gemeinden gruppiert nach dem Durchschnitt Jugoslawiens (1-extrem überdurchschnittliche Abwanderungsintensität(AI), 2-stark überdurchschnittliche AI, 3-überdurchschnittliche AI, 4-unterdurchschnittliche AI, 5-stark unterdurchschnittliche AI)

3 - Abwanderungsintensität der jugoslawischen Gemeinden, gruppiert nach dem jeweiligen Durchschnitt der Republik bzw. Provinz

4 - Zahl der Arbeitsmigranten 1971

5 - Abwanderungsintensität (Arbeitsmigranten in v.H. der aktiven Bevölkerung)

6 bis 12 - Faktorenwerte der Faktoren 1 bis 7

Quelle: Statistički bilten 679, Tab. 3-1., S. 79 ff.
SZZS: Popis stanovništva i stanova 1971.
Stanovništvo, Etnička, prosvetna i ekonomska obeležja stanovništva i domaćinstva prema broju članova, Beograd 1974, Tab. 2-4., S. 136 ff.
Eigene Berechnungen.

Tab. A 4-2.: Die im Jahre t und früher abgewanderten Arbeitskräfte in v.H. der Arbeitsmigranten, differenziert nach Republiken und Provinzen

Jahr/Regionen:	SFRJ	Bosnien und Herzegowina	Monte-negro	Kroatien	Make-donien	Slo-wenien	Serbien	Voj-vodina	Kosovo
1960 u. früher	2,3	1,0	1,6	3,8	2,2	5,2	1,0	0,8	0,2
1961 u. "	2,9	1,4	1,8	4,8	2,7	6,6	1,3	1,0	0,3
1962 u. "	4,1	2,3	2,5	6,8	3,4	8,5	1,9	1,5	0,4
1963 u. "	5,4	3,3	3,1	8,8	4,1	10,3	2,9	2,1	0,5
1964 u. "	6,9	4,6	3,8	10,6	5,3	12,9	4,5	3,2	0,6
1965 u. "	10,0	6,3	5,6	13,9	8,0	18,5	7,9	5,9	1,0
1966 u. "	13,8	9,3	7,9	18,4	11,2	25,3	11,8	9,7	1,6
1967 u. "	17,8	12,2	11,2	23,3	15,2	30,9	15,8	13,3	2,4
1968 u. "	26,3	19,2	22,2	34,1	22,5	42,1	22,1	21,8	5,8
1969 u. "	44,7	36,3	44,3	54,9	39,2	60,4	36,7	43,6	21,0
1970 u. "	80,4	74,0	83,0	85,5	79,3	85,9	77,5	83,1	67,9
1971 u. "	97,8	98,1	98,0	98,0	98,0	96,7	97,8	98,0	96,0

Quelle: Statistički bilten 679, Tab. 3-2., S. 96 ff.; eigene Berechnungen

Tab. A 4-3.: Die Daten der Hauptkomponentenanalyse

	1	2	3	4	5	6	7	8	9	10	11	12
1001-BANOVIĆI	29.8	20.2	79.	36.9	30.8	4.3	4.0	2.2	5110.	88.0	2572.	119.
1002-BANJA LUKA	38.3	23.7	141.	20.2	29.5	6.6	7.5	6.2	7831.	86.3	5784.	121.
1003-BIHAĆ	32.6	15.9	122.	13.7	26.6	9.9	5.9	2.9	4828.	77.7	4525.	127.
1004-BIJELJINA	41.6	8.4	113.	5.8	67.9	4.2	2.7	3.4	2750.	62.7	2672.	110.
1005-BILEĆA	41.9	16.3	161.	16.3	57.9	5.2	3.6	1.2	4090.	75.1	2581.	95.
1006-BOS. DUBICA	48.7	11.8	115.	11.1	59.9	2.1	3.0	1.9	2920.	58.8	2886.	111.
1007-BOS. GRADIŠKA	47.0	13.4	120.	11.0	62.7	2.3	3.2	2.6	5857.	52.0	3081.	107.
1008-BOS. KRUPA	37.2	7.2	97.	7.5	61.6	3.0	2.3	1.4	2824.	50.1	1856.	111.
1009-BOS. BROD	38.3	14.1	117.	26.5	39.1	4.4	5.3	2.4	4632.	79.2	3160.	107.
1010-BOS. NOVI	37.8	12.5	116.	20.1	53.9	5.0	3.4	2.2	3586.	65.8	3113.	104.
1011-BOS. PETROVAC	38.7	15.7	107.	10.7	49.5	2.2	3.0	1.7	5974.	64.1	2844.	92.
1012-BOS. ŠAMAC	42.0	10.6	109.	9.7	53.9	2.2	3.4	9.0	3452.	57.3	3028.	112.
1013-BOS. GRAHOVO	37.6	14.1	97.	18.3	49.5	2.5	3.8	0.8	3742.	63.0	2548.	90.
1014-BRATUNAC	40.5	5.8	111.	11.0	72.6	3.8	2.0	1.9	2323.	45.8	1765.	115.
1015-BRČKO	35.7	12.3	111.	11.7	48.8	3.1	4.6	3.3	4051.	74.1	3228.	121.
1016-BREZA	26.7	21.1	94.	51.5	10.7	7.5	7.5	2.3	4500.	88.6	3272.	117.
1017-BUGOJNO	33.2	20.3	125.	36.3	28.9	4.2	4.9	5.0	5691.	80.9	3579.	132.
1018-BUSOVAČA	27.4	6.0	111.	27.5	32.3	5.6	4.4	3.0	2391.	54.2	2350.	121.
1019-CAZIN	35.0	4.0	112.	4.5	63.0	4.7	2.1	2.2	1449.	43.1	1546.	131.
1020-ČAJNIČE	41.0	13.2	139.	14.7	66.2	1.3	2.5	2.5	3465.	61.2	1715.	99.
1021-ČAPLJINA	26.9	15.2	107.	12.1	44.4	4.7	6.8	3.5	5361.	64.7	3899.	111.
1022-ČELINAC	40.7	7.7	132.	6.8	64.0	9.8	1.5	1.0	3144.	42.9	1652.	100.
1023-ČITLUK	45.2	4.0	56.	5.2	55.8	0.7	1.4	1.1	1755.	48.5	1810.	108.
1024-DERVENTA	40.1	8.3	110.	11.6	57.3	4.5	2.8	2.9	2353.	65.3	2399.	104.
1025-DOBOJ	55.3	12.7	107.	7.3	47.4	10.4	3.5	3.6	3905.	82.0	3346.	112.
1026-DONJI VAKUF	33.1	14.8	92.	27.9	39.9	2.3	3.7	2.3	4781.	75.4	2535.	116.
1027-DRVAR	32.6	24.7	86.	38.8	13.8	4.7	6.4	1.4	6410.	75.3	3932.	103.
1028-DUVNO	41.7	3.9	122.	2.6	48.6	1.1	0.1	0.8	2134.	52.6	2273.	100.
1029-FOČA	37.5	12.3	98.	15.2	55.6	3.4	3.7	1.9	3148.	73.7	2210.	103.
1030-FOJNICA	33.7	17.1	98.	23.4	34.6	2.6	4.1	2.3	4131.	82.5	3484.	128.
1031-GACKO	40.3	6.1	111.	2.1	79.6	2.2	2.4	0.5	2292.	48.0	1828.	86.
1032-GLAMOČ	45.8	16.7	100.	6.6	55.2	3.0	2.2	1.0	6240.	73.1	2326.	98.
1033-GORAŽDE	37.9	17.1	117.	24.6	44.5	6.1	4.2	4.1	4512.	81.9	2618.	111.
1034-GORNJI VAKUF	29.1	6.6	92.	6.8	36.6	3.1	3.0	7.4	2817.	54.7	2119.	120.
1035-GRAČANICA	34.0	10.0	133.	17.1	50.3	10.0	3.3	3.0	2637.	69.0	2192.	115.
1036-GRADAČAC	36.8	5.7	130.	5.2	69.1	3.3	3.2	4.4	2321.	55.8	1199.	114.
1037-GRUDE	43.7	3.0	83.	2.6	59.7	0.6	2.2	1.0	2135.	29.8	2833.	101.
1038-HADŽIĆI	30.0	7.9	54.	34.0	13.6	8.8	4.9	3.3	2134.	65.6	2907.	114.
1039-HAN PIJESAK	34.9	23.6	108.	9.2	41.8	1.6	4.1	0.9	5728.	81.7	1986.	102.
1040-ILIJAŠ	32.9	19.1	92.	37.9	28.3	4.7	4.5	1.8	3795.	85.1	3251.	112.
1041-JABLANICA	29.1	13.6	77.	19.1	29.6	12.6	0.6	3.0	5257.	87.8	3219.	111.
1042-JAJCE	34.4	15.1	120.	10.4	44.1	6.8	5.0	2.8	5247.	83.0	2954.	119.
1043-KAKANJ	26.1	14.2	81.	37.9	26.4	5.1	4.7	3.4	3880.	80.8	2325.	123.
1044-KALESIJA	31.8	2.3	131.	6.6	65.6	8.1	1.9	1.4	1231.	24.4	1010.	121.
1045-KALINOVIK	42.0	10.0	104.	6.4	70.6	1.7	1.1	1.7	3267.	55.3	1300.	81.
1046-KISELJAK	33.8	5.7	119.	15.5	39.2	11.9	3.7	5.1	1647.	54.0	2907.	115.
1047-KLADANJ	32.6	15.2	110.	16.7	38.9	8.5	4.7	1.9	4950.	72.2	2961.	122.
1048-KLJUČ	34.9	7.4	98.	5.5	57.5	5.0	2.1	1.8	3430.	64.6	2209.	101.
1049-KONJIC	35.3	12.9	96.	20.8	48.1	5.0	3.6	1.5	2412.	65.8	2466.	107.
1050-KOTOR-VAROŠ	37.4	5.3	129.	1.9	66.7	4.0	1.6	1.7	1767.	55.3	1736.	115.
1051-KREŠEVO	31.7	13.0	98.	26.6	30.6	3.9	3.8	6.1	3155.	70.8	1858.	107.
1052-KUPRES	40.4	8.3	64.	0.4	64.2	0.4	1.9	0.5	3453.	60.5	2157.	97.
1053-LAKTAŠI	48.3	3.6	110.	4.8	73.2	3.1	2.5	2.4	3197.	22.1	1254.	100.
1054-LISTICA	38.8	4.9	90.	6.6	47.0	4.0	3.2	2.2	2888.	45.1	2203.	110.
1055-LIVNO	40.9	11.4	146.	6.5	41.5	1.5	3.2	1.6	3506.	81.3	3404.	105.
1056-LOPARE	39.5	4.0	89.	3.8	80.7	3.2	1.0	0.9	2050.	26.7	1164.	108.
1057-LUKAVAC	30.6	12.3	97.	33.1	34.5	7.3	4.1	2.6	6045.	86.1	2514.	117.
1058-LJUBINJE	43.4	8.8	149.	4.8	73.8	1.3	2.3	8.7	3340.	47.5	2067.	88.
1059-LJUBUŠKI	40.5	5.1	97.	4.2	47.9	2.7	1.9	2.0	1940.	52.6	2879.	106.
1060-MAGLAJ	33.2	12.3	121.	22.9	47.3	4.9	3.7	2.1	2730.	73.1	2208.	116.
1061-MODRIČA	38.0	8.7	135.	6.8	61.4	4.7	3.2	5.4	3577.	57.2	2378.	113.

215 a

13	14	15	16	17	18	19	20	21	22	23	24	25	26	27
116,	19,9	75,8	254,	5.2	1,08	0.30	56,	8,7	16,8	33.2	11.0	0.0	18.5	9.6
129,	13.3	73,0	218,	4.6	8,12	1.31	18,	6.3	8,0	29.4	22.9	62.5	17.7	12.9
84,	16.3	82,2	225,	4.9	10,11	1.22	36,	7.1	13,1	32.2	15.9	28.5	14.7	12.60
118,	8.6	86,6	174,	4.1	2,88	0.33	68,	8.8	23,0	36.9	9.4	13.3	27.9	25.0
21,	11.9	84,5	164,	4.9	2,98	0.37	55,	23.2	30,3	33.5	11.7	8.7	14.0	7.92
61,	5.9	80,8	172,	4.1	1.32	0.33	103,	10.0	31,6	39.5	10.3	7.9	26.1	20.9
70,	9.4	86,1	164,	4.2	2,99	0.39	47,	8.6	20,0	38.3	10.4	13.8	26.6	25.14
65,	19.9	91,8	191,	5.5	0,96	0.20	148,	23.6	58,0	45.2	5.5	7.9	16.2	12.4
129,	10.6	84,6	180,	4.0	0,0	0.40	39,	8.6	15,4	31.9	14.0	3.9	27.2	21.76
74,	13.2	87,1	211,	4.6	0,97	0.39	97,	11.9	26,5	38.9	9.6	6.6	18.3	15.5
22,	7.4	93,3	185,	4.3	2,69	0.32	80,	17.3	28,7	40.1	9.1	3.6	10.8	4.88
143,	9.0	87,5	174,	4.3	5.45	0.45	62,	9.2	31,3	36.4	9.2	6.9	32.3	15.0
14,	6.8	91,9	158,	4.5	2,37	0.28	117,	25.4	90,2	42.1	8.6	1.4	9.3	7.30
90,	20.0	88,0	184,	4.9	0,0	0.11	128,	28.0	78,9	49.8	5.0	0.0	21.5	15.6
152,	15.2	80,4	213,	4.5	3,78	0.45	57,	9.4	17,2	35.9	11.1	17.4	24.9	13.32
179,	8.6	76,7	216,	4.4	1.35	0.47	74,	4.8	15,9	33.6	13.2	4.9	10.1	8.9
87,	18.7	78,3	207,	5.1	1,32	0.25	38,	8.7	16,2	33.8	13.6	14.1	15.0	13.04
100,	15.9	86,9	197,	5.3	0.0	0.21	98,	8.8	36,1	38.8	7.2	7.5	19.7	15.9
119,	27.8	93,7	172,	5.7	1,10	0.13	109,	25.3	88,8	49.8	3.5	6.3	8.2	8.26
42,	11.3	86,1	181,	4.8	1,81	0.34	105,	7.8	53,5	41.2	5.3	6.2	16.3	14.0
59,	8.8	82,0	194,	4.6	0.42	0.42	60,	15.8	16,4	33.4	14.0	94.1	24.5	13.28
48,	13.4	92,2	194,	3.7	0.0	0.29	157,	40.9	87,6	44.0	4.2	0.0	18.2	11.2
85,	8.7	90,5	147,	5.8	0.0	0.07	86,	28.5	71,8	36.3	8.4	0.0	10.1	7.30
100,	12.6	89,5	184,	4.5	3.72	0.48	77,	11.5	31,0	40.1	8.5	8.3	20.4	16.0
130,	13.7	85,6	203,	4.4	4,18	0.71	62,	6.9	16,3	35.7	11.6	16.8	19.2	13.32
60,	15.6	87,2	232,	5.5	0.0	0.15	272,	12.3	31,0	43.5	27.3	12.0	11.1	8.0
21,	8.1	84,4	181,	4.2	6.88	0.55	67,	13.4	16,4	31.7	16.7	12.6	0.0	4.84
34,	16.6	94,4	155,	6.0	1.21	0.12	70,	57.4	98,3	43.6	5.9	5.2	8.0	6.2
38,	11.3	90,3	215,	4.9	8.62	0.90	43,	14.4	42,3	38.3	8.3	86.4	17.1	11.86
42,	18.4	85,9	157,	5.0	30.48	1.09	79,	25.6	48,4	41.5	6.8	0.8	13.0	9.7
16,	7.8	89,9	172,	5.2	2.49	0.25	167,	20.6	61,7	39.1	7.8	4.2	8.5	10.00
15,	9.9	90,6	187,	5.0	2.89	0.29	117,	26.5	35,8	41.0	10.2	8.9	7.0	0.0
91,	12.1	81,8	220,	4.4	2.82	0.50	48,	5.8	17,9	32.9	11.3	12.8	17.4	7.50
48,	21.0	92,0	184,	5.9	0.0	0.21	145,	19.8	54,3	48.2	5.0	4.1	15.4	15.6
121,	15.1	87,6	188,	4.7	0.85	0.21	102,	8.2	30,5	39.4	8.2	4.1	17.2	11.22
119,	16.1	91,6	147,	4.6	0.83	0.29	127,	9.2	41,7	42.5	5.2	15.8	26.1	9.7
88,	10.3	94,1	172,	5.4	0.0	0.16	79,	29.2	94,6	40.3	8.1	0.0	11.2	10.04
68,	9.3	76,8	175,	4.7	7.56	0.70	77,	6.5	17,9	33.6	13.6	9.0	22.8	15.4
23,	2.9	75,1	241,	4.8	3.08	0.26	103,	14.1	44,9	34.6	8.9	1.1	13.0	0.06
81,	9.2	74,4	199,	4.6	0.0	0.48	82,	15.7	19,5	31.0	12.5	11.8	12.5	6.3
38,	17.1	81,1	194,	5.1	0.0	0.37	65,	9.3	20,8	37.7	10.6	11.2	12.3	10.18
88,	18.0	86,7	200,	5.2	6.63	0.54	53,	10.0	18,0	40.0	11.3	56.8	10.8	10.0
103,	18.5	87,4	215,	5.1	0.82	0.23	151,	10.7	31,7	36.2	9.8	0.1	6.5	5.20
120,	23.2	93,3	187,	5.6	0.0	0.18	446,	25.4	123,9	48.8	3.2	0.0	22.7	16.0
13,	6.7	90,4	193,	5.0	1.06	0.32	304,	28.0	99,6	45.6	5.4	1.2	7.9	0.02
111,	17.1	83,1	176,	4.8	2.18	0.38	72,	12.7	38,2	38.7	7.3	11.3	11.2	6.2
43,	20.7	88,1	207,	5.3	0.0	0.36	82,	14.5	43,3	37.2	7.4	12.0	16.3	10.34
47,	15.3	93,6	198,	5.1	1.55	0.20	165,	23.0	57,1	47.0	5.5	9.4	17.5	12.9
37,	17.3	89,2	181,	4.9	0.76	0.32	133,	10.3	31,7	39.5	9.2	13.0	7.9	14.56
57,	25.1	95,7	185,	6.0	1.83	0.24	195,	34.1	82,9	54.0	3.9	4.0	11.7	10.6
47,	13.0	85,6	188,	4.6	0.43	0.29	101,	13.6	46,0	38.3	9.2	2.0	10.0	11.68
18,	10.0	94,8	166,	5.5	1.48	0.17	160,	31.8	94,2	48.0	4.1	1.2	0.0	0.0
67,	8.5	85,2	140,	4.4	0.0	0.31	100,	6.7	73,4	39.0	6.8	8.3	22.4	20.70
70,	10.9	94,3	175,	6.0	0.0	0.29	48,	27.0	72,6	39.0	8.6	1.0	10.0	10.0
42,	14.8	92,7	177,	5.5	5.76	0.40	93,	23.6	42,7	38.5	9.3	9.4	8.1	3.82
79,	13.9	90,6	173,	4.7	1.03	0.15	284,	18.3	87,0	47.8	3.1	0.0	19.6	13.3
48,	12.8	87,2	222,	4.4	0.0	0.33	66,	11.1	22,1	36.1	11.9	9.9	20.5	11.24
15,	12.3	88,8	148,	5.0	3.31	0.41	88,	15.7	71,1	40.4	7.2	0.7	11.0	6.0
98,	10.2	92,7	175,	5.1	0.53	0.21	75,	29.6	53,3	37.5	8.4	2.3	14.4	14.86
99,	18.6	88,0	193,	4.9	0.0	0.39	123,	14.4	27,1	39.4	9.5	13.8	15.0	5.1
36,	11.3	91,4	197,	4.4	0.0	0.19	80,	8.0	21,7	40.5	7.6	2.8	24.8	13.38

Noch Tabelle A 4-3:

	1	2	3	4	5	6	7	8	9	10	11	12
1062-MOSTAR	36,0	25,4	96,	26,0	18,9	5,8	8,3	5,5	7882,	88,5	5963,	124,
1063-MRKONJIĆ GRAD	44,4	10,2	148,	6,4	61,7	4,2	2,1	1,6	3727,	49,6	2248,	97,
1064-NEVESINJE	41,9	6,4	89,	5,9	72,4	1,0	2,0	0,9	1919,	51,2	1526,	95,
1065-NOVI TRAVNIK	35,3	19,8	100,	37,1	31,4	4,1	4,0	2,9	5913,	87,6	2244,	124,
1066-ODŽAK	42,0	10,2	244,	11,1	63,5	2,0	1,8	1,6	3324,	56,2	1645,	116,
1067-OLOVO	29,2	13,6	101,	16,0	39,2	9,5	4,0	2,0	4407,	76,9	2513,	111,
1068-ORAŠJE	41,8	6,9	119,	5,7	65,3	0,6	2,0	3,7	2976,	49,7	2552,	119,
1069-PALE	33,4	15,0	142,	15,2	37,0	5,1	6,5	3,3	4163,	67,8	2841,	98,
1070-POSUŠJE	38,9	4,4	133,	3,3	49,4	2,2	2,2	2,5	2251,	46,3	2209,	107,
1071-PRIJEDOR	34,7	14,7	120,	17,5	44,6	8,7	4,2	2,9	4777,	73,2	3068,	116,
1072-PRNJAVOR	44,9	5,6	154,	3,0	72,4	4,2	1,6	1,1	2148,	45,3	1774,	101,
1073-PROZOR	34,9	4,2	31,	2,3	57,9	3,4	2,3	1,7	2845,	55,0	1709,	104,
1074-ROGATICA	37,1	11,6	124,	12,1	61,7	2,8	3,2	3,0	3153,	68,2	1988,	100,
1075-RUDO	38,2	4,1	95,	8,3	27,6	13,9	3,1	2,9	2522,	36,0	1189,	103,
1076-SANSKI MOST	34,0	8,4	94,	10,4	58,6	5,4	2,2	3,0	3047,	61,8	2101,	106,
1077-SARAJEVO CENTAR	39,1	39,4	120,	20,9	2,0	7,2	15,1	11,911893,		94,611467,		107,
1078-SARAJEVO ILIDŽA	36,7	39,4	130,	46,3	8,9	7,1	8,7	5,312119,		92,2	4765,	155,
1079-SARAJEVO NOVO	39,0	32,8	120,	27,9	1,8	8,7	12,0	6,810012,		97,0	4267,	176,
1080-SARAJEVO VOGOSC	37,6	27,9	92,	54,2	10,0	3,5	7,8	3,8	8804,	89,4	3166,	118,
1081-SKENDER VAKUF	41,6	3,6	108,	4,1	75,5	3,0	0,9	0,5	1709,	33,3	1074,	128,
1082-SOKOLAC	39,6	13,5	128,	9,9	61,8	2,7	4,2	1,8	4709,	66,3	2222,	98,
1083-SRBAC	48,6	5,4	110,	0,9	70,1	1,2	2,4	1,4	2506,	43,0	2200,	98,
1084-SREBRENICA	39,8	9,9	136,	8,2	75,0	4,9	1,8	1,4	3184,	62,5	1319,	114,
1085-SREBRENIK	32,7	3,7	111,	15,4	57,6	9,1	2,2	1,7	1493,	26,9	1579,	119,
1086-STOLAC	42,2	13,2	152,	10,6	61,5	4,2	2,7	1,2	3131,	68,6	2408,	104,
1087-ŠEKOVIĆI	41,9	4,5	128,	1,8	82,3	2,3	1,2	0,5	1996,	35,1	1192,	102,
1088-SIPOVO	41,5	6,8	89,	3,8	69,6	4,0	1,9	0,9	2717,	59,8	1464,	93
1089-TESLIĆ	36,1	8,4	104,	9,2	63,0	4,7	2,4	2,2	2165,	62,5	2020,	115
1090-TEŠANJ	31,6	5,7	125,	7,0	58,0	7,7	2,7	6,2	1959,	62,6	2133,	119
1091-TRAVNIK	34,4	16,4	113,	22,7	37,2	5,9	5,0	4,3	4321,	80,0	2854,	117
1092-TREBINJE	36,3	18,3	86,	19,7	43,0	6,7	6,1	3,6	8014,	73,3	3232,	96
1093-TRNOVO	38,7	8,7	108,	12,3	56,3	5,7	2,2	5,5	3046,	40,2	1120,	85
1094-TUZLA	32,5	29,5	116,	30,4	12,5	7,8	9,8	7,3	7009,	93,3	4958,	130
1095-UGLJEVIK	37,3	3,6	55,	6,8	79,0	2,7	0,9	1,0	2036,	9,9	1013,	103
1096-VAREŠ	31,2	23,4	87,	44,1	16,0	5,9	5,0	3,2	5926,	88,7	3052,	106
1097-VELIKA KLADUŠA	38,3	4,9	160,	4,9	68,9	4,0	1,5	2,0	1533,	57,1	1940,	123
1098-VISOKO	31,8	15,1	124,	39,0	22,8	5,9	7,6	4,6	4495,	73,1	3200,	120
1099-VIŠEGRAD	36,0	12,5	109,	12,0	53,4	5,4	3,2	2,2	2887,	67,3	2123,	103
1100-VITEZ	28,9	13,6	84,	39,8	23,4	7,2	5,7	3,3	4736,	80,3	2356,	128
1101-VLASENICA	35,8	8,9	111,	10,2	66,0	5,7	2,6	2,4	3238,	56,3	1987,	114
1102-ZAVIDOVIĆI	30,8	17,2	106,	24,5	37,6	11,9	9,6	2,8	3285,	82,5	2310,	121
1103-ZENICA	31,7	29,3	109,	40,4	11,5	10,1	7,4	3,8	9035,	93,6	4567,	133
1104-ZVORNIK	38,2	7,2	128,	9,0	69,2	5,6	2,6	3,4	2402,	65,0	1778,	117
1105-ŽEPČE	30,1	7,6	127,	17,6	35,7	13,6	4,3	2,4	2366,	64,5	2431,	121
1106-ŽIVINICE	28,5	9,4	112,	29,9	40,7	5,7	3,3	2,1	3206,	74,5	2080,	135
2001-BAR	35,2	10,8	136,	4,1	45,7	4,1	7,9	1,9	5486,	82,2	3803,	114
2002-BIJELO POLJE	31,6	9,1	135,	10,7	60,4	7,3	4,3	2,2	3105,	60,0	1790,	116
2003-BUDVA	32,7	36,5	121,	6,9	10,2	5,6	46,6	5,515722,		90,710973,		124
2004-CETINJE	34,4	22,3	120,	33,1	31,3	0,9	6,2	3,1	7578,	87,8	4050,	95
2005-DANILOVGRAD	32,1	12,8	88,	12,3	41,5	8,4	6,1	2,4	4817,	58,1	1990,	92
2006-HERCEG-NOVI	33,7	19,8	84,	13,8	11,9	9,4	21,0	6,0	7007,	82,9	7720,	122
2007-IVANGRAD	29,8	10,5	95,	14,1	52,3	1,8	3,9	2,5	3232,	67,3	2340,	112
2008-KOLAŠIN	34,7	11,3	121,	4,3	59,5	10,7	7,0	1,5	5957,	77,4	2239,	90
2009-KOTOR	35,1	28,8	112,	21,3	16,2	1,8	14,4	6,310335,		88,0	7691,	116
2010-MOJKOVAC	31,7	11,1	83,	18,1	52,4	6,7	5,3	1,2	4068,	64,8	1841,	103
2011-NIKŠIĆ	33,0	20,1	104,	29,2	34,7	4,8	6,8	2,1	5800,	86,2	3836,	112
2012-PLAV	24,3	3,0	70,	3,6	61,1	3,7	3,4	2,8	1479,	59,9	860,	99
2013-PLUŽINE	46,0	9,9	218,	2,3	68,5	16,8	1,9	0,2	4274,	76,3	969,	110
2014-PLJEVLJA	36,2	13,0	113,	11,2	60,3	3,3	3,6	2,3	4295,	72,4	2300,	110
2015-ROŽAJ	26,1	11,5	95,	22,3	48,1	2,4	3,7	1,8	4687,	75,3	1286,	117
2016-ŠAVNIK	38,0	4,1	80,	1,9	84,7	0,5	2,6	0,8	1549,	22,6	950,	96
2017-TITOGRAD	33,0	24,8	147,	17,5	23,3	8,8	9,3	4,6	6983,	88,6	5752,	135

13	14	15	16	17	18	19	20	21	22	23	24	25	26	27
69.	11.5	72.4	236.	4.4	9.80	1.45	17.	8.0	7.3	23.9	26.5	99.4	9.2	17.1
44.	9.9	94.0	185.	4.9	2.25	0.20	102.	14.3	53.0	46.2	6.4	5.0	12.8	9.6
21.	10.9	92.6	165.	5.3	0.67	0.21	251.	6.2	77.3	42.3	6.1	0.0	7.7	0.0
98.	22.0	73.0	211.	5.0	0.0	0.53	76.	9.0	14.9	31.7	17.8	9.0	10.1	9.4
126.	12.8	94.6	161.	4.5	0.0	0.19	95.	15.0	36.2	41.2	6.5	0.6	25.9	19.2
37.	12.7	85.7	196.	4.9	1.38	0.33	105.	13.1	37.8	39.4	6.8	4.4	11.8	11.1
155.	14.4	92.3	152.	4.7	0.0	0.19	111.	32.8	64.4	37.0	5.4	0.1	28.7	22.9
29.	8.5	81.6	198.	4.3	6.82	0.62	80.	10.0	28.1	37.0	10.4	51.8	15.1	0.0
45.	17.8	94.0	187.	6.2	0.0	0.12	102.	71.2	156.3	43.6	6.2	0.0	7.0	7.0
117.	14.6	86.8	210.	4.6	2.01	0.44	59.	8.2	15.1	37.3	12.3	29.8	22.0	19.8
74.	12.7	91.6	155.	4.7	0.64	0.17	130.	8.4	58.6	46.7	4.6	3.7	20.3	17.9
38.	23.7	93.5	182.	5.6	0.0	0.22	160.	37.0	92.1	49.2	3.9	2.7	11.2	6.9
38.	11.2	88.7	185.	4.5	1.45	0.31	119.	11.8	41.8	43.2	7.4	4.5	17.8	8.3
46.	10.4	83.3	194.	5.0	1.38	0.38	280.	19.4	70.4	39.5	6.7	2.5	18.6	19.8
63.	15.8	92.2	199.	5.2	0.68	0.23	110.	11.7	35.3	43.3	7.0	4.5	20.7	14.2
801.	6.8	49.9	231.	3.8	26.19	4.94	14.	2.0	2.5	13.7	40.2	365.0	0.0	0.0
239.	14.1	51.8	179.	4.0	14.60	1.37	15.	3.8	6.8	18.4	26.6	111.0	24.7	23.6
1189.	13.0	42.9	220.	3.8	0.0	0.89	16.	0.0	0.0	12.8	37.5	20.8	17.5	13.4
209.	11.2	52.6	224.	4.4	0.0	0.62	19.	6.4	9.1	20.1	19.2	15.4	15.5	11.6
59.	20.0	95.0	152.	7.7	1.54	0.19	340.	81.4	264.4	60.0	3.0	6.9	12.5	10.7
24.	8.9	84.2	184.	4.9	31.43	0.94	86.	32.2	80.8	41.7	8.3	3.2	23.2	19.2
47.	10.6	88.3	151.	4.1	0.94	0.28	73.	22.5	63.9	40.9	5.6	4.3	26.1	17.9
63.	21.7	91.4	160.	5.2	2.25	0.12	164.	13.4	71.4	48.1	4.3	27.6	17.2	7.4
135.	19.7	91.7	180.	5.0	0.0	0.12	336.	13.5	72.0	44.7	4.4	1.8	19.0	7.0
36.	10.0	87.3	182.	5.1	9.57	0.47	52.	12.6	29.0	39.9	9.5	0.0	8.9	2.3
54.	12.6	91.8	227.	5.3	1.31	0.19	163.	38.4	211.4	54.9	3.7	0.2	17.2	7.3
38.	10.9	93.7	143.	5.6	0.0	0.17	228.	23.9	93.0	45.0	4.4	2.9	10.9	10.7
62.	20.1	94.4	189.	5.4	5.71	0.34	153.	16.2	43.8	48.8	6.3	153.0	14.3	6.1
157.	23.0	92.4	184.	5.1	1.15	0.20	126.	9.5	39.5	46.1	6.3	1.0	10.4	11.0
99.	17.5	86.7	200.	4.9	9.14	0.82	76.	8.1	18.3	37.3	12.0	9.2	13.3	9.9
24.	8.7	83.4	196.	4.1	5.20	0.96	28.	9.7	16.0	29.3	17.3	13.6	5.8	3.9
21.	9.6	89.6	181.	4.6	1.47	0.21	184.	13.6	79.0	47.9	5.5	1.7	13.4	13.3
349.	11.0	71.4	274.	4.6	12.21	1.61	22.	5.1	8.1	25.0	24.3	49.5	18.7	10.4
121.	13.3	90.5	166.	4.5	0.0	0.08	298.	22.1	172.7	44.9	3.3	0.0	18.6	15.3
66.	12.0	81.6	212.	4.5	1.28	0.60	86.	6.4	17.9	25.9	14.0	4.3	16.6	11.2
119.	24.5	92.8	172.	5.5	1.11	0.17	185.	29.9	94.0	47.7	3.1	1.0	18.3	8.0
147.	15.2	81.9	179.	4.7	0.42	0.39	38.	7.5	16.4	33.5	14.3	5.1	18.8	15.7
57.	9.8	86.9	212.	4.8	1.58	0.24	100.	9.9	37.2	37.4	7.8	16.6	17.1	14.9
132.	17.7	81.9	234.	5.1	0.0	0.29	80.	11.8	22.8	32.6	11.0	5.3	14.9	6.9
50.	16.8	91.3	175.	5.2	1.54	0.15	133.	24.1	51.7	51.1	5.3	4.0	17.0	13.7
82.	20.8	86.0	221.	5.1	2.04	0.27	127.	8.6	23.0	37.9	9.4	4.6	11.4	7.6
225.	15.8	72.1	235.	4.6	7.84	1.25	35.	4.2	9.5	26.7	19.4	80.5	12.3	9.4
122.	20.3	90.5	182.	4.8	0.85	0.31	114.	33.4	42.5	48.4	5.7	21.3	18.8	13.5
81.	19.7	84.2	216.	5.4	0.0	0.30	167.	11.4	34.1	37.6	8.8	2.0	15.0	14.0
144.	20.4	86.8	200.	5.3	0.0	0.12	111.	11.2	39.3	37.5	6.4	0.5	27.1	14.3
46.	9.4	80.4	168.	4.2	7.36	0.76	34.	9.0	13.7	28.6	15.0	69.2	12.9	14.4
57.	21.3	87.8	237.	5.7	3.14	0.49	126.	17.2	26.1	29.6	10.4	25.2	23.4	21.7
50.	2.5	63.0	126.	3.6	0.0	0.66	12.	6.2	7.0	19.4	25.7	1633.0	8.0	9.7
24.	8.9	83.3	184.	3.6	8.81	0.95	26.	7.8	28.2	22.6	19.2	11.1	23.2	3.8
30.	1.6	80.9	177.	3.9	0.0	0.33	107.	8.2	19.3	28.6	14.5	0.6	23.3	15.1
78.	5.8	62.9	180.	3.8	25.21	1.69	20.	5.4	6.3	12.3	31.9	1599.0	18.0	20.0
45.	19.0	86.8	236.	5.1	4.28	0.79	89.	12.2	23.0	26.5	12.1	27.4	20.5	18.6
18.	8.1	86.8	164.	4.4	1.52	0.51	81.	18.8	42.1	27.1	10.3	23.4	9.0	12.3
56.	6.5	67.3	183.	3.9	38.01	2.22	17.	6.2	7.4	17.7	28.1	457.0	10.4	15.4
27.	16.9	78.7	234.	5.3	1.73	0.31	133.	12.2	28.3	25.1	10.6	0.5	25.4	21.3
32.	14.1	75.3	234.	4.8	7.30	0.99	40.	9.8	14.3	22.0	18.6	21.5	11.5	7.0
40.	20.3	92.9	211.	6.4	0.0	0.36	355.	18.5	61.3	37.2	7.3	10.1	0.0	10.0
11.	11.6	83.9	140.	5.5	3.30	0.33	504.	38.1	109.4	28.8	10.2	2.2	5.0	18.0
35.	10.9	89.1	230.	5.3	4.27	0.62	103.	13.0	29.2	30.5	11.0	14.8	16.3	17.0
37.	32.4	85.6	206.	6.7	1.87	0.19	167.	40.7	69.9	34.3	6.0	6.0	13.0	12.0
12.	7.8	89.6	147.	4.6	4.38	0.29	855.	32.9	253.4	32.6	8.5	1.0	10.0	0.0
66.	13.3	68.2	231.	4.6	5.50	1.32	20.	8.7	9.1	22.2	26.0	99.5	14.2	12.7

Noch Tabelle A 4-3:

	1	2	3	4	5	6	7	8	9	10	11	12
2018-TIVAT	30.9	12.7	133.	43.6	3.3	3.0	15.8	4.3	5170.	85.5	8332.	116.
2019-ULCINJ	31.6	13.0	137.	4.7	48.5	7.5	9.6	3.5	4352.	66.1	4241.	124.
2020-ZABLJAK	28.9	6.8	115.	4.1	69.2	0.7	6.0	0.7	2394.	46.9	1221.	103.
3001-BELI MANASTIR	40.2	18.7	71.	11.4	54.1	4.2	4.1	4.5	7049.	71.6	2908.	100.
3002-BENKOVAC	43.4	4.9	119.	2.7	63.6	4.6	2.1	1.6	2646.	42.5	2019.	98.
3003-BIOGRAD	40.1	14.4	105.	6.9	47.0	2.4	8.5	2.7	4751.	68.0	5478.	109.
3004-BJELOVAR	49.1	15.4	100.	10.7	56.6	1.9	4.5	3.9	7441.	62.2	4769.	103.
3005-BRAC	32.1	16.3	94.	20.8	32.3	1.4	10.1	11.6	6407.	77.7	4592.	91.
3006-BUJE	41.1	16.6	104.	10.4	50.9	1.7	7.8	7.1	6336.	62.3	4424.	75.
3007-BUZET	40.4	15.3	107.	14.4	49.4	4.0	6.4	2.8	6756.	68.7	3458.	77.
3008-CRIKVENICA	33.8	26.5	103.	16.9	1.9	9.3	23.4	12.010538.	87.2	9666.	109.	
3009-CABAR	34.0	23.4	94.	35.2	2.6	1.8	5.6	4.3	7266.	85.7	4028.	91.
3010-CAKOVEC	51.7	11.9	109.	10.9	47.9	6.3	3.0	6.5	4799.	63.1	3812.	103.
3011-CAZMA	60.3	9.1	114.	3.5	79.2	0.8	1.7	1.4	4171.	49.7	1796.	87.
3012-DARUVAR	49.1	14.0	95.	11.9	63.3	2.1	2.9	3.2	6577.	61.4	3606.	92.
3013-DELNICE	35.8	26.8	82.	35.8	6.2	3.9	7.7	4.410138.	90.6	5316.	92.	
3014-DONJA STUBICA	56.4	11.9	90.	16.8	52.8	4.3	3.6	6.2	4161.	57.7	2131.	95.
3015-DONJI LAPAC	34.2	19.8	113.	20.2	36.7	1.9	4.1	6.3	4766.	70.4	2518.	90.
3016-DONJI MIHOLJAC	43.7	10.2	56.	4.9	68.1	3.3	2.3	3.0	4767.	43.4	2984.	87.
3017-DRNIS	32.6	7.0	75.	14.1	29.7	9.1	6.6	2.7	2207.	58.7	2504.	94.
3018-DUBROVNIK	39.7	29.2	120.	6.6	26.7	4.5	24.7	6.612104.	92.1	9514.	110.	
3019-DUGA RESA	56.0	16.9	101.	27.7	45.1	2.9	2.9	2.5	4939.	70.3	2860.	92.
3020-DUGO SELO	53.2	9.9	101.	12.2	57.6	2.7	4.1	3.4	7438.	57.9	3765.	104.
3021-DVOR	54.9	10.4	89.	6.6	73.8	2.1	1.9	1.0	3933.	52.9	1433.	86.
3022-DJAKOVO	38.2	10.8	86.	6.4	52.9	3.0	3.4	4.5	4475.	66.2	2948.	102.
3023-DJURDJEVAC	59.0	6.3	86.	3.6	77.1	0.5	2.8	3.2	4480.	36.9	2844.	93.
3024-GARESNICA	54.1	11.8	96.	1.3	68.1	1.5	2.4	1.8	5521.	56.9	1853.	86.
3025-GLINA	53.7	7.5	100.	8.0	72.0	0.8	2.1	1.9	3811.	45.8	2319.	92.
3026-GOSPIC	45.0	15.9	80.	13.4	45.3	2.6	5.0	2.7	5906.	74.2	3766.	93.
3027-GRACAC	41.1	11.4	93.	10.0	54.0	4.1	2.6	1.4	3921.	56.0	2197.	84.
3028-GRUBISNO POLJE	53.1	7.3	92.	4.1	78.1	1.8	2.1	2.2	5455.	33.9	2018.	87.
3029-HVAR	38.5	12.3	89.	3.7	47.6	0.9	18.3	9.2	5751.	59.7	6392.	94.
3030-IMOTSKI	40.9	5.4	130.	4.2	39.7	1.4	3.3	2.0	2506.	59.6	3000.	103.
3031-IVANEC	51.0	10.7	88.	14.8	60.0	3.6	2.1	4.2	3380.	65.1	2207.	94.
3032-IVANIC-GRAD	49.8	20.8	114.	22.6	50.9	4.4	3.7	3.4	7372.	69.4	3403.	101.
3033-JASTREBARSKO	55.6	6.9	93.	4.9	60.4	1.0	2.8	3.0	4557.	41.1	3053.	94.
3034-KARLOVAC	52.5	29.5	101.	24.9	30.9	2.0	6.7	4.210113.	87.1	7280.	107.	
3035-KLANJEC	53.7	7.8	95.	10.8	62.9	3.6	2.8	3.1	3776.	45.7	1847.	94.
3036-KNIN	39.6	14.3	113.	12.1	46.2	5.1	4.2	3.9	4398.	71.7	3927.	95.
3037-KOPRIVNICA	49.1	15.0	107.	11.8	59.1	2.3	3.0	4.7	6437.	64.5	4260.	100.
3038-KORCULA	43.0	23.2	130.	5.4	30.5	1.1	8.7	22.0	6750.	84.0	5678.	102.
3039-KOSTAJNICA	57.7	13.1	115.	14.0	62.8	2.2	2.7	2.7	4458.	60.9	2548.	93.
3040-KRAPINA	48.6	17.9	106.	26.3	48.5	4.7	2.8	3.6	5982.	73.0	3321.	98.
3041-KRRIZEVCI	52.9	9.3	105.	6.8	71.5	2.5	2.0	2.9	4459.	52.3	3054.	97.
3042-KRK	35.0	20.9	147.	1.6	29.7	3.0	16.4	10.210076.	64.3	7208.	90.	
3043-KUTINA	46.6	18.6	126.	17.9	46.6	5.7	3.4	3.8	9213.	76.0	2691.	101.
3044-LABIN	34.8	29.8	82.	4.1	8.8	5.7	13.0	5.5	8447.	91.5	5522.	90.
3045-LASTOVO	36.4	10.7	67.	2.3	27.0	0.5	5.7	3.2	3554.	60.5	2479.	84.
3046-LUDBREG	57.8	10.8	121.	9.9	68.0	2.6	1.9	4.1	5425.	46.1	2995.	97.
3047-MAKARSKA	37.6	24.9	141.	9.1	15.0	9.9	28.4	7.410608.	77.6	8835.	122.	
3048-MALI LOSINJ	37.3	27.1	105.	11.1	17.6	0.7	18.7	13.810942.	86.7	9640.	84.	
3049-METKOVIC	37.1	21.2	63.	10.1	34.1	6.1	12.4	5.2	7637.	84.6	6050.	111.
3050-NASICE	39.9	12.9	91.	12.6	49.3	2.6	3.6	4.5	4484.	65.4	2702.	95.
3051-NOVA GRADISKA	47.7	13.9	115.	13.4	54.4	2.3	3.8	4.0	5156.	67.4	3338.	101.
3052-NOVIGRAD	41.9	29.8	77.	28.7	30.6	4.7	13.5	6.010040.	78.6	9234.	107.	
3053-NOVI MAROF	65.1	8.2	117.	7.2	67.2	7.3	1.9	2.5	2797.	45.1	2138.	98.
3054-NOVSKA	45.2	15.8	118.	10.5	52.0	3.9	4.0	3.5	5945.	58.3	4800.	98.
3055-OBROVAC	36.0	11.5	149.	17.4	47.2	7.1	2.8	3.1	3875.	78.2	1459.	101.
3056-OGULIN	36.1	18.5	88.	19.8	31.2	2.4	5.0	4.1	5340.	84.6	4420.	93.
3057-OMIS	36.2	14.1	119.	26.5	23.7	3.2	5.6	4.3	7150.	83.6	2562.	94.
3058-OPATIJA	41.4	25.9	103.	12.1	3.3	4.4	28.1	15.4	8175.	89.1	8161.	106.
3059-ORAHOVICA	44.4	12.6	87.	7.2	61.3	2.6	2.9	3.6	4195.	70.5	2188.	89.

13	14	15	16	17	18	19	20	21	22	23	24	25	26	27
150.	6.5	63.4	143.	3.7	0.0	0.43	16.	5.1	6.1	12.3	30.5	162.0	0.0	11.0
74.	12.0	87.7	171.	5.2	0.0	0.26	78.	13.6	21.8	33.6	10.8	843.0	20.3	15.2
14.	8.4	89.1	186.	4.8	0.0	0.33	162.	21.9	64.0	26.3	10.5	14.8	0.0	0.0
49.	1.9	66.8	156.	3.5	3.50	0.66	37.	4.2	8.0	18.1	13.1	4.8	48.0	54.0
56.	9.5	91.8	200.	5.6	5.60	0.31	208.	16.7	57.1	38.6	7.8	0.0	17.1	5.3
65.	6.3	82.8	160.	4.5	4.50	1.19	102.	8.0	14.9	25.4	12.7	955.0	27.0	8.5
90.	-2.2	64.1	151.	3.5	3.50	1.09	27.	4.6	10.0	21.0	16.0	14.6	33.7	48.9
33.	0.4	90.9	148.	3.3	3.30	0.62	83.	4.6	9.6	12.0	14.4	518.0	9.0	0.0
30.	-1.8	73.9	174.	2.5	2.50	0.42	16.	4.5	8.5	28.8	11.2	3.8	25.5	8.7
23.	-2.0	89.0	116.	2.6	2.60	0.67	15.	4.6	12.7	24.8	9.8	34.0	21.6	17.3
38.	-1.3	73.9	135.	3.0	3.00	1.01	16.	3.9	5.5	9.8	29.6	2055.0	21.0	12.0
22.	0.3	87.1	145.	3.9	3.90	0.49	30.	4.9	10.4	11.5	14.1	4.5	0.0	12.8
160.	4.8	93.8	162.	4.2	4.20	0.74	42.	29.3	12.6	13.5	13.9	19.7	33.3	27.1
41.	-6.5	78.5	109.	3.3	3.40	0.38	53.	4.6	17.0	21.9	6.6	0.0	24.9	28.8
57.	1.4	77.6	176.	3.6	3.60	0.58	36.	4.3	12.1	16.7	15.6	20.9	29.3	43.2
29.	-0.3	82.3	141.	3.4	3.40	0.71	25.	3.7	6.4	7.8	18.5	87.0	18.8	14.4
125.	1.4	93.2	143.	3.8	3.80	0.54	49.	4.6	16.3	20.4	12.7	45.5	19.0	17.0
16.	1.4	88.2	150.	4.0	4.00	0.21	77.	7.5	25.0	35.2	9.9	2.0	9.9	7.0
49.	0.3	75.9	140.	3.5	3.50	0.30	77.	4.8	13.1	16.3	9.6	1.4	39.2	40.4
43.	4.4	94.6	177.	4.6	4.60	0.28	63.	9.8	22.7	42.5	11.0	3.4	10.3	3.0
60.	3.7	72.6	170.	3.8	3.80	1.66	17.	4.8	6.3	12.3	26.2	3158.0	15.8	19.0
57.	1.1	90.3	135.	3.8	3.80	0.47	37.	4.7	15.6	22.2	13.3	6.6	17.7	24.3
69.	-5.6	66.1	96.	3.5	3.50	0.39	22.	3.6	7.4	19.8	15.7	15.2	33.0	34.2
36.	3.1	93.0	134.	3.9	3.90	0.33	69.	7.7	29.8	35.0	9.4	1.9	16.6	18.9
65.	4.5	68.0	171.	4.0	4.00	0.31	58.	5.9	14.2	20.7	11.0	11.2	38.5	34.0
70.	-3.2	91.0	118.	3.6	3.60	0.25	75.	4.8	19.0	18.1	8.7	0.0	32.1	44.3
49.	-6.0	74.7	121.	3.3	3.30	0.39	51.	5.6	19.1	19.1	9.5	1.3	24.8	40.5
52.	-0.1	90.8	144.	4.0	4.00	0.49	73.	4.9	28.4	36.7	8.9	2.8	16.8	17.2
24.	1.9	86.3	179.	3.6	3.90	0.80	51.	6.7	15.5	23.0	17.1	51.5	13.7	14.0
15.	-0.1	88.6	171.	3.8	3.80	0.20	161.	11.0	31.2	35.0	10.1	3.7	13.9	4.4
42.	-5.6	75.4	122.	3.4	3.40	0.33	44.	5.0	16.7	21.4	9.2	1.1	24.1	32.0
37.	-0.9	85.7	128.	3.3	3.30	0.70	43.	5.5	10.8	10.4	18.3	952.0	0.0	0.0
78.	7.2	95.4	163.	5.0	5.00	0.32	136.	10.1	33.4	34.5	9.7	4.4	15.0	11.0
134.	5.9	94.8	157.	4.3	4.30	0.39	107.	7.3	30.2	22.0	12.3	12.1	23.0	27.1
65.	-2.7	69.5	125.	3.4	3.40	0.94	24.	3.9	16.0	19.3	14.7	0.0	25.6	34.3
58.	-0.6	89.4	121.	3.9	3.90	0.52	30.	6.7	16.8	16.5	10.9	2.2	28.3	36.7
116.	3.5	64.2	168.	3.6	3.60	1.54	14.	4.0	6.7	15.0	27.3	56.8	20.3	26.1
111.	-1.2	87.4	131.	3.8	3.80	0.45	63.	6.0	25.5	21.1	10.3	11.9	33.7	26.3
43.	5.3	90.9	190.	4.7	4.70	0.79	34.	8.7	15.3	33.6	13.4	11.6	9.0	5.8
85.	-0.5	78.8	140.	3.7	3.70	1.08	36.	3.9	11.4	18.1	13.4	19.5	33.5	30.2
60.	-1.2	86.5	138.	3.7	3.70	0.69	56.	2.3	4.8	12.3	20.3	593.0	12.5	0.0
46.	-0.2	79.6	136.	3.5	3.60	0.30	54.	6.3	17.5	25.6	13.2	2.0	18.0	20.4
142.	5.0	92.5	149.	4.2	4.20	0.40	51.	4.8	17.5	23.3	12.5	4.3	27.5	23.3
79.	-0.9	81.9	141.	3.9	3.90	0.37	49.	4.1	14.4	23.9	10.6	2.3	23.9	27.9
31.	-4.7	86.7	106.	2.4	2.40	0.46	30.	4.3	8.4	9.0	16.8	1047.0	10.0	6.7
63.	0.7	65.6	148.	3.5	3.50	1.51	29.	4.4	9.0	18.7	17.2	18.4	27.8	34.0
67.	1.5	81.3	155.	3.3	3.30	0.66	13.	3.7	5.8	23.1	16.6	527.0	27.6	25.0
23.	-5.8	77.6	120.	3.1	3.10	0.83	134.	4.9	11.0	10.4	17.2	13.8	0.0	0.0
100.	-0.6	91.8	116.	4.1	4.10	0.27	52.	6.6	18.1	16.1	12.4	1.2	31.1	33.0
69.	4.8	70.5	164.	3.5	3.50	0.71	23.	5.6	6.8	10.5	26.2	2364.0	0.0	0.0
19.	-1.0	69.0	152.	2.4	2.40	1.20	30.	4.1	6.4	15.2	21.1	998.0	13.9	13.3
68.	8.5	86.2	211.	4.1	4.10	0.37	56.	7.1	11.3	20.4	16.8	2.3	16.2	22.6
64.	1.5	71.1	165.	3.7	3.70	0.68	54.	4.8	11.7	21.1	13.4	8.2	29.0	33.0
66.	1.4	77.9	161.	3.7	3.70	0.96	38.	4.7	10.9	17.7	14.8	30.6	31.5	36.0
80.	3.3	40.6	160.	3.7	3.70	0.67	13.	4.4	6.2	20.4	17.2	451.0	23.6	15.0
110.	2.9	93.1	144.	4.1	4.10	0.86	86.	6.0	30.6	23.4	11.0	158.0	21.1	22.8
41.	3.5	71.0	142.	3.4	3.40	0.54	50.	5.4	12.6	21.6	12.4	43.8	28.2	37.8
27.	16.1	93.1	184.	6.5	6.50	0.22	159.	28.0	53.6	43.7	7.3	4.9	9.0	8.5
32.	2.1	89.1	199.	3.9	3.90	0.91	56.	5.2	14.3	22.9	14.6	6.0	12.0	23.0
66.	5.2	89.8	178.	4.4	4.40	0.52	133.	6.6	14.0	23.1	14.7	288.0	6.0	4.5
87.	0.8	64.6	180.	3.2	3.20	1.55	11.	2.9	4.4	7.7	32.8	1647.0	25.6	19.6
40.	1.2	70.9	162.	3.4	3.40	0.0	58.	4.6	13.5	22.3	11.3	5.2	34.8	38.3

Noch Tabelle A 4-3:

	1	2	3	4	5	6	7	8	9	10	11	12
3060-OSIJEK	40.4	31.6	102.	28.6	17.7	4.6	9.1	6.7	10161.	92.7	6932.	121.
3061-OTOCAC	45.0	10.5	74.	9.2	51.4	5.4	4.0	1.8	4016.	63.2	2999.	91.
3062-OZALJ	65.1	5.0	89.	8.3	57.3	1.3	1.1	1.6	3169.	33.5	1164.	91.
3063-PAG	35.5	12.2	112.	11.4	45.6	1.0	6.6	4.5	6003.	73.5	5180.	93.
3064-PAKRAC	53.7	17.3	93.	14.9	57.6	2.2	3.6	3.2	5851.	61.7	3898.	96.
3065-PAZIN	40.1	18.4	108.	21.8	44.7	5.7	5.7	3.4	6800.	73.1	4130.	88.
3066-PETRINJA	51.5	17.9	123.	20.0	54.1	1.5	3.4	2.8	6783.	76.7	4156.	111.
3067-PLOCE	39.6	31.4	0.	11.5	22.1	5.3	12.9	4.7	6658.	84.2	5568.	115.
3068-PODRAVSKA SLATI	46.3	13.7	95.	7.1	65.3	2.8	2.7	3.7	4732.	62.7	3278.	89.
3069-POREC	44.6	32.7	175.	5.4	43.4	3.4	24.7	7.913021.	82.9	8418.	96.
3070-PULA	41.2	31.4	112.	34.4	6.1	4.4	12.4	8.3	12399.	91.1	8406.	113.
3071-RAB	35.9	23.9	123.	1.7	13.9	1.5	23.9	15.1	7907.	66.9	9432.	102.
3072-RIJEKA	43.3	43.2	107.	26.8	0.6	6.7	15.4	7.117761.	97.6	9117.	126.
3073-ROVINJ	42.1	29.7	109.	31.7	17.3	7.0	16.0	4.410296.	87.2	6957.	105.
3074-SAMOBOR	48.9	19.2	103.	30.0	31.2	3.9	5.6	7.8	8707.	73.5	4530.	107.
3075-SENJ	35.3	22.2	86.	22.9	8.2	8.8	10.2	4.9	8722.	90.4	5876.	85.
3076-SESVETE	51.4	15.3	101.	23.1	35.4	3.7	7.1	5.6	7528.	74.4	4017.	145.
3077-SINJ	38.9	10.9	125.	14.2	47.4	3.5	3.6	2.2	3476.	71.1	3290.	102.
3078-SISAK	51.5	27.3	105.	23.7	44.3	2.9	4.5	2.911154.	88.5	5116.	112.
3079-SLAV. POZEGA	47.7	14.6	95.	16.0	54.7	1.8	2.8	3.5	5488.	66.5	3091.	105.
3080-SLAV. BROD	38.9	21.2	107.	21.1	39.6	2.3	5.4	4.8	7014.	82.5	5010.	110.
3081-SLUNJ	52.0	7.0	131.	4.7	67.8	2.5	1.9	0.8	3134.	53.0	1653.	86.
3082-SPLIT	38.7	32.4	131.	25.7	7.3	8.1	12.9	7.012357.	95.8	9485.	139.
3083-SIBENIK	37.8	20.5	111.	17.2	21.6	5.3	10.1	8.0	7623.	85.3	6206.	102.
3084-TIT. KORENICA	47.2	16.5	127.	6.2	59.3	3.7	6.2	1.3	4946.	56.6	2296.	85.
3085-TROGIR	35.3	20.6	143.	35.7	24.8	5.3	7.1	5.0	8826.	83.9	6169.	97.
3086-UMAG	41.6	35.7	117.	18.2	20.3	2.1	24.6	9.619239.	91.2	9777.	108.
3087-VALPOVO	37.9	18.0	85.	24.5	41.3	4.0	4.7	3.2	6911.	75.4	3412.	105.
3088-VARAZDIN	50.5	28.3	109.	27.3	36.5	4.7	5.0	4.9	9110.	83.6	6813.	112.
3089-VEL.GORICA	52.6	10.2	119.	11.6	54.0	3.4	4.3	3.9	5460.	58.6	3374.	104.
3090-VINKOVCI	37.5	18.3	81.	13.0	41.2	4.1	4.7	4.8	6262.	77.3	4171.	110.
3091-VIROVITICA	45.9	13.0	87.	9.7	58.1	1.9	3.1	4.1	4195.	55.6	3265.	94.
3092-VIS	36.0	20.4	108.	23.3	38.7	3.3	6.3	4.6	6893.	74.7	5427.	72.
3093-VOJNIC	59.3	7.6	96.	6.8	70.3	1.0	1.8	1.8	3212.	44.5	1616.	91.
3094-VRBOVEC	54.5	7.4	133.	7.8	74.5	0.7	1.7	2.4	4858.	36.1	1941.	89.
3095-VRBOVSKO	37.8	26.7	87.	30.9	17.5	1.4	7.1	3.2	8156.	89.8	3035.	97.
3096-VRGINMOST	55.4	9.1	92.	8.3	64.0	1.0	2.1	0.9	3320.	45.6	1927.	90.
3097-VRGORAC	47.1	7.1	98.	7.6	64.0	2.6	2.4	1.2	2831.	52.7	3304.	88.
3098-VUKOVAR	44.4	29.3	101.	38.4	29.0	3.2	5.0	4.5	9283.	78.8	4205.	120.
3099-ZABOK	58.3	13.7	103.	19.0	54.4	2.9	3.8	5.9	5202.	68.9	3053.	101.
3100-ZADAR	38.0	21.3	126.	19.2	19.3	4.2	8.6	4.7	8246.	87.4	6409.	119.
3101-ZAGREB	48.1	44.4	114.	30.3	3.5	6.8	13.3	8.517505.	95.010770.	131.
3102-ZAPRESIC	49.1	6.9	92.	2.2	36.0	4.5	6.0	7.5	6601.	72.0	2562.	104.
3103-ZELINA	58.5	9.8	103.	9.8	70.2	1.4	2.5	3.3	5398.	41.0	4577.	97.
3104-ZLATAR BISTRICA	48.6	9.1	66.	12.4	61.3	2.6	2.3	4.2	3996.	57.7	3161.	89.
3105-ZUPANJA	37.9	11.1	59.	9.3	54.5	1.9	3.0	4.2	2859.	45.1	2268.	107.
4001-BEROVO	44.5	13.0	113.	10.6	58.4	3.4	2.9	5.2	3313.	64.8	1910.	100.
4002-BITOLJ	42.5	16.5	107.	12.1	38.3	2.2	4.5	4.9	4065.	71.2	3286.	112.
4003-BROD	36.8	6.6	100.	5.9	67.2	2.2	2.1	1.2	1948.	43.5	1360.	88.
4004-DEBAR	25.7	10.6	105.	14.6	26.7	12.0	3.4	5.0	2052.	63.1	2323.	117.
4005-DELCEVO	45.5	19.4	199.	18.8	54.3	6.2	2.8	4.4	5132.	74.5	2051.	113.
4006-DEMIR-HISAR	47.4	7.0	89.	6.7	63.9	1.9	2.1	3.4	1872.	41.6	1035.	91.
4007-DJEVDJELIJA	40.2	20.0	129.	8.9	55.4	2.3	6.8	3.3	5899.	57.8	3867.	112.
4008-GOSTIVAR	26.7	9.3	96.	10.4	43.4	4.6	4.3	10.6	2478.	68.0	2310.	120.
4009-KAVADARCI	35.8	19.9	104.	14.6	47.8	3.9	5.3	4.8	5335.	68.3	4011.	113.
4010-KICEVO	34.1	10.2	93.	12.4	48.3	3.7	2.7	4.2	2225.	60.3	2152.	111.
4011-KOCANI	40.5	12.7	106.	1.4	60.8	3.7	3.5	5.1	3852.	57.5	2282.	115.
4012-KRATOVO	47.3	8.7	108.	10.4	62.9	4.3	1.9	7.4	2042.	51.0	1193.	95.
4013-KRIVA PALANKA	50.5	9.2	123.	8.0	70.6	6.1	1.2	3.5	1961.	58.6	1488.	95.
4014-KRUSEVO	43.9	10.1	110.	5.8	64.7	1.7	2.9	10.6	2666.	74.6	1967.	97.
4015-KUMANOVO	40.1	11.7	103.	12.8	57.6	5.2	2.9	5.7	3251.	70.1	2771.	113.
4016-NEGOTIN	36.1	19.6	126.	9.9	56.9	5.6	4.1	5.7	5612.	73.0	2632.	113.

13	14	15	16	17	18	19	20	21	22	23	24	25	26	27
218.	5.4	48.5	196.	3.5	3.50	1.67	21.	3.8	5.1	14.3	26.4	68.3	45.5	54.5
27.	2.2	93.4	149.	4.0	4.10	0.29	94.	6.4	25.1	24.2	11.0	16.6	9.7	9.9
63.	-1.7	92.5	102.	3.9	3.90	0.23	0.	5.0	31.7	13.9	8.0	1.8	21.6	25.8
26.	1.8	92.6	128.	3.8	3.80	0.67	102.	6.4	14.9	22.5	10.5	208.0	0.0	10.0
51.	1.5	77.9	151.	3.5	3.50	1.88	38.	4.6	11.4	20.9	14.0	50.8	29.0	39.4
38.	2.4	89.5	149.	3.8	3.80	0.45	18.	5.1	12.8	24.1	9.7	12.6	21.3	16.3
80.	3.2	71.3	155.	3.8	3.80	0.87	33.	4.7	10.4	25.8	16.5	8.1	18.4	22.3
61.	8.3	69.6	196.	4.2	4.20	0.58	44.	6.8	7.6	15.4	23.1	299.0	12.6	19.3
45.	-1.3	75.7	161.	3.5	3.50	0.37	43.	4.7	14.0	20.6	10.9	9.9	35.0	38.9
49.	1.5	79.0	158.	3.2	3.20	0.75	11.	4.6	7.6	27.4	14.33	063.0	18.4	11.9
122.	8.2	57.1	179.	3.3	3.30	1.75	9.	3.6	4.6	13.0	32.01	722.0	18.9	5.0
74.	4.2	86.0	135.	4.1	4.10	1.88	42.	5.6	8.1	16.5	23.2	843.0	0.0	12.0
306.	6.6	46.3	167.	3.6	3.60	2.70	9.	3.4	4.2	7.2	35.1	862.0	20.0	8.7
56.	1.5	71.4	165.	3.2	3.20	1.22	14.	3.7	6.1	21.0	20.4	1232.0	20.2	9.8
128.	3.7	83.1	141.	4.1	4.10	0.60	44.	4.9	9.7	20.5	21.1	34.2	27.6	27.1
16.	3.8	84.3	176.	3.2	3.10	0.87	34.	1.6	3.2	24.0	18.7	89.8	10.0	14.0
190.	5.1	58.7	109.	3.8	3.80	0.58	17.	13.9	27.9	15.4	19.5	2.7	24.8	28.3
53.	9.5	94.8	202.	4.8	4.80	0.44	85.	9.3	21.0	37.1	9.8	4.5	17.1	8.3
79.	2.4	63.7	159.	3.6	3.60	1.80	21.	4.3	7.1	19.3	21.5	22.7	20.2	24.7
59.	2.5	73.2	162.	3.7	3.70	0.59	45.	4.8	11.1	20.3	13.7	16.5	35.5	31.8
94.	5.1	67.0	181.	3.7	3.70	0.98	43.	4.6	9.0	16.3	19.0	87.1	24.8	24.4
32.	6.3	93.4	181.	4.6	4.60	0.31	117.	10.7	43.9	40.5	5.7	13.0	13.3	19.0
216.	10.1	57.0	203.	4.0	4.00	1.53	12.	5.2	5.7	14.3	35.5	1264.0	9.0	3.5
76.	3.9	83.7	179.	3.8	3.80	1.40	30.	5.5	7.7	27.9	20.9	1478.0	14.6	5.2
13.	3.0	88.2	152.	4.0	4.00	0.48	85.	8.5	22.9	31.1	11.8	177.0	15.4	16.9
74.	3.7	87.7	173.	4.0	3.90	0.60	27.	7.5	10.7	36.6	15.5	287.0	10.0	8.0
93.	6.6	47.6	136.	3.3	3.30	0.61	9.	3.6	5.0	16.7	23.6	1607.0	20.0	10.5
85.	3.2	67.8	154.	3.5	3.50	0.49	41.	4.1	8.0	15.8	16.8	2.3	37.7	43.2
223.	6.6	77.2	206.	3.9	3.90	1.38	20.	4.0	7.1	12.9	24.2	51.3	27.2	26.1
67.	0.9	86.1	122.	3.8	3.80	0.40	17.	4.6	9.9	22.6	14.8	13.6	30.2	30.2
90.	6.1	58.6	197.	3.8	3.80	0.76	37.	4.8	8.4	20.8	15.4	43.2	41.9	36.6
80.	0.9	72.3	174.	3.7	3.70	0.31	79.	4.5	11.2	19.2	13.1	11.7	31.0	35.0
50.	-5.9	84.4	90.	2.6	2.60	0.59	126.	3.5	7.2	19.5	14.8	59.5	0.0	0.0
40.	2.6	84.9	103.	4.2	4.20	0.31	68.	8.9	41.9	33.9	7.9	1.5	16.9	20.5
60.	-4.1	79.6	102.	3.6	3.60	0.45	62.	6.0	23.7	20.5	8.3	0.0	28.6	34.3
30.	0.3	75.8	130.	3.5	3.50	0.48	29.	4.3	9.9	12.2	15.4	0.3	20.0	21.0
48.	-0.3	92.3	162.	4.3	4.30	0.70	160.	8.5	35.9	33.6	8.3	23.8	19.7	21.6
35.	0.4	93.1	166.	4.2	4.20	0.30	54.	6.7	21.4	32.0	7.7	0.0	21.1	27.8
126.	7.5	54.1	163.	3.7	3.70	0.79	28.	4.3	6.7	17.0	19.3	74.9	42.6	54.3
167.	4.0	89.0	172.	4.1	4.10	1.30	34.	6.1	17.1	22.1	19.3	47.6	29.5	20.0
96.	9.3	78.2	197.	4.5	4.50	1.32	30.	6.3	8.4	20.0	22.1	1276.0	25.6	9.2
1268.	5.8	39.8	149.	3.4	3.40	2.74	8.	3.2	4.2	6.7	45.2	779.0	29.8	21.7
131.	0.1	83.0	115.	3.9	3.80	0.84	21.	4.2	8.8	14.4	19.1	0.0	24.6	28.4
83.	-5.2	88.3	94.	3.8	3.80	0.28	34.	6.1	21.3	18.7	9.2	10.0	31.7	31.3
107.	-1.4	91.6	143.	3.9	3.90	0.52	49.	5.2	24.9	23.3	10.6	1.2	27.2	16.3
60.	7.6	62.7	165.	3.8	3.80	0.31	75.	5.4	13.3	26.5	10.2	3.4	39.6	33.5
25.	6.5	93.6	170.	4.4	0.0	0.30	102.	9.7	25.7	19.7	10.5	3.5	16.7	10.9
73.	8.2	79.6	189.	5.1	6.71	0.88	23.	6.7	11.0	19.7	14.6	45.9	29.5	19.6
17.	12.9	96.7	166.	5.0	1.77	0.25	264.	12.6	121.6	30.0	6.3	4.7	12.8	11.1
70.	26.4	92.9	224.	6.2	4.87	0.09	123.	13.5	35.1	30.0	7.6	43.7	13.3	22.3
37.	18.2	88.2	174.	5.4	0.61	0.33	64.	11.6	29.8	30.9	8.6	3.5	22.0	14.7
36.	12.6	89.9	121.	4.4	24.28	0.77	69.	10.4	40.9	28.5	8.6	0.0	13.0	9.8
36.	11.0	84.2	178.	4.4	2.75	0.48	26.	5.0	8.2	15.8	13.9	139.0	17.1	14.6
61.	22.0	93.8	195.	6.7	1.12	0.36	68.	17.1	36.9	32.7	6.4	26.2	25.0	25.5
31.	15.5	84.7	206.	4.7	4.18	0.40	33.	5.6	9.0	21.1	14.1	10.2	12.3	12.2
52.	16.3	92.7	172.	5.2	3.20	0.45	93.	11.4	31.3	31.1	9.1	5.7	21.1	25.0
77.	14.5	87.4	186.	5.0	2.19	0.43	58.	8.4	20.7	28.4	9.1	12.8	20.2	25.0
40.	8.0	90.1	171.	5.2	7.23	0.27	171.	12.1	42.4	35.7	6.9	1.9	9.2	6.8
41.	11.5	95.0	172.	5.4	2.35	0.20	127.	16.0	52.4	34.7	6.6	4.4	13.0	10.2
65.	11.4	80.9	163.	5.1	2.31	0.38	131.	11.2	25.5	26.6	5.9	12.4	10.0	9.5
95.	16.0	83.1	184.	5.3	2.75	0.55	66.	10.3	21.1	29.8	9.8	34.0	18.1	14.8
24.	15.4	66.1	178.	4.8	2.53	0.45	45.	10.5	79.7	26.5	10.5	2.3	14.1	13.8

Noch Tabelle A 4-3:

	1	2	3	4	5	6	7	8	9	10	11	12
4017-OHRID	37,4	15,7	113,	13,3	32,9	6,2	5,9	4,6	4078,	76,3	4073,	114,
4018-PRILEP	42,7	15,0	108,	14,5	56,1	1,9	3,7	4,6	5492,	71,4	3672,	104,
4019-PROBIŠTIP	40,2	18,6	105,	27,3	49,0	4,9	3,1	5,2	5328,	82,8	1752,	99,
4020-RADOVIŠ	45,4	11,2	126,	8,8	72,4	2,2	2,6	2,8	2727,	53,9	1774,	116,
4021-REŠEN	48,5	9,6	93,	3,5	50,2	1,4	3,1	4,0	2257,	66,0	1963,	101,
4022-SKOPLJE	35,9	27,9	0,	20,8	17,5	9,1	10,3	9,3	7062,	91,3	4806,	144,
4023-STRUGA	29,6	7,8	101,	9,8	29,5	7,7	2,9	12,9	3166,	61,5	2459,	115,
4024-STRUMICA	46,3	12,7	120,	7,4	66,4	2,5	4,3	4,3	4039,	57,6	3002,	117,
4025-SV. NIKOLE	38,2	19,4	153,	10,7	60,5	5,9	3,5	6,2	3647,	72,5	2767,	94,
4026-ŠTIP	41,9	28,4	115,	31,0	30,4	5,0	5,2	6,4	5416,	86,7	4465,	112,
4027-TETOVO	32,9	10,2	119,	10,1	51,6	2,2	3,3	6,0	2518,	65,9	2413,	125,
4028-TITOV VELES	38,9	19,1	94,	21,0	41,5	4,8	6,0	6,2	5433,	79,7	3468,	105,
4029-VALANDOVO	37,5	13,4	96,	2,3	72,5	1,5	5,7	2,3	5196,	47,7	2685,	105,
4030-VINICA	41,4	8,7	73,	3,3	68,4	2,3	2,3	3,6	2007,	47,0	1605,	114,
5001-AJDOVŠČINA	41,3	23,3	118,	32,9	23,8	7,3	6,4	6,3	9257,	80,4	6357,	101,
5002-BREŽICE	51,4	16,3	104,	14,0	45,4	2,4	6,1	6,6	8316,	57,8	6509,	98,
5003-CELJE	48,5	49,7	110,	39,7	9,8	4,8	11,7	7,417216,	94,312983,		115,	
5004-ČERKNICA	43,8	31,7	112,	49,8	19,7	3,1	6,1	2,813025,	83,1	4718,	100,	
5005-ČRNOMELJ	51,3	22,8	112,	27,7	42,3	1,9	2,6	3,9	7201,	72,6	4068,	101,
5006-DOMŽALE	47,6	28,5	106,	48,6	15,0	3,1	7,2	9,812186,	77,3	6205,	117,	
5007-DRAVOGRAD	39,5	26,5	140,	30,5	21,7	11,2	7,2	5,8	8848,	83,0	4826,	107,
5008-GORNJA RADGONA	52,8	18,7	115,	14,7	50,0	2,3	4,0	4,8	4854,	70,3	4358,	105,
5009-GROSUPLJE	50,3	16,2	106,	19,5	40,0	4,4	6,7	8,3	6793,	66,3	3457,	102,
5010-HRASTNIK	43,4	39,4	108,	66,8	3,9	5,6	4,4	6,912562,	94,3	5082,	103,	
5011-IDRIJA	40,4	28,2	123,	39,8	22,2	8,2	5,5	3,413658,	89,2	5900,	101,	
5012-ILIRSKA BISTRICA	41,0	24,0	109,	32,3	27,1	4,4	6,1	4,4	8884,	82,4	5504,	96,
5013-IZOLA	48,1	41,2	101,	45,7	6,3	5,2	11,6	7,615317,	89,6	8666,	111,	
5014-JESENICE	45,7	44,8	95,	49,7	2,9	5,2	11,9	5,715863,	95,4	8541,	106,	
5015-KAMNIK	50,5	37,4	117,	49,5	16,9	3,5	5,9	8,212847,	87,8	5728,	113,	
5016-KOČEVJE	42,8	33,0	104,	37,5	16,2	3,3	6,8	4,811881,	91,4	7089,	101,	
5017-KOPAR	47,5	42,9	129,	26,1	14,6	4,8	13,8	7,319378,	93,014398,		121,	
5018-KRANJ	50,2	42,8	111,	51,4	10,5	2,9	8,6	5,914759,	89,1	8538,	118,	
5019-KRŠKO	47,9	22,1	102,	28,4	40,5	3,2	3,8	6,110378,	74,3	4400,	98,	
5020-LAŠKO	42,4	22,8	101,	37,4	24,6	2,9	4,9	4,5	8928,	86,7	4453,	102,
5021-LENART	54,7	5,9	76,	9,1	65,0	2,5	2,7	2,9	2960,	42,7	2377,	100,
5022-LENDAVA	64,1	13,7	106,	12,7	58,8	2,1	1,9	2,2	6277,	63,3	2973,	97,
5023-LITIJA	45,1	19,6	106,	35,2	28,8	3,7	6,4	4,6	7645,	71,6	3743,	99,
5024-LOGATEC	45,0	24,3	60,	35,9	24,7	5,7	6,9	6,2	9719,	79,3	5350,	107,
5025-LUBLJ. BEZIGRAD	52,1	51,2	125,	27,2	2,2	10,5	17,2	7,523692,	95,411293,		133,	
5026-LUBLJ. CENTER	49,4133,7	115,	19,3	0,5	4,1	19,5	8,261270,	98,549433,		92,		
5027-LUBLJ. MOSTE	P052,5	41,4	121,	34,0	4,7	8,9	15,2	7,718770,	94,2	4499,	137,	
5028-LUBLJ. ŠIŠKA	51,8	39,4	124,	36,0	3,1	5,7	16,0	8,920403,	92,0	8598,	145,	
5029-LUBLJ. VIC RUDN	34,4	22,1	106,	39,1	16,4	8,1	21,7	14,110444,	84,4	3988,	123,	
5030-LJUTOMER	52,6	17,5	104,	17,6	52,8	2,2	3,2	4,9	6197,	70,5	4947,	103,
5031-MARIBOR	47,1	40,4	110,	40,3	10,9	5,8	9,0	6,514490,	92,7	8854,	113,	
5032-METLIKA	49,2	33,4	167,	34,1	37,1	1,9	4,7	3,2	8707,	80,1	6453,	104,
5033-MOZIRJE	41,8	17,8	92,	27,7	35,2	3,6	5,7	6,6	8059,	64,0	5077,	101,
5034-MURSKA SOBOTA	63,9	16,5	117,	10,9	59,9	2,0	3,3	3,8	6481,	73,2	5367,	102,
5035-NOVA GORICA	45,5	36,0	124,	34,5	18,7	6,2	9,9	8,116228,	89,012039,		110,	
5036-NOVO MESTO	50,7	32,9	133,	32,4	33,4	4,1	4,6	4,513432,	86,4	6445,	110,	
5037-ORMOŽ	54,2	10,8	94,	7,5	64,8	3,6	3,2	2,8	4666,	54,5	2752,	95,
5038-PIRAN	42,3	40,1	110,	19,4	9,7	4,7	24,9	8,023687,	91,5	9687,	108,	
5039-POSTOJNA	43,6	34,9	119,	22,2	20,4	5,1	13,1	4,315487,	91,8	8107,	101,	
5040-PTUJ	54,9	18,4	98,	15,7	51,7	3,0	4,0	4,5	6769,	77,7	5406,	103,
5041-RADLJE OB DRAVI	37,5	20,4	111,	34,6	27,0	7,3	5,7	3,2	7697,	83,1	4051,	96,
5042-RADOVLJICA	45,8	36,3	114,	46,7	10,9	3,9	11,1	6,616165,	89,1	9132,	106,	
5043-RAVNE NA KOROŠ	39,7	34,7	103,	53,4	9,2	4,1	6,3	5,310834,	89,5	5163,	110,	
5044-RIBNICA	42,4	18,2	106,	26,7	27,1	2,8	8,3	6,6	8667,	66,6	5539,	99,
5045-SEVNICA	43,0	19,3	120,	32,6	36,8	2,0	3,4	3,7	7634,	83,8	3982,	100,
5046-SEŽANA	44,7	27,9	105,	20,5	30,2	5,6	12,4	6,916219,	86,115607,		95,	
5047-SLOV. BISTRICA	43,0	18,7	99,	29,1	33,7	3,7	5,9	6,1	7777,	81,2	4135,	101,
5048-SLOV. KONJICE	40,1	22,3	100,	37,6	30,3	3,0	4,4	6,0	8245,	80,7	4222,	104,

13	14	15	16	17	18	19	20	21	22	23	24	25	26	27
52.	11.1	84.2	198.	4.8	11.76	0.96	39.	6.8	12.4	25.3	15.1	420.0	15.4	18.6
53.	12.0	87.1	193.	4.8	3.26	0.78	49.	6.4	14.7	22.4	12.5	13.2	22.1	13.4
46.	11.3	81.5	190.	4.2	1.98	0.66	54.	7.5	17.7	30.5	8.8	3.9	18.1	1.9
35.	19.6	87.7	177.	5.1	0.35	0.23	119.	9.0	26.3	21.4	6.8	2.4	17.5	9.9
32.	3.5	91.5	126.	4.9	0.92	0.38	43.	9.6	23.8	24.0	9.2	113.0	11.9	12.3
211.	18.0	59.1	204.	4.9	9.24	1.85	13.	6.2	7.5	18.9	24.4	319.0	21.9	18.3
90.	20.6	94.6	211.	5.9	2.48	0.61	104.	12.6	26.6	27.6	8.7	107.0	29.4	23.3
81.	18.4	90.1	185.	5.1	3.19	0.55	55.	7.0	16.0	23.6	10.8	21.8	23.3	31.5
33.	12.3	72.4	203.	4.8	0.47	0.28	75.	8.0	22.8	32.3	9.1	3.8	19.9	20.7
50.	13.0	71.4	230.	4.8	14.80	1.13	81.	5.5	8.7	23.3	17.5	17.1	18.5	31.4
121.	20.4	90.6	198.	6.6	2.87	0.48	82.	16.2	29.6	33.4	7.6	31.4	25.5	28.5
40.	13.6	76.9	197.	4.5	7.34	0.92	40.	5.8	9.5	23.1	18.5	26.3	19.0	8.5
28.	16.0	77.5	163.	4.4	0.65	0.33	68.	8.5	16.9	21.0	9.4	1.1	24.7	18.4
38.	16.8	77.5	184.	5.1	0.0	0.36	88.	11.4	33.2	30.9	6.2	0.0	14.1	15.3
61.	4.6	84.6	141.	3.9	0.0	0.37	11.	4.5	10.2	5.7	17.6	6.2	30.6	15.4
93.	0.9	80.2	144.	3.7	15.04	1.05	13.	4.1	9.4	6.5	19.5	81.2	31.2	27.0
253.	5.9	63.1	206.	3.4	29.26	2.39	8.	3.0	5.3	5.8	33.2	163.0	26.0	23.5
29.	5.1	83.9	136.	3.4	0.0	0.64	10.	3.3	8.2	6.8	19.5	3.3	29.2	15.7
35.	3.4	84.3	155.	3.8	0.0	0.35	16.	4.3	12.7	9.2	16.2	5.9	14.8	19.2
133.	11.7	76.9	145.	4.1	0.0	0.84	9.	3.4	6.9	6.8	27.4	8.5	24.8	35.7
72.	6.0	73.1	145.	4.1	0.0	0.26	17.	3.3	7.9	12.7	19.9	4.4	24.0	33.7
97.	3.0	75.9	145.	3.9	10.89	0.63	21.	4.3	11.8	5.6	16.8	106.0	31.4	64.5
55.	5.7	83.3	147.	3.7	2.95	0.61	11.	4.4	11.5	7.9	17.4	19.8	20.6	33.3
191.	2.4	70.5	128.	3.4	0.0	0.72	14.	2.4	6.7	7.4	22.8	3.6	21.1	25.7
42.	3.8	86.3	138.	3.5	25.43	1.07	11.	3.4	5.0	11.6	18.2	19.3	17.4	25.7
32.	3.8	86.6	119.	3.5	0.0	0.46	10.	4.1	9.0	7.7	15.3	10.0	29.9	18.6
371.	7.5	35.9	192.	3.4	0.0	0.38	7.	3.4	4.3	11.2	26.0	198.0	25.0	14.0
73.	5.9	64.1	135.	3.3	11.76	1.71	9.	2.8	4.8	5.3	32.0	322.0	23.2	23.0
78.	6.7	78.1	140.	3.8	0.0	0.85	9.	3.5	6.7	7.3	25.8	36.5	24.9	34.9
22.	0.8	66.7	166.	3.4	0.0	0.76	11.	3.6	6.4	8.3	19.7	13.7	27.0	24.26
130.	8.0	55.4	166.	3.4	29.48	2.23	6.	3.5	5.1	11.6	25.9	328.0	24.9	7.3
124.	10.2	70.1	190.	3.7	0.07	1.76	8.	3.2	5.3	5.2	32.6	126.0	24.0	28.0
76.	3.0	80.3	112.	3.6	0.0	0.42	15.	3.8	10.0	8.3	17.2	7.6	28.1	32.0
74.	3.3	77.9	128.	3.3	13.54	0.24	17.	3.3	9.0	9.1	16.4	94.8	25.3	28.6
84.	5.0	79.7	148.	4.2	0.0	0.29	38.	4.1	19.0	8.6	9.3	0.4	29.0	34.5
105.	1.4	89.5	133.	4.1	0.0	0.30	32.	5.2	16.0	6.1	18.5	3.7	28.2	32.42
50.	2.3	81.6	139.	3.8	0.0	0.54	14.	3.7	9.2	10.3	18.7	3.4	28.9	22.6
44.	10.6	77.7	136.	3.8	0.0	0.40	8.	3.3	8.4	7.7	19.2	9.1	21.6	22.7
903.	8.8	49.0	266.	3.5	4.84	1.33	5.	2.8	4.4	4.0	48.9	42.4	21.5	27.5
3009.	4.0	46.2	324.	3.0	69.99	14.43	5.	2.3	4.1	2.8	58.1	333.0	0.0	0.0
294.	8.5	58.2	131.	3.6	15.43	1.37	6.	3.0	4.8	4.4	39.6	0.8	26.8	28.8
423.	10.6	52.5	123.	3.5	4.49	1.47	6.	2.9	4.3	8.6	46.5	133.0	28.1	42.4
120.	8.9	65.1	154.	3.4	2.13	0.78	8.	3.0	5.4	4.7	38.9	9.5	23.9	41.8
101.	4.5	80.5	143.	4.0	0.0	0.39	20.	4.3	10.4	6.7	18.7	4.5	28.3	25.5
233.	7.1	67.1	198.	3.7	9.09	1.57	10.	3.0	5.2	5.7	34.1	243.0	28.4	27.5
66.	4.8	74.2	145.	3.9	0.0	0.56	13.	4.3	12.2	7.6	19.2	3.3	24.8	28.1
30.	3.3	89.8	133.	3.9	0.0	0.33	15.	3.4	9.2	13.4	14.7	50.1	21.2	24.9
92.	2.2	90.9	151.	4.1	6.92	1.02	22.	4.7	13.6	6.2	18.0	99.0	29.2	24.4
85.	4.5	80.7	166.	3.6	12.44	1.54	7.	3.5	6.3	5.4	22.8	70.7	25.2	23.3
56.	8.2	85.0	181.	3.8	12.24	1.38	11.	3.6	9.4	8.2	20.4	159.0	20.0	26.5
87.	2.0	84.3	153.	3.9	7.54	0.75	29.	4.1	13.6	6.4	14.1	4.5	29.2	34.5
275.	4.9	43.9	182.	3.2	0.0	0.65	8.	3.1	4.7	11.7	20.5	1074.0	33.3	15.0
38.	4.0	74.0	133.	3.4	3.20	0.63	9.	3.8	4.9	4.7	23.3	153.0	27.4	13.0
102.	5.8	87.8	163.	4.0	5.09	0.73	20.	4.3	11.2	8.0	17.3	21.0	28.2	30.0
49.	7.6	85.6	137.	4.1	0.0	0.29	21.	3.7	10.2	11.2	16.9	6.2	21.7	26.9
42.	6.3	74.6	127.	3.3	8.42	0.73	8.	2.8	4.6	5.3	32.2	879.0	27.0	25.6
72.	7.3	75.8	177.	3.7	0.0	0.67	12.	5.0	5.3	10.5	24.9	25.2	18.2	8.0
46.	3.3	84.7	133.	3.8	0.0	0.39	14.	3.9	8.8	4.5	17.3	6.7	16.3	33.0
64.	1.4	79.7	147.	3.8	0.0	0.48	20.	4.8	14.3	9.3	15.7	3.7	22.1	25.4
33.	2.1	82.9	110.	3.3	8.36	0.37	8.	3.3	7.2	5.5	19.1	60.0	29.1	8.76
82.	2.8	82.6	151.	3.9	0.0	0.33	18.	6.0	14.1	8.0	20.1	13.1	28.8	27.0
86.	8.3	82.8	132.	4.0	0.0	0.37	21.	2.3	5.8	8.5	18.3	3.1	22.2	25.9

Noch Tabelle A 4-3:

	1	2	3	4	5	6	7	8	9	10	11	2
5049-SLOV. GRADEC	43,8	24,3	105,	39,6	25,2	3,7	5,1	4,7	7787,	81,5	6332,	109,
5050-ŠENTJUR PRI CEL	46,8	10,1	113,	27,1	48,1	1,9	3,8	3,8	4736,	57,5	2244,	100,
5051-ŠKOFJA LOKA	46,3	30,7	140,	47,6	16,2	4,8	5,8	8,8139,	7,	88,2	6667,	111,
5052-ŠMARJE PRI JELŠSO	9	14,8	99,	16,8	54,7	2,7	2,9	4,0	5203,	57,1	3557,	98,
5053-TOLMIN	42,5	22,3	106,	30,0	30,0	4,6	7,6	4,4	8897,	79,9	8021,	93,
5054-TRBOVLJE	44,9	48,6	108,	36,7	2,2	9,9	8,6	4,516629,	95,9	7714,	102,
5055-TREBNJE	46,2	12,9	113,	21,5	46,1	1,9	3,5	4,8	5480,	58,9	4029,	98,
5056-TRŽIČ	50,1	42,0	111,	66,4	4,8	3,0	5,5	4,113322,	89,6	6966,	110,
5057-VELENJE	46,0	40,3	143,	54,4	10,5	7,6	5,3	3,515795,	93,1	7161,	130,
5058-VRHNIKA	47,6	24,3	115,	39,1	12,7	5,7	10,5	8,910722,	78,7	5804,	110,
5059-ZAGORJE OB SAVI	42,5	30,0	101,	56,9	14,0	6,0	5,9	4,0	9552,	87,5	4904,	102,
5060-ŽALEC	43,9	24,0	88,	36,8	28,5	3,1	5,5	8,8	9782,	76,6	4492,	107,
6001-BARAJEVO	55,7	6,3	121,	7,2	67,7	4,3	4,3	2,3	3287,	20,2	2139,	95,
6002-ČUKARICA	44,2	18,1	117,	31,3	5,3	9,3	13,4	6,2	6001,	92,2	4730,	193,
6003-GROCKA	57,7	10,5	124,	7,2	63,8	2,3	4,1	4,8	4601,	29,5	1911,	107,
6004-LAZAREVAC	47,3	19,4	124,	24,7	52,6	2,9	3,2	3,6	5754,	74,7	2535,	104,
6005-MLADENOVAC	51,4	20,5	122,	23,3	53,4	3,0	3,3	2,6	7084,	74,1	3670,	105,
6006-NOVI BEOGRAD	43,6	27,9	165,	18,1	1,0	12,3	12,0	4,4	8651,	98,4	5111,	276,
6007-OBRENOVAC	43,9	11,4	108,	15,1	53,3	4,7	5,2	4,3	4200,	60,1	3520,	110,
6008-PALILULA	46,5	38,5	123,	20,6	12,6	9,5	13,8	6,712772,	95,4	6351,	142,
6009-SAVSKI VENAC	44,6103,1	116,	13,5	0,5	5,7	15,9	7,030922,	98,914149,	85,
6010-SOPOT	53,8	3,4	98,	4,8	69,4	3,0	3,4	3,8	3406,	37,2	1375,	92,
6011-STARI GRAD	46,8104,1	120,	14,9	0,6	6,9	18,8	7,848501,	99,033984,	87,
6012-VOŽDOVAC	44,7	15,2	127,	18,9	5,5	11,3	15,0	9,2	4459,	90,9	4983,	157,
6013-VRAČAR	44,5	35,3	124,	13,8	0,5	7,6	16,6	7,914739,	96,813638,	95,
6014-ZEMUN	43,2	28,6	115,	33,6	9,8	7,0	10,9	6,110197,	94,3	5580,	146,
6015-ZVEZDARA	46,1	34,8	127,	20,4	2,6	13,2	15,1	10,2	6234,	93,4	5468,	127,
6016-ALEKSANDROVAC	55,0	7,9	207,	3,5	84,9	1,4	1,4	2,8	4119,	40,2	1891,	98,
6017-ALEKSINAC	55,0	10,9	105,	10,2	70,5	2,3	2,2	3,8	4431,	44,9	2495,	98,
6018-ARANDJELOVAC	50,6	20,5	125,	24,0	52,1	2,2	3,2	3,6	5052,	76,4	3646,	109,
6019-ARILJE	60,5	12,2	175,	10,8	75,6	2,3	2,3	1,8	4152,	56,1	2569,	98,
6020-BABUŠNICA	64,0	5,0	105,	3,2	84,8	1,7	1,0	3,5	2477,	31,6	1502,	85,
6021-BAJINA BAŠTA	58,3	8,7	76,	5,7	79,6	2,0	2,1	2,4	4270,	63,4	1832,	92,
6022-BATOČINA	60,1	16,8	124,	12,2	60,8	1,7	2,9	3,2	4335,	51,2	2739,	102,
6023-BELA PALANKA	57,6	7,1	113,	7,7	72,4	2,5	2,0	4,1	2818,	40,6	2120,	85,
6024-BLACE	59,6	8,9	124,	6,6	80,0	1,9	1,4	2,1	3854,	34,6	1593,	88,
6025-BOGATIĆ	55,3	4,0	105,	1,1	84,4	0,8	2,1	3,7	4206,	23,3	2082,	97,
6026-BOJNIK	51,2	4,0	117,	2,2	76,4	9,5	1,3	2,9	3181,	19,1	1404,	90,
6027-BOLJEVAC	65,4	9,5	78,	9,7	78,3	0,9	1,6	1,4	3555,	45,8	1667,	89,
6028-BOR	52,6	32,6	139,	31,8	37,2	8,5	4,9	2,911253,	91,1	4396,	122,
6029-BOSILJ-GRAD	63,4	4,4	105,	0,6	84,8	2,4	1,1	4,2	2126,	29,9	1294,	94,
6030-BRUS	54,8	4,5	138,	5,3	82,0	0,6	1,4	2,3	2469,	34,4	1639,	96,
6031-BUJANOVAC	39,0	4,0	126,	7,8	71,4	2,0	2,2	4,0	2300,	34,7	1204,	111,
6032-CRNA TRAVA	43,9	2,7	123,	0,4	41,5	9,9	1,9	37,0	2244,	19,4	1396,	79,
6033-ČAČAK	48,3	21,7	154,	23,2	46,1	3,9	5,9	4,5	7076,	73,5	4467,	115,
6034-ČAJETINA	56,0	13,0	245,	6,7	72,0	7,9	3,3	1,6	4973,	73,8	2029,	93,
6035-ĆIĆEVAC	52,0	12,8	118,	12,2	62,1	4,4	3,0	4,2	5219,	44,5	2856,	97,
6036-ĆUPRIJA	49,0	18,0	111,	15,1	52,9	3,9	3,4	4,7	5653,	68,4	3367,	107,
6037-DESPOTOVAC	61,0	15,2	84,	16,0	62,2	1,5	2,3	2,1	4514,	57,2	1849,	95,
6038-DIMITROVGRAD	57,4	17,4	120,	12,9	68,6	3,1	2,1	1,7	4689,	55,7	2353,	89,
6039-DOLJEVAC	50,8	3,3	65,	17,9	56,9	7,0	2,7	3,8	3164,	17,5	2259,	102,
6040-GADŽIN HAN	66,6	4,5	93,	3,8	84,3	1,1	0,7	2,5	2979,	15,6	851,	83,
6041-GOLUBAC	61,7	5,9	102,	3,6	77,7	1,5	1,5	2,8	3844,	43,1	1516,	93,
6042-GOR. MILANOVAC	56,5	17,9	141,	15,9	66,4	2,9	3,3	1,7	6384,	62,2	2776,	101,
6043-IVANJICA	56,3	11,3	130,	8,7	77,6	1,3	2,1	1,8	4086,	66,9	1975,	97,
6044-KLADOVO	58,6	11,8	95,	3,1	60,1	10,0	2,6	2,3	7102,	71,9	2758,	118,
6045-KNIČ	63,5	4,4	80,	4,3	86,0	0,8	1,3	1,0	3687,	16,5	1207,	91,
6046-KNJAŽEVAC	69,0	15,6	123,	9,9	76,1	2,8	1,8	1,8	4545,	59,3	2490,	87,
6047-KOCELJEVO	59,8	5,1	128,	2,3	86,3	0,1	1,0	1,7	3469,	28,8	2063,	96,
6048-KOSJERIĆ	62,7	7,4	83,	4,2	82,6	3,7	1,8	1,5	3730,	48,1	1924,	93,
6049-KRAGUJEVAC	48,9	29,9	133,	34,8	34,6	3,6	5,7	3,8	8437,	87,5	6640,	124,
6050-KRALJEVO	45,1	20,1	120,	15,3	47,9	4,0	6,2	4,1	6417,	77,7	4406,	116,

13	14	15	16	17	18	19	20	21	22	23	24	25	26	27
61.	8.3	82.1	169.	4.3	20.72	1.90	16.	3.5	10.9	10.4	19.9	12.0	18.3	25.2
71.	4.0	81.7	143.	3.9	0.0	0.35	24.	3.9	13.6	8.5	13.4	0.0	25.0	28.9
60.	8.4	82.6	174.	3.9	0.0	0.65	11.	3.6	7.5	8.9	27.4	27.3	20.0	31.9
76.	4.0	84.1	140.	3.7	4.90	0.65	24.	4.8	16.9	8.7	14.3	271.0	23.6	21.5
23.	-3.4	87.9	126.	3.2	11.03	0.32	13.	3.2	9.0	7.5	15.8	84.1	23.3	31.4
319.	0.7	66.5	160.	3.2	0.0	2.11	8.	2.7	4.2	5.2	32.1	15.8	12.2	20.8
56.	1.3	84.1	163.	3.6	0.0	0.35	20.	4.2	15.1	11.2	12.2	9.1	24.7	32.0
80.	11.2	74.1	122.	3.5	0.0	0.64	10.	3.0	5.0	6.8	29.1	20.3	20.6	26.5
159.	10.1	67.5	180.	3.9	0.0	0.52	9.	3.2	5.7	7.9	25.9	37.6	35.3	44.2
82.	10.3	71.1	125.	3.8	0.0	0.72	9.	3.3	6.3	6.1	28.7	28.0	22.2	29.6
107.	3.3	77.7	170.	3.6	0.0	0.51	13.	3.3	6.3	6.2	24.0	2.5	20.9	25.8
96.	3.5	79.5	125.	3.7	0.0	0.48	12.	3.0	7.0	6.0	24.1	8.4	33.6	36.8
78.	-3.5	84.7	99.	3.3	0.0	0.60	0.	7.8	18.2	31.8	7.6	6.7	24.3	20.1
818.	13.8	39.7	144.	3.7	0.0	0.97	0.	0.0	0.0	11.8	38.0	93.8	31.2	28.20
122.	3.0	76.8	123.	3.8	0.0	0.74	0.	9.1	13.8	31.6	11.1	0.3	29.8	39.1
119.	5.0	80.0	162.	3.5	0.59	0.59	0.	7.5	12.0	27.8	12.3	3.6	28.1	34.5
139.	4.9	74.2	155.	3.6	2.55	0.78	0.	7.4	11.2	23.0	15.6	6.1	29.1	33.1
2305.	7.9	26.7	142.	3.7	3.15	1.56	0.	0.0	0.0	6.0	48.1	95.7	41.0	41.2
130.	4.9	72.0	149.	3.5	0.51	0.79	0.	8.1	10.6	29.5	15.9	8.3	32.2	34.7
282.	9.4	38.0	135.	3.7	0.0	1.05	0.	0.0	0.0	9.5	39.1	80.1	46.9	39.2
4538.	4.6	32.6	186.	3.5	127.26	24.55	0.	0.0	0.0	5.5	53.5	1204.0	0.0	0.0
78.	0.4	80.4	113.	3.4	0.0	0.43	0.	7.6	19.0	28.4	7.4	18.7	26.3	21.7
1963.	1.0	33.5	223.	3.3	4.06	3.31	0.	0.0	0.0	4.7	57.9	255.0	0.0	0.0
901.	10.9	42.8	142.	3.5	0.0	1.18	0.	0.0	0.0	11.2	40.1	250.0	18.4	21.3
8097.	0.4	34.3	132.	3.1	0.87	2.28	0.	0.0	0.0	4.5	58.6	177.0	0.0	0.0
319.	12.6	39.1	169.	3.8	8.87	1.87	0.	0.0	0.0	11.6	33.6	143.0	40.0	49.5
3765.	8.4	36.6	154.	3.4	7.91	2.49	0.	0.0	0.0	9.5	42.2	0.0	14.4	30.0
87.	5.9	89.5	132.	3.9	1.18	0.18	85.	11.0	35.9	33.4	7.3	13.7	28.9	28.0
93.	0.1	78.3	123.	3.6	2.83	0.50	53.	7.7	14.1	30.1	10.8	28.5	29.9	21.4
112.	5.5	73.2	150.	3.7	3.16	1.21	24.	6.7	10.8	23.5	14.8	114.0	27.2	23.9
56.	4.3	86.3	163.	3.9	2.55	0.41	85.	13.3	29.1	34.3	10.2	4.5	22.9	11.7
55.	2.2	95.3	118.	3.7	1.03	0.34	116.	14.5	56.5	38.0	5.5	11.5	20.7	10.5
47.	3.5	91.1	148.	4.1	2.07	0.38	84.	13.8	39.0	38.5	7.1	101.0	16.5	13.7
113.	-0.5	75.3	131.	3.6	0.28	0.46	37.	8.0	11.5	26.2	10.9	12.5	28.8	33.0
42.	-0.7	88.2	130.	3.2	2.44	0.56	97.	7.4	18.8	33.5	11.1	11.1	16.4	16.7
63.	-2.0	84.6	155.	3.4	1.97	0.91	82.	18.7	37.0	42.6	8.3	0.2	28.0	20.6
93.	0.8	85.3	115.	3.8	0.33	0.36	66.	10.8	26.6	37.7	6.4	2.6	33.8	37.3
71.	5.0	84.9	135.	3.8	0.27	0.32	194.	10.6	35.5	43.5	5.9	0.0	28.3	19.3
28.	-3.0	88.8	88.	3.6	0.0	0.47	58.	11.4	26.3	28.9	5.4	10.1	19.4	16.1
62.	6.8	58.7	149.	3.6	7.11	1.25	17.	3.5	4.9	20.8	19.3	68.3	17.2	12.4
30.	7.7	96.4	142.	4.0	2.89	0.29	225.	37.3	93.5	36.0	7.5	0.6	9.6	13.3
41.	6.2	91.0	134.	4.0	1.63	0.37	153.	17.0	51.3	37.4	5.9	42.9	13.6	11.9
94.	19.8	87.5	181.	5.8	0.0	0.18	140.	27.7	54.5	38.6	7.6	2.0	21.8	16.0
30.	6.4	94.6	170.	3.4	0.0	0.41	197.	14.9	82.7	41.9	6.7	0.0	13.0	10.8
154.	4.7	69.4	179.	3.6	6.07	1.10	24.	6.4	9.1	24.3	20.4	212.0	33.2	27.5
30.	4.5	88.2	135.	4.4	3.59	0.62	69.	15.3	49.0	37.1	6.9	225.0	17.9	11.5
100.	-2.1	74.6	105.	3.5	0.0	0.57	66.	8.6	14.8	29.7	10.3	6.9	33.0	28.1
127.	4.0	69.0	142.	3.6	16.73	1.42	34.	6.2	9.1	28.9	16.0	9.6	39.0	38.8
59.	2.5	86.3	113.	3.8	1.37	0.60	65.	10.4	22.1	33.6	7.5	2.8	30.2	27.6
34.	1.8	90.7	122.	3.1	1.04	0.86	78.	11.5	19.1	24.1	9.4	11.7	20.8	14.4
167.	8.9	83.6	115.	4.2	0.0	0.40	84.	8.6	20.1	34.7	10.6	0.0	34.5	28.6
61.	-0.4	95.0	112.	3.8	0.0	0.26	149.	9.4	70.1	42.0	5.1	0.0	25.8	22.4
39.	-0.2	85.9	89.	3.8	0.0	0.56	71.	8.7	22.4	32.5	4.9	2.0	19.0	23.2
58.	2.3	84.5	139.	3.5	4.05	0.85	41.	7.1	15.8	30.4	12.1	19.7	25.7	27.5
36.	6.3	92.9	161.	4.6	1.66	0.36	84.	23.8	39.7	35.2	7.8	43.0	25.6	21.1
53.	9.0	85.1	112.	2.9	7.54	0.87	52.	8.3	15.3	31.9	8.2	17.1	25.7	21.3
56.	-4.0	85.3	112.	3.4	0.0	0.39	93.	8.9	29.1	36.1	5.2	0.0	28.7	27.1
43.	-5.2	89.6	88.	3.4	4.19	0.67	41.	7.5	14.6	31.3	9.1	6.5	22.1	15.5
74.	3.2	85.0	127.	4.2	0.0	0.31	199.	15.7	41.3	38.7	5.1	0.0	22.3	20.3
46.	0.6	89.6	110.	3.8	0.0	0.30	74.	7.9	35.1	40.2	5.5	1.3	22.0	21.8
156.	5.7	62.2	165.	3.5	7.90	1.46	15.	6.8	7.5	20.1	25.4	94.3	25.2	27.5
70.	7.0	73.4	167.	3.6	6.78	0.97	27.	7.4	10.3	27.8	17.5	158.0	29.3	27.4

Noch Tabelle A 4-3:

	1	2	3	4	5	6	7	8	9	10	11	12
6051-KRUPANJ	51,5	6,8	129,	7,3	79,3	2,3	1,7	2,0	2707,	45,7	1326,	96,
6052-KRUŠEVAC	55,0	20,7	139,	20,5	56,3	3,1	3,5	3,0	7036,	78,3	3581,	115,
6053-KUČEVO	63,2	8,8	112,	7,4	72,2	1,6	2,8	2,6	3550,	48,1	3131,	96,
6054-KURSUMLIJA	47,5	9,7	129,	8,9	70,5	5,2	2,1	2,0	3325,	48,1	1762,	86,
6055-LAJKOVAC	54,8	8,9	106,	5,3	70,5	2,5	2,1	1,8	2912,	42,5	2162,	96,
6056-LEBANE	50,5	10,8	149,	11,7	73,0	2,1	1,6	3,9	3491,	50,0	1743,	102,
6057-LESKOVAC	47,0	18,2	114,	21,1	50,8	4,7	4,0	4,8	4624,	72,0	3102,	110,
6058-LOZNICA	43,6	17,7	129,	21,1	47,9	3,7	4,4	3,1	4282,	69,7	3386,	111,
6059-LUČANI	56,6	13,0	120,	13,7	72,8	1,5	2,5	1,7	5189,	55,9	1270,	95,
6060-LJIG	56,4	9,4	102,	6,4	78,1	1,5	3,4	2,1	3871,	83,3	2717,	94,
6061-LJUBOVIJA	51,5	6,3	135,	5,8	77,6	4,7	1,6	2,2	2559,	46,1	1305,	87,
6062-MAJDANPEK	57,8	20,8	160,	16,0	59,7	11,6	8,2	1,4	9499,	86,9	2312,	114,
6063-MALI ZVORNIK	41,4	13,4	104,	19,1	48,6	7,8	3,7	5,7	4576,	67,3	2210,	104,
6064-MALO CRNIĆE	72,8	3,3	101,	1,3	78,2	0,3	0,7	1,8	3196,	5,1	574,	93,
6065-MEDVEDJA	41,9	6,0	98,	7,1	77,6	1,3	2,0	1,4	2275,	38,5	957,	86,
6066-MEROŠINA	57,7	2,6	108,	4,0	81,8	3,1	1,3	3,1	3365,	14,3	543,	96,
6067-MIONICA	60,6	3,1	94,	1,1	89,3	0,6	1,0	2,2	2573,	18,1	1221,	92,
6068-NEGOTIN	69,6	9,2	112,	3,4	76,3	1,3	1,8	1,6	4838,	51,8	2674,	97,
6069-NIŠ	43,5	33,2	120,	31,3	23,5	3,2	6,8	6,0	9015,	89,3	5853,	132,
6070-NOVA VAROŠ	54,2	16,2	135,	15,5	66,9	5,4	3,4	1,4	5123,	76,4	2383,	92,
6071-NOVI PAZAR	39,2	13,7	130,	18,6	55,6	2,4	2,9	4,6	3400,	73,1	1774,	109,
6072-OSEČINA	61,6	3,0	131,	1,8	89,2	0,3	0,9	1,8	2617,	17,9	1124,	91,
6073-PARAĆIN	59,3	18,3	111,	18,9	59,1	2,9	3,0	4,1	6148,	73,4	3813,	105,
6074-PETROVAC	69,4	3,6	90,	1,8	80,1	0,6	1,8	1,8	2835,	27,8	1683,	98,
6075-PIROT	54,8	20,1	129,	19,5	58,7	3,4	2,4	3,9	6642,	73,0	2982,	102,
6076-POŽAREVAC	50,3	19,5	96,	13,7	49,1	2,6	5,3	1,4	3872,	71,6	4171,	112,
6077-POŽEGA	48,0	15,2	146,	13,0	59,9	5,9	4,2	4,9	4923,	62,0	3340,	104,
6078-PREŠEVO	32,1	3,0	99,	6,2	66,1	1,6	1,3	4,5	1780,	36,4	1078,	112,
6079-PRIBOJ	43,0	23,2	141,	27,5	48,6	5,6	4,4	1,9	8028,	89,2	2587,	125,
6080-PRIJEPOLJE	38,7	17,3	135,	19,1	50,9	9,3	3,7	4,1	3884,	80,0	2696,	113,
6081-PROKUPLJE	51,0	13,3	115,	12,1	64,6	3,8	2,5	2,8	4287,	62,1	2656,	95,
6082-RAČA	62,2	3,9	102,	1,8	84,4	0,5	1,4	4,4	3240,	28,7	1499,	92,
6083-RAŠKA	51,9	17,1	119,	16,3	60,8	4,2	4,3	2,0	4720,	76,5	2867,	98,
6084-RAŽANJ	72,1	5,2	96,	2,2	85,7	0,3	1,2	1,8	3494,	21,6	1432,	91,
6085-REKOVAC	70,8	4,6	94,	2,1	87,5	0,3	1,2	1,9	3716,	25,0	1440,	89,
6086-SJENICA	38,0	8,4	162,	8,6	69,8	2,1	1,9	7,1	2419,	54,5	1431,	99,
6087-SMEDEREVO	48,8	19,5	126,	17,8	52,4	3,6	4,3	4,9	6078,	73,0	3804,	117,
6088-SMED. PALANKA	56,5	16,8	128,	13,4	65,1	2,3	3,1	2,9	5747,	67,3	4137,	105,
6089-SOKOBANJA	68,5	13,2	137,	4,1	80,8	2,3	2,1	1,8	5440,	42,7	2691,	99,
6090-SURDULICA	46,4	9,1	93,	8,4	60,6	5,5	2,1	9,2	2913,	56,7	2699,	91,
6091-SVETOZAREVO	53,6	23,2	120,	22,2	52,1	3,0	5,7	3,4	7894,	76,9	4309,	109,
6092-SVILAJNAC	69,0	7,9	110,	4,7	70,1	0,6	1,8	2,7	4773,	48,4	3395,	102,
6093-SVRLJIG	66,7	8,9	155,	7,1	81,2	3,0	0,9	2,4	2879,	36,6	1720,	88,
6094-ŠABAC	48,2	16,0	124,	11,9	57,6	2,5	4,4	6,0	6356,	64,3	3698,	113,
6095-TITOVO UŽICE	44,8	27,7	122,	25,7	35,6	5,6	6,3	4,3	9586,	89,3	5839,	118,
6096-TOPOLA	57,7	7,3	126,	5,0	80,5	0,4	2,9	2,2	4446,	47,0	4894,	95,
6097-TRGOVIŠTE	53,8	4,2	114,	1,0	88,5	0,8	1,0	1,0	1832,	17,8	868,	87,
6098-TRSTENIK	59,3	12,6	101,	9,7	74,2	1,2	2,7	2,6	5743,	55,8	2533,	103,
6099-TUTIN	38,5	4,1	142,	2,7	77,9	3,3	1,1	3,4	1338,	53,0	1026,	98,
6100-UB	56,3	5,0	93,	1,3	84,3	1,1	2,1	2,5	2842,	36,8	2117,	97,
6101-VALJEVO	51,3	18,5	123,	16,7	57,5	2,5	3,8	4,5	6178,	76,3	3728,	109,
6102-VARVARIN	60,5	5,4	114,	2,1	80,1	2,4	1,8	3,7	3676,	23,2	1484,	99,
6103-VELIKA PLANA	57,0	10,1	124,	8,9	67,3	2,8	2,9	4,4	4047,	51,7	2935,	103,
6104-VEL. GRADIŠTE	65,9	6,1	119,	2,5	76,6	1,0	1,7	2,2	3626,	20,2	1866,	101,
6105-VLADIČIN HAN	52,9	12,8	104,	13,1	65,5	6,1	2,2	2,5	4875,	74,2	2410,	97,
6106-VLADIMIRCI	63,6	3,2	86,	0,6	88,9	0,3	0,9	1,3	2862,	15,3	1026,	95,
6107-VLASOTINCE	51,5	8,1	124,	10,6	68,8	2,9	1,7	9,1	2967,	56,3	2291,	101,
6108-VRANJE	45,9	16,0	132,	17,6	57,7	2,3	3,5	4,1	5106,	76,6	2964,	110,
6109-VRNJAČKA BANJA	43,6	16,0	124,	8,4	41,4	4,1	12,9	10,3	4704,	64,2	5155,	117,
6110-ZAJEČAR	60,4	21,3	115,	14,0	61,5	3,3	3,0	2,9	6218,	69,7	3729,	107,
6111-ŽABARI	73,5	3,5	106,	0,7	80,0	0,2	0,9	1,7	2769,	15,5	1249,	93,
6112-ŽAGUBICA	70,5	3,9	86,	2,4	80,0	0,3	1,0	1,8	2650,	26,3	1187,	93,

Noch Tabelle A 4-1:

1	2	3	4	5	6	7	8	9	10	11	12
7019-SUVA REKA	3	3	1193	10,31	-1960	2493	715	504	127	975	336
7020-UROŠEVAC	3	3	1617	7,73	-670	2348	466	-70	162	-355	9
7021-VITINA	3	2	1437	14,00	-1932	1957	919	500	365	1107	-1178
7022-VUČITRN	4	4	518	4,22	-1090	2360	371	-85	117	288	87
STOP											

1 - Gemeindenmane mit Kennziffer

2 - Abwanderungsintensität der jugoslawischen Gemeinden gruppiert nach dem Durchschnitt Jugoslawiens (1-extrem überdurchschnittliche Abwanderungsintensität(AI) 2-stark überdurchschnittliche AI, 3-überdurchschnittliche AI, 4-unterdurchschnittliche AI, 5-stark unterdurchschnittliche AI)

3 - Abwanderungsintensität der jugoslawischen Gemeinden, gruppiert nach dem jeweiligen Durchschnitt der Republik bzw. Provinz

4 - Zahl der Arbeitsmigranten 1971

5 - Abwanderungsintensität (Arbeitsmigranten in v.H. der aktiven Bevölkerung)

6 bis 12 - Faktorenwerte der Faktoren 1 bis 7

Quelle: Statistički bilten 679, Tab. 3-1., S. 79 ff.
SZS: Popis stanovništva i stanova 1971.
Stanovništvo, Etnička, prosvetna i ekonomska obeležja stanovništva i domaćinstva prema broju članova, Beograd 1974, Tab. 2-4., S. 136 ff.
Eigene Berechnungen.

Tab. A 4-2.: Die im Jahre t und früher abgewanderten Arbeitskräfte in v.H. der Arbeitsmigranten, differenziert nach Republiken und Provinzen

Jahr/Regionen:	SFRJ	Bosnien und Herzegowina	Monte-negro	Kroatien	Make-donien	Slo-wenien	Serbien	Voj-vodina	Kosovo
1960 u. früher	2,3	1,0	1,6	3,8	2,2	5,2	1,0	0.8	0,2
1961 u. "	2,9	1,4	1,8	4,8	2,7	6,6	1,3	1,0	0,3
1962 u. "	4,1	2,3	2,5	6,8	3,4	8,5	1,9	1,5	0,4
1963 u. "	5,4	3,3	3,1	8,8	4,1	10,3	2,9	2,1	0,5
1964 u. "	6,9	4,6	3,8	10,6	5,3	12,9	4,5	3,2	0,6
1965 u. "	10,0	6,3	5,6	13,9	8,0	18,5	7,9	5,9	1,0
1966 u. "	13,8	9,3	7,9	18,4	11,2	25,3	11,8	9,7	1,6
1967 u. "	17,8	12,2	11,2	23,3	15,2	30,9	15,8	13,3	2,4
1968 u. "	26,3	19,2	22,2	34,1	22,5	42,1	22,1	21,8	5,8
1969 u. "	44,7	36,3	44,3	54,9	39,2	60,4	36,7	43,6	21.0
1970 u. "	80,4	74,0	83,0	85,5	79,3	85,9	77,5	83,1	67,9
1971 u. "	97,8	98,1	98,0	98,0	98,0	96,7	97.8	98.0	96.0

Quelle: Statistički bilten 679, Tab. 3-2., S. 96 ff.; eigene Berechnungen

Tab. A 4-3.: Die Daten der Hauptkomponentenanalyse

	1	2	3	4	5	6	7	8	9	10	11	12
1001-BANOVIĆI	29.8	20.2	79.	36.9	30.8	4.3	4.0	2.2	5110.	88.0	2572.	119.
1002-BANJA LUKA	38.3	23.7	141.	20.2	29.5	6.6	7.5	6.2	7831.	86.3	5784.	121.
1003-BIHAĆ	32.6	15.9	123.	15.7	26.6	9.9	5.9	2.9	4828.	77.7	4525.	127.
1004-BIJELJINA	41.6	8.4	113.	5.8	67.9	4.2	2.7	3.4	2750.	62.7	2672.	110.
1005-BILEĆA	41.9	16.3	161.	16.3	57.9	5.2	3.6	1.2	4099.	75.1	2581.	95.
1006-BOS. DUBICA	48.7	11.8	115.	11.1	59.9	2.1	3.0	1.9	2920.	58.8	2886.	111.
1007-BOS. GRADISKA	47.0	13.4	120.	11.0	62.7	2.3	3.2	2.6	5857.	52.0	3081.	107.
1008-BOS. KRUPA	37.2	7.2	97.	7.5	61.6	3.0	2.3	1.4	2824.	50.1	1856.	111.
1009-BOS. BROD	38.3	14.1	117.	20.5	39.1	4.4	5.3	2.4	4639.	79.2	3168.	107.
1010-BOS. NOVI	37.3	12.5	116.	20.1	53.9	5.0	3.4	2.2	3586.	65.8	3113.	104.
1011-BOS. PETROVAC	38.7	15.7	107.	10.7	49.5	2.2	3.0	1.7	5974.	64.1	2844.	92.
1012-BOS. ŠAMAC	42.0	10.6	109.	9.7	53.9	2.2	3.4	9.0	3452.	57.3	3028.	112.
1013-BOS. GRAHOVO	37.6	14.1	97.	18.3	49.5	2.5	2.8	0.8	3742.	53.0	2548.	90.
1014-BRATUNAC	40.5	5.8	111.	11.0	72.6	3.8	2.0	1.9	2323.	45.8	1765.	115.
1015-BRĆKO	35.7	12.3	111.	11.7	48.8	3.1	4.6	3.3	4051.	74.1	3228.	121.
1016-BREZA	26.7	21.1	94.	51.5	10.7	7.5	7.5	2.3	4500.	88.6	3272.	117.
1017-BUGOJNO	33.2	20.3	125.	30.3	28.9	4.2	4.9	5.0	5691.	80.9	3579.	132.
1018-BUSOVAČA	27.4	6.0	111.	27.5	32.3	5.6	4.4	3.0	2391.	54.2	2350.	121.
1019-CAZIN	35.0	4.0	112.	4.5	63.0	4.7	2.1	2.2	1449.	43.1	1546.	131.
1020-ČAJNIĆE	41.0	13.2	139.	14.7	66.2	1.3	2.5	2.5	3465.	61.2	1715.	99.
1021-ČAPLJINA	26.3	15.2	107.	12.1	44.4	4.7	6.8	3.5	5361.	64.7	3899.	111.
1022-ČELINAC	40.7	7.7	132.	6.8	64.0	9.8	1.5	1.0	3144.	42.9	1652.	100.
1023-ČITLUK	45.2	4.0	56.	5.2	55.8	0.7	1.4	1.1	1759.	48.5	1810.	108.
1024-DERVENTA	40.1	8.3	110.	11.6	57.3	4.5	2.8	2.9	2353.	65.3	2399.	104.
1025-DOBOJ	55.3	12.7	107.	7.3	47.4	10.4	3.5	3.6	3900.	82.0	3346.	112.
1026-DONJI VAKUF	33.1	14.8	92.	27.9	39.9	2.3	7.7	2.3	4781.	75.4	2535.	116.
1027-DRVAR	32.6	24.7	86.	38.8	13.8	4.7	6.4	1.4	6410.	75.5	3932.	103.
1028-DUVNO	41.7	3.0	122.	2.6	48.6	1.1	0.1	0.8	2134.	52.6	2273.	100.
1029-FOČA	37.5	12.3	93.	15.2	55.6	3.4	3.7	1.9	3145.	73.7	2210.	103.
1030-FOJNICA	33.7	17.1	98.	23.4	34.6	2.6	4.1	2.3	4131.	82.5	3484.	128.
1031-GACKO	40.3	6.1	111.	2.1	79.6	2.2	2.4	0.5	2252.	48.0	1828.	86.
1032-GLAMOČ	45.8	16.7	100.	6.6	55.2	3.0	2.2	1.0	6240.	73.1	2326.	98.
1033-GORAŽDE	37.9	17.1	117.	24.6	44.5	6.1	4.2	4.1	4512.	81.9	2618.	111.
1034-GORNJI VAKUF	29.1	6.6	92.	6.8	36.6	3.1	3.0	7.4	2817.	54.7	2119.	120.
1035-GRAĆANICA	34.0	13.0	133.	17.1	50.3	10.0	2.3	3.0	2037.	69.0	2192.	115.
1036-GRADAČAC	36.8	5.7	130.	5.2	69.1	3.4	3.2	4.4	2321.	55.8	1199.	114.
1037-GRUDE	43.7	3.0	82.	2.6	59.7	0.6	2.2	1.0	2135.	29.8	2833.	101.
1038-HADŽIĆI	30.0	7.9	54.	34.0	13.6	8.8	4.8	3.3	2134.	65.6	2907.	114.
1039-HAN PIJESAK	34.9	23.6	108.	6.2	41.8	1.4	4.1	0.9	5728.	81.7	1986.	102.
1040-ILIJAŠ	32.9	19.1	92.	37.9	28.3	4.7	4.5	1.8	3795.	85.1	3251.	112.
1041-JABLANICA	29.1	13.6	77.	19.1	29.6	15.6	6.6	3.0	525.	87.8	3218.	111.
1042-JAJCE	34.4	15.1	120.	10.4	44.1	6.8	5.0	2.8	5240.	77.2	2954.	119.
1043-KAKANJ	26.1	14.2	81.	37.9	26.4	5.1	4.7	3.4	3880.	80.8	2925.	123.
1044-KALESIJA	31.8	2.3	131.	6.6	65.6	8.1	1.9	1.4	1231.	24.4	1010.	121.
1045-KALINOVIK	42.0	10.0	104.	6.4	70.6	1.7	1.4	1.7	3267.	35.3	1300.	81.
1046-KISELJAK	33.8	5.7	119.	15.5	39.2	11.9	3.7	5.1	1647.	54.0	2907.	118.
1047-KLADANJ	32.6	15.2	110.	16.7	38.9	8.5	4.7	1.9	4950.	72.2	2961.	122.
1048-KLJUĆ	34.9	7.4	98.	5.5	57.5	5.0	2.1	1.8	3430.	64.6	2209.	101.
1049-KONJIC	35.3	12.9	96.	20.8	48.1	5.2	3.6	1.5	2412.	65.8	2466.	107.
1050-KOTOR-VAROŠ	37.4	5.3	139.	1.9	66.7	4.9	1.6	1.7	1767.	55.3	1736.	115.
1051-KREŠEVO	31.7	13.0	98.	26.6	30.6	3.9	3.8	6.1	3155.	70.8	1858.	107.
1052-KUPRES	40.4	8.3	64.	6.4	64.2	0.4	1.9	0.5	3453.	60.5	2157.	97.
1053-LAKTAŠI	48.3	3.6	110.	6.8	73.2	3.1	2.5	2.4	3197.	22.1	1254.	100.
1054-LISTICA	38.8	4.9	90.	6.6	47.0	4.9	3.2	2.2	2888.	45.1	2203.	110.
1055-LIVNO	40.9	11.4	146.	6.5	41.5	1.5	3.2	1.6	3596.	81.3	3404.	105.
1056-LUPARE	39.5	4.0	89.	3.8	80.7	3.2	1.0	0.9	2050.	26.7	1164.	105.
1057-LUKAVAC	30.6	15.2	97.	33.1	34.5	7.3	4.1	2.6	6045.	86.1	2514.	117.
1058-LJUBINJE	43.4	8.8	148.	4.8	73.8	1.3	2.3	8.7	3340.	47.5	2067.	88.
1059-LJUBUŠKI	40.5	1.1	97.	4.7	50.0	1.1	2.6	2.0	1949.	52.6	2879.	106.
1060-MAGLAJ	33.2	12.3	121.	22.9	47.3	4.9	3.7	2.1	2739.	73.1	2208.	116.
1061-MODRIČA	38.0	9.7	135.	6.8	61.4	4.7	9.2	5.4	3577.	57.2	2378.	113.

13	14	15	16	17	18	19	20	21	22	23	24	25	26	27
116.	19.9	75.8	254.	5.2	1.08	0.30	56.	8.7	16.8	33.2	11.0	0.0	18.5	9.6
129.	13.3	73.9	218.	4.6	8.12	1.31	18.	6.3	8.0	29.4	22.9	62.5	17.7	12.9
84.	16.3	82.2	225.	4.9	10.11	1.22	36.	7.1	13.1	32.2	15.9	28.5	16.7	12.8
118.	8.6	86.6	174.	4.1	2.88	0.33	68.	8.8	23.0	36.9	9.4	13.3	27.9	25.0
21.	11.9	84.5	164.	4.9	2.98	0.37	55.	23.2	30.3	33.5	11.7	8.7	14.0	7.9
61.	5.9	80.8	172.	4.1	1.32	0.33	103.	10.0	31.6	39.5	10.3	7.9	26.1	20.9
70.	9.4	86.1	164.	4.2	2.99	0.39	47.	8.6	20.0	38.3	10.4	13.8	26.6	25.3
65.	19.9	91.9	191.	5.5	0.96	0.20	148.	23.6	58.0	45.2	5.5	7.9	16.2	12.4
129.	10.6	84.6	180.	4.0	0.0	0.40	39.	8.6	15.4	31.9	14.0	3.9	27.2	21.7
74.	13.2	87.1	211.	4.6	0.97	0.39	97.	11.9	26.5	38.9	9.6	6.6	18.3	15.5
22.	7.4	93.3	185.	4.3	2.69	0.32	80.	17.3	28.7	40.1	9.1	3.6	10.8	4.8
143.	9.0	87.5	174.	4.3	5.45	0.45	62.	9.2	31.3	36.4	9.2	6.9	32.3	15.0
14.	6.8	91.9	158.	4.5	2.37	0.28	117.	25.4	90.2	42.1	8.6	1.4	9.3	7.3
90.	20.0	88.0	184.	4.9	0.0	0.11	128.	28.0	78.9	49.8	5.0	0.0	21.5	15.6
152.	15.2	80.4	213.	4.5	3.78	0.45	57.	9.4	17.2	35.9	11.1	17.4	24.9	13.3
179.	8.6	76.7	216.	4.4	1.35	0.47	74.	4.8	15.9	33.6	13.2	4.9	10.1	8.9
87.	18.7	78.3	207.	5.1	1.32	0.25	38.	8.7	16.2	33.8	13.6	14.1	15.0	13.0
100.	15.9	86.9	197.	5.3	0.0	0.21	98.	8.8	36.1	38.8	7.2	7.5	19.7	15.9
119.	27.8	93.7	172.	5.7	1.10	0.13	199.	25.3	88.8	49.8	3.5	6.3	8.2	8.2
42.	11.3	86.1	181.	4.8	1.81	0.34	105.	7.8	53.5	41.2	5.3	6.2	16.3	14.0
59.	8.8	82.0	194.	4.6	0.42	0.42	60.	15.8	16.4	33.4	14.0	94.1	24.5	13.7
48.	13.4	92.2	194.	5.7	0.0	0.29	157.	40.9	87.6	44.0	4.2	0.0	18.2	11.2
85.	8.7	90.5	147.	5.8	0.0	0.07	86.	28.5	71.8	36.3	8.4	0.0	10.1	7.3
100.	12.6	89.5	184.	4.5	3.72	0.48	77.	11.5	31.0	40.1	8.5	8.3	20.4	16.0
130.	13.7	85.6	203.	4.4	4.18	0.71	62.	6.9	16.3	35.7	11.6	16.8	19.2	13.3
60.	15.6	87.2	232.	5.5	0.0	0.15	272.	12.3	31.0	43.5	27.3	12.0	11.1	8.0
21.	8.1	84.4	181.	4.2	6.88	0.55	67.	13.4	16.4	31.7	16.7	12.6	0.0	4.8
34.	16.6	94.4	155.	6.0	1.21	0.12	70.	57.4	98.3	43.6	5.9	5.2	8.0	6.2
38.	11.3	90.2	215.	4.9	8.62	0.90	93.	14.4	42.3	38.5	8.3	86.4	17.1	11.8
42.	18.4	85.0	157.	5.0	30.48	1.09	79.	25.6	48.4	41.5	6.8	0.8	13.0	9.7
16.	7.8	89.9	172.	5.2	2.49	0.25	167.	20.6	61.7	39.1	7.8	8.2	6.3	10.0
15.	9.9	90.6	187.	5.0	2.89	0.29	117.	26.5	35.8	41.0	10.2	8.9	7.0	0.0
91.	12.1	81.8	220.	4.4	2.82	0.50	48.	5.8	17.9	32.9	11.3	12.8	17.4	7.9
48.	21.0	92.0	184.	5.9	0.0	0.21	145.	19.8	54.3	48.2	5.0	4.1	15.4	15.6
121.	15.1	87.6	188.	4.7	0.85	0.21	102.	8.2	30.5	39.4	8.2	4.1	17.2	11.2
119.	16.1	91.6	147.	4.6	0.83	0.29	127.	9.2	41.7	42.5	5.2	15.8	26.1	9.7
88.	10.3	94.1	172.	5.4	0.0	0.16	79.	29.2	94.6	40.3	8.1	0.0	11.2	10.0
68.	9.3	76.8	175.	4.7	7.56	0.70	77.	6.5	17.9	33.6	13.6	9.0	22.8	15.4
23.	2.9	75.1	241.	4.8	3.08	0.26	103.	14.1	44.9	34.6	8.9	1.1	13.0	0.0
81.	9.2	74.6	199.	4.6	0.0	0.48	82.	15.7	19.5	31.0	12.5	11.8	12.5	6.3
38.	17.1	81.1	194.	5.1	0.0	0.37	65.	9.3	20.8	37.7	10.6	11.2	12.3	10.1
88.	18.0	86.7	200.	5.2	6.63	0.54	53.	10.0	18.0	40.0	11.3	56.8	10.8	10.0
103.	18.5	87.4	215.	5.1	0.0	0.23	151.	10.7	31.7	36.2	9.8	0.1	6.5	5.20
120.	23.2	93.3	187.	5.6	0.0	0.18	446.	25.4	123.9	48.8	3.2	0.0	22.7	16.0
13.	6.7	90.6	193.	5.0	1.06	0.32	304.	28.0	99.6	45.6	5.4	1.2	7.9	0.02
111.	17.1	83.1	176.	4.8	2.18	0.38	72.	12.7	38.2	38.8	7.3	11.3	11.2	6.2
42.	20.7	88.1	207.	5.3	0.0	0.36	82.	14.5	43.2	37.2	7.4	12.0	19.0	13.3
47.	15.3	93.6	198.	5.1	1.55	0.20	165.	23.0	57.1	47.0	5.5	9.4	17.5	12.9
37.	17.3	89.2	181.	4.9	0.76	0.32	733.	10.3	31.7	39.5	9.2	13.0	7.9	14.5
57.	25.1	95.7	185.	6.0	1.83	0.24	195.	34.1	82.9	54.0	3.9	4.0	11.7	10.6
47.	13.0	85.4	188.	4.6	0.43	0.29	101.	13.6	46.6	38.3	9.2	2.0	10.0	11.6
18.	10.0	94.8	166.	5.5	1.48	0.17	160.	31.8	94.2	48.0	4.1	1.2	0.0	0.0
67.	8.5	85.2	140.	4.4	0.0	0.31	100.	6.7	73.4	39.0	6.8	8.3	22.4	20.4
70.	10.9	94.3	175.	6.0	0.0	0.29	48.	27.0	72.6	39.0	8.6	1.0	10.0	10.0
42.	14.8	92.7	177.	5.5	5.76	0.40	93.	23.6	42.7	38.5	9.3	9.4	8.1	3.82
79.	13.9	90.6	173.	4.7	1.03	0.15	284.	18.3	87.0	47.8	3.1	0.0	19.6	13.3
48.	12.8	87.2	222.	4.4	0.0	0.33	66.	11.1	22.1	36.1	11.9	9.9	20.5	11.2
15.	12.3	88.8	148.	5.0	3.31	0.41	88.	15.7	71.1	40.4	7.2	0.7	11.0	6.0
98.	10.2	92.7	175.	5.1	0.53	0.21	75.	29.6	53.3	37.5	8.4	2.3	16.1	14.86
99.	18.6	88.9	193.	4.9	0.0	0.39	123.	14.4	27.	39.4	9.5	13.8	15.0	5.1
06.	11.3	91.4	197.	4.4	0.0	0.19	80.	8.0	21.7	40.5	7.6	2.8	24.8	13.5

Noch Tabelle A 4-3:

	1	2	3	4	5	6	7	8	9	10	11	12
1062-MOSTAR	36.0	25.4	96.	26.0	18.9	5.8	8.3	5.5	7882.	88.5	5963.	124.
1063-MRKONJIĆ GRAD	44.4	10.2	145.	6.4	61.7	4.2	2.1	1.6	3727.	49.6	2248.	97.
1064-NEVESINJE	41.9	6.4	89.	5.9	72.4	1.0	2.0	0.9	1919.	51.2	1526.	95
1065-NOVI TRAVNIK	35.3	19.8	100.	37.1	31.4	4.1	4.0	2.9	5913.	87.6	2244.	124.
1066-DOŽAK	42.0	10.2	244.	11.1	63.5	2.0	1.8	1.6	3324.	56.2	1645.	116.
1067-OLOVO	29.2	13.6	101.	16.0	39.2	9.5	4.0	2.0	4407.	76.9	2513.	111.
1068-ORAŠJE	41.8	6.9	119.	5.7	65.3	0.6	2.0	3.7	2976.	49.7	2552.	119.
1069-PALE	33.4	15.0	142.	15.2	37.0	5.1	6.5	3.3	4163.	67.8	2841.	98.
1070-POSUŠJE	38.9	4.4	133.	3.3	49.4	2.2	2.2	2.5	2251.	46.3	2209.	107.
1071-PRIJEDOR	34.7	14.7	120.	17.5	44.4	8.7	4.2	2.9	4777.	73.2	3068.	116.
1072-PRNJAVOR	44.9	5.6	154.	3.0	72.4	4.2	1.6	1.1	2148.	45.3	1774.	101.
1073-PROZOR	34.9	4.2	31.	2.3	57.9	3.4	2.3	1.7	2845.	55.0	1709.	104.
1074-ROGATICA	37.1	11.6	124.	12.1	61.7	2.8	3.2	3.0	3153.	68.2	1988.	100.
1075-RUDO	38.2	4.1	95.	8.3	27.6	13.9	3.1	2.9	2522.	36.0	1189.	103.
1076-SANSKI MOST	34.0	8.4	94.	10.4	58.6	5.4	2.2	3.0	3047.	61.8	2101.	106.
1077-SARAJEVO CENTAR	39.1	39.4	120.	20.9	2.0	7.2	15.1	11.9	11893.	94.611467.		107.
1078-SARAJEVO ILIDŽA	36.7	39.4	130.	46.3	8.9	7.1	8.7	5.31211°.		92.2	4765.	155
1079-SARAJEVO NOVO	39.0	32.8	120.	27.9	1.8	8.7	12.0	6.810012.		97.0	4267.	196
1080-SARAJEVO VOGOSC	37.6	27.9	92.	54.2	10.0	3.5	7.8	3.8	8804.	89.4	3166.	118
1081-SKENDER VAKUF	41.6	3.6	168.	4.1	75.5	3.0	0.9	0.5	170°.	33.3	1074.	128
1082-SOKOLAC	39.6	13.5	128.	9.9	61.8	2.7	4.2	1.8	470°.	66.3	2222.	98
1083-SRBAC	48.6	5.4	110.	0.9	70.1	1.2	2.4	1.4	2506.	43.0	2200.	98
1084-SREBRENICA	39.8	9.9	136.	8.2	75.0	4.9	1.8	1.4	3184.	62.5	1319.	114
1085-SREBRENIK	32.7	3.7	111.	15.4	57.6	9.1	2.2	1.7	1493.	26.9	1579.	119
1086-STOLAC	42.2	13.2	152.	10.6	61.5	4.2	2.7	1.2	3131.	68.6	2408.	104
1087-ŠEKOVIĆI	41.9	4.5	128.	1.8	82.3	2.3	1.2	0.5	1996.	35.1	1192.	102
1088-SIPOVO	41.5	6.8	89.	3.8	69.6	4.0	1.9	0.9	2717.	59.8	1464.	93
1089-TESLIĆ	36.1	8.4	104.	9.2	63.0	4.7	2.4	2.2	2165.	62.5	2020.	115
1090-TEŠANJ	31.6	5.7	125.	7.0	58.0	7.7	2.7	6.0	1959.	62.6	2133.	119
1091-TRAVNIK	34.4	16.4	113.	22.7	37.2	5.9	5.0	4.3	4321.	80.0	2854.	117
1092-TREBINJE	36.3	18.3	86.	19.7	43.0	6.7	6.1	3.6	8014.	73.3	3232.	96
1093-TRNOVO	38.7	8.7	108.	12.3	36.3	5.7	2.2	5.5	3046.	40.2	1120.	85
1094-TUZLA	32.5	29.5	116.	30.4	12.5	7.8	9.8	7.3	700°.	93.3	4958.	130
1095-UGLJEVIK	37.3	3.6	55.	6.8	79.0	2.7	0.9	1.0	2036.	9.9	1013.	103
1096-VAREŠ	31.2	23.4	87.	44.1	16.0	5.9	5.0	3.2	5926.	88.7	3052.	106
1097-VELIKA KLADUŠA	38.3	4.9	160.	4.9	68.9	4.0	1.5	2.0	1533.	57.1	1940.	123
1098-VIŠOKO	31.8	15.1	124.	39.0	22.8	5.9	7.6	4.6	4495.	73.1	3200.	120
1099-VIŠEGRAD	36.0	12.5	109.	12.0	53.4	5.4	3.2	1.2	2887.	67.3	2123.	103
1100-VITEZ	28.9	13.6	84.	39.8	23.4	7.2	5.7	3.3	4736.	80.3	2356.	128
1101-VLASENICA	35.8	9.9	111.	10.2	06.0	5.7	2.6	2.4	3232.	56.3	1987.	114
1102-ZAVIDOVIĆI	30.8	17.2	106.	24.5	37.6	11.9	9.6	2.8	3285.	82.5	2310.	121
1103-ZENICA	31.7	29.3	109.	40.4	11.5	10.1	7.4	3.8	9035.	92.6	4567.	133
1104-ZVORNIK	38.2	7.2	128.	9.0	69.2	5.6	2.6	3.4	2402.	65.0	1778.	117
1105-ŽEPČE	30.1	7.6	127.	17.6	35.7	13.6	4.3	2.4	2366.	64.5	2431.	121
1106-ŽIVINICE	28.5	9.4	112.	29.9	40.7	5.7	3.3	2.1	3206.	74.5	2080.	135
2001-BAR	35.2	16.8	136.	4.1	45.7	4.1	7.9	1.9	5486.	82.2	3803.	114
2002-BIJELO POLJE	31.6	9.1	135.	10.7	60.4	7.3	4.3	2.2	3105.	60.0	2190.	116
2003-BUDVA	32.7	36.5	121.	6.9	10.2	5.6	46.6	5.515722.		90.710973.		124
2004-CETINJE	34.4	22.3	120.	33.1	31.3	0.9	6.2	3.1	7578.	87.8	4050.	95
2005-DANILOVGRAD	32.1	12.8	88.	12.3	41.5	8.4	6.1	2.4	4817.	58.1	1990.	92
2006-HERCEG-NOVI	33.7	19.8	84.	13.8	11.9	9.4	21.0	6.0	7007.	82.9	7720.	122
2007-IVANGRAD	29.8	10.5	95.	14.1	52.3	1.8	3.9	2.5	3232.	67.3	2340.	117
2008-KOLAŠIN	34.7	11.3	121.	4.3	59.5	10.7	7.0	1.5	5957.	77.4	2239.	90
2009-KOTOR	35.1	28.8	112.	23.1	16.2	1.8	14.4	6.310335.		88.0	7691.	116
2010-MOJKOVAC	31.7	11.1	83.	18.1	52.4	6.7	5.3	1.2	4068.	64.8	1841.	103
2011-NIKŠIĆ	33.0	20.1	104.	29.2	34.7	4.8	6.8	2.1	5800.	86.2	3836.	117
2012-PLAV	24.3	3.0	70.	3.6	61.1	3.7	3.4	2.8	1479.	59.9	860.	90
2013-PLUŽINE	46.0	9.9	218.	2.3	68.5	16.8	1.9	0.2	4274.	76.3	969.	110
2014-PLJEVLJA	36.2	13.0	113.	11.2	60.3	3.3	3.6	2.3	4295.	72.4	2300.	110
2015-ROŽAJ	26.1	11.5	95.	22.3	48.1	2.4	3.7	1.8	4637.	75.3	1286.	113
2016-ŠAVNIK	38.0	4.1	80.	1.9	84.7	0.5	2.6	0.8	1549.	22.6	950.	90
2017-TITOGRAD	33.0	24.8	147.	17.5	23.3	8.8	9.3	4.6	6983.	88.6	5752.	130

13	14	15	16	17	18	19	20	21	22	23	24	25	26	27
69.	11.5	72.4	236.	4.4	9.80	1.45	17.	8.0	7.3	23.9	26.5	99.4	9.2	17.1
44.	9.9	94.0	185.	4.9	2.25	0.20	102.	14.3	53.0	46.2	6.4	5.0	12.8	9.6
21.	10.9	92.6	165.	5.3	0.67	0.21	251.	6.2	77.3	42.3	6.1	0.0	7.7	0.0
98.	22.0	73.0	211.	5.0	0.0	0.53	76.	9.0	14.9	31.7	17.8	9.0	10.1	9.4
126.	12.8	94.6	161.	4.5	0.0	0.19	95.	15.0	36.2	41.2	6.5	0.6	25.9	19.2
37.	12.7	85.7	196.	4.9	1.38	0.33	105.	13.1	37.8	39.4	6.8	4.4	11.8	11.1
155.	14.4	92.3	152.	4.7	0.0	0.19	111.	32.8	64.4	37.0	5.4	0.1	28.7	22.9
29.	8.5	81.6	198.	4.3	6.82	0.62	80.	10.0	28.1	37.0	10.4	51.8	15.1	0.0
45.	17.8	94.0	187.	6.2	0.0	0.12	102.	71.2	156.3	43.6	6.2	0.0	7.0	7.0
117.	14.6	86.8	210.	4.6	2.01	0.44	59.	8.2	15.1	37.3	12.3	29.8	22.0	19.8
74.	12.7	91.6	155.	4.7	0.64	0.17	130.	8.4	58.6	46.7	4.6	3.7	20.3	17.9
38.	23.7	93.5	182.	5.6	0.0	0.22	160.	37.0	92.1	49.2	3.9	2.7	11.2	6.9
38.	11.2	88.7	185.	4.5	1.45	0.31	119.	11.8	41.8	43.2	7.4	4.5	17.8	8.3
46.	10.4	83.3	194.	5.0	1.38	0.38	280.	19.4	70.4	39.5	6.7	2.5	18.6	19.8
63.	15.8	92.2	199.	5.2	0.68	0.23	110.	11.7	35.3	43.3	7.0	4.5	20.7	14.2
801.	6.8	49.9	231.	3.8	26.19	4.94	14.	2.0	2.5	13.7	40.2	365.0	0.0	0.0
239.	14.1	51.8	179.	4.0	14.60	1.37	15.	3.8	6.8	18.4	26.6	111.0	24.7	23.6
189.	13.0	42.9	220.	3.8	0.0	0.89	16.	0.0	0.0	12.8	37.3	20.6	17.5	13.4
209.	11.2	52.6	224.	4.4	0.0	0.62	19.	6.4	9.1	20.1	19.2	15.4	15.5	11.6
59.	20.0	95.0	152.	7.7	1.54	0.19	340.	81.4	264.4	60.0	3.0	6.9	12.5	10.7
24.	8.9	84.2	184.	4.9	31.43	0.94	86.	32.2	80.8	41.7	8.3	3.2	23.2	19.2
47.	10.6	88.3	151.	4.1	0.94	0.28	73.	22.3	63.9	40.9	5.8	4.3	26.1	17.9
63.	21.7	91.4	160.	5.2	2.25	0.12	164.	13.4	71.4	48.1	4.3	27.6	17.2	7.4
135.	19.7	91.7	180.	5.0	0.0	0.12	336.	13.5	72.0	44.7	4.4	1.8	19.0	7.0
36.	10.0	87.3	182.	5.1	9.57	0.47	52.	12.6	29.0	39.9	9.5	0.0	8.9	2.3
34.	12.6	91.8	227.	5.5	1.31	0.19	163.	38.4	211.4	54.9	3.7	0.2	17.2	7.5
38.	10.9	93.7	143.	5.6	0.0	0.17	228.	23.9	93.0	45.0	4.4	2.9	10.9	10.7
62.	20.1	94.4	189.	5.4	5.71	0.34	153.	16.2	43.8	48.8	6.3	153.0	14.3	6.1
157.	23.0	92.4	184.	5.1	1.15	0.20	126.	9.5	39.5	46.1	6.3	1.0	10.4	11.0
99.	17.5	86.7	200.	4.9	9.14	0.82	76.	8.1	18.3	37.3	12.0	9.2	13.3	9.9
24.	8.7	83.4	196.	4.1	5.20	0.96	28.	9.7	16.0	29.3	17.3	13.6	5.8	3.9
21.	9.6	89.6	181.	4.6	1.47	0.21	184.	13.6	79.0	47.9	5.5	1.7	13.4	13.3
349.	11.0	71.4	274.	4.6	12.21	1.61	22.	5.1	8.1	25.0	24.3	49.5	18.7	10.3
121.	13.5	90.5	166.	4.5	0.0	0.08	298.	22.1	172.7	44.9	3.3	0.0	18.6	13.5
66.	12.0	81.4	212.	4.5	1.28	0.60	86.	6.4	17.9	25.9	14.0	4.3	16.6	11.2
119.	24.5	92.8	172.	5.5	1.11	0.17	185.	29.9	94.0	47.7	3.1	1.8	17.5	8.0
147.	15.2	81.9	179.	4.7	0.42	0.39	38.	7.5	16.4	33.5	14.3	5.1	18.8	15.7
57.	9.8	86.9	212.	4.8	1.58	0.24	100.	9.9	37.2	37.4	7.8	16.6	17.1	14.9
132.	17.7	81.9	234.	5.1	0.0	0.29	80.	11.8	22.8	32.6	11.0	5.3	14.9	6.9
50.	16.8	91.3	175.	5.2	1.54	0.15	133.	24.1	51.7	51.1	5.3	4.0	17.0	13.4
82.	20.8	86.0	221.	5.1	2.04	0.27	127.	8.6	23.0	37.9	9.4	4.6	11.4	7.6
225.	15.8	72.1	235.	4.6	7.84	1.25	35.	4.2	9.5	24.7	19.4	80.5	12.2	9.4
122.	20.3	90.5	182.	4.8	0.85	0.31	114.	33.4	42.5	48.4	5.7	21.3	18.8	13.5
81.	19.7	84.2	216.	5.4	0.0	0.30	167.	11.4	34.1	37.6	8.8	2.0	15.0	14.0
144.	20.4	86.8	200.	5.3	0.0	0.12	111.	11.2	39.3	37.5	6.4	0.5	27.1	14.3
46.	9.4	80.4	168.	4.2	7.36	0.76	34.	9.0	13.7	28.6	15.0	69.2	12.9	14.4
57.	21.3	87.8	237.	5.7	3.14	0.49	126.	17.2	26.1	29.6	10.4	25.2	23.4	21.7
50.	2.5	63.0	126.	3.6	0.0	0.66	12.	6.2	7.0	19.4	25.7	1633.0	8.0	9.7
24.	8.9	83.3	184.	3.6	8.81	0.95	26.	7.8	28.2	22.6	9.2	11.1	23.2	3.8
30.	1.6	80.9	177.	3.9	0.0	0.33	107.	8.2	19.3	28.6	14.5	0.6	23.3	15.1
78.	5.8	62.9	180.	3.8	25.21	1.69	20.	5.4	6.3	12.3	31.9	1599.0	18.0	20.0
45.	19.0	86.8	236.	5.1	4.28	0.79	89.	12.2	23.0	26.5	12.1	27.4	20.5	18.6
18.	8.1	86.8	164.	4.4	1.52	0.51	81.	18.8	42.1	27.1	10.3	23.4	9.0	12.3
56.	6.5	67.3	183.	3.9	38.01	2.22	17.	6.2	7.4	17.7	28.1	457.0	10.4	15.4
27.	16.9	78.7	234.	5.3	1.73	0.31	133.	12.2	28.3	25.1	10.6	0.5	25.4	21.3
32.	14.1	75.3	234.	4.8	7.30	0.99	40.	9.8	14.3	22.0	18.6	21.5	11.5	7.0
40.	20.3	92.9	211.	6.4	0.0	0.36	355.	18.5	61.3	37.2	7.3	10.1	0.0	10.0
11.	11.6	83.9	140.	5.5	3.30	0.33	504.	38.1	109.4	28.8	10.2	2.2	5.0	18.0
35.	10.9	89.1	230.	5.3	4.27	0.62	103.	13.0	29.2	30.5	11.0	14.8	16.3	17.0
37.	32.4	85.6	206.	6.7	1.87	0.19	167.	40.7	69.9	34.3	6.0	6.0	13.0	12.0
12.	7.8	89.6	147.	4.6	4.38	0.29	855.	32.9	253.4	32.6	8.5	1.0	10.0	0.0
66.	13.3	68.2	231.	4.6	5.50	1.32	20.	8.7	9.1	22.2	26.0	99.5	14.2	12.7

Noch Tabelle A 4-3:

	1	2	3	4	5	6	7	8	9	1o	11	12
2018-TIVAT	30.9	12.7	133.	43.6	3.3	3.0	15.8	4.3	5170.	85.5	8332.	116.
2019-ULCINJ	31.6	13.0	137.	4.7	48.5	7.5	9.6	3.5	4352.	66.1	4241.	124.
2020-ZABLJAK	28.9	6.8	115.	4.1	69.2	0.7	6.0	0.7	2304.	46.9	1221.	103.
3001-BELI MANASTIR	40.2	18.7	71.	11.4	54.1	4.2	4.1	4.5	7049.	71.6	2908.	100.
3002-BENKOVAC	43.4	4.9	119.	2.7	63.6	4.6	2.1	1.6	2646.	42.5	2019.	98.
3003-BIOGRAD	40.1	14.4	105.	6.9	47.0	2.4	8.5	2.7	4751.	68.0	5478.	109.
3004-BJELOVAR	49.1	15.4	100.	10.7	56.6	1.9	4.5	3.9	7441.	62.2	4769.	103.
3005-BRAČ	32.1	16.3	94.	20.8	33.3	1.4	10.1	11.6	6407.	77.7	4592.	91.
3006-BUJE	41.1	16.6	104.	10.4	50.9	1.7	7.8	7.1	6336.	62.3	4424.	75.
3007-BUZET	40.4	15.3	107.	14.4	49.4	4.0	6.4	2.8	6756.	68.7	3458.	77.
3008-CRIKVENICA	33.8	26.5	103.	16.9	1.9	9.3	23.4	12.010538.	87.2	9666.	109.	
3009-ČABAR	34.0	23.4	94.	35.2	2.6	1.8	5.6	4.3	7266.	85.7	4028.	91.
3010-ČAKOVEC	51.7	11.9	109.	10.9	47.9	6.3	3.0	6.5	4709.	63.1	3812.	103.
3011-CAZMA	60.3	9.1	114.	3.5	79.2	0.8	1.7	1.4	4171.	49.7	1796.	87.
3012-DARUVAR	49.1	14.0	95.	1.9	63.3	2.1	2.9	3.2	6577.	61.4	3606.	92.
3013-DELNICE	35.8	20.8	82.	35.8	6.2	3.9	7.7	4.410138.	90.6	5316.	92.	
3014-DONJA STUBICA	56.4	11.9	90.	16.8	52.8	4.3	3.6	6.2	4161.	57.7	2131.	95.
3015-DONJI LAPAC	34.9	19.8	113.	20.2	36.7	1.9	4.1	6.3	4746.	70.4	2518.	90.
3016-DONJI MIHOLJAC	43.7	10.2	56.	4.9	68.1	3.3	2.3	3.0	4767.	43.4	2984.	87.
3017-DRNIŠ	32.6	7.0	75.	14.1	29.7	9.1	6.6	2.7	2207.	58.7	2504.	94.
3018-DUBROVNIK	39.7	29.2	120.	0.6	26.7	4.5	24.7	6.612104.	92.1	9514.	110.	
3019-DUGA RESA	56.0	16.9	101.	27.7	45.1	2.9	2.9	2.5	4939.	70.3	2860.	92.
3020-DUGO SELO	53.2	9.9	101.	12.2	57.6	2.7	4.1	3.4	7438.	57.9	3765.	104.
3021-DVOR	54.9	10.4	89.	6.6	73.8	2.1	1.9	1.0	3933.	52.9	1433.	86.
3022-DJAKOVO	38.2	10.8	86.	6.4	52.9	3.0	3.4	4.5	4475.	66.2	2948.	102.
3023-DJURDJEVAC	59.0	6.3	86.	3.6	77.1	0.5	2.8	3.2	4480.	36.9	2844.	93.
3024-GAREŠNICA	54.1	11.8	96.	11.3	68.1	1.5	2.4	1.8	5521.	56.9	1853.	86.
3025-GLINA	53.7	7.5	100.	8.0	72.0	0.8	2.1	1.9	3811.	45.8	2319.	92.
3026-GOSPIĆ	45.0	15.6	80.	13.4	45.3	2.6	5.0	2.7	5906.	74.2	3766.	93.
3027-GRAČAC	41.1	11.4	93.	10.0	54.0	4.1	2.6	1.4	3921.	56.0	2197.	84.
3028-GRUBIŠNO POLJE	53.1	7.3	92.	4.1	78.1	1.8	2.1	2.2	5455.	33.9	2018.	87.
3029-HVAR	38.5	12.3	88.	3.7	47.6	0.9	18.3	9.2	5751.	59.7	6392.	94.
3030-IMOTSKI	40.9	5.4	130.	4.2	39.7	1.4	3.3	2.0	2506.	59.6	3000.	103.
3031-IVANEC	51.0	10.7	88.	16.8	60.0	3.6	2.1	4.2	3380.	65.1	2207.	94.
3032-IVANIĆ-GRAD	49.8	20.8	114.	22.6	50.9	4.4	3.7	3.4	7372.	69.4	3403.	101.
3033-JASTREBARSKO	55.6	6.9	93.	4.9	60.4	1.0	2.8	3.0	4557.	41.1	3053.	94.
3034-KARLOVAC	52.5	29.5	101.	24.9	30.9	2.0	6.7	4.210113.	87.1	7280.	107.	
3035-KLANJEC	53.7	7.8	95.	10.8	62.9	3.6	2.8	3.1	3776.	45.7	1847.	94.
3036-KNIN	39.6	14.3	113.	12.1	46.2	5.1	4.2	3.9	4308.	71.7	3927.	95
3037-KOPRIVNICA	49.1	15.0	107.	11.8	59.1	2.3	3.0	4.7	6437.	64.5	4260.	100
3038-KORČULA	43.0	23.2	130.	5.4	30.5	1.1	8.7	22.0	6750.	84.0	5678.	102
3039-KOSTAJNICA	57.7	13.1	115.	14.0	62.8	2.2	2.7	2.7	4458.	60.9	2548.	93
3040-KRAPINA	48.6	17.9	106.	26.3	48.5	4.7	2.8	3.6	5982.	73.0	3321.	98
3041-KRRIŽEVCI	52.9	9.3	105.	6.8	71.5	2.5	2.0	2.9	4459.	52.3	3054.	97
3042-KRK	35.0	20.9	147.	11.6	29.7	3.0	16.4	10.210076.	64.3	7208.	90	
3043-KUTINA	46.6	18.6	126.	17.9	46.6	5.7	3.4	3.8	9213.	76.0	2691.	101
3044-LABIN	34.8	29.8	83.	4.1	8.8	5.7	13.0	5.5	8447.	91.5	5522.	90
3045-LASTOVO	36.4	10.7	67.	2.3	27.0	0.5	5.7	3.2	3554.	60.5	2479.	84
3046-LUDBREG	57.8	10.8	121.	9.9	68.0	2.6	1.9	4.1	5425.	46.1	2995.	97
3047-MAKARSKA	37.6	24.8	141.	9.1	15.0	9.9	28.4	7.410408.	77.6	8835.	122	
3048-MALI LOŠINJ	37.3	27.1	105.	11.1	17.6	0.7	18.7	13.810942.	86.7	9640.	84	
3049-METKOVIĆ	37.1	21.2	63.	10.1	34.1	6.1	12.4	5.2	7637.	84.6	6050.	111
3050-NAŠICE	39.9	12.9	91.	12.6	49.3	2.6	3.6	4.5	4448.	65.4	2702.	95
3051-NOVA GRADIŠKA	47.7	13.9	115.	13.4	54.4	2.3	3.8	4.0	5156.	67.4	3338.	101
3052-NOVIGRAD	41.9	29.8	77.	28.7	30.6	4.7	13.5	6.010040.	78.6	9234.	107	
3053-NOVI MAROF	65.1	8.2	117.	7.2	67.2	7.3	1.9	2.5	2797.	45.1	2138.	98
3054-NOVSKA	45.2	15.8	118.	10.5	52.0	3.9	4.0	3.5	5945.	59.3	4800.	98
3055-OBROVAC	36.0	11.5	149.	17.4	47.2	7.1	3.6	3.1	3875.	78.2	1459.	101
3056-OGULIN	36.1	18.5	88.	19.8	31.2	2.4	5.0	4.1	5340.	84.6	4420.	93
3057-OMIŠ	36.2	14.1	119.	26.5	23.7	3.2	5.6	4.3	7150.	83.6	2562.	94
3058-OPATIJA	41.4	25.9	103.	12.1	3.3	4.4	28.1	15.4	8175.	89.1	8161.	106
3059-ORAHOVICA	44.4	12.6	87.	7.2	61.3	2.6	2.9	3.6	4195.	70.5	2188.	89

13	14	15	16	17	18	19	20	21	22	23	24	25	26	27
150.	6.5	63.4	143.	3.7	0.0	0.43	16.	5.1	6.1	12.3	30.5	162.0	0.0	11.0
74.	12.0	87.7	171.	5.2	0.0	0.26	78.	13.6	21.8	33.6	10.8	843.0	20.3	15.2
14.	8.4	89.1	186.	4.8	0.0	0.33	162.	21.9	64.0	26.3	10.5	14.8	0.0	0.0
49.	1.9	66.8	156.	3.5	3.50	0.46	37.	4.2	8.0	18.1	13.1	4.8	48.0	54.0
56.	9.5	91.8	200.	5.6	5.60	0.31	208.	16.7	57.1	38.6	7.8	0.0	17.1	5.3
65.	6.3	82.8	160.	4.5	4.30	1.19	102.	8.0	14.9	25.4	12.7	955.0	27.0	8.5
90.	-2.2	64.1	151.	3.5	3.50	1.09	27.	4.6	10.0	21.0	16.0	14.6	33.7	48.9
33.	0.4	90.9	148.	3.3	3.30	0.62	83.	4.6	9.6	12.0	14.4	518.0	9.0	0.0
30.	-1.8	73.9	174.	2.5	2.50	0.42	16.	4.5	8.5	28.8	11.2	3.8	25.5	8.7
23.	-2.0	89.0	116.	2.6	2.60	0.67	15.	4.6	12.7	24.8	9.8	34.0	21.6	17.3
38.	-1.3	73.9	135.	3.0	3.00	1.01	16.	3.9	5.5	9.8	29.6	2055.0	21.0	12.0
22.	0.3	87.1	145.	3.9	3.90	0.49	30.	4.9	10.4	11.5	14.1	4.5	0.0	12.8
160.	4.8	93.8	162.	4.2	4.20	0.74	42.	29.3	12.6	13.5	13.9	19.7	33.3	27.1
41.	-6.5	78.5	109.	3.3	3.40	0.38	53.	4.6	17.0	21.9	6.6	0.0	24.9	28.8
57.	1.4	77.6	176.	3.6	3.60	0.58	36.	4.3	12.1	16.7	15.6	20.9	29.3	43.2
29.	-0.3	82.3	141.	3.4	3.40	0.71	25.	3.7	6.4	7.8	18.5	87.0	18.8	14.4
125.	1.4	93.2	143.	3.8	3.80	0.54	49.	4.6	16.3	20.4	12.7	45.5	19.0	17.0
16.	1.4	88.2	150.	4.0	4.00	0.21	77.	7.5	25.0	35.2	9.9	2.0	9.9	7.0
49.	0.3	75.9	140.	3.5	3.50	0.30	77.	4.8	13.1	16.3	9.6	1.4	39.2	40.4
43.	4.4	94.6	177.	4.6	4.60	0.28	63.	9.8	22.7	42.5	11.0	3.4	10.3	3.0
60.	3.7	72.6	170.	3.8	3.80	1.46	17.	4.8	6.3	12.3	26.2	3158.0	15.8	19.0
57.	1.1	90.3	139.	3.8	3.80	0.47	37.	4.7	15.6	22.2	13.3	6.6	17.7	24.3
69.	-5.6	66.1	96.	3.5	3.50	0.39	22.	3.6	7.4	19.8	15.7	15.2	33.0	34.2
36.	3.1	93.0	134.	3.9	3.90	0.33	69.	7.7	29.8	35.0	9.4	1.9	16.6	18.9
65.	4.5	68.0	171.	4.0	4.00	0.31	58.	5.9	14.2	20.7	11.0	11.2	38.5	34.0
70.	-3.2	91.0	118.	3.6	3.60	0.25	75.	4.8	19.0	18.1	8.7	0.0	32.1	44.5
49.	-6.0	74.7	121.	3.3	3.30	0.39	51.	5.6	19.1	19.1	9.5	1.3	24.8	40.5
52.	-0.1	90.8	144.	4.0	4.00	0.49	73.	4.9	28.4	36.7	8.9	2.8	16.8	17.2
24.	1.9	86.3	179.	3.6	3.90	0.80	51.	6.7	15.3	23.0	17.1	51.5	13.7	14.0
15.	-0.1	88.6	171.	3.8	3.80	0.20	161.	11.0	31.2	35.0	10.1	3.7	13.9	4.4
42.	-5.6	75.4	122.	3.4	3.40	0.33	44.	5.0	16.7	21.4	9.2	1.1	24.1	32.0
37.	-0.9	85.7	128.	3.3	3.30	0.70	43.	5.5	10.8	10.4	18.3	952.0	0.0	0.0
78.	7.2	95.4	163.	5.0	5.00	0.32	136.	10.1	33.4	34.5	9.7	4.4	15.0	11.0
134.	5.9	94.8	157.	4.3	4.30	0.39	107.	7.3	30.2	22.0	12.3	12.1	23.0	27.3
65.	-2.7	69.5	125.	3.4	3.40	0.94	24.	3.9	16.0	19.3	14.7	0.0	25.6	24.3
58.	-0.6	89.4	121.	3.9	3.90	0.52	30.	6.7	16.8	16.5	10.9	2.2	28.3	36.7
116.	3.5	64.2	168.	3.6	3.60	1.54	14.	4.0	6.7	15.0	27.3	56.8	20.3	26.1
111.	-1.2	87.4	131.	3.8	3.80	0.45	63.	6.0	29.5	21.1	10.3	11.9	33.7	26.3
43.	5.3	90.9	190.	4.7	4.70	0.79	34.	8.7	15.3	33.6	13.4	11.6	9.0	5.8
85.	-0.5	78.8	140.	3.7	3.70	1.08	36.	3.9	11.4	18.1	13.4	19.5	33.5	30.2
60.	-1.2	86.5	138.	3.7	3.70	0.69	56.	2.3	4.8	12.3	20.3	593.0	12.5	0.0
46.	-0.2	79.6	136.	3.5	3.60	0.30	54.	6.3	17.5	25.6	13.2	2.0	18.0	20.4
142.	5.0	92.5	149.	4.2	4.20	0.40	51.	4.8	17.5	23.3	12.5	4.3	27.5	23.3
79.	-0.9	81.9	141.	3.9	3.90	0.37	49.	4.1	14.4	23.9	10.6	2.3	23.9	27.9
31.	-4.7	86.7	106.	2.4	2.40	0.46	30.	4.3	8.4	9.0	16.8	1047.0	10.0	6.7
63.	0.7	65.6	148.	3.5	3.50	1.51	29.	4.4	9.0	18.7	17.2	18.4	27.8	34.0
67.	1.5	81.3	155.	3.3	3.30	0.66	13.	3.7	5.8	23.1	16.6	527.0	27.6	25.0
23.	-5.8	77.6	120.	3.1	3.10	0.83	134.	4.9	11.0	10.4	17.2	13.8	0.0	0.0
100.	-0.6	91.8	116.	4.1	4.10	0.27	52.	6.6	18.1	16.1	12.4	1.2	31.1	33.0
69.	4.8	70.5	164.	3.5	3.50	0.71	25.	5.6	6.8	10.5	26.2	2364.0	0.0	0.0
19.	-1.0	69.0	152.	2.4	2.40	1.20	30.	4.1	6.4	15.2	21.1	998.0	13.9	13.3
68.	8.5	86.2	211.	4.1	4.10	0.37	56.	7.1	11.3	20.4	16.6	23.9	16.2	62.6
64.	1.5	71.1	165.	3.7	3.70	0.68	54.	4.8	11.7	21.1	13.4	8.2	29.0	33.0
66.	1.4	77.9	161.	3.7	3.70	0.96	38.	4.7	10.9	17.7	14.8	30.6	31.5	36.0
80.	3.3	40.6	160.	3.7	3.70	0.67	13.	4.4	6.2	20.	17.2	451.0	23.6	15.0
110.	2.9	93.1	144.	4.1	4.10	0.86	86.	6.0	30.6	23.4	11.0	158.0	21.1	22.8
41.	3.5	71.0	142.	3.4	3.40	0.54	50.	5.4	12.6	21.6	13.0	42.8	28.2	37.8
27.	10.1	93.1	184.	6.5	6.50	0.22	159.	28.0	53.6	43.7	7.3	4.9	9.0	8.5
32.	2.1	89.1	199.	3.9	3.90	0.91	56.	5.2	14.3	22.9	14.6	6.0	12.0	23.0
66.	5.2	89.8	178.	4.4	4.40	0.52	133.	6.6	14.0	23.1	14.7	288.0	6.0	4.5
87.	0.8	64.6	180.	3.2	3.20	1.55	11.	2.9	4.4	7.7	32.8	1647.0	25.6	19.6
40.	1.2	70.9	162.	3.4	3.40	0.0	58.	4.6	13.5	22.3	11.3	5.2	34.8	38.3

Noch Tabelle A 4-3:

	1	2	3	4	5	6	7	8	9	10	11	12
3060-OSIJEK	40.4	31.6	102.	28.6	17.7	4.6	9.1	6.710161.	92.7	6932.	121.	
3061-OTOCAC	45.0	10.5	74.	9.2	51.4	5.4	4.0	1.8 4016.	63.2	2999.	91.	
3062-OZALJ	65.1	5.0	89.	8.3	57.3	1.3	1.1	1.6 3169.	33.5	1164.	91.	
3063-PAG	35.5	12.2	113.	11.4	45.6	1.0	6.6	4.5 6003.	73.5	5180.	93.	
3064-PAKRAC	53.7	17.3	93.	14.9	57.6	2.2	3.6	3.2 5851.	61.7	3898.	96.	
3065-PAZIN	40.1	18.4	108.	21.8	44.7	5.7	5.7	3.4 6800.	73.1	4130.	88.	
3066-PETRINJA	51.5	17.9	123.	20.0	54.1	1.5	3.4	2.8 6783.	76.7	4156.	111.	
3067-PLOCE	39.6	31.4	C.	11.5	22.1	5.3	12.9	4.7 6658.	84.2	5589.	115.	
3068-PODRAVSKA SLATI	46.3	13.7	95.	7.1	65.3	2.8	2.7	3.7 4732.	62.7	3278.	89.	
3069-POREC	44.6	32.7	175.	5.4	43.4	3.4	24.7	7.913021.	83.9	8418.	96.	
3070-PULA	41.2	31.4	112.	34.4	6.1	4.4	12.4	8.312399.	91.1	8406.	113.	
3071-RAB	35.9	23.9	123.	1.7	13.9	1.5	23.9	15.1 7907.	66.9	9432.	102.	
3072-RIJEKA	43.3	43.2	107.	26.8	0.6	6.7	15.4	7.117761.	97.6	9117.	126.	
3073-ROVINJ	42.1	29.7	109.	31.7	17.3	7.0	16.0	4.410296.	87.2	6957.	105.	
3074-SAMOBOR	48.9	19.2	103.	30.0	31.2	3.9	5.6	7.8 8707.	73.5	4530.	107.	
3075-SENJ	35.3	22.2	86.	22.9	8.2	8.8	10.2	4.9 8722.	90.4	5876.	85.	
3076-SESVETE	51.4	15.3	101.	23.1	35.4	3.7	7.1	5.6 7528.	74.4	4017.	145.	
3077-SINJ	38.9	10.9	125.	14.2	47.4	3.5	3.6	2.2 3476.	71.1	3290.	102.	
3078-SISAK	51.5	27.3	105.	23.7	44.3	2.9	4.5	2.911154.	88.5	5116.	112.	
3079-SLAV. POZEGA	47.7	14.6	95.	16.0	54.7	1.8	2.8	3.5 5488.	66.5	3091.	105.	
3080-SLAV. BROD	38.9	21.2	107.	21.1	39.6	2.3	5.4	4.8 7016.	82.5	5010.	110.	
3081-SLUNJ	52.0	7.0	131.	4.7	67.8	2.5	1.9	0.8 3133.	53.0	1653.	86.	
3082-SPLIT	38.7	32.4	131.	25.7	7.3	8.1	12.9	7.012357.	95.8	9485.	139.	
3083-SIBENIK	37.8	20.5	111.	17.2	21.6	5.3	10.1	8.0 7623.	85.3	6206.	102.	
3084-TIT. KORENICA	47.2	10.5	127.	6.2	59.3	3.7	6.2	1.3 4946.	56.6	2296.	85.	
3085-TROGIR	35.3	20.6	143.	35.7	24.8	5.3	7.1	5.0 8826.	83.9	6169.	97.	
3086-UMAG	41.6	33.7	117.	18.2	20.3	2.1	24.6	9.610239.	91.2	9777.	108.	
3087-VALPOVO	37.9	18.0	85.	24.5	41.3	4.0	4.7	3.2 6911.	75.4	3412.	105.	
3088-VARAZDIN	50.5	28.3	105.	27.3	36.5	4.7	5.0	4.9 9110.	83.6	6813.	112.	
3089-VEL.GORICA	52.6	10.2	119.	11.6	54.0	3.4	4.3	3.9 5469.	58.6	3374.	104.	
3090-VINKOVCI	37.5	18.3	81.	13.0	41.2	4.1	4.7	4.8 6262.	77.3	4171.	110.	
3091-VIRCVITICA	45.9	13.0	87.	9.7	58.1	1.9	3.1	4.1 4195.	55.6	3265.	94.	
3092-VIS	36.0	20.4	108.	23.3	38.7	3.3	6.3	4.6 6893.	74.7	5427.	72.	
3093-VOJNIC	59.3	7.6	96.	6.8	70.3	1.0	1.8	1.8 3212.	44.5	1616.	91.	
3094-VRBOVEC	54.5	7.4	133.	7.8	74.5	0.7	1.7	2.4 4858.	36.1	1941.	89.	
3095-VRBOVSKO	37.8	26.7	87.	30.9	17.5	1.4	7.1	3.2 8156.	89.8	3035.	97.	
3096-VRGINMOST	55.4	9.1	92.	8.3	64.0	1.0	2.1	0.9 3320.	45.6	1927.	90.	
3097-VRGORAC	47.1	7.1	78.	7.6	64.0	2.6	2.4	1.2 2831.	52.7	3304.	88.	
3098-VUKOVAR	44.4	29.3	101.	38.4	29.0	3.2	5.0	4.5 9283.	78.8	4205.	120.	
3099-ZABOK	58.8	18.7	103.	19.0	54.4	2.9	3.8	5.9 5202.	68.9	3053.	101.	
3100-ZADAR	38.0	21.3	126.	19.2	19.3	4.2	8.6	4.7 8246.	87.4	6409.	119.	
3101-ZAGREB	48.1	44.4	114.	30.3	3.5	6.8	13.3	8.517505.	95.010770.	131.		
3102-ZAPRESIC	49.1	6.9	92.	22.2	36.0	1.5	6.0	7.5 6661.	72.0	2562.	104.	
3103-ZELINA	58.5	9.8	103.	9.8	70.2	1.4	2.5	3.3 5398.	41.0	4577.	97.	
3104-ZLATAR BISTRICA	48.6	9.1	66.	12.4	61.3	2.6	2.3	4.2 3996.	57.7	3161.	89.	
3105-ZUPANJA	37.9	11.1	59.	9.3	54.5	1.9	3.0	4.2 2859.	45.1	2268.	107.	
4001-BEROVO	44.5	13.0	113.	10.6	58.4	3.4	2.9	5.2 3313.	64.8	1910.	100.	
4002-BITOLJ	42.5	16.5	107.	12.1	38.3	2.2	4.5	4.9 4065.	71.2	3286.	112.	
4003-BROD	36.8	6.6	100.	5.9	67.2	2.2	2.1	1.2 1948.	43.5	1360.	88.	
4004-DEBAR	25.7	10.6	105.	14.6	26.7	12.0	3.4	5.0 2052.	63.1	2323.	117.	
4005-DELCEVO	45.5	19.4	199.	18.8	54.3	6.2	2.8	4.4 5132.	74.5	2051.	113.	
4006-DEMIR-HISAR	47.4	7.0	89.	6.7	63.9	1.9	2.1	3.4 1872.	41.6	1035.	91.	
4007-DJEVDJELIJA	40.2	20.0	129.	8.9	55.4	2.3	6.8	3.3 5897.	57.8	3867.	112.	
4008-GOSTIVAR	26.7	9.3	96.	10.4	43.4	4.6	4.3	10.6 2478.	68.0	2310.	120.	
4009-KAVADARCI	35.8	19.9	104.	14.6	47.6	3.9	5.3	4.8 5335.	68.3	4011.	113.	
4010-KICEVO	34.1	10.2	95.	12.4	48.3	3.7	2.7	4.2 2225.	60.3	2152.	111.	
4011-KOCANI	40.5	12.7	106.	11.4	60.8	3.7	3.5	5.1 3852.	57.5	2282.	115.	
4012-KRATOVO	47.3	8.7	108.	10.4	62.9	4.3	1.9	7.4 2042.	51.0	1193.	95.	
4013-KRIVA PALANKA	50.5	9.2	133.	8.0	70.6	6.1	1.2	3.5 1961.	58.6	1488.	95.	
4014-KRUSEVO	43.9	10.1	110.	5.8	64.7	1.7	2.9	10.6 2666.	74.6	1967.	97.	
4015-KUMANOVO	40.1	11.7	103.	12.8	57.6	5.2	2.9	5.7 3251.	70.1	2771.	113.	
4016-NEGOTIN	36.1	19.6	126.	9.9	56.9	5.6	4.1	5.7 3612.	73.0	2632.	113.	

13	14	15	16	17	18	19	20	21	22	23	24	25	26	27
218.	5.4	48.5	196.	3.5	3.50	1.67	21.	3.8	5.1	14.3	26.4	68.3	45.5	54.5
27.	2.2	93.4	149.	4.0	4.10	0.29	94.	6.4	25.1	24.2	11.0	16.6	9.7	9.9
63.	-1.7	92.5	102.	3.9	3.90	0.23	0.	5.0	31.7	13.9	8.0	1.8	21.6	25.8
26.	1.8	92.6	128.	3.8	3.80	0.67	102.	6.4	14.9	22.5	10.5	208.0	0.0	10.0
51.	1.5	77.9	151.	3.5	3.50	1.88	38.	4.6	11.4	20.9	14.0	50.8	29.0	39.4
38.	2.4	89.5	149.	3.8	3.80	0.45	18.	5.1	12.8	24.1	9.7	12.6	21.3	16.3
80.	3.2	71.3	155.	3.8	3.80	0.87	33.	4.7	10.4	25.8	16.5	8.1	18.4	22.3
61.	8.3	69.6	196.	4.2	4.20	0.58	44.	6.8	7.6	15.4	23.1	299.0	12.6	19.3
45.	-1.3	75.7	161.	3.5	3.50	0.37	43.	4.7	14.0	20.6	10.9	9.9	35.0	38.9
49.	1.5	79.0	158.	3.2	3.20	0.75	11.	4.6	7.6	27.4	14.3	3063.0	18.4	11.9
122.	8.2	57.1	179.	3.3	3.30	1.75	9.	3.6	4.6	13.0	32.01	722.0	18.9	5.0
74.	4.2	86.0	135.	4.1	4.10	1.88	42.	5.6	8.1	16.5	23.2	843.0	0.0	12.0
306.	6.6	46.3	167.	3.6	3.60	2.70	9.	3.4	4.2	7.2	35.1	862.0	20.0	8.7
56.	1.5	71.4	165.	3.2	3.20	1.22	14.	3.7	6.1	21.0	20.4	1232.0	20.2	9.8
128.	3.7	83.1	141.	4.1	4.10	0.60	44.	4.9	9.7	20.5	21.1	34.2	27.6	27.1
16.	3.8	84.3	176.	3.2	3.10	0.87	3.	1.6	3.2	24.0	18.7	89.8	10.0	14.0
190.	5.1	58.7	109.	3.8	3.80	0.58	17.	13.9	27.9	15.4	19.5	2.7	24.8	28.3
53.	9.5	94.8	202.	4.8	4.80	0.44	85.	9.3	21.0	37.1	9.8	4.5	17.1	8.3
79.	2.4	63.7	159.	3.6	3.60	1.80	21.	4.3	7.1	19.3	21.5	22.7	20.2	24.7
59.	2.5	73.2	162.	3.7	3.70	0.59	45.	4.8	11.1	20.3	13.7	16.5	35.5	31.8
94.	5.1	67.0	181.	3.7	3.70	0.98	43.	4.6	9.0	16.3	19.0	87.1	24.8	24.4
32.	6.3	93.4	181.	4.6	4.60	0.31	117.	10.7	43.9	40.5	5.7	13.0	13.3	19.0
216.	10.1	57.0	203.	4.0	4.00	1.53	12.	5.2	5.7	14.3	35.5	1264.0	9.0	3.5
76.	3.9	83.7	179.	3.8	3.80	1.40	30.	5.5	7.7	27.9	20.9	1478.0	14.6	5.8
13.	3.0	88.2	152.	4.0	4.00	0.48	85.	8.5	22.9	31.1	11.8	177.0	15.4	16.9
74.	3.7	87.7	173.	4.0	3.90	0.60	27.	7.5	10.7	36.6	15.5	287.0	10.0	8.0
93.	6.6	47.6	136.	3.3	3.30	0.61	9.	3.6	5.0	16.7	23.6	1607.0	20.0	10.5
85.	3.2	67.8	154.	3.5	3.50	0.49	41.	4.1	0.0	15.8	16.8	2.3	37.7	43.2
223.	6.6	77.2	206.	3.9	3.90	1.38	20.	4.0	7.1	12.9	24.2	51.3	27.2	26.1
67.	0.9	86.1	122.	3.8	3.80	0.46	17.	4.6	9.9	22.6	14.8	13.6	30.2	30.2
90.	6.1	58.6	197.	3.8	3.80	0.76	37.	4.8	8.4	20.8	15.4	43.2	41.9	36.6
80.	0.9	72.3	174.	3.7	3.70	0.31	79.	4.5	11.2	19.2	13.1	11.7	31.0	35.0
50.	-5.9	84.4	90.	2.6	2.60	0.59	126.	3.5	7.2	19.5	14.8	59.5	0.0	0.0
40.	2.6	84.9	103.	4.2	4.20	0.31	68.	8.9	41.9	33.9	7.9	1.5	16.9	20.5
60.	-4.1	79.6	102.	3.6	3.60	0.45	62.	6.0	23.7	20.5	8.3	0.0	28.6	34.3
30.	0.3	75.8	150.	3.5	3.50	0.48	29.	4.3	9.9	12.2	15.4	0.3	20.0	21.0
48.	-0.3	92.3	162.	4.3	4.30	0.70	160.	8.5	35.9	33.6	8.3	23.8	19.7	21.6
35.	0.4	93.1	166.	4.2	4.20	0.30	54.	6.7	21.4	32.0	7.7	0.0	21.1	27.6
126.	7.5	54.1	163.	3.7	3.70	0.79	28.	4.3	6.7	17.0	19.3	74.9	42.6	54.3
167.	4.0	89.0	172.	4.1	4.10	1.30	34.	6.1	17.1	22.4	13.9	47.6	25.5	20.0
96.	9.3	78.2	197.	4.5	4.50	1.32	30.	6.3	8.4	20.0	22.11	276.0	25.6	9.2
1268.	5.8	39.8	149.	3.4	3.40	2.74	8.	3.2	4.2	6.7	45.2	779.0	29.8	21.7
131.	0.1	83.0	119.	3.9	3.80	0.84	21.	4.2	8.8	14.4	19.1	0.0	24.6	28.4
83.	-5.2	88.3	94.	3.8	3.80	0.28	34.	6.1	21.3	18.7	9.2	10.0	31.7	31.3
107.	-1.4	91.6	143.	3.9	3.90	0.52	49.	5.2	24.9	23.3	10.6	1.2	27.2	16.3
60.	7.6	62.7	165.	3.8	3.80	0.31	75.	5.4	13.3	26.5	10.2	3.4	39.6	33.5
25.	6.5	93.6	170.	4.4	0.0	0.30	102.	9.7	25.7	19.7	10.5	3.5	16.7	10.9
73.	8.2	79.6	189.	5.1	6.71	0.88	23.	6.7	11.0	19.7	14.6	45.9	29.5	19.6
17.	12.9	96.7	166.	5.0	1.77	0.25	264.	12.6	121.6	30.0	6.3	4.7	12.8	11.1
70.	26.4	92.9	224.	6.2	4.87	0.49	123.	13.5	35.1	30.0	7.6	43.7	13.3	22.3
37.	18.2	88.2	174.	5.4	0.61	0.33	64.	11.6	29.8	30.9	8.6	3.5	22.0	14.7
36.	12.6	89.9	121.	4.4	24.28	0.77	69.	10.4	40.9	28.5	8.6	0.0	13.0	9.5
36.	11.0	84.2	178.	4.4	2.75	0.48	26.	5.0	8.2	15.8	13.9	139.0	17.1	14.6
61.	22.0	93.8	195.	6.7	1.12	0.36	68.	17.1	36.9	32.7	6.4	26.2	25.0	25.5
31.	15.5	84.7	206.	4.7	4.18	0.04	33.	5.6	9.0	21.1	14.1	10.2	12.3	12.2
52.	16.3	92.7	172.	5.2	3.19	0.45	93.	11.4	31.3	31.1	9.1	5.7	21.1	25.0
77.	14.5	87.4	186.	5.0	2.19	0.63	58.	8.4	20.7	28.4	9.1	12.8	20.2	25.0
40.	8.0	90.1	171.	5.2	7.23	0.27	171.	12.1	42.4	35.7	6.9	1.9	9.2	6.8
41.	11.5	95.0	172.	5.4	2.35	0.20	127.	16.0	52.4	34.7	6.6	4.4	13.0	10.2
65.	11.4	80.9	163.	5.1	2.31	0.38	131.	11.2	25.5	26.6	5.9	12.4	10.0	9.5
95.	16.0	83.1	184.	5.3	2.75	0.55	66.	10.3	21.1	29.8	9.8	34.0	18.1	14.8
24.	15.4	66.1	178.	4.8	2.53	0.45	45.	10.5	79.7	26.5	10.5	2.3	14.1	13.6

Noch Tabelle A 4-3:

	1	2	3	4	5	6	7	8	9	10	11	12
4017-OHRID	37,4	15,7	113,	19,3	32,9	6,2	5,9	4,6	4078,	76,3	4073,	114,
4018-PRILEP	42,7	15,0	108,	16,5	36,1	1,9	3,7	4,6	5492,	71,4	3472,	104,
4019-PROBISTIP	40,2	18,6	105,	27,3	49,0	4,9	3,1	5,2	5328,	82,8	1752,	99,
4020-RADOVIS	45,4	11,2	126,	8,8	72,4	2,2	2,6	2,8	2727,	53,9	1774,	116,
4021-RESEN	48,5	9,6	93,	3,5	50,2	1,4	3,1	4,0	2257,	66,0	1963,	101,
4022-SKOPLJE	35,9	27,9	0,	20,8	17,5	9,1	10,3	9,3	7062,	91,3	4806,	144,
4023-STRUGA	29,6	7,8	101,	9,8	29,5	7,7	2,9	12,9	3166,	61,5	2459,	115,
4024-STRUMICA	46,3	12,7	120,	7,4	66,4	2,5	4,3	4,3	4029,	57,6	3002,	117,
4025-SV. NIKOLE	38,2	19,4	153,	10,7	60,5	5,9	3,5	6,2	3647,	72,5	2767,	94,
4026-STIP	41,9	28,4	115,	31,0	30,4	5,0	5,2	6,4	5416,	86,7	4465,	112,
4027-TETOVO	32,9	10,2	119,	16,1	51,6	2,2	3,3	6,0	2518,	65,9	2413,	125,
4028-TITOV VELES	38,9	19,1	94,	21,0	41,5	4,8	6,0	6,2	5431,	79,7	3468,	105,
4029-VALANDOVO	37,5	13,4	96,	2,3	72,5	1,5	5,7	2,3	5196,	47,7	2685,	105,
4030-VINICA	41,4	8,7	73,	8,3	68,4	2,3	2,5	3,6	2007,	47,6	1605,	114,
5001-AJDOVSCINA	41,3	23,3	118,	32,9	23,8	7,3	6,4	6,3	9257,	80,4	6357,	101,
5002-BREZICE	51,4	16,3	104,	14,0	43,4	2,4	6,1	6,6	8316,	57,8	6509,	98,
5003-CELJE	48,5	49,7	110,	39,7	9,8	4,8	11,7	7,417216,		94,312983,		115,
5004-CERKNICA	43,8	31,7	112,	49,8	19,7	3,1	6,1	2,813023,		83,1	4718,	100,
5005-CRNOMELJ	51,3	22,8	112,	27,7	42,3	1,9	2,6	3,9	7201,	72,6	4068,	101,
5006-DOMZALE	47,6	28,5	106,	48,6	15,0	3,1	7,2	9,012186,		77,3	6205,	117,
5007-DRAVOGRAD	39,5	26,5	140,	30,5	21,7	11,2	7,2	5,8	8848,	83,0	4826,	107,
5008-GORNJA RADGONA	52,8	18,7	115,	14,7	50,0	3,3	4,0	4,8	4854,	70,3	4358,	105,
5009-GROSUPLJE	50,3	16,2	106,	19,5	40,0	4,4	6,7	8,3	6793,	66,3	3457,	102,
5010-HRASTNIK	43,4	39,4	108,	66,8	3,9	5,6	4,4	6,912562,		94,3	5082,	103,
5011-IDRIJA	40,4	28,2	123,	39,8	22,2	8,2	5,5	3,413658,		89,2	5900,	101,
5012-ILIRSKA BISTRICA	41,0	24,0	109,	32,3	27,1	4,6	6,1	4,4	8884,	82,4	5504,	96,
5013-IZOLA	48,1	41,2	101,	45,7	6,3	5,2	11,6	7,615317,		89,6	8466,	111,
5014-JESENICE	45,7	44,8	95,	49,7	2,9	5,2	11,9	5,715863,		95,4	8841,	106,
5015-KAMNIK	50,5	37,4	117,	49,5	16,9	3,5	5,9	8,212847,		87,8	5728,	113,
5016-KOCEVJE	42,8	33,0	104,	37,5	16,2	3,3	6,8	4,811851,		91,4	7089,	101,
5017-KOPAR	47,5	42,9	129,	26,1	14,6	4,8	13,8	7,319378,		93,014398,		121,
5018-KRANJ	50,2	42,8	111,	51,4	10,5	2,9	8,6	5,914759,		89,1	8538,	118,
5019-KRSKO	47,9	22,1	102,	28,4	40,5	3,2	3,8	6,110378,		74,3	4400,	98,
5020-LASKO	42,4	22,8	101,	37,4	24,6	2,9	4,9	4,5	8928,	86,7	4435,	102,
5021-LENART	54,7	5,9	76,	9,1	65,0	2,5	2,7	2,9	2960,	42,7	2377,	100,
5022-LENDAVA	64,1	13,7	106,	12,7	58,8	2,1	1,9	2,2	6277,	63,5	3973,	97,
5023-LITIJA	45,1	19,6	106,	35,2	28,8	3,7	6,4	4,6	7645,	71,6	3743,	99,
5024-LOGATEC	45,0	24,3	80,	33,9	24,7	5,7	6,9	6,2	9719,	79,3	5350,	107,
5025-LUBLJ. BEZIGRAD	52,1	51,2	125,	27,2	2,2	10,5	17,2	7,523692,		95,411293,		133,
5026-LUBLJ. CENTER	49,4133,7		113,	19,3	0,5	4,1	19,5	8,261270,		98,549433,		92,
5027-LUBLJ. MOSTE POLJE	52,5	41,4	121,	34,0	4,7	8,9	15,2	7,718770,		94,2	4499,	137,
5028-LUBLJ. SISKA	51,8	39,4	124,	26,6	3,1	5,7	16,0	8,920403,		92,0	8598,	145,
5029-LUBLJ. VIC RUDNIK	34,4	22,1	106,	39,1	16,4	8,1	21,7	14,110446,		84,4	3988,	123,
5030-LJUTOMER	52,6	17,5	104,	17,6	52,8	2,2	3,2	4,9	6197,	70,5	4947,	103,
5031-MARIBOR	47,1	40,1	110,	40,3	10,9	5,8	9,0	6,514490,		92,7	8854,	113,
5032-METLIKA	49,2	23,4	167,	34,1	37,1	1,9	4,7	3,2	8707,	80,1	6453,	104,
5033-MOZIRJE	41,8	17,8	92,	27,7	35,2	3,6	5,7	6,6	8059,	64,0	5077,	101,
5034-MURSKA SOBOTA	63,9	16,5	117,	10,9	59,9	2,0	3,3	3,8	6481,	73,2	5367,	102,
5035-NOVA GORICA	45,5	36,0	124,	34,5	18,7	6,2	9,9	8,116228,		89,012039,		110,
5036-NOVO MESTO	50,7	32,9	133,	32,4	33,4	4,1	4,6	4,513432,		86,4	6445,	110,
5037-ORMOZ	54,2	10,8	94,	7,5	64,8	3,6	3,2	2,8	4666,	54,5	2752,	95,
5038-PIRAN	42,3	40,1	110,	19,4	9,7	4,7	24,9	8,023687,		91,5	9687,	108,
5039-POSTOJNA	43,6	34,9	119,	22,2	20,4	5,1	13,1	4,315487,		91,8	8107,	101,
5040-PTUJ	54,9	18,4	98,	15,7	51,7	3,0	4,0	4,5	6769,	77,7	5406,	103,
5041-RADLJE OB DRAVI	37,5	20,4	111,	34,6	27,0	7,3	5,7	3,2	7697,	83,1	4051,	96,
5042-RADOVLJICA	45,8	34,3	114,	46,7	10,9	3,9	11,1	6,616165,		89,1	7132,	106,
5043-RAVNE NA KOROSKEM	39,7	36,7	103,	53,4	9,2	4,1	6,3	5,310834,		89,5	5163,	110,
5044-RIBNICA	42,4	18,2	106,	26,7	27,1	2,8	5,3	6,6	8667,	66,6	3539,	99,
5045-SEVNICA	43,0	19,2	102,	32,6	36,8	2,0	3,4	3,7	7634,	83,8	3982,	100,
5046-SEZANA	44,7	27,9	105,	20,5	30,2	5,6	12,4	6,914219,		86,115607,		95,
5047-SLOV. BISTRICA	43,0	18,7	99,	29,1	33,7	3,7	5,9	6,1	7777,	81,2	4135,	101,
5048-SLOV. KONJICE	40,1	22,3	100,	37,6	30,3	3,0	4,4	6,0	8245,	80,7	4222,	104,

13	14	15	16	17	18	19	20	21	22	23	24	25	26	27
52.	11.1	84.2	198.	4.8	11.76	0.96	39.	6.8	12.4	25.3	15.1	420.0	13.4	18.6
53.	12.0	87.1	193.	4.8	5.26	0.78	49.	6.4	14.7	22.4	12.5	13.2	22.1	13.4
46.	11.3	81.5	190.	4.2	1.98	0.66	54.	7.5	17.7	30.5	8.8	3.9	18.1	1.9
25.	19.6	87.7	177.	5.1	0.35	0.23	119.	9.0	26.3	31.4	6.8	2.4	17.5	9.90
32.	3.5	91.3	126.	4.9	0.92	0.38	43.	9.6	23.8	24.0	9.2	113.0	11.9	12.3
211.	18.0	59.1	204.	4.9	9.24	1.85	15.	6.2	7.5	18.9	24.4	319.0	21.9	18.32
90.	20.6	94.6	211.	5.9	2.48	0.61	104.	12.6	26.6	27.6	8.7	107.0	29.4	23.3
81.	18.4	90.1	185.	5.1	3.19	0.55	53.	7.0	16.6	23.6	10.8	21.8	25.3	31.54
33.	12.3	72.4	203.	4.8	0.47	0.28	75.	8.0	22.8	32.3	9.1	3.8	19.9	20.7
50.	13.0	71.6	230.	4.8	14.80	1.13	31.	5.5	8.7	23.3	17.5	17.1	18.5	31.46
121.	20.4	90.6	198.	6.6	2.87	0.48	82.	16.2	29.6	33.4	7.6	31.4	25.5	28.5
40.	13.6	76.9	197.	4.5	7.34	0.92	40.	5.8	9.5	23.1	18.5	26.3	19.0	8.58
28.	16.0	77.5	163.	4.4	0.65	0.33	68.	8.5	16.9	21.0	8.1	1.1	24.7	18.4
38.	16.8	77.5	184.	5.1	0.0	0.36	88.	11.4	33.2	30.9	8.2	0.0	14.1	13.20
61.	4.6	84.6	141.	3.9	0.0	0.37	11.	4.5	10.2	5.7	17.6	6.2	30.6	15.4
93.	0.9	80.2	144.	3.7	15.04	1.05	13.	4.1	9.4	6.5	19.5	81.2	31.2	27.02
253.	5.9	63.1	206.	3.4	29.26	2.59	8.	3.0	5.3	5.8	33.2	163.0	26.0	23.5
29.	5.1	83.9	136.	3.4	0.0	0.64	10.	3.5	8.2	6.8	19.5	3.3	23.2	15.74
35.	3.4	84.3	155.	3.8	0.0	0.35	16.	4.3	12.7	9.2	16.2	5.9	14.8	19.2
132.	11.7	76.9	145.	4.1	0.0	0.84	9.	3.4	6.8	8.7	27.4	8.5	26.0	25.76
72.	6.0	73.1	145.	4.1	0.0	0.26	17.	3.3	7.9	12.7	19.9	4.4	24.0	33.7
97.	3.0	75.9	145.	3.9	10.89	0.63	21.	4.3	11.6	5.6	16.8	108.0	31.4	44.50
55.	5.7	83.3	147.	3.7	2.95	0.61	11.	4.4	11.3	7.9	17.4	19.8	20.6	33.3
191.	2.4	70.5	128.	3.4	0.0	0.72	14.	2.4	4.7	7.4	22.8	3.6	21.1	35.70
42.	3.8	86.3	138.	3.5	25.43	1.07	11.	3.4	5.6	11.6	18.2	19.3	17.4	25.7
32.	3.8	86.5	119.	3.5	0.0	0.66	10.	4.1	9.0	7.7	19.3	10.0	29.9	38.62
371.	7.5	35.9	192.	3.4	0.0	0.38	7.	3.4	4.3	11.2	26.0	198.0	25.0	14.0
73.	5.9	64.1	135.	3.3	11.76	1.71	9.	2.8	4.8	5.3	32.0	322.0	23.2	25.04
78.	6.7	78.1	140.	3.8	0.0	0.85	9.	3.5	6.7	7.3	25.8	36.5	24.9	34.9
22.	0.3	66.7	166.	3.4	0.0	0.76	11.	3.6	6.4	8.3	19.7	13.7	27.0	24.26
130.	8.0	55.6	166.	3.4	29.48	2.23	6.	3.5	5.1	11.6	25.9	328.0	24.9	7.3
124.	10.2	70.1	190.	3.7	0.07	1.76	8.	3.3	5.3	5.2	32.6	126.0	26.0	33.08
76.	3.0	80.5	112.	3.6	0.0	0.42	15.	3.8	10.0	8.3	17.2	7.6	28.1	32.0
74.	3.3	77.9	128.	3.3	13.34	0.34	17.	3.3	9.0	9.1	19.4	94.8	23.3	28.60
84.	5.0	79.7	148.	4.2	0.0	0.29	38.	4.1	19.0	8.6	9.3	0.4	29.0	34.5
105.	1.4	89.5	133.	4.1	0.0	0.30	32.	5.3	16.0	6.1	13.5	3.7	23.2	32.42
50.	2.3	81.6	139.	3.8	0.0	0.54	14.	3.7	9.2	10.3	18.7	3.4	28.9	22.6
44.	10.6	77.7	136.	3.8	0.0	0.60	8.	3.5	8.4	7.7	19.2	9.1	21.6	22.74
903.	8.8	49.0	266.	3.5	4.84	1.33	5.	2.8	4.4	4.0	48.9	42.4	21.5	27.5
3009.	4.0	46.2	324.	3.0	69.99	14.43	5.	2.3	4.1	2.6	56.1	335.0	0.0	0.06
294.	8.5	58.2	131.	3.6	15.43	1.57	6.	3.0	4.8	4.4	39.6	0.8	26.8	28.8
423.	10.6	52.5	123.	3.5	4.49	1.47	6.	2.9	4.3	3.5	46.5	125.0	25.1	42.48
120.	8.9	65.1	154.	3.4	2.13	0.78	6.	3.0	5.4	4.7	38.9	9.5	23.9	41.8
101.	4.5	80.5	145.	4.0	0.0	0.39	20.	4.3	10.4	4.7	18.7	5.4	20.3	25.70
233.	7.1	67.1	198.	3.7	9.09	1.57	10.	3.0	5.2	5.7	34.1	243.0	28.7	27.5
66.	4.8	74.3	145.	3.9	0.0	0.36	15.	4.0	12.3	7.6	19.2	3.3	24.8	28.3
30.	3.3	89.8	133.	3.9	0.0	0.33	15.	3.4	9.2	13.4	14.7	50.1	21.2	24.9
92.	2.2	90.9	131.	4.1	8.32	1.02	22.	4.7	13.0	6.2	15.0	89.0	28.2	24.44
85.	4.5	80.7	166.	3.6	12.44	1.54	7.	3.5	6.3	5.4	22.8	70.7	25.2	23.3
56.	0.2	85.0	181.	3.8	12.24	1.38	11.	3.6	9.4	8.2	20.4	153.0	20.0	20.36
87.	2.0	84.3	153.	3.9	7.34	0.75	29.	4.1	13.0	6.4	14.1	4.5	29.2	34.5
275.	4.9	43.9	182.	3.2	0.0	0.65	8.	3.1	4.7	11.7	30.5	1074.0	33.3	15.04
38.	4.0	74.0	133.	3.4	3.20	0.63	9.	3.8	4.9	4.7	23.3	153.0	27.4	13.0
102.	5.8	87.8	163.	4.0	5.09	0.73	20.	4.3	11.2	8.0	17.3	21.0	28.2	30.90
49.	7.6	85.6	157.	4.1	0.0	0.29	21.	3.7	10.2	11.2	16.9	6.2	21.7	26.9
42.	6.3	74.4	127.	3.3	8.42	0.73	8.	2.8	4.6	5.3	32.2	379.0	27.0	25.62
72.	7.3	75.8	177.	3.7	0.0	0.67	12.	3.0	5.3	10.5	24.9	25.2	18.2	8.0
46.	3.3	84.7	135.	3.8	0.0	0.89	14.	3.9	8.8	4.5	17.3	6.7	16.3	35.04
64.	1.4	79.7	147.	3.8	0.0	0.48	20.	4.4	14.3	9.3	15.7	3.5	22.1	23.4
33.	2.1	82.9	110.	3.3	8.36	0.57	8.	3.3	7.2	5.5	19.1	60.0	29.1	8.76
82.	2.6	82.6	151.	3.9	0.0	0.33	18.	6.0	14.1	8.0	20.1	13.1	28.8	27.0
86.	8.3	82.8	122.	4.0	0.0	0.37	21.	2.3	5.8	8.5	18.3	3.1	22.2	25.98

Noch Tabelle A 4-3:

	1	2	3	4	5	6	7	8	9	10	11	12
5049-SLOV. GRADEC	43.8	24.3	105.	39.6	25.2	3.7	5.1	4.7	7787.	81.5	6332.	109.
5050-ŠENTJUR PRI CEL	46.8	10.1	113.	27.1	48.1	1.9	3.8	3.8	4736.	57.5	2244.	100.
5051-ŠKOFJA LOKA	46.3	36.7	146.	47.6	16.2	4.8	5.8	8.813907.	88.2	6667.	111.
5052-ŠMARJE PRI JELŠ	50.9	14.3	99.	18.8	54.7	2.7	2.9	4.0	5203.	57.1	3557.	98.
5053-TOLMIN	42.5	22.3	106.	30.0	30.0	4.6	7.6	4.4	8897.	79.9	8021.	93.
5054-TRBOVLJE	44.9	46.6	108.	56.7	2.2	9.9	8.6	4.516629.	95.9	7714.	102.
5055-TREBNJE	46.2	12.9	113.	21.5	46.1	1.9	3.5	4.8	5480.	58.9	4029.	98.
5056-TRŽIČ	50.1	42.0	111.	66.4	4.8	3.0	5.5	4.113322.	89.6	6966.	110.
5057-VELENJE	46.0	46.3	143.	56.4	10.5	7.6	5.3	3.515795.	93.1	7161.	130.
5058-VRHNIKA	47.6	24.3	113.	39.1	12.7	5.7	10.5	8.910722.	78.7	5804.	110.
5059-ZAGORJE OB SAVI	42.5	30.0	101.	54.9	14.0	6.0	5.9	4.0	9552.	87.5	4904.	102.
5060-ŽALEC	45.9	24.0	95.	36.6	28.5	3.1	5.5	8.8	9782.	76.6	4492.	107.
6001-BARAJEVO	55.7	6.3	121.	7.2	67.7	4.3	4.3	2.3	3287.	20.2	2139.	95.
6002-CUKARICA	44.2	18.1	117.	31.5	5.3	9.3	13.4	6.2	6001.	92.2	4730.	193.
6003-GROCKA	57.7	10.5	124.	7.2	63.8	2.3	4.1	4.8	4601.	29.5	1911.	107.
6005-LAZAREVAC	47.3	19.4	124.	24.7	52.6	2.9	3.2	3.6	5754.	74.7	2535.	104.
6005-MLADENOVAC	51.4	20.5	122.	23.3	53.4	3.0	3.3	2.6	7084.	74.1	3670.	105.
6006-NOVI BEOGRAD	43.6	27.9	105.	18.1	1.0	12.3	12.0	4.4	8651.	98.4	5111.	276.
6007-OBRENOVAC	43.9	11.4	108.	15.1	53.3	4.7	5.2	4.3	4200.	60.1	3520.	110.
6008-PALILULA	46.3	38.5	123.	20.0	12.0	9.5	13.8	6.712772.	95.4	6351.	142.
6009-SAVSKI VENAC	44.6	105.1	116.	13.5	0.5	5.7	15.9	7.030922.	98.914149.	85.
6010-SOPOT	53.8	5.4	98.	4.8	69.4	3.0	3.4	3.8	3406.	37.2	1375.	92.
6011-STARI GRAD	46.8	104.1	120.	14.9	0.6	6.9	18.8	7.848501.	99.093984.	87.
6012-VOŽDOVAC	44.7	13.2	127.	18.9	5.5	11.3	15.0	9.2	4459.	90.9	4983.	157.
6013-VRAČAR	44.5	25.3	124.	13.8	0.5	7.6	16.6	7.914739.	96.813638.	95.
6014-ZEMUN	43.2	28.6	113.	33.6	9.8	7.0	10.9	6.110197.	94.3	5580.	146.
6015-ZVEZDARA	46.1	34.8	127.	20.4	2.6	13.2	15.1	10.2	6234.	93.4	5468.	127.
6016-ALEKSANDROVAC	55.0	7.9	207.	3.5	84.9	1.4	1.4	2.8	4119.	40.2	1891.	98.
6017-ALEKSINAC	55.0	10.9	105.	10.2	70.5	2.3	2.2	3.8	4431.	44.9	2495.	98.
6018-ARANDJELOVAC	50.6	20.4	125.	24.0	52.1	2.2	3.2	3.6	5052.	76.4	3646.	109.
6019-ARILJE	60.5	12.2	175.	10.8	75.6	2.3	2.3	1.8	4152.	56.1	2569.	98.
6020-BABUŠNICA	64.0	5.0	105.	3.2	84.8	1.7	1.0	3.5	2477.	31.6	1502.	85.
6021-BAJINA BAŠTA	58.3	8.7	76.	5.7	79.6	2.0	2.1	2.4	4279.	63.4	1832.	92.
6022-BATUČINA	60.1	16.8	124.	12.2	60.8	1.7	2.9	3.2	4335.	51.2	2739.	102.
6023-BELA PALANKA	57.6	7.1	113.	7.7	72.4	2.5	2.0	4.1	2818.	40.6	2120.	85.
6024-BLACE	59.6	8.9	124.	6.6	80.0	1.9	1.4	2.1	3854.	34.6	1593.	88.
6025-BOGATIĆ	55.3	4.0	105.	1.1	84.4	0.8	2.1	3.7	4206.	23.3	2082.	97.
6026-BOJNIK	51.2	4.0	117.	2.2	76.4	9.5	1.3	2.9	3181.	19.1	1404.	90.
6027-BOLJEVAC	65.4	9.5	78.	9.7	78.3	0.9	1.6	1.4	3557.	45.8	1667.	89.
6028-BOR	52.6	32.6	139.	31.8	37.2	8.5	4.9	2.911253.	91.1	4396.	122.
6029-BOSILJ-GRAD	63.4	4.4	105.	0.6	84.8	2.4	1.1	4.2	2126.	29.9	1294.	94.
6030-BRUS	54.8	6.5	138.	5.3	82.0	0.6	1.4	2.3	2469.	34.4	1639.	96.
6031-BUJANOVAC	39.0	6.0	126.	7.8	71.4	2.0	2.2	4.0	2300.	34.7	1204.	111.
6032-CRNA TRAVA	43.9	2.7	123.	0.4	41.5	9.9	1.9	37.0	2244.	19.4	1396.	79.
6033-ČAČAK	48.3	21.7	154.	23.2	46.1	3.9	5.9	4.5	7076.	73.5	4467.	115.
6034-ČAJETINA	56.0	13.0	245.	6.7	72.0	7.9	3.3	1.6	4973.	73.8	2029.	93.
6035-ĆIĆEVAC	52.0	12.8	118.	12.2	62.1	4.4	3.0	4.2	5219.	44.5	2856.	97.
6036-ĆUPRIJA	49.0	18.0	111.	15.1	52.9	3.9	3.4	4.7	5653.	68.4	3367.	107.
6037-DESPOTOVAC	61.0	15.2	84.	16.0	62.2	1.5	2.3	2.1	4514.	57.2	1849.	95.
6038-DIMITROVGRAD	57.4	17.4	130.	12.9	68.6	3.1	2.3	1.7	4687.	55.7	2353.	89.
6039-DOLJEVAC	50.8	3.3	65.	17.9	56.9	7.0	2.7	3.8	3164.	17.5	2259.	102.
6040-GADŽIN HAN	66.6	6.5	93.	3.8	84.3	1.1	0.7	3.5	2979.	15.6	851.	83.
6041-GOLUBAC	61.7	5.9	102.	3.6	77.7	1.5	1.5	2.8	3844.	43.1	1516.	93.
6042-GOR. MILANOVAC	56.5	17.9	141.	15.9	66.4	2.9	3.3	1.7	6384.	62.2	2776.	101.
6043-IVANJICA	56.3	11.3	130.	8.7	77.6	1.3	2.1	1.8	4086.	66.9	1975.	97.
6044-KLADOVO	58.6	11.8	95.	3.1	60.1	10.0	2.6	2.3	7102.	71.9	2758.	118.
6045-KNIĆ	63.5	4.4	80.	4.3	86.0	0.8	1.3	1.0	3687.	16.5	1207.	91.
6046-KNJAŽEVAC	69.0	13.6	123.	9.9	76.1	2.8	1.8	1.8	4545.	59.3	2490.	87.
6047-KOCELJEVO	59.8	5.1	128.	2.3	86.3	0.1	1.0	1.7	3469.	28.8	2063.	96.
6048-KOSJERIĆ	62.7	7.4	83.	4.2	82.0	3.7	1.8	1.5	3739.	48.1	1924.	93.
6049-KRAGUJEVAC	48.9	29.9	133.	34.8	34.6	3.6	5.7	3.8	8437.	87.5	6640.	124.
6050-KRALJEVO	45.1	20.1	120.	15.3	47.9	4.0	6.2	4.1	6417.	77.7	4406.	116.

13	14	15	16	17	18	19	20	21	22	23	24	25	26	27
61.	8.3	82.1	169.	4.3	20.72	1.90	16.	3.5	10.9	10.4	19.9	12.0	18.3	25.2
71.	4.0	81.7	143.	3.9	0.0	0.35	24.	3.9	13.6	8.5	13.4	0.0	25.0	28.9
60.	8.4	82.6	174.	3.9	0.0	0.65	11.	3.6	7.5	8.9	27.4	27.3	20.0	31.9
76.	4.0	84.1	140.	3.7	4.90	0.65	24.	4.8	16.9	8.7	14.3	271.0	23.6	21.5
23.	-3.4	87.9	126.	3.2	11.03	0.32	13.	3.2	9.0	7.5	15.8	84.1	23.3	31.4
319.	0.7	66.5	160.	3.2	0.0	2.11	8.	2.7	4.2	5.2	32.1	15.8	12.2	20.8
56.	1.3	84.1	163.	3.6	0.0	0.35	20.	4.2	15.1	11.2	12.2	9.1	24.7	32.0
80.	11.2	74.1	122.	3.5	0.0	0.64	10.	3.0	5.0	6.8	29.1	20.3	20.6	26.5
159.	10.1	67.5	180.	3.9	0.0	0.52	9.	3.2	5.7	7.9	25.9	37.6	35.3	44.2
82.	10.7	71.1	129.	3.8	0.0	0.72	9.	3.3	6.5	6.1	28.7	23.0	22.2	29.6
107.	3.3	77.7	170.	3.6	0.0	0.51	13.	3.3	6.3	6.2	24.0	2.5	20.9	25.8
96.	3.5	79.3	123.	3.7	0.0	0.48	12.	3.0	7.0	6.0	24.1	8.4	33.6	26.8
78.	-3.5	84.2	99.	3.3	0.0	0.60	0.	7.8	18.2	31.8	7.6	6.7	24.3	20.1
818.	13.8	39.7	144.	3.7	0.0	0.97	0.	0.0	0.0	11.8	36.0	93.8	81.2	28.9
122.	3.0	76.8	123.	3.8	0.0	0.74	0.	9.1	13.8	31.6	11.1	0.3	29.8	39.1
119.	5.0	80.0	162.	3.5	0.59	0.59	0.	7.5	12.0	27.8	12.3	5.6	28.1	34.5
139.	4.9	74.2	155.	3.6	2.55	0.78	0.	7.4	11.2	23.0	15.6	6.1	25.1	33.1
2305.	7.9	26.7	142.	3.7	3.15	1.56	0.	0.0	0.0	6.0	48.1	95.7	41.0	41.3
130.	4.9	72.0	149.	3.5	0.51	0.79	0.	8.1	10.6	29.5	15.9	8.3	32.2	34.7
282.	9.4	38.0	135.	3.7	0.0	1.05	0.	0.0	0.0	9.5	39.1	80.1	44.9	39.2
4538.	4.6	32.6	186.	3.5	127.26	24.55	0.	0.0	0.0	5.5	53.5	1204.0	0.0	0.0
78.	0.4	80.4	113.	3.4	0.0	0.43	0.	7.6	19.0	28.4	7.4	18.7	26.3	21.7
1963.	1.0	33.5	223.	3.3	4.06	3.31	0.	0.0	0.0	4.7	57.9	255.0	0.0	0.0
901.	10.9	42.8	142.	3.5	0.0	1.18	0.	0.0	0.0	11.2	40.1	250.0	18.4	21.3
6097.	0.4	34.3	132.	3.1	0.87	2.28	0.	0.0	0.0	4.5	58.6	177.0	0.0	0.0
319.	12.6	39.1	169.	3.8	8.87	1.87	0.	0.0	0.0	11.6	33.6	143.0	40.0	49.5
3765.	8.4	36.6	154.	3.4	7.91	2.49	0.	0.0	0.0	9.5	42.2	0.0	14.4	30.0
87.	5.9	89.5	132.	3.9	1.18	0.18	85.	11.0	35.9	33.4	7.3	13.7	28.9	28.0
93.	0.1	78.3	123.	3.6	2.83	0.50	53.	7.7	14.1	30.1	10.8	28.5	29.9	21.4
112.	5.5	73.2	150.	3.7	3.16	1.21	24.	6.7	10.8	23.5	14.8	114.0	27.2	23.9
56.	4.3	86.3	163.	3.9	2.55	0.41	85.	13.3	29.1	34.3	10.2	4.5	22.9	11.7
55.	2.2	95.3	118.	3.7	1.03	0.34	116.	14.5	56.5	38.0	5.5	11.5	20.7	10.9
47.	3.5	91.1	148.	4.1	2.07	0.38	84.	13.8	39.0	38.5	7.1	101.0	16.5	13.7
113.	-0.5	75.3	131.	3.6	0.28	0.46	37.	8.0	11.5	26.2	10.9	12.3	28.8	33.0
42.	-0.7	88.2	130.	3.2	2.44	0.56	97.	7.4	18.8	33.5	11.1	11.1	16.4	16.7
63.	-2.0	84.6	155.	3.4	1.97	0.31	82.	18.7	37.0	42.6	8.3	0.5	22.4	20.6
93.	0.8	85.3	115.	3.8	0.33	0.36	66.	10.8	26.6	37.7	6.4	2.6	33.8	37.3
71.	5.0	84.9	135.	3.8	0.27	0.32	194.	10.6	35.5	43.5	5.9	0.0	26.3	19.3
28.	-3.0	88.8	88.	3.6	0.0	0.47	58.	11.4	26.3	28.9	5.4	10.1	19.4	16.1
62.	6.8	58.7	149.	3.6	7.11	1.25	17.	3.5	4.9	20.8	19.3	68.3	17.2	12.4
30.	7.7	96.4	142.	4.0	2.89	0.29	225.	37.3	93.5	36.0	7.5	0.0	9.6	13.3
41.	6.2	91.0	134.	4.0	1.63	0.37	153.	17.0	51.3	37.4	5.9	42.9	13.6	11.9
94.	19.8	87.5	181.	5.8	0.0	0.18	140.	27.7	54.5	38.6	7.6	2.0	21.8	16.0
30.	6.4	94.6	170.	3.4	0.0	0.41	197.	14.9	82.7	41.9	6.7	0.0	13.0	10.2
154.	4.7	69.4	179.	3.6	6.07	1.10	24.	6.4	9.1	24.3	20.4	212.0	33.2	27.5
30.	4.5	88.2	135.	4.4	3.59	0.62	69.	15.3	49.0	37.1	6.9	225.0	17.9	11.5
100.	-2.1	74.6	105.	3.5	0.0	0.57	66.	8.6	14.8	29.7	10.3	6.9	33.0	28.1
127.	4.0	69.0	142.	3.6	16.73	1.42	34.	6.2	9.1	28.9	16.0	9.6	39.0	38.8
59.	2.5	86.3	113.	3.8	1.37	0.60	65.	10.4	22.1	33.6	7.5	2.8	30.2	27.6
34.	1.8	90.7	122.	3.1	1.04	0.86	78.	11.5	19.1	24.1	9.4	11.7	20.8	14.4
167.	8.9	83.6	115.	4.2	0.0	0.40	84.	8.6	20.1	34.7	10.6	0.0	34.5	28.6
61.	-0.4	95.0	112.	3.8	0.0	0.26	149.	9.4	70.1	42.0	5.1	0.0	25.8	22.4
39.	-0.2	85.9	89.	3.8	0.0	0.56	71.	8.7	22.4	32.5	4.9	2.0	19.0	23.2
58.	2.3	84.5	139.	3.5	4.05	0.85	41.	7.1	15.8	30.4	12.1	19.7	25.7	27.8
36.	6.3	92.9	161.	4.6	1.66	0.36	84.	23.8	39.7	35.2	7.8	43.0	25.6	21.1
53.	9.0	85.1	112.	3.9	7.54	0.87	52.	8.3	15.3	31.9	8.2	17.1	25.7	21.3
56.	-4.0	85.3	112.	3.4	0.0	0.39	93.	8.9	29.1	36.1	5.2	0.0	28.7	27.1
43.	-5.2	89.6	88.	3.4	4.19	0.67	41.	7.5	14.6	31.3	9.1	6.5	22.1	15.5
74.	3.2	85.0	127.	4.2	0.0	0.31	199.	15.7	41.3	38.7	5.1	0.0	22.3	20.3
46.	0.6	89.4	110.	3.8	0.0	0.30	74.	7.9	35.1	40.2	5.5	1.3	22.0	21.3
156.	5.7	62.2	165.	3.5	7.90	1.46	15.	6.8	7.5	20.1	25.4	94.3	25.2	27.5
70.	7.0	73.4	167.	3.6	6.78	0.97	27.	7.4	10.3	27.8	17.5	230.0	29.3	27.4

Noch Tabelle A 4-3:

	1	2	3	4	5	6	7	8	9	10	11	12
6051-KRUPANJ	51,5	6,8	123,	7,3	79,3	2,3	1,7	2,0	2707,	45,7	1326,	96,
6052-KRUŠEVAC	55,0	20,7	133,	20,5	56,3	3,1	3,5	3,0	7034,	78,3	3391,	114,
6053-KUČEVO	63,2	8,8	112,	7,4	72,2	1,6	2,8	2,6	3550,	48,1	3131,	96,
6054-KURŠUMLIJA	47,5	9,7	129,	8,9	70,5	5,2	2,1	2,0	3325,	48,1	1762,	86,
6055-LAJKOVAC	54,8	8,9	106,	5,3	70,5	2,5	2,1	1,8	2912,	42,5	2162,	96,
6056-LEBANE	50,5	10,8	149,	11,7	73,0	2,1	1,6	3,9	3651,	50,0	1743,	102,
6057-LESKOVAC	47,0	18,2	114,	21,1	50,8	4,7	4,0	4,8	4624,	72,0	3102,	110,
6058-LOZNICA	43,8	17,7	129,	21,1	47,9	3,7	4,0	3,1	4582,	69,7	3388,	111,
6059-LUČANI	56,6	13,0	120,	13,7	72,8	1,3	2,5	1,7	5189,	55,9	1270,	95,
6060-LJIG	56,4	9,4	102,	6,4	78,1	1,5	3,4	3,1	3871,	83,3	2717,	94,
6061-LJUBOVIJA	51,5	6,3	135,	5,8	77,6	4,7	1,6	2,2	2559,	46,1	1305,	87,
6062-MAJDANPEK	57,8	20,8	160,	16,0	59,7	11,8	8,2	1,4	9494,	86,9	2312,	114,
6063-MALI ZVORNIK	41,4	15,4	104,	19,1	48,6	7,8	3,7	5,7	4576,	67,3	2210,	104,
6064-MALO CRNIĆE	72,8	3,3	101,	1,3	78,2	0,3	0,7	1,8	3195,	5,1	574,	95,
6065-MEDVEDJA	41,9	6,0	98,	7,1	77,6	1,5	2,0	1,4	2275,	38,5	957,	86,
6066-MEROŠINA	57,7	2,6	108,	8,0	81,8	3,1	1,5	3,1	3365,	16,3	543,	96,
6067-MIONICA	60,6	3,1	94,	1,1	89,3	0,6	1,0	2,2	2573,	18,1	1221,	92,
6068-NEGOTIN	69,6	9,2	112,	3,4	76,3	1,3	1,8	1,6	4888,	51,8	2474,	97,
6069-NIŠ	43,5	33,2	120,	31,3	23,5	3,2	6,8	6,0	9015,	89,3	5853,	132,
6070-NOVA VAROŠ	54,2	14,2	135,	15,5	66,9	5,4	3,6	1,4	5123,	74,4	2383,	92,
6071-NOVI PAZAR	39,2	13,7	130,	18,6	55,6	2,4	2,9	4,6	3400,	73,1	1774,	109,
6072-OSEČINA	61,6	3,0	131,	1,8	89,2	0,3	0,9	1,8	2617,	17,9	1124,	91,
6073-PARAĆIN	59,3	18,3	111,	18,9	59,1	2,9	3,0	4,1	6148,	73,4	3813,	105,
6074-PETROVAC	69,4	3,6	90,	1,8	80,1	0,6	1,3	1,8	2835,	27,8	1683,	98,
6075-PIROT	54,8	20,1	129,	19,5	58,7	3,4	2,4	3,9	6642,	73,0	2982,	102,
6076-POŽAREVAC	50,5	15,5	96,	15,7	49,1	2,6	5,3	5,4	5872,	71,6	4171,	112,
6077-POŽEGA	48,0	15,2	146,	13,0	59,9	5,9	4,2	4,9	4923,	62,0	3340,	104,
6078-PREŠEVO	32,1	5,0	99,	6,2	66,1	1,6	1,3	4,3	1780,	36,4	1078,	112,
6079-PRIBOJ	43,0	23,2	141,	27,5	48,6	5,6	4,4	1,9	8028,	89,2	2587,	125,
6080-PRIJEPOLJE	38,7	17,3	129,	19,1	50,9	9,3	3,7	4,1	3834,	80,0	2696,	113,
6081-PROKUPLJE	51,0	13,3	115,	12,1	64,6	3,8	2,5	2,8	4287,	62,1	2656,	95,
6082-RAČA	62,2	5,9	102,	1,8	84,4	0,5	1,4	4,4	3240,	28,7	1499,	92,
6083-RAŠKA	51,9	17,1	119,	16,3	60,8	4,2	4,3	2,0	4720,	76,5	2867,	98,
6084-RAŽANJ	73,1	5,2	96,	2,2	85,7	3,0	1,2	1,8	3494,	21,6	1432,	91,
6085-REKOVAC	70,8	4,6	94,	2,1	87,5	0,3	1,2	1,9	3716,	25,0	1440,	89,
6086-SJENICA	38,0	8,4	162,	8,6	69,8	2,1	1,9	7,1	2419,	54,5	1431,	99,
6087-SMEDEREVO	48,8	19,5	126,	17,8	52,4	3,6	4,3	4,9	6078,	73,0	3804,	117,
6088-SMED. PALANKA	56,5	16,8	128,	13,4	65,1	2,3	3,1	2,9	5737,	67,3	4137,	105,
6089-SOKOBANJA	68,5	13,2	137,	4,1	80,8	2,3	2,1	1,8	5440,	42,7	2691,	99,
6090-SURDULICA	46,4	9,1	93,	8,4	60,6	5,5	2,1	9,2	2913,	56,7	2699,	91,
6091-SVETOZAREVO	53,6	23,2	120,	22,2	52,1	3,0	5,7	3,4	7894,	76,9	4309,	109,
6092-SVILAJNAC	69,0	7,9	110,	4,7	70,1	0,6	1,8	2,7	4773,	48,4	3395,	102,
6093-SVRLJIG	66,7	8,9	155,	7,1	81,2	3,0	0,9	2,4	2879,	36,6	1720,	88,
6094-ŠABAC	48,2	16,0	124,	11,9	57,6	2,5	4,4	6,0	6356,	64,3	3698,	113,
6095-TITOVO UŽICE	44,8	27,7	122,	25,7	35,6	5,6	6,3	4,3	9586,	89,3	5839,	118,
6096-TOPOLA	57,7	7,2	126,	5,0	80,5	0,4	2,9	3,2	4444,	47,0	4894,	95,
6097-TRGOVIŠTE	53,8	4,2	114,	1,0	88,5	0,8	1,0	1,0	1832,	17,8	868,	87,
6098-TRSTENIK	59,3	12,6	101,	9,7	74,2	1,2	2,7	2,6	5743,	55,8	2533,	103,
6099-TUTIN	38,5	4,1	142,	2,7	77,9	3,3	1,1	3,4	1338,	53,0	1026,	98,
6100-UB	56,3	5,0	93,	1,3	84,3	1,1	2,1	2,5	2842,	36,8	2117,	97,
6101-VALJEVO	51,3	18,5	123,	16,7	57,5	2,5	3,8	4,5	6178,	76,3	3728,	109,
6102-VARVARIN	60,6	5,4	114,	2,1	80,1	2,4	1,8	3,7	3676,	23,2	1484,	99,
6103-VELIKA PLANA	57,0	10,1	124,	8,9	67,3	2,8	2,9	4,4	4047,	51,7	2935,	103,
6104-VEL. GRADIŠTE	65,9	6,1	119,	2,5	76,6	1,0	1,7	2,2	3626,	20,2	1866,	101,
6105-VLADIČIN HAN	52,9	12,8	104,	13,1	65,5	6,1	2,2	2,5	4875,	74,2	2410,	97,
6106-VLADIMIRCI	63,6	3,2	86,	0,6	88,9	0,3	0,9	1,3	2862,	15,3	1088,	95,
6107-VLASOTINCE	51,5	8,1	124,	10,6	68,8	2,9	1,7	9,1	2967,	56,3	2291,	101,
6108-VRANJE	46,9	14,6	132,	17,6	57,7	2,3	3,5	4,1	3106,	76,6	2904,	110,
6109-VRNJAČKA BANJA	43,6	10,6	124,	8,4	41,4	4,1	12,9	10,3	4704,	64,2	5155,	117,
6110-ZAJEČAR	60,4	21,5	115,	14,0	61,5	3,5	3,0	2,9	6218,	69,7	3729,	107,
6111-ŽABARI	73,5	3,5	106,	0,7	80,0	0,2	0,9	1,7	2760,	15,5	1249,	93,
6112-ŽAGUBICA	70,5	3,9	86,	2,4	88,9	0,3	1,0	1,6	2650,	26,3	1187,	93,

13	14	15	16	17	18	19	20	21	22	23	24	25	26	27
69.	9.4	91.8	157.	4.9	6.04	0.43	264.	13.9	52.6	39.2	6.1	2.3	22.9	11.3
138.	5.5	77.5	145.	3.6	10.19	1.28	26.	8.6	11.1	27.3	17.8	53.1	22.7	27.6
40.	2.6	90.7	107.	3.7	0.31	0.34	81.	10.6	21.4	36.4	6.2	37.0	25.6	19.0
33.	5.1	85.7	165.	3.8	2.21	0.32	104.	28.7	37.8	40.1	8.3	121.0	19.7	14.90
98.	-0.3	76.1	120.	3.7	0.0	0.38	85.	8.5	20.4	34.5	8.9	17.3	28.7	91.7
84.	10.0	87.3	135.	4.3	1.42	0.28	130.	15.1	42.6	42.0	7.7	0.5	26.9	17.7
144.	7.8	81.9	167.	4.2	3.55	0.87	38.	9.9	15.4	32.6	15.3	85.8	27.4	20.3
128.	8.5	78.8	197.	4.1	11.90	1.02	51.	9.9	13.0	29.6	13.6	121.0	26.4	23.7
70.	3.1	87.6	144.	3.8	0.79	0.47	76.	11.2	23.5	36.3	9.2	2.4	25.6	26.9
56.	-0.3	82.5	105.	3.5	0.75	0.38	78.	8.6	23.7	31.6	6.9	37.5	29.0	24.9
61.	7.0	94.3	156.	4.8	4.52	0.46	185.	25.2	74.3	38.5	6.8	3.7	17.4	19.8
29.	11.1	77.1	124.	3.8	1.15	0.65	20.	8.7	12.1	30.9	10.6	12.2	13.0	10.6
66.	7.5	80.9	187.	4.6	0.0	0.50	75.	11.0	21.5	33.5	10.2	3.5	23.2	18.5
86.	-1.4	88.1	83.	4.1	0.0	0.22	100.	18.4	33.1	26.9	2.4	0.0	29.7	31.80
40.	11.7	88.8	159.	4.5	0.0	0.24	274.	22.2	68.4	41.5	5.7	105.0	18.5	7.9
96.	7.2	87.5	101.	4.4	0.0	0.35	43.	11.4	36.5	40.8	5.5	1.9	26.1	19.02
62.	0.6	88.8	106.	3.8	0.29	0.15	116.	11.4	48.1	38.1	5.4	30.7	22.7	30.7
59.	-1.4	87.5	93.	2.3	3.72	0.53	55.	9.9	17.7	28.5	8.0	17.4	26.4	17.40
332.	7.2	57.1	184.	3.7	15.53	2.27	14.	6.7	6.3	16.9	30.7	500.0	27.8	19.9
39.	9.1	89.7	183.	4.8	2.37	0.40	53.	19.2	28.4	33.7	8.8	46.7	18.3	13.46
86.	18.0	81.9	202.	5.7	5.35	0.51	92.	21.5	23.5	36.6	9.8	18.2	18.6	10.8
62.	1.8	91.1	95.	4.3	0.50	0.25	171.	17.0	91.0	40.2	4.0	0.0	24.4	15.70
116.	2.4	80.3	149.	3.9	3.88	0.59	45.	7.7	11.4	27.1	13.2	38.3	39.2	25.8
77.	-1.0	90.7	98.	3.6	3.33	0.39	101.	9.8	22.8	29.2	6.2	0.8	29.4	26.30
56.	2.6	87.5	149.	3.8	4.75	1.05	47.	9.6	12.4	25.9	13.6	16.7	24.6	20.4
150.	8.4	64.2	149.	3.7	6.90	1.44	27.	6.4	7.9	20.2	18.6	13.5	28.9	38.32
79.	2.5	79.1	149.	3.9	5.71	0.53	61.	9.0	18.3	31.0	11.3	9.3	31.2	28.4
114.	23.4	87.2	216.	6.3	0.0	0.20	125.	81.7	121.7	39.9	6.1	0.0	19.1	38.30
59.	16.7	79.5	206.	5.2	1.51	0.58	40.	18.8	17.0	30.0	14.2	24.6	20.9	11.0
53.	16.5	91.4	191.	5.4	5.82	0.57	53.	21.2	34.7	33.8	3.9	15.0	18.1	23.40
76.	5.3	79.5	173.	3.6	6.75	0.89	50.	8.8	14.7	34.9	13.9	22.6	20.4	14.4
77.	-2.8	85.2	98.	3.4	0.60	0.36	54.	14.1	29.8	27.2	6.2	0.0	30.3	32.30
44.	7.2	88.0	157.	4.0	2.35	0.65	60.	9.4	19.4	37.9	10.5	47.3	17.6	17.3
59.	-4.4	88.1	80.	3.8	1.75	0.41	99.	11.6	34.3	35.7	8.3	5.1	30.9	20.20
62.	-4.9	89.8	91.	3.0	0.0	0.31	65.	12.4	36.1	35.6	5.0	6.5	23.7	29.6
35.	19.5	92.1	199.	5.9	2.18	0.22	175.	30.4	43.9	39.1	6.3	3.4	19.0	23.2
191.	5.4	68.2	153.	3.9	4.09	0.94	36.	7.8	9.3	24.1	16.8	50.0	32.9	40.1
138.	4.0	78.5	136.	3.5	6.81	1.17	42.	7.3	11.6	24.8	14.2	6.7	30.8	31.6
45.	-2.7	85.5	79.	4.2	34.89	1.34	47.	9.3	16.2	31.3	8.0	436.0	28.3	20.7
47.	9.2	89.2	173.	3.8	23.46	1.08	56.	12.9	24.6	37.2	9.8	8.3	23.3	9.26
147.	5.4	74.5	156.	3.4	3.96	0.84	23.	6.7	7.9	25.6	18.2	23.6	34.5	36.9
105.	-0.3	83.9	101.	3.5	1.46	0.50	61.	9.8	18.4	26.8	9.2	8.4	32.1	39.30
53.	-0.3	94.7	89.	3.9	1.58	0.42	82.	11.2	38.8	33.4	6.4	2.1	19.6	15.3
134.	6.0	69.9	179.	3.7	5.75	1.02	38.	6.7	10.7	27.9	16.5	15.7	29.6	33.30
101.	7.8	72.2	193.	3.8	10.07	1.84	24.	6.6	9.4	26.4	20.1	37.7	25.0	17.8
85.	0.2	83.3	109.	3.4	1.42	0.49	85.	9.0	20.4	27.7	7.8	33.6	30.3	28.72
34.	6.7	95.5	171.	5.2	2.87	0.16	369.	70.9	837.1	40.7	3.7	1.5	12.0	6.4
113.	4.2	84.6	129.	3.7	0.32	0.51	36.	11.0	18.1	32.9	11.1	8.3	28.4	30.14
40.	24.2	89.8	193.	6.4	1.90	0.20	198.	74.4	107.5	46.2	4.5	1.3	13.2	9.6
82.	1.5	80.9	134.	3.9	0.29	0.35	167.	13.5	32.9	37.4	6.7	0.0	29.6	31.36
98.	3.3	77.7	169.	3.7	6.60	1.16	27.	7.3	11.3	28.4	18.6	165.0	27.6	23.8
105.	-0.1	87.0	107.	3.6	0.0	0.34	81.	11.6	29.1	29.3	4.4	0.0	29.7	18.66
142.	3.1	78.3	140.	3.5	0.0	0.49	42.	7.9	13.3	27.1	11.4	36.5	33.6	40.6
85.	0.0	81.0	82.	4.4	0.52	0.46	87.	9.3	17.3	26.2	1.9	5.6	30.1	37.20
69.	5.7	26.6	141.	4.1	0.63	0.32	76.	13.2	31.9	38.9	8.3	2.1	18.7	11.0
30.	1.7	86.7	103.	3.9	0.30	0.34	162.	18.4	44.3	35.6	4.0	0.0	28.9	26.32
119.	6.6	90.0	162.	4.2	2.08	0.44	103.	10.2	25.9	36.3	10.7	0.8	24.7	10.4
34.	9.1	83.1	173.	4.4	7.74	0.94	46.	11.8	15.9	32.8	13.6	93.7	19.7	11.74
92.	3.1	67.9	163.	3.4	41.20	1.32	25.	6.5	10.2	29.1	17.9	1247.0	30.0	31.5
68.	-0.8	69.4	127.	3.4	8.49	1.16	27.	6.3	9.4	20.7	14.2	59.6	21.0	17.46
88.	-5.0	76.2	84.	3.5	0.0	0.34	146.	11.6	31.7	21.5	4.1	0.4	32.3	29.7
29.	-0.3	96.8	87.	3.7	0.19	0.43	124.	14.8	50.7	35.4	3.2	1.5	30.6	22.06

Noch Tabelle A 4-3:

	1	2	3	4	5	6	7	8	9	10	11	12
6113-ŽITORADJA	57,2	4,2	99.	4,6	78.8	6,4	1,5	1,7	3218.	24,5	1381.	96.
8001-ADA	42,6	19,3	87.	20,4	44,8	3,1	3,7	11,2	6966.	65,4	4754.	102.
8002-ALIBUNAR	44,0	12,2	82.	7,1	66,0	1,2	2,6	3,4	4103.	49,0	2256.	97.
8003-APATIN	42,1	22,4	122.	21,6	41,0	3,6	5,0	7,6	7681.	78,9	3544.	98.
8004-BAČ	38,7	9,7	64.	3,3	64,6	1,9	3,6	5,6	5758.	56,2	2858.	87.
8005-BAČKA PALANKA	42,0	24,0	96.	28,3	43,7	1,8	5,7	4,3	7850.	71,6	4483.	104.
8006-BAČKA TOPOLA	43,1	23,6	89.	10,6	53,6	4,8	5,7	9,6	10331.	67,6	4454.	98.
8007-BAČKI PETROVAC	48,9	16,7	63.	10,4	63,1	2,3	2,9	7,5	5941.	68,8	3167.	95.
8008-BEČEJ	44,1	22,2	86.	16,8	49,5	2,5	5,7	9,1	8207.	72,5	4767.	101.
8009-BELA CRKVA	45,2	12,5	110.	6,8	56,8	2,7	3,7	6,0	4268.	65,6	3611.	97.
8010-BEOČIN	40,2	19,6	94.	30,0	45,0	2,2	5,4	4,9	8384.	80,4	3882.	111.
8011-ČOKA	49,9	19,5	74.	13,8	66,3	2,4	3,3	4,8	7130.	59,8	2886.	94.
8012-INDJIJA	37,7	13,3	78.	15,6	40,9	3,9	6,4	8,8	5127.	53,9	4115.	111.
8013-IRIG	39,6	8,2	61.	7,8	63,6	2,6	4,0	3,3	4233.	44,2	2866.	93.
8014-KANJIŽA	46,7	15,5	93.	10,2	58,9	5,4	4,3	8,1	6384.	53,0	3871.	97.
8015-KIKINDA	42,0	25,4	106.	23,1	44,9	3,6	5,5	6,0	8500.	79,0	5600.	101.
8016-KOVAČICA	45,0	9,4	93.	2,8	67,3	4,7	3,3	7,7	4461.	48,5	2750.	97.
8017-KOVIN	45,4	11,4	100.	5,3	65,8	1,8	2,9	5,3	3864.	55,5	2645.	100.
8018-KULA	39,3	22,6	71.	25,7	40,6	1,8	5,7	6,3	7790.	73,1	4002.	106.
8019-MALI IDJOŠ	40,1	13,9	64.	8,6	57,1	4,4	4,0	8,2	5342.	59,9	5955.	91.
8020-NOVA CRNJA	44,0	8,5	73.	2,3	77,6	0,5	3,1	4,6	4257.	43,8	2268.	85.
8021-NOVI BEČEJ	40,5	16,7	101.	15,2	53,2	6,6	4,6	5,3	5342.	56,7	3196.	95.
8022-NOVI KNEŽEVAC	46,4	13,2	89.	8,1	61,3	4,1	3,3	7,2	6112.	58,3	4107.	93.
8023-NOVI SAD	43,2	37,8	117.	23,3	12,8	5,3	13,2	10,1	12893.	92,5	8512.	132.
8024-ODŽACI	40,1	17,2	98.	16,2	45,3	5,5	5,2	5,5	5907.	65,5	3862.	94.
8025-OPOVO	47,2	6,1	69.	2,2	76,1	1,9	2,8	6,1	4368.	26,0	2006.	97.
8026-PANČEVO	41,1	25,0	114.	26,1	27,6	6,0	6,7	5,7	8778.	88,9	4684.	118.
8027-PEČINCI	42,8	8,3	72.	0,9	81,5	0,5	2,2	4,8	5522.	43,1	2331.	96.
8028-PLANDIŠTE	43,9	15,6	112.	12,7	62,1	0,4	3,1	2,4	4552.	60,3	2181.	92.
8029-RUMA	37,2	16,5	111.	15,9	43,7	2,9	6,6	6,3	6682.	62,5	4835.	109.
8030-SEČANJ	40,0	11,5	66.	4,3	70,3	1,8	3,6	4,1	4030.	53,4	2224.	86.
8031-SENTA	40,5	25,1	102.	21,2	37,4	3,2	7,3	9,5	8782.	79,2	6532.	101.
8032-SOMBOR	43,6	23,5	93.	15,0	44,3	3,3	6,9	7,2	8135.	71,7	5579.	102.
8033-SRBOBRAN	40,1	13,8	97.	6,0	61,3	3,2	3,2	8,1	7640.	61,8	3935.	96.
8034-SREM. MITROVICA	43,3	19,0	102.	15,7	50,4	2,2	4,4	7,3	7898.	74,9	4383.	123.
8035-STARA PAZOVA	38,9	10,2	111.	15,7	40,2	4,8	6,4	10,1	5187.	52,2	4055.	106.
8036-SUBOTICA	44,3	27,6	102.	24,2	34,3	2,5	7,4	8,5	9091.	80,7	6413.	107.
8037-ŠID	48,1	13,2	80.	7,7	62,4	1,1	4,0	5,4	5680.	62,2	4408.	104.
8038-TEMERIN	37,2	12,6	103.	14,3	34,5	6,9	7,8	15,4	6180.	56,2	3650.	107.
8039-TITEL	43,5	11,3	110.	5,8	64,0	4,5	4,3	5,9	5325.	55,9	3056.	100.
8040-VRBAS	37,7	26,1	91.	28,2	32,2	3,5	7,3	5,5	9037.	83,1	4189.	102.
8041-VRŠAC	45,1	18,8	102.	11,8	47,8	2,1	4,8	4,6	5535.	79,9	4692.	99.
8042-ZRENJANIN	42,2	20,0	103.	25,9	33,5	4,4	6,9	6,3	9407.	84,8	4765.	112.
8043-ŽABALJ	47,6	9,4	108.	5,2	66,4	4,5	3,8	6,1	4584.	48,5	2731.	100.
8044-ŽITIŠTE	45,8	9,1	76.	2,3	77,0	0,7	2,5	3,4	4103.	33,8	2240.	89.
7001-DEČANI	25,7	3,3	109.	2,0	73,5	1,7	1,2	1,1	839.	26,2	463.	122.
7002-DRAGAS	28,4	2,6	130.	0,9	67,6	0,9	3,5	9,5	685.	34,2	886.	128.
7003-DJAKOVICA	26,6	11,2	119.	18,8	45,7	2,8	2,9	4,7	2415.	68,0	2003.	134.
7004-GLOGOVAC	23,4	2,2	87.	4,0	68,0	10,9	0,7	1,3	1125.	22,4	535.	133.
7005-GNJILANE	28,5	7,0	111.	8,2	56,2	4,1	2,4	3,1	2315.	64,9	1898.	127.
7006-ISTOK	27,6	3,3	72.	1,4	73,7	4,1	1,4	1,9	1063.	31,4	673.	121.
7007-KAČANIK	21,0	6,5	91.	17,9	42,6	9,6	2,8	2,0	1406.	61,1	1013.	121.
7008-KLINA	25,1	4,2	188.	2,1	79,5	3,9	1,1	0,7	1641.	40,3	416.	125.
7009-KOSOV. KAMENICA	32,6	4,0	121.	3,7	73,5	4,0	0,9	1,1	1849.	39,3	757.	108.
7010-KOSOV. MITROVICA	25,5	16,5	111.	29,3	25,4	5,9	6,2	3,2	4048.	88,0	2675.	129.
7011-LEPOSAVIĆ	45,4	10,8	147.	12,6	65,9	6,3	1,8	0,8	2655.	68,5	1995.	95.
7012-LIPLJAN	24,6	5,7	100.	13,5	56,4	5,3	3,0	4,4	1793.	45,4	729.	123.
7013-ORAHOVAC	25,9	4,0	106.	3,4	77,6	2,4	1,0	1,5	1678.	29,8	592.	132.
7014-PEĆ	23,9	10,0	118.	12,7	42,6	4,7	5,7	5,2	2178.	67,4	2460.	135.
7015-PODUJEVO	24,0	2,6	101.	2,5	64,0	11,7	2,4	2,6	1114.	19,3	747.	117.
7016-PRISTINA	26,2	20,6	130.	24,1	24,7	8,1	6,2	4,3	4870.	89,4	3252.	149.
7017-PRIZREN	25,3	10,2	120.	14,7	37,3	7,6	4,7	9,4	2593.	71,5	2552.	140.

13	14	15	16	17	18	19	20	21	22	23	24	25	26	27
99.	8.2	86.8	113.	4.3	0.0	0.38	160.	12.3	45.9	41.7	5.9	0.0	29.4	19.2
99.	-0.3	77.2	133.	8.1	0.0	0.44	23.	5.2	7.8	13.6	20.5	4.9	44.4	43.6
53.	0.7	69.6	118.	3.6	0.0	0.69	53.	6.8	11.4	20.6	12.1	2.6	37.8	43.9
103.	3.4	55.1	142.	3.7	0.18	0.64	37.	5.3	7.6	21.3	19.5	11.5	38.4	48.0
52.	1.4	64.3	135.	3.5	0.62	0.57	80.	6.3	12.2	24.6	10.8	0.0	39.6	50.0
93.	4.4	59.2	163.	3.6	0.39	0.74	36.	5.7	8.1	21.6	18.3	15.0	41.5	50.4
73.	-2.2	70.1	132.	3.0	1.38	0.78	30.	4.3	7.4	19.1	17.5	12.9	44.8	45.8
102.	-1.2	77.7	139.	3.3	0.0	0.56	30.	6.0	9.3	9.9	14.9	0.9	45.7	49.3
92.	-0.1	69.8	129.	3.0	0.42	0.87	25.	4.6	7.0	18.7	19.7	12.0	45.0	50.7
72.	3.2	71.3	162.	3.5	8.64	0.86	35.	6.1	9.6	18.6	15.5	10.2	34.0	39.7
75.	6.0	55.2	136.	3.3	0.0	0.68	78.	5.3	7.3	17.4	12.9	18.4	30.7	36.6
57.	-1.8	75.8	110.	3.2	0.0	0.76	29.	4.3	6.5	19.6	12.6	3.4	34.1	31.2
105.	5.6	49.3	185.	3.6	4.61	0.76	27.	5.7	7.9	20.0	19.0	9.1	41.5	50.4
61.	-0.9	61.0	116.	3.2	0.0	0.44	35.	5.4	8.9	19.5	12.3	23.4	35.2	37.7
85.	-2.1	83.0	134.	3.1	0.0	0.62	33.	4.8	7.5	15.2	15.9	2.3	36.1	39.0
88.	3.2	69.0	165.	3.4	5.38	1.03	38.	4.8	6.9	23.3	19.8	11.2	36.1	42.0
80.	-0.4	79.3	123.	3.4	0.0	0.60	63.	6.4	11.3	15.5	11.2	1.5	37.5	49.6
55.	3.2	60.4	134.	3.6	22.28	1.31	57.	5.8	12.0	25.7	12.7	3.2	37.9	45.6
101.	5.3	57.1	166.	3.4	0.33	0.78	39.	5.1	7.3	20.8	18.7	10.3	43.8	50.5
86.	-2.7	65.6	123.	3.1	0.0	0.64	63.	4.5	9.8	18.5	16.1	0.0	45.6	45.5
67.	-1.3	67.9	126.	3.3	0.0	0.77	62.	5.0	11.0	27.4	11.2	0.8	35.3	46.6
52.	0.5	75.1	124.	3.2	0.38	0.63	59.	4.7	8.4	25.6	14.4	4.4	32.2	37.9
54.	-3.2	70.9	133.	3.1	17.81	0.97	46.	4.8	8.2	20.7	14.1	0.5	29.4	34.2
278.	5.9	44.0	173.	3.2	13.59	2.73	8.	4.9	4.8	10.8	35.2	137.0	36.5	42.4
97.	4.2	49.4	155.	3.6	5.33	0.66	54.	5.4	8.5	27.3	15.1	2.6	39.0	50.0
57.	0.3	72.1	118.	3.6	0.0	0.61	37.	5.7	11.8	22.0	9.8	0.0	36.0	49.1
147.	6.8	48.6	169.	3.6	5.59	1.56	20.	5.4	6.1	17.6	26.0	18.8	41.2	48.4
38.	-0.3	72.9	147.	3.5	0.27	0.49	57.	5.9	12.0	22.2	8.0	0.0	37.2	45.5
47.	-1.1	66.1	127.	3.6	0.0	0.50	52.	5.4	9.9	22.5	13.3	0.0	31.7	40.6
89.	5.2	51.1	176.	3.5	0.35	0.69	33.	5.2	7.8	20.8	17.5	19.6	41.0	53.8
40.	-0.8	61.1	151.	3.4	0.27	0.64	61.	4.9	8.5	26.3	12.5	0.2	35.9	45.0
107.	-0.1	75.1	180.	3.3	13.24	2.01	23.	4.6	5.8	13.6	23.5	13.2	42.0	38.7
84.	2.8	64.3	156.	3.4	8.16	1.28	22.	4.6	6.7	19.8	21.1	21.4	44.7	48.0
69.	0.6	70.0	125.	3.0	0.51	0.56	36.	4.9	9.3	23.8	15.5	1.6	42.5	50.6
103.	6.1	60.2	181.	3.5	5.46	1.20	23.	5.7	7.6	21.9	18.6	31.7	38.5	42.1
124.	5.7	60.4	176.	3.6	0.0	0.69	38.	5.4	7.4	16.8	18.4	3.8	39.5	53.2
146.	-0.8	75.2	146.	3.1	5.27	1.31	21.	4.5	6.0	16.0	23.1	93.8	43.8	50.3
56.	1.4	67.5	161.	3.4	3.30	0.67	42.	5.7	10.2	18.0	15.0	5.5	36.0	34.4
121.	3.9	62.0	143.	3.3	0.61	0.87	28.	4.7	7.6	22.9	17.9	2.4	41.3	50.3
61.	1.3	58.2	137.	3.3	0.31	0.43	43.	5.3	9.6	23.8	11.6	2.0	41.3	41.3
116.	7.5	50.1	178.	3.6	8.16	1.77	30.	5.5	7.4	19.6	21.6	13.2	46.1	55.8
76.	0.4	64.0	154.	3.4	22.30	1.60	30.	5.6	7.5	16.1	20.7	17.3	35.9	35.5
99.	4.1	61.0	174.	3.3	9.72	1.54	19.	4.6	5.6	17.2	23.8	30.4	38.9	46.2
63.	4.3	58.1	96.	3.3	0.79	0.55	67.	5.4	10.7	27.4	13.0	0.0	36.6	44.3
60.	0.5	67.8	105.	3.3	0.0	0.57	61.	5.3	10.0	27.6	9.7	0.0	36.4	40.8
84.	31.6	88.4	214.	8.4	0.19	0.16	261.	65.1	202.2	46.3	4.2	15.8	18.7	20.4
62.	31.5	96.4	218.	6.3	1.08	0.15	571.	30.4	150.0	40.0	3.4	0.6	12.1	8.1
122.	30.3	87.7	226.	8.0	4.81	0.28	105.	33.8	57.0	41.2	9.4	10.1	20.0	20.2
101.	34.4	88.3	210.	8.9	0.0	0.17	733.	119.7	451.2	44.3	3.3	0.0	18.2	15.2
132.	25.6	82.8	227.	6.7	5.27	0.43	128.	24.6	56.8	41.8	7.4	6.2	25.6	21.8
90.	28.5	86.5	213.	7.4	0.80	0.15	287.	48.1	127.4	43.3	4.5	72.4	26.4	24.0
78.	32.5	90.0	222.	7.3	0.0	0.38	252.	57.6	131.7	46.8	4.4	0.2	18.3	12.0
105.	30.5	85.3	212.	8.4	0.0	0.05	543.	34.8	176.5	45.3	2.9	0.4	25.7	10.4
89.	24.6	92.8	197.	6.8	0.71	0.19	332.	35.9	163.2	44.6	4.2	3.2	23.1	15.5
115.	22.8	78.3	259.	5.6	5.93	1.12	41.	16.3	17.3	30.0	10.7	28.8	13.8	12.4
34.	11.7	86.9	206.	5.2	0.89	0.28	135.	28.9	56.7	37.5	7.3	0.0	14.7	12.7
118.	29.4	85.0	204.	6.7	0.22	0.18	180.	27.5	78.2	42.3	5.6	0.4	27.1	19.1
117.	32.6	91.1	189.	8.7	0.0	0.11	196.	48.6	95.3	47.1	2.8	0.0	19.3	15.9
149.	22.7	77.8	246.	6.5	7.78	0.67	61.	26.1	31.9	35.5	11.5	38.6	30.3	26.4
95.	29.2	93.0	204.	7.1	0.20	0.18	241.	68.0	206.7	47.1	5.0	1.6	20.6	16.0
179.	25.1	71.2	240.	5.8	5.15	1.01	26.	18.2	19.8	31.5	16.7	60.6	25.2	15.4
151.	28.6	86.8	235.	7.1	4.19	0.89	57.	25.6	34.0	35.6	9.7	31.0	22.4	19.2

Noch Tabelle A 4-3:

	1	2	3	4	5	6	7	8	9	10	11	12
7018-SRBICA	23,2	2,8	116,	3,0	71.2	9,2	1,2	1,0	1094,	16,7	245,	120,
7019-SUVA REKA	25,5	3,0	126,	2,8	76.0	3,6	1,1	1,0	1406,	35,6	618,	130,
7020-UROŠEVAC	24,8	6,6	108,	8,5	49.3	10,0	3,3	4,9	1708,	60,4	1846,	133,
7021-VITINA	25,8	2,4	91,	0,4	71.7	3,6	1,3	1,6	1393,	17,7	782,	118,
7022-VUČITRN	24,2	3,5	120,	14.2	50.6	8,7	2,5	3,5	1082,	27,5	994,	128,

STOP

```
1 - BAKT        10 - VEKS       19 - VARZ
2 - BVS         11 - PKUM       20 - VPKW
3 - BVSWA       12 - BEVWA      21 - VRA
4 - BIB         13 - BEVDI      22 - VFE
5 - BLFI        14 - NATZU      23 - SQKEI
6 - BBAU        15 - BIWA       24 - SQHOE
7 - BHG         16 - SCHUE      25 - TOU
8 - BHA         17 - VWOHN      26 - WEERT
9 - PKE         18 - VKBET      27 - MAERT[a]
```

[a] Die genaue Bezeichnung der Variablen findet sich in Übersicht 4-1. des Textes.

Quelle: SZzS: Popis stanovništva i stanova 1971. Stanovništva, verschiedene Bände SG.1-73, verschiedene Tabellen, S. 546 ff.; eigene Berechnungen.

13	14	15	16	17	18	19	20	21	22	23	24	25	26	27
98.	30.9	91.0	206.	8.2	0.71	0.05	555.	83.3	293.3	45.4	3.4	0.5	21.2	16.6
105.	34.3	91.9	202.	8.6	0.0	0.11	246.	51.2	149.6	45.2	2.7	0.8	20.8	18.8
122.	25.8	85.0	225.	6.6	0.24	0.22	92.	30.0	56.0	40.0	7.7	26.1	23.2	13.6
134.	31.6	89.3	207.	7.0	0.38	0.15	340.	24.9	171.5	48.0	4.0	0.8	26.7	22.6
147.	28.1	84.5	226.	6.9	0.24	0.12	215.	31.7	86.4	41.2	8.1	0.4	20.6	11.4

Tabelle A 4-4: "Jugoslawische Arbeitskräftewanderung - Faktorenanalyse;
Quartimax rotated factor matrix."

	FACTOR 1	FACTOR 2	FACTOR 3	FACTOR 4	FACTOR 5	FACTOR 6	FACTOR 7
BAKT	-0.06552	-0.80844	0.18241	0.06384	-0.12360	0.11358	0.29554
BVS	0.86781	0.03449	-0.07440	0.34128	-0.00114	0.15741	0.05777
BVSkA	-0.01046	0.08879	-0.12659	0.03439	0.02914	0.00666	0.91462
BIB	0.73916	0.22354	-0.05356	-0.21947	-0.30251	-0.16028	-0.01038
BLFI	-0.86936	-0.35081	0.11836	0.08530	-0.11654	0.04367	0.08112
BBAU	0.28652	0.56278	-0.02474	-0.12300	0.06365	-0.04468	0.21769
BHG	0.68769	0.09651	-0.11036	0.00301	0.62671	0.08715	0.02025
BHA	0.45915	0.02758	0.19567	-0.02252	0.48790	-0.03345	-0.15349
PKE	0.80869	-0.08336	-0.05006	0.29885	0.06226	0.31498	0.04646
VEKVS	0.86303	0.26322	-0.14567	-0.02738	-0.04464	-0.19216	0.08017
PKUM	0.75116	-0.05561	-0.12337	0.32030	0.16013	0.34481	-0.01155
BEVKA	0.25031	-0.70058	0.31317	-0.09614	0.05779	0.01023	0.30012
BEVOI	0.32021	-0.04382	-0.13280	0.08831	-0.09493	0.72173	0.01103
NATZU	-0.28003	0.88470	-0.10742	0.03254	-0.07216	0.02399	0.06684
BIWA	-0.69380	-0.05239	-0.45710	-0.10122	-0.12602	-0.19904	-0.00416
SCHUE	0.10690	0.79707	-0.22741	0.19225	-0.09985	-0.05022	-0.11224
VWOHN	-0.54323	0.72535	-0.16625	0.05236	-0.08649	0.08096	0.03676
VKBET	0.25253	0.01620	-0.05617	0.87984	0.04416	-0.01988	0.02146
VARZ	0.46762	-0.00964	-0.03394	0.82819	0.03801	0.12276	0.01081
VPKW	-0.65556	0.33662	-0.13542	-0.06035	0.07164	0.15265	-0.04072
VRA	-0.63389	0.49047	-0.07103	0.00730	0.06098	0.15769	0.08269
VFE	-0.29318	0.32301	-0.06669	-0.02132	0.10275	0.14832	0.00010
SQKEI	-0.78970	0.27862	-0.22505	0.06665	-0.08281	-0.02455	0.09992
SQHOE	0.90587	0.05012	0.11522	0.10575	0.13757	0.21633	0.05828
TOU	0.30409	-0.02335	-0.19620	0.09751	0.82224	-0.06602	0.10965
WEERT	0.05214	-0.23608	0.88365	-0.04362	-0.05663	-0.12639	-0.03991
MAERT	0.16354	0.27407	0.86646	-0.06023	-0.09469	-0.07348	-0.10434

Quelle: Eigene Berechnungen

- 225 -

Tab. A 5-1.: Die Arbeitsmigranten in v.H. der Bevölkerung (10 Jahre und älter) nach der Schulausbildung
Die 20 Gemeinden mit den jeweils höchsten Anteilswerten

Grundschulabschluß		Berufsausbildung		Höhere Schulausbildung	
Gemeindename mit Kennziffer	Anteilswerte	Gemeindename mit Kennziffer	Anteilswerte	Gemeindename mit Kennziffer	Anteilswerte
3030 - Imotski	31,9	6035 - Ćićevac	56,5	6035 - Ćićevac	21,8
3062 - Ozalj	31,5	1023 - Ćitluk	51,5	1023 - Ćitluk	20,9
4021 - Resen	30,2	3062 - Ozalj	38,4	3062 - Ozalj	19,1
3045 - Lastovo	29,8	1037 - Grude	35,6	1037 - Grude	15,3
1023 - Ćitluk	28,2	1054 - Lištica	35,6	8002 - Alibunar	14,5
1028 - Duvno	23,6	3030 - Imotski	34,5	4021 - Resen	14,4
1054 - Lištica	22,7	1070 - Posušje	31,5	1070 - Posušje	12,5
3010 - Ćakovec	22,6	1059 - Ljubuški	30,9	5022 - Lenava	11,2
1059 - Ljubuški	22,5	3002 - Benkovac	30,9	8009 - Bela Crkva	11,0
1070 - Posušje	22,1	4021 - Resen	29,0	1054 - Lištica	10,8
1037 - Grude	21,0	3035 - Klanjec	26,4	3030 - Imotski	10,1
4002 - Bitolj	19,5	3097 - Vrgorac	26,3	3017 - Drniš	10,1
3022 - Djakovo	19,3	1928 - Duvno	25,4	3035 - Klanjec	9,9
6111 - Zabari	19,2	1051 - Krešovo	24,3	3014 - Donja Stubica	9,9
3033 - Jastrebarsko	17,7	6078 - Preševo	24,1	3042 - Krk	9,8
6035 - Ćićevac	17,5	3017 - Drniš	23,4	3063 - Pag	9,6
3105 - Zupanja	17,2	3033 - Jastrebarsko	23,2	3102 - Zaprešić	9,6
1083 - Srbac	16,9	3027 - Graćac	22,6	3071 - Rab	9,5
6064 - Malo Crniće	16,7	3061 - Otočac	22,3	3057 - Omiš	9,0
3002 - Benkovac	16,7	3096 - Vrginmost	21,3	1028 - Duvno	9,0

Quelle: SzzS: Popis stanovništva i stanova 1971. Stanovništvo. Etnička, prosvetna i ekonomska obeležja stanovništva i domaćinstva prema broju članova, Beograd 1974, Tab. 2-2., S. 24 ff. Statistički bilten 679, Tab. 3-4., S. 130 ff, eigene Berechnungen.

Tab. A 5-2.: Die Arbeitsmigranten in v.H. der aktiven Bevölkerung nach ausgewählten Berufen
Die 20 Gemeinden mit den jeweils höchsten Anteilswerten

Landwirt und verwandte Berufe		Berg- oder Industriearbeiter		Sonstige Berufe	
Gemeindename mit Kennziffer	Anteilswerte	Gemeindename mit Kennziffer	Anteilswerte	Gemeindename mit Kennziffer	Anteilswerte
3009 - Čabar	71,3	7021 - Vitina	85,7	3030 - Imotski	16,8
3030 - Imotski	46,1	3045 - Lastovo	74,4	1037 - Grude	15,9
1028 - Duvno	44,3	3071 - Rab	71,0	3105 - Županja	14,8
1055 - Livno	43,0	7002 - Draga š	70,1	3022 - Djakovo	14,7
1070 - Posušje	38,2	1052 - Kupres	69,2	1023 - Citluk	13,7
1034 - Gornji Vakuf	37,0	6032 - Crna Trava	66,7	5022 - Lendava	13,7
3045 - Lastovo	36,4	3030 - Imotski	57,0	1070 - Posušje	13,3
1059 - Ljubuški	35,3	3038 - Korčula	56,4	3100 - Zadar	12,8
1054 - Lištica	33,3	4023 - Struga	56,0	3062 - Ozalj	12,3
4021 - Resen	32,8	1083 - Srbac	55,1	3050 - Našice	11,7
1023 - Citluk	31,7	7006 - Istok	53,9	8002 - Alibunar	11,3
3057 - Omiš	30,6	8004 - Bač	53,9	3017 - Drniš	11,1
1037 - Grude	29,7	3002 - Benkovac	52,6	4021 - Resen	10,4
4002 - Bitolj	29,3	1019 - Cazin	49,1	3059 - Orahovica	10,2
1073 - Prozor	27,7	6111 - Zbari	49,0	4002 - Bitolj	10,2
4023 - Struga	27,3	3022 - Djakovo	48,7	3003 - Biograd	10,2
3062 - Ozalj	26,5	1034 - Gornji Vakuf	48,3	3057 - Omiš	10,1
1052 - Kupres	25,5	4021 - Resen	47,4	3080 - Slav. Brod	10,0
3100 - Zadar	24,1	8016 - Kovačica	46,1	3076 - Sesvete	10,0
1068 - Orašje	21,0	8027 - Pećinci	44,4	5030 - Ljutomer	9,9

Quelle: SzzS: Popis stanovništva i stanova 1971. Stanovništvo. Delatnost, Beograd 1974, Tab. 3-4., S. 5 ff.
Statistički bilten 679, Tab. 3-5., S. 147 ff., eigene Berechnungen.

Tab. A 5-3.: Die Geldüberweisungen der jugoslawischen Arbeitsmigranten absolut und in v.H. ausgewählter Posten der Zahlungsbilanz, 1962 - 1976

Jahr	Die Geldüberweisungen der jugoslawischen Arbeitsmigranten^a, in Mill. US-Dollar (1)	Die Geldüberweisungen in v.H. des Devisenzuflusses insgesamt (2)	der Exporterlöse (3)	des Handelsbilanzsaldos (4)	des Devisenzuflusses aufgrund des Tourismus (5)
1962	22,0	2,9	3,6	9,4	70,3
1963	41,2	4,4	5,6	14,5	77,9
1964	57,6	5,1	6,6	17,1	84,0
1965	58,1	4,3	5,6	22,5	71,6
1966	95,2	6,1	8,3	34,3	81,6
1967	122,2	7,2	10,0	3,8	81,3
1968	162,8	8,6	12,6	35,5	86,7
1969	251,3	11,2	16,9	38,7	104,1
1970	501,5	17,7	29,3	45,5	182,7
1971	716,1	21,5	38,2	54,5	198,9
1972	963,8	22,6	40,4	86,1	208,8
1973	1.397,7	24,4	46,1	88,4	221,9
1974	1.621,4	22,1	39,5	46,6	211,0
1975	1.695,9	21,7	39,8	53,4	220,7
1976	1.883,7	20,9	36,5	78,9	234,8

a einschließlich Emigranten

Quelle: National Bank of Yugoslavia: Quarterly Bulletin, Vol. 1 (1973), No. 4, Tab. 22 (1962-1965) und Vol. 5 (1977), No. 4, Tab. 23 (1966-1976), eigene Berechnungen.

- 229 -

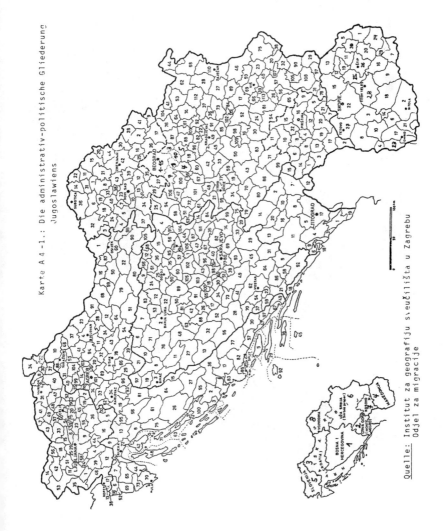

Karte A 4 -1.: Die administrativ-politische Gliederung Jugoslawiens

Quelle: Institut za geografiju sveučilišta u Zagrebu
Odjel za migracije

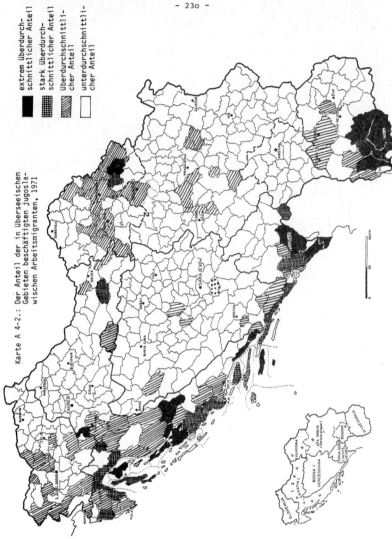

Karte A 4-2.: Der Anteil der in überseeischen Gebieten beschäftigten jugoslawischen Arbeitsmigranten, 1971

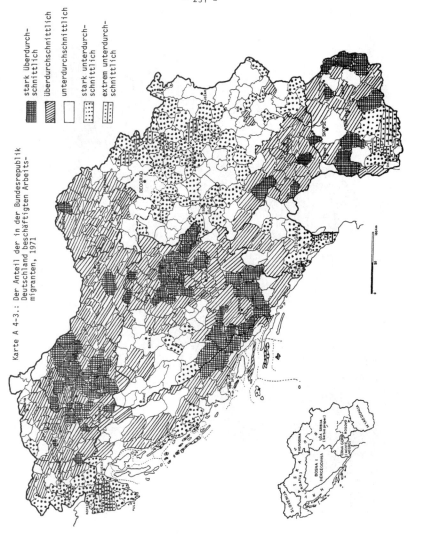

Karte A 4-3.: Der Anteil der in der Bundesrepublik Deutschland beschäftigten Arbeitsmigranten, 1971

Karte A 4-4.: Die im Jahre 1962 und früher abgewanderten Arbeitskräfte in v.H. aller Arbeitsmigranten (differenziert nach Republiken und Provinzen)

| extrem überdurchschnittlich | stark überdurchschnittlich | überdurchschnittlich | unterdurchschnittlich | stark unterdurchschnittlich | extrem unterdurchschnittlich | ✴ unberücksichtigte Gemeinden |

- 233 -

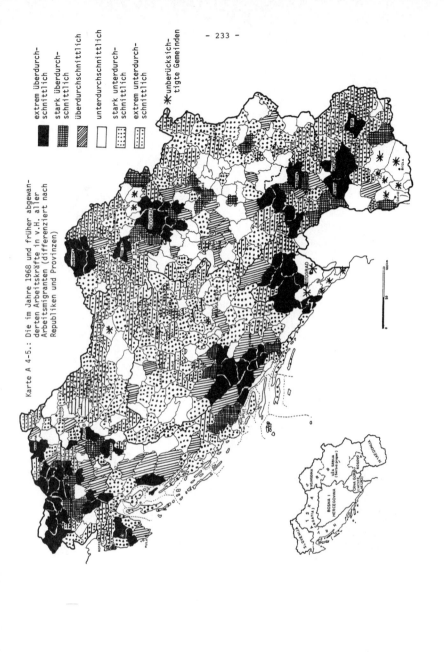

Karte A 4-5.: Die im Jahre 1968 und früher abgewanderten Arbeitskräfte in v.H. aller Arbeitsmigranten (differenziert nach Republiken und Provinzen)

Die Hauptkomponentenanalyse

1 Grundlegende Fragestellungen

Die Hauptkomponentenanalyse (principal component analysis) ist ein Verfahren der multivariaten Statistik, ein Verfahren also, das mehrere für vorgegebene Beobachtungseinheiten ausgewiesene Merkmale gleichzeitig verarbeitet und auswertet. Überdies ist die Hauptkomponentenanalyse ein spezielles Verfahren der Faktorenanalyse[1]. Dabei wird unter der Faktorenanalyse im allgemeinen "... jede Methode verstanden, eine große Anzahl von Variablen aus wenigen hypothetischen relativ vollständig herzuleiten"[2]. Das Ziel der Faktorenanalyse und auch der Hauptkomponentenanalyse besteht also darin, aus einer Menge beobachteter Variablen hypothetische Größen (Faktoren/Hauptkomponenten) abzuleiten, die möglichst einfach sein und die Beobachtungen hinreichend genau beschreiben und erklären sollen. Hierzu wird unterstellt, daß die beobachtete enge Korrelation zweier oder mehrerer Variablen nicht durch den direkten wechselseitigen Beziehungszusammenhang der gemessenen Variablen "erklärt" werden kann, sondern daß dieser Zusammenhang auf einer gemeinsamen Abhängigkeit der Merkmale von einer dritten Größe (Faktor) basiert. M.a.W. sollen die an den verschiedenen Merkmalsträgern (Personen, Raumeinheiten) gemessenen Variablenwerte als Linearkombinationen hypothetischer Größen (Faktoren) beschrieben werden, wobei die Anzahl der Faktoren kleiner als die der Variablen sein soll-

---

[1] Zur Faktorenanalyse bzw. Hauptkomponentenanalyse vgl. Gerhard Bahrenberg und Ernst Giese: Statistische Methoden und ihre Anwendung in der Geographie, Stuttgart 1975, S. 202 ff. - Hermann Gaensslen und Werner Schubö: Einfache und komplexe statistische Analyse, München u.a. 1973, S. 200 ff. - Harry H. Harman: Modern factor-analysis, Chicago-London 1967. - Paul Klemmer: Die Faktorenanalyse als Instrument der empirischen Strukturforschung, in: Methoden der empirischen Regionalforschung (1. Teil), Veröffentlichungen der Akademie für Raumforschung und Landesplanung, Hannover 1973, S. 131 ff. - Dirk Revenstorf: Lehrbuch der Faktorenanalyse, Stuttgart u.a. 1976. - Eberhard Scholing: Komponentenanalytische Untersuchungen zum Internationalen Konjunkturzusammenhang zwischen den Ländern der OECD von 1955-1975, Frankfurt u.a. 1977. - Karl Überla: Faktorenanalyse, Berlin u.a. 1968.
[2] Dirk Revenstorf: Lehrbuch ..., a.a.O., S. 126.

te. Die Faktorenanalyse versucht also, für die Unterscheidung
von Personen, Raumeinheiten überflüssige - d.h. gemeinsam durch
eine dritte Größe "erklärte" - Variablen zu eliminieren, um dadurch einen Informationsgewinn zu erzielen.

Aufgrund dieser Zielsetzung der Faktorenanalyse - der Verdichtung des in den Ausgangsvariablen enhaltenen Informationsgehaltes - findet dieses Verfahren in der Praxis im wesentlichen
- als Mittel der Datenreduktion
- als Mittel zur Formulierung komplexer Indikatoren und/oder
- als Mittel der Hypothesenfindung und -überprüfung
Anwendung[1].

Die verschiedenen Verfahren, die unter dem Terminus Faktorenanalyse zusammengefaßt werden können, teilen nicht nur die Zielsetzung sowie die wichtigsten methodischen Schritte miteinander, sondern liefern in der Praxis vielfach einander mehr oder weniger entsprechende Ergebnisse. Dies gilt namentlich für die Hauptkomponentenanalyse und die Faktorenanalyse im engeren Sinne (common factor analysis)[2]. Diese Verfahren - sie finden am häufigsten in der Praxis Anwendung - müssen jedoch vom theoretischen Ansatz her streng unterschieden werden. Um nun den theoretischen Ansatz der Hauptkomponentenanalyse besser herausarbeiten zu können, soll vergleichend der Ansatz der Faktorenanalyse im engeren Sinne herangezogen werden.

Der Hauptkomponentenanalyse liegt die Annahme zugrunde, daß die gesamte Varianz der Variablen durch die Faktoren bzw. Hauptkomponenten erklärt wird. Um die Variabilität des Datensatzes der Ausgangsvariablen vollständig zu reproduzieren, sind

---

[1] Vgl. Paul Klemmer: Die Faktorenanalyse als Instrument..., a.a.O., S. 143 ff.

[2] "Der Aufwand der komplexeren Modelle der Faktorenanalyse im engeren Sinne erscheint in den meisten Anwendungsfällen wenig gerechtfertigt, da eine einfache Komponentenanalyse - insbesondere bei vielen Ausgangsvariablen - erfahrungsgemäß im Rahmen der Interpretationsgenauigkeit zu denselben Ergebnissen führt wie eins der aufwendigeren Verfahren der Faktorenanalyse im engeren Sinne mit Kommunalitätenberechnungen". Dirk Revenstorf: Lehrbuch..., a.a.O., S. 319. - Vgl. u.a. auch Eberhard Scholing: Komponentenanalytische Untersuchung..., a.a.O., S. 48 und die dort angegebene Literatur. - Die weitgehende Übereinstimmung der Ergebnisse der Komponenten- bzw. Faktorenanalyse im engeren Sinne konnte der Verfasser auch für den Datensatz (27 Variablen) seiner Analyse feststellen. Die nach beiden Verfahren für die 500 Gemeinden Jugoslawiens bestimmten Werte des Faktors 'Entwicklungsstand' wiesen eine sehr enge lineare Beziehung zueinander auf (r = 0,97).

ebensoviele Faktoren wie Variable notwendig, wobei man sich in
der Praxis aber auf wenige Faktoren beschränkt, die einen großen Teil der Gesamtvarianz 'erklären'. Die Hauptkomponentenanalyse ist - wie noch gezeigt wird - im wesentlichen ein rein algebraisches Verfahren zur Transformation von Daten einer Ausgangsmatrix.

Die Faktorenanalyse im engeren Sinne geht dagegen
von der Annahme aus, daß die Varianz der Ausgangsvariablen
nicht ausschließlich durch gemeinsame Faktoren 'erklärt' werden kann, sondern daß sie auch einen variablenspezifischen
Teil enthält. Damit tritt für dieses Verfahren die Notwendigkeit zur Schätzung der jeweiligen Varianzanteile auf (Kommunalitätenproblem). Diese Tatsache macht zwar die Faktorenanalyse im engeren Sinne zu einem ausgesprochen statistischen Verfahren, sie wirft aber auch bedeutende Problem auf hinsichtlich der Schätzung der Kommunalitäten (des Anteils der Varianz einer Variablen, der durch die gemeinsamen Faktoren 'erklärt' wird) sowie hinsichtlich der Bestimmung der Faktorenwerte, die im Modell der Hauptkomponentenanalyse nicht auftreten. Formal besteht der Unterschied zwischen den beiden genannten Verfahren darin, daß die Hauptdiagonale der jeweils beiden Verfahren zugrundeliegenden Korrelationsmatrix der Ausgangsvariablen unterschiedlich besetzt ist. Im Rahmen der Hauptkomponentenanalyse haben die Diagonalelemente der Korrelationsmatrix den Wert 1, während die Korrelationsmatrix der Faktorenanalyse im engeren Sinne in ihrer Hauptdiagonale die geschätzten Kommunalitäten (im allgemeinen Werte kleiner 1) enthält.

Im folgenden sollen nun die wichtigsten Schritte der Hauptkomponentenanalyse dargestellt werden[1]. Vorab wird jedoch das Grundmodell der Hauptkomponentenanalyse stärker präzisiert.

---

[1] Die folgenden Ausführungen lehnen sich eng an K. Überla: Faktorenanalyse, a.a.O., an.

Im allgemeinen geht man bei der Hauptkomponentenanalyse nicht
von der ursprünglichen sondern von den standardisierten Variablen aus. Hierzu werden die originären Werte wie folgt
transformiert:

$$z_{ij} = \frac{y_{ij} - \bar{y}_i}{s_i}$$

wobei y_{ij} der Variablenwert der Variable i (i = 1,...m) für
den Merkmalsträger j (j = 1,...n), $\bar{y}_i$ gleich dem Mittelwert
der Variablen i sowie s_i gleich der Standardabweichung der
Variablen i ist. Aus der Matrix der Ausgangsdaten Y erhält man
also durch Transformationen der einzelnen Variablenwerte die
Matrix der standardisierten oder normierten Ausgangsdaten Z.
Die standardisierte Variable Z_i hat aufgrund obiger Transformation den Mittelwert 0 und die Standardabweichung und Varianz 1.

Die Standardisierung verändert den Informationsgehalt der Ursprungsmatrix nicht; insbesondere sind die Korrelationskoeffizienten zwischen den standardisierten Variablen gleich denen
zwischen den entsprechenden ursprünglichen Variablen. Im Falle
standardisierter Variablen vereinfacht sich zudem die Berechnung des Korrelationskoeffizienten; wegen der Einheitsvarianz
der standardisierten Variablen sind Korrelationskoeffizient
und Kovarianz gleich.

Das Ziel der Faktorenanalyse bzw. Hauptkomponentenanalyse,
die Variablenwerte als Linearkombinationen hypothetischer Größen (Faktoren) zu beschreiben, kann algebraisch bei r Faktoren
und standardisierten Variablen wie folgt formuliert werden:

$$z_{ij} = a_{i1}p_{1j} + a_{i2}p_{2j} + \ldots + a_{ir}p_{rj}$$

bzw. für alle z_{ij} in Matrixnotation
(1.1).... Z = AP.

Hierbei enthält die (m x n)-Matrix Z die standardisierten
Ausgangsdaten. A ist eine (m x r)-Matrix, die als Koeffizienten
sog. Faktorenladungen (factor loadings) enthält und üblicher-

weise als Faktorenmuster (factor pattern) bezeichnet wird.
Während die Faktorenladungen die Beziehungen zwischen den
(standardisierten) Variablen und den Faktoren beschreiben,
beschreiben die Koeffizienten der (r x n)-Matrix P - auch
Faktorenwerte (factor scores) genannt - die Beziehungen zwischen den Faktoren und Merkmalsträgern.

Gleichung (1.1) formuliert das Grundmodell der Faktorenanalyse. In ihr ist lediglich die Größe Z bekannt. Ohne weitere
Annahmen ist die Lösung dieses Gleichungssystems nicht möglich.
Zur Bestimmung der unbekannten Matrix A geht man von der Korrelationsmatrix zwischen den (standardisierten) Variablen aus.
Wegen der Bedingungen

$$1/n \sum_{j=1}^{n} z_{ij} = 0 \quad , \quad i = 1, 2, \ldots, m \text{ und}$$

$$1/(n-1) \sum_{j=1}^{n} z_{ij}^2 = 1 \quad , \quad i = 1, 2, \ldots, m$$

für standardisierte Variablen ergibt sich der Korrelationskoeffizient dieser Variablen als Ergebnis folgenden Ausdruckes:

$$r_{ik} = \frac{1}{n-1} \sum_{j=1}^{n} z_{ij} z_{kj}$$

Für die Korrelationsmatrix der standardisierten Variablen
gilt somit

(1.2)....... $R = \frac{1}{n-1} ZZ'$

Setzt man nun in diese Gleichung für R Gleichung (1.1) ein, so
ergibt sich

$$R = \frac{1}{n-1} ZZ' = \frac{1}{n-1} AP(AP)' = \frac{1}{n-1} APP'A'$$

(1.3)....... $R = A\frac{1}{n-1} PP'A'$

Das Produkt $C = 1/(n-1) PP'$ stellt analog zu Gleichung (1.2) eine spezielle Korrelationsmatrix dar, und zwar die zwischen den Faktoren. Fordert man, daß die Faktoren orthogonal oder unkorreliert sein sollen, d.h. $C = I$, so reduziert sich Gleichung (1.3) zu

(1.4).......$R = AA'$

Die Gleichungen (1.3) und (1.4) bilden nach THURSTONE das Fundamentaltheorem der Faktorenanalyse. Es besagt also, daß die Korrelationsmatrix R durch das Faktorenmuster (Matrix A) und die Korrelationen zwischen den Faktoren (Matrix C) reproduzierbar sein muß.

2 Die wichtigsten Schritte der Hauptkomponentenanalyse

2.1 Die Bestimmung der Korrelationsmatrix R

Ausgangspunkt einer praktischen Hauptkomponentenanalyse ist im allgemeinen die Matrix der standardisierten Ausgangsdaten Z. Auf der Grundlage dieser Matrix wird im 1. Schritt der Analyse die Matrix der Korrelationskoeffizienten R bestimmt. Dabei werden üblicherweise die Korrelationen zwischen den Variablen über die Merkmalsträger (R-Technik) im Gegensatz zu den Korrelationen zwischen den Merkmalsträgern (Q-Technik) gemessen. Eine Faktorenanalyse, die auf einer mit Hilfe der R-Technik ermittelten Korrelationsmatrix basiert, führt zu Faktoren, die etwas über das Zueinander der Variablen aussagt, während im anderen Fall die Faktoren etwas über den Zusammenhang zwischen den Merkmalsträgern aussagen, d.h. mehrere Merkmalsträger werden zu einer Gruppe oder einem Faktor zusammengefaßt.

Der Berechnung der Korrelationsmatrix schließt sich bei Zugrundelegung des Modells der Faktorenanalyse im engeren Sinne als 2. Schritt die Lösung des oben angesprochenen Kommunalitätenproblems an. Für die Hauptkomponentenanalyse entfällt dagegen dieser Schritt, da die Varianzen der Ausgangsvariablen annahmegemäß im Rahmen der Hauptkomponentenanalyse vollständig

durch gemeinsame Faktoren 'erklärt' werden, d.h. die Hauptdiagonale der Korrelationsmatrix mit den Werten 1 besetzt ist.
Der Bestimmung der Korrelationsmatrix schließt sich somit sofort die Extraktion der Faktoren bzw. Hauptkomponenten an.

2.2 Die Extraktion der Faktoren

Die gebräuchlichste Methode zur Extraktion der Faktoren- bzw. Hauptkomponenten ist die Hauptachsenmethode.
Zur Veranschaulichung der Hauptachsenmethode soll kurz eine geometrische Interpretation gegeben werden. Werden drei normalverteilte Variable an Personen gemessen, so läßt sich diese Situation geometrisch darstellen durch Punkte, in einem von den Variablen aufgespannten dreidimensionalen Raum. Sind die Variationen in allen drei Richtungen gleich groß, so ergibt die Punktwolke eine Kugel; im allgemeinen bildet sie jedoch einen Ellipsoid.

Offensichtlich gibt es neben dem von den drei Variablen gebildeten Koordinatensystem unendlich viele andere Koordinatensysteme, in denen man die beobachtete Punktwolke darstellen kann. Von diesen unendlich vielen Koordinatensystemen zeichnet sich das Koordinatensystem der Hauptachsen besonders aus. Die erste Hauptachse l_1 ist der längste durch den Schwerpunkt gehende Durchmesser der eiförmigen Punktwolke. Ihre Bestimmung ist geometrisch gesehen der erste Schritt der Hauptachsenmethode. Danach wird ein Unterraum festgelegt (hier eine Ebene), der senkrecht (orthogonal) zur ersten Hauptachse liegt und durch den Schwerpunkt des Systems geht. Die zweite Hauptachse l_2 ist nun der längste Durchmesser dieses Unterraums (dieser Ebene). Die dritte Hauptachse l_3 ist schließlich im dreidimensionalen Fall die Senkrechte zur ersten und zweiten Hauptachse im Schwerpunkt.

Die Hauptachsen entsprechen den gesuchten Faktoren; um der
Forderung nach Einheitsvarianz der Faktoren zu genügen, müssen
sie jedoch noch geeignet normiert werden. Die Länge der Hauptachsen ist proportional zur Größe der Varianz in der Richtung
der jeweiligen Hauptachse.

Der Übergang vom Koordinatensystem der Ausgangsvariablen zum
Koordinatensystem der Hauptachsen entspricht also der Faktorenextraktion durch die Hauptachsenmethode. Dieser Übergang ist
immer dann ohne Informationsverlust möglich, wenn bei m Variablen auch Hauptkomponenten bestimmt werden. In der Praxis genügen jedoch im Regelfall weniger Hauptachsen, um den größten
Teil der Varianz zu reproduzieren. Auf die Frage, wann die
Faktorenextraktion durch die Hauptachsenmethode abgebrochen
werden, soll noch näher eingegangen werden. Vorab soll jedoch
die Hauptachsenmethode in algebraischer Weise dargestellt werden.

Ausgangspunkt dieser Darstellung ist die Gleichung

(1.4) $R = AA'$.

Führt man nun entsprechend dem Anliegen der Hauptachsenmethode
als Restriktion ein, daß die Summe der Quadrate der Faktorenladungen des ersten Faktors ein Maximum der Gesamtvarianz erreichen soll, die des zweiten Faktors ein Maximum der Restvarianz usw., so ist dieses Gleichungssystem eindeutig lösbar.
Nach der Hauptachsenmethode wird der Rechengang so organisiert,
daß zunächst derjenige Faktor eliminiert wird, der den größten
Teil der Varianz erklärt, d.h. es gilt folgende Gleichung

$$S_1 = \sum_{i=1}^{m} a_{i1}^2$$

unter den $m(m-1)/2$ voneinander unabhängigen Bedingungen

$$r_{ik} = a_{i1}a_{k1} (i,k = 1, \ldots m, \; i < k)$$

zu maximieren. Danach wird für die verbleibende Restvarianz dieser Rechenschritt wiederholt usw. Dieses Verfahren liefert schließlich Faktoren, die eine absteigende Generalität aufweisen. Diese Maximierungsaufgabe unter Nebenbedingungen führt auf das sog. Eigenwertproblem einer reellen symmetrischen Matrix, das im allgemeinen in folgender Form geschrieben wird:

$$R\alpha_1 = \lambda_1 \alpha_1 \quad \text{oder} \quad (R - \lambda_1 1) \alpha_1 = 0 .$$

Die λ_1 nennt man Eigenwerte, die zugehörigen α_1 Eigenvektoren von R. Die Eigenwerte sind von der Größenordnung einer Varianz, ihre Wurzelwerte entsprechen der Länge der Hauptachsen. Auf die Diskussion der verschiedenen Verfahren zur Lösung des Eigenwertproblems soll hier verzichtet werden[1].

An dieser Stelle soll nun die oben aufgeworfene Frage, wann genügend Faktoren extrahiert sind und man den Extraktionsprozeß beenden soll, diskutiert werden. Eine einzige Antwort auf diese Frage gibt es nicht, vielmehr werden in der Literatur eine Vielzahl von Methoden vorgeschlagen, auf die hier nicht im einzelnen eingegangen werden soll[2]. Dagegen sollen zwei in vielen praktischen Arbeiten verwendete Kriterien genannt werden. Eines dieser Kriterien bzw. Methoden ist der sog. SCREE-Test. Beim SCREE-Test macht man sich die empirische Beobachtung zunutze, daß die Eigenwerte einer aus Zufallszahlen berechneten Korrelationsmatrix, der Größe nach aufgetragen, annähernd auf einer Geraden liegen, während sich die entsprechenden Werte einer Korrelationsmatrix mit signifikanten Korrelationen im allgemeinen nur im rechten Teil der Kurve durch eine

---

1 Vgl. Rudolf Zurmühl: Matrizen und ihre technischen Anwendungen, Berlin 1964.
2 Vgl. dazu die Verfahren bei Karl Überla: Faktorenanalyse, a.a.O., S. 129 ff.

Gerade approximieren lassen. Die Anzahl der nach dem SCREE-Test zu extrahierenden Faktoren bestimmt sich nun durch die Anzahl der Eigenwerte, die oberhalb der Gerade liegen und des ersten Wertes, von dem an die Eigenwerte annäherungsweise auf einer Geraden liegen. Da das Bild der übrigen Eigenwerte einer Korrelationsmatrix aus Zufallszahlen entspricht, werden diese als zufallsbedingt betrachtet. Mit hinreichender Sicherheit ist eine weitere Lokalisierung von Faktoren (Hauptachsen) nicht mehr möglich.

Ein weiteres Extraktionskriterium ist die Faustregel, nur Faktoren mit Eigenwerten größer als 1 zu extrahieren. M.a.W. sollen nur diejenigen Faktoren extrahiert werden, deren absolute Varianz größer als die Einheitsvarianz der Variablen ist, d.h. diese Faktoren erklären mehr als ihren proportionalen Anteil an der Varianz der Ausgangsdaten.

2.3 Die Rotation der Faktoren zur Einfachstruktur

Das Rotationsproblem ergibt sich aus der Tatsache, daß es neben der unrotierten Faktorenmatrix A eine Vielzahl anderer Faktorenmatrizen gibt, die zur Reproduktion der Korrelationsmatrix gleich gut geeignet sind. Geometrisch gesprochen heißt das, daß neben der in der Faktorenmatrix A festgelegten Position der Variablenkonfiguration zum Koordinatensystem eine Vielzahl anderer relativer Positionen denkbar sind, ohne daß die in der Variablenkonfiguration zum Ausdruck kommenden Korrelationsbeziehungen verändert werden. Die Lösung des Rotationsproblems besteht nun darin, ein bestimmten Anforderungen genügendes Faktorenmuster bzw. Koordinatensystem unter der Vielzahl von Alternativlösungen auszuwählen.

Die Notwendigkeit, eine solche Wahl zu treffen, ergibt sich inhaltlich aus der Tatsache, daß das mit Hilfe der Hauptkomponentenmethode gewonnene Faktorenmuster eine dem Verfahren innewohnende Varianzaufteilung (absteigende Generalität der Faktoren) aufweist. Ein solches Faktorenmuster ist im allgemeinen nicht interpretierbar.

Interpretierbare Faktoren können im allgemeinen durch Rotation zur Einfachstruktur (THURSTONE) erreicht werden. Das Konzept der Einfachstruktur nach THURSTONE umfaßt fünf Postulate:

" 1. Jede Zeile des Faktorenmusters sollte wenigstens eine Null haben (d.h. jede Variable sollte mindestens in einer Koordinatenhyperebene liegen).

2. Jede Spalte des Faktorenmusters sollte wenigstens r Nulladungen haben (d.h. jeder Faktor sollte wenigstens durch r Variablen in seiner Koordinatenhyperebene definiert und lokalisiert werden).

3. Für jedes Spaltenpaar des Faktorenmusters sollte es mehrere Variablen geben, die auf einen Faktor keine, aber auf den anderen hohe Ladungen haben.

4. Bei mehr als vier Faktoren sollten in jedem Spaltenpaar möglichst viele Variablen in beiden Spalten Nulladungen haben.

5. Für jedes Faktoren- oder Spaltenpaar des Faktorenmusters sollten nur wenige Variablen in beiden Spalten hohe Ladungen haben."[1]

Zur Lösung des Rotationsproblems sind verschiedene Verfahren entwickelt worden, die in sog. visuell-graphische und sog. analytische Verfahren eingeteilt werden können. Hier interessieren vor allem die analytischen Verfahren, da sie in der Praxis wegen ihrer Programmierbarkeit am häufigsten Anwendung finden. Unberücksichtigt bleiben in dieser Darstellung die schiefwinkeligen analytischen Verfahren.

---

1 Karl Überla: Faktorenanalyse, a.a.O., S. 184.
Eine statistische Prüfung auf Einfachstruktur des Faktorenmusters bietet der BARGMANN-Test. Für verschiedene Faktoren- und Variablenzahl sowie für verschiedene Signifikanzniveaus hat BARGMANN die Anzahl der Nulladungen tabelliert, die mindestens erforderlich sind, um die Verteilung der Variablen im reduzierten Raum von einer Zufallsverteilung zu unterscheiden (vgl. Karl Überla: Faktorenanalyse, a.a.O., Tafel D 1 - D 3, S. 373 ff.). Bevor für jeden Faktor die Nulladungen ausgezählt werden, müssen die Faktorladungen durch die Kommunalitäten dividiert werden sowie Grenzen festgelegt werden, innerhalb derer die Faktorladungen als Nulladungen betrachtet werden sollen (z.B. $\left| \frac{a_{ij}}{h_i} \right| < 0,10$).

In der Praxis erfüllen nur wenige empirische Datensätze sozialwissenschaftlicher Untersuchungen die strengen Kriterien der Einfachstruktur im Sinne des BARGMANN-Tests, so daß die Beurteilung der Einfachstruktur vielfach nach den Postulaten von THURSTONE vorgenommen wird.

Die wichtigsten orthogonalen Rotationsverfahren sind das Quartimax- und das Varimax-Verfahren. Der Grundgedanke des Quartimax-Verfahrens besteht darin, die Komplexität einer Variablen minimal werden zu lassen. M.a.W. sollen die ursprünglichen Faktoren so rotiert werden, daß die Variable einen Faktor hoch lädt und alle anderen Faktoren möglichst wenig. Das Kriterium der Einfachheit besteht hier also darin, daß möglichst viele Punkte (Variablen) nahe an den Achsen liegen. Analytisch bedeutet dieses Kriterium die Minimierung der Kreuzprodukte der Faktorenladungen der Variablen i:

$$(2.1)\ldots \sum_{k<l=1}^{r} \sum_{i=1}^{m} (a_{ik}a_{il})^2 = \text{Min!}$$

Da das Quartimax-Verfahren die Vereinfachung der Zeilen anstrebt, tendiert der erste Faktor danach ein allgemeiner Faktor zu sein - d.h. viele Variable laden diesen Faktor hoch -, während die folgenden Faktoren im allgemeinen Subcluster der Ausgangsvariablen darstellen.

Im Unterschied zum Quartimax-Verfahren geht das von KAISER entwickelte Varimax-Verfahren von einer spaltenweisen Betrachtung aus. Die Einfachheit eines Faktors (Spalte des Faktorenmusters) ist dann gegeben, wenn die Varianz seiner quadrierten Faktorladungen ein Maximum ist. In diesem Fall liegen die einzelnen Ladungen nahe bei Null oder nahe bei 1; dies erleichtert dann auch die inhaltliche Bestimmung des Faktors. Das übliche Varimax-Kriterium sieht wie folgt aus:

$$(2.2)\ldots m\sum_{l=1}^{r} \sum_{i=1}^{m} (a_{il}/h_i)^4 - \sum_{l=1}^{r} (\sum_{i=1}^{m} a_{il}^2/h_i^2)^2 = \text{Max!},$$

wobei h_i die Kommunalität der Variablen bezeichnet.

2.4 Die Bestimmung von Faktorenwerten

Mit der Lösung des Rotationsproblems liegen nunmehr interpretierbare Fakten vor. Dieses Ergebnis erlaubt die Beurteilung der hinter den beobachteten Variablen stehenden Struktur; Aussagen über die Merkmalsträger hinsichtlich der Faktoren sind dagegen nicht möglich. Hierzu ist es erforderlich sog. Faktorenwerte (factor scores), d.h. Meß- bzw. Schätzwerte eines bestimmten Merkmalsträgers in bezug auf einen bestimmten Faktor zu ermitteln. Zur Bestimmung der Faktorenwerte wird die bisherige Aufgabenstellung umgekehrt, d.h. die Variablen sind nicht als Linearkombinationen der Faktoren darzustellen, sondern die Faktoren sind umgekehrt als Linearkombinationen der Variablen auszudrücken.

Relativ leicht bzw. problemlos gestaltet sich die Bestimmung von Faktoren- bzw. von Hauptkomponentenwerten im Rahmen der Hauptkomponentenanalyse[1]. Ausgehend von der Gleichung (1.1)

$$Z = AP$$

bedarf es zur Bestimmung von P (Matrix der Faktoren- bzw. Hauptkomponentenwerte) lediglich der Inversion der Matrix A, denn

$$P = A^{-1}Z$$

Da die Inversion einer Matrix nur bei quadratischen Matrizen möglich ist, läßt sich A^{-1} nur dann bestimmen, wenn alle m Hauptkomponenten extrahiert werden. Überdies erfordert die Inversion einer m-dimensionalen Matrix sehr viel Rechenzeit.

Weniger rechenaufwendig ist dagegen folgende Methode, die zudem auch in den Fällen anwendbar ist, in denen nicht alle m,

---

1 Während im Rahmen der Hauptkomponentenanalyse sich die Faktorenwerte mathematisch exakt aus den Werten der Ursprungsvariablen berechnen lassen, ist dies für die Faktorenanalyse im engeren Sinne nicht möglich; es müssen Schätzverfahren (z.B. die multiple Regressionsanalyse) angewendet werden. Die Schätzung der Faktorenwerte ist deshalb notwendig, da die variablenspezifischen Varianzanteile nicht zur Bestimmung der Faktorenwerte herangezogen werden können.

sondern nur p Faktoren (p<m) extrahiert werden. In diesen Fällen ist A eine (m x p) - Matrix.

Bei dieser Methode geht man ebenfalls von Gleichung (1.1) aus und multipliziert sie auf beiden Seiten von links mit A', d.h. man erhält

$$A'Z = A'AP$$

A'A ist eine quadratische (p x p) - Matrix, in deren Diagonale die Eigenwerte der p Faktoren stehen. Es existiert also die inverse Matrix $(A'A)^{-1}$, die sich wegen der Symmetrie von A'A leicht berechnen läßt.

Obige Gleichung wird nun mit der inversen Matrix $(A'A)^{-1}$ auf beiden Seiten von links multipliziert und man erhält folgenden leicht berechenbaren Ausdruck für P

$$(A'A)^{-1} A'Z = (A'A)^{-1} A'AP = P.$$

3 Einige kritische Anmerkungen zur Hauptkomponentenanalyse

Die nachfolgende Kritik der Hauptkomponentenanalyse soll keine vertiefende Problematisierung ihrer verschiedenen Rechenschritte bzw. Annahmen sein, sondern sie versteht sich vielmehr als Hinweis auf Probleme im Zusammenhang mit der Verwendung der Hauptkomponenten- oder auch anderer Verfahren der Faktorenanalyse.

Eingeschränkt wird die Aussagefähigkeit der Hauptkomponentenanalyse durch die sog. Linearitätshypothese. Die Annahme linearer Beziehungen liegt sowohl der Korrelationsmatrix zugrunde, die das Ausgangsmaterial der Hauptkomponentenanalyse bildet, als auch dem Grundmodell der Analyse selbst.

Die Verwendung von Produkt-Moment-Korrelationskoeffizienten zur Beschreibung der Beziehungen zwischen den Ausgangsvariablen erlaubt nur dann die wahren Beziehungen zwischen diesen Variablen widerzuspiegeln, wenn die Variablen paarweise zweidimensional-normalverteilt sind. Im anderen Fall erfassen die Produkt-Moment-Korrelationskoeffizienten nur die Stärke des linearen Zusammenhanges zwischen den Variablen.

Die Linearität ist ferner selbst eine entscheidende Annahme der Hauptkomponentenanalyse. So postuliert das Grundmodell der Hauptkomponentenanalyse (Gleichung 1.1) lineare Beziehungen zwischen den Ausgangsvariablen und den Faktoren.

Vor der Verwendung der Hauptkomponentenanalyse muß also zunächst die Frage beantwortet werden, ob lineare Beziehungssysteme die Wirklichkeit hinreichend abbilden. In den sozialökonomischen Untersuchungen wird die Linearitätshypothese jedoch zumeist als vertretbar angesehen.

Kritik an der Hauptkomponentenmethode läßt sich u.a. auch wegen der Orthogonalitätsbedingungen, d.h. wegen der Annahme voneinander unabhängiger Faktoren vorbringen. Diese aus rechentechnischen Gründen unterstellte Bedingung stimmt häufig nicht mit der Realität überein. Durch schiefwinklige Rotation läßt sich jedoch in einigen Fällen ein höheres Maß an Realitätsnähe erreichen.

Ein weiterer grundsätzlicher Kritikpunkt richtet sich auf die Wahl der Ausgangsvariablen sowie die Interpretation der Faktoren. Hierdurch erhält nämlich die Hauptkomponentenanalyse ein bedeutendes subjektives Element.

Literaturverzeichnis

Albrecht, Günter: Soziologie der geographischen Mobilität, Stuttgart 1972.

Bahrenberg, Gerhard und Giese, Ernst: Statistische Methoden und ihre Anwendung in der Geographie, Stuttgart 1975.

Baletić, Zvonomir und Baučić, Ivo: The population, labour force and employment in Yugoslavia, 1950-1990, Zagreb 1976 (unveröffentlichtes Manuskript).

Baučić, Ivo und Maravić, Živko: Vraćanje i zapošljavanje vanjskih migranata iz SR Hrvatske, Zagreb 1971.

Baučić, Ivo: The Effects of Emigration from Yugoslavia and the Problems of Returning Emigrant Workers, Den Haag 1972.

Derselbe: Radnici u inozemstvu prema popisu stanovništva Jugoslavije 1971, Zagreb 1973.

Derselbe: Die Auswirkungen der Arbeitskräftewanderungen in Jugoslawien, in: Reinhard Lohrmann und Klaus Manfraß (Hrsg.): Ausländerbeschäftigung und Internationale Politik, München 1974.

Derselbe: Economic consequences of external migration for Yugoslavia, in: International migration in its relationship to industrial and agricultural adjustment policies, Proceedings of the seminar organized by the OECD Development Centre at the invitation of the Austrian Government and in co-operation with the Vienna Institute of Development and Co-operation, Vienna 13th - 15th May, 1974, Paris 1974.

Derselbe: Die jugoslawische Auswanderung im Lichte des Nord-Süd-Konflikts, in: Claus Leggewie und Marios Nikolinakos (Hrsg.): Europäische Peripherie. Zur Frage der Abhängigkeit des Mittelmeerraumes von Westeuropa. Tendenzen und Entwicklungsperspektiven, Meisenheim am Glan 1975.

Derselbe: Regional Differences in Yugoslav External Migration, Manuskript für die "Conference on Demography and Urbanization in Eastern Europe, Center for Russian and East European Studies, University of California at Los Angeles, Febr. 5-9, 1976.

Bazler-Madžar, Marta: Problems of Regional Economic Development in Yugoslav Theory and Practice, in: Ekonomska analiza, 3-4/1974, (Separat 182), Beograd 1975.

Beroš, Marko: Policies, Measures and Instruments for the Attraction and Utilization of Savings, in: O.E.C.D. Joint Projects, Services for Returning Migrant Workers, Yugoslav Report, o.O. 1975.

Blitz, Rudolph C.: A Benefit-Cost Analysis of Foreign Workers in West-Germany, 1957-1973, in: Kyklos, Vol. 30 (1977), Fasc. 3.

Böhning, Wolf R.: The Differential Strength of Demand and Wage Factors in Intra-European Labour Mobility: with Special Reference to West Germany, 1957-1968, in: International Migration, Vol. VIII (1970), No. 4.

Brown, Lawrence A.: Diffusion processes and location: a conceptual framework and bibliography, Bibliographic Series, No. 4, Regional Science Institute, Philadelphia 1968.

Derselbe: Diffusion dynamics: a review and revision of the quantitative theory of spatial diffusion of innovation. Royal University of Lund, Sweden, Series B. Human Geography, No. 29, Lund 1968.

Bullinger, Siegfried: Ausländerbeschäftigung, Arbeitsmarkt und Konjunkturverlauf in der Bundesrepublik Deutschland, Tübingen 1974.

Bundesanstalt für Arbeitsvermittlung und Arbeitslosenversicherung: Beschäftigung, Anwerbung, Vermittlung ausländischer Arbeitnehmer, Erfahrungsbericht 1967, Nürnberg 1967.

Bundesanstalt für Arbeit: Repräsentativ-untersuchung '72 über die beschäftigung ausländischer arbeitnehmer im bundesgebiet und ihre familien- und wohnverhältnisse, Nürnberg 1973.

Dieselbe: Merkblatt für die Vermittlung namentlich benannter jugoslawischer Arbeitnehmer, Nürnberg 1973.

Dieselbe: Ausländische Arbeitnehmer. Beschäftigung, Anwerbung, Vermittlung - Erfahrungsbericht 1972/73 - , Nürnberg 1974.

Dieselbe: Amtliche Nachrichten der Bundesanstalt für Arbeit, Arbeitsstatistik 1975 - Jahreszahlen, 24. Jahrgang, Sondernummer, Nürnberg 1976.

Dieselbe: Ergebnisse der Beschäftigungsstatistik, Ib4 - 4204/4205, Nürnberg 1977.

Burić, Olivera: Novi tip nepotpune porodice - Porodice čiji su hranioci otišli na rad u inostranstvo, in: Sociologija, godina XV (1973), broj 2.

Carrothers, Gerald A.P.: An historical Review of the Gravity and Potential Concepts of Human Interaction, in: Journal of the American Institute of Planners, Vol. XXII (1965), No. 2.

Cassel, Dieter und Thieme, H. Jörg: Makroökonomische Stabilisierungsprobleme in der sozialistischen Marktwirtschaft Jugoslawiens, in: Hannelore Hamel (Hrsg.): Arbeiterselbstverwaltung in Jugoslawien, München 1974.

Chapin, Gene L., Vedder, Richard K. und Gallaway,Lowell E.: The Determinants of Emigration to South Africa, 1950-1967, in: South African Journal of Economics, Vol. 38 (1970).

Cox, Kevin R.: Man, Location and Behavior. An Introduction to Human Geography, New York 1972.

Dobias, Peter: Das jugoslawische Wirtschaftssystem. Entwicklung und Wirkungsweise, Tübingen 1969.

Drettakis, Emmanuel G.: Yugoslav Migration to and from West Germany 1962-1973, Zagreb 1975.

Drulović, Milojko: Arbeiterselbstverwaltung auf dem Prüfstand - Erfahrungen in Jugoslawien, Berlin - Bad Godesberg 1976.

Fleisher, Belton M.: Some Economic Aspects of Puerto Rican Migration to the United States, in: The Review of Economics and Statistics, Vol. 45 (1963).

Gaenslen, Hermann und Schubö, Werner: Einfache und komplexe statistische Analyse, München 1973.

Gallaway, Lowell E. und Vedder, Richard K.: Emigration from the United Kingdom to the United States: 186o-1913, in: The Journal of Economic History, Vol. 31 (1971), No. 3/4.

Gollnick, Heinz: Einführung in die Ökonometrie, Stuttgart 1968.

Greenwood, Michael J.: An Analysis of the Determinants of Geographic Labor Mobility in the United States, in: The Review of Economics and Statistics, Vol. LI (1969).

Derselbe: Lagged Response in the Decision to Migrate, in: Journal of Regional Science, Vol. 10 (1970).

Derselbe: Lagged Response in the Decision to Migrate: A Reply, in: Journal of Regional Science, Vol. 12 (1972)

Gumpel, Werner: Das Wirtschaftssystem, in: Klaus-Detlev Grothusen (Hrsg.): Südosteuropa-Handbuch, Band I Jugoslawien, Göttingen 1975.

Haberl, Othmar N.: Abwanderung von Arbeitskräften und sozialistisches System. Ursachen und Folgen der Abwanderung von Arbeitskräften aus Jugoslawien, o.O.o.J., (unveröffentlichtes Manuskript).

Hägerstrand, Torsten: Migration and Area, in: David Hannerberg, Torsten Hägerstrand und Bruno Odeving (Hrsg.): Migration in Sweden, a Symposium, Lund Studies in Geography, Lund 1957.

Derselbe: Quantitative Techniques for Analysis of the Spread of Information and Technology, in: Arnold Anderson and Mary Jean Bowman (Hrsg.): Education and Economic Development, London 1966.

Harbach, Heinz: Internationale Schichtung und Arbeitsmigration, Hamburg 1976.

Harman, Harry H.: Modern factoranalysis, Chicago-London 1967.

Heberle, Rudolf: Types of Migration, in: Southwestern Social Science Quarterly, Vol. 36 (1955).

Höpfner, Klaus: Auswirkungen der Ausländerbeschäftigung auf die Wirtschaft der Bundesrepublik Deutschland unter dem Aspekt außenwirtschaftlicher Beziehungen, in: Reinhard Lohrmann und Klaus Manfraß (Hrsg.): Ausländerbeschäftigung und internationale Politik, München 1974.

Holjewilken, Karl-Heinz: Vermittlung und Beschäftigung jugoslawischer Arbeitnehmer in der Bundesrepublik Deutschland, in: Arbeit, Beruf und Arbeitslosenhilfe - Das Arbeitsamt, Jahrgang 1969, Heft 2.

Derselbe: Ausländische Arbeitnehmer in Deutschland, in: Arbeit, Beruf und Arbeitslosenhilfe - Das Arbeitsamt, Jahrgang 1970, Heft 7.

Horvat, Branko: Yugoslav Economic Policy in the Post-War Period: Problems, Ideas, Institutional Development, in: The American Economic Review, Supplement, Vol. LVI (1971), No. 3.

Derselbe: Die Entwicklung der jugoslawischen Landwirtschaft 1945-1972, in: Hans Raupach (Hrsg.): Jahrbuch der Wirtschaft Osteuropas, Veröffentlichungen des Osteuropa-Instituts München, Bd. 5, München 1974.

Huber, Peter: Ausländerbeschäftigung und Wirtschaftswachstum, Tübingen 1974.

International Bank for Reconstruction and Development (Hrsg.): Yugoslavia; Development with Decentralization, Report of a mission sent to Yugoslavia by the World Bank, Baltimore-London 1975.

International Monetary Fund: Balance of Payments Yearbook, verschiedene Jahrgänge.

Jansen, Paul Günter: Zur Theorie der Wanderungen, in: Zentralinstitut für Raumplanung an der Universität Münster (Hrsg.): Zur Theorie der allgemeinen und der regionalen Planung, Bielefeld 1969.

Kelley, Allan C.: International Migration and Economic Growth: Australia, 1865-1935, in: The Journal of Economic History, Vol. XXV (1965), No. 3.

Klemmer, Paul: Die Faktorenanalyse als Instrument der empirischen Strukturforschung, in: Methoden der empirischen Regionalforschung (1. Teil), Veröffentlichungen der Akademie für Raumforschung und Landesplanung, Hannover 1973.

Kriz, Jürgen: Statistik in den Sozialwissenschaften, Hamburg 1973.

Laber, Gene: Lagged Response in the Decision to Migrate: A Comment, in: Journal of Regional Science, Vol. 12 (1972).

Lee, Everett S.: Eine Theorie der Wanderung, in: György Szell (Hrsg.): Regionale Mobilität, München 1972.

Levy, Mildred B. und Wadycki, Walter J.: The Influence of Family and Friends on Geographic Labor Mobility, in: The Review of Economics and Statistics, Vol. LV (1973).

Lotze, Klaus-Peter: Korrelationsanalyse, in: Methoden der empirischen Regionalforschung (2. Teil), Veröffentlichungen der Akademie für Raumforschung und Landesplanung, Bd. 105, Hannover 1975.

Macdonald, John S. und Macdonald, Leatrice: Chain Migration, Ethnic Neighborhood, Formation and Social Networks, in: The Milbank Memorial Fund Quarterly, Vol. XLII (1964), No. 1.

Mandrović, Dragan: Das jugoslawische Planungssystem. Entwicklung und Wirkungsweise, in: Osteuropa-Wirtschaft, Bd. 21 (1976), H. 4.

McDonald, James R.: Toward a Typology of European Labor Migration, in: International Migration, Vol. 7 (1969), Nr. 112.

Mehrländer, Ursula: Beschäftigung ausländischer Arbeitnehmer in der BRD unter spezieller Berücksichtigung von Nordrhein-Westfalen, Köln und Opladen 1969.

Meinke, Dieter: Regionale Interaktionsmodelle - Gravitations- und potentialorientierte Ansätze -, in: Methoden der empirischen Regionalforschung (2. Teil), Hannover 1975.

Miljkovic, Dušan: Yugoslavia's Socio-Economic Development, 1947-1972, in: Yugoslav Survey, Vol. XV (1974), No. 1.

Miljovič, Aleksa und Sultanovič, Vladimir: Motivacije odlaska i sulovi povratka radne migracije iz SR BiH u strane zemlje, in: Marksisticke Sveske, I godina (1972), broj 1-2.

Morokvašič, Mirjana: Jugoslovenski radnici u inostranstvu: klasna svest i borba radnicke klase u zemljama imigracije, in: Sociologija, godina XV (1973), broj 2.

National Bank of Yugoslavia: Quarterly Bulletin, verschiedene Jahrgänge.

Nelson, Philip: Migration, Real Income and Information, in: Journal of Regional Science, Vol. 1 (1959).

Nie, Norman H. u.a.: SPSS, Statistical Package for the Social Sciences, New York 1975.

Nikolinakos, Marios: Zur Frage der Auswanderungseffekte in den Emigrationsländern, in: Das Argument, Zeitschrift für Philosophie und Sozialwissenschaften, 13. Jahrgang (1971), Nr. 68.

Derselbe: Politische Ökonomie der Gastarbeiterfrage, Reinbek 1973.

o.V.: Ausländische Arbeitnehmer in Deutschland. Ihr Geldtransfer in die Heimatländer und ihre Ersparnisse in der Bundesrepublik, Sonderdruck aus: Monatsberichte der Deutschen Bundesbank, April 1974.

o.V.: Das Problem der Arbeitslosigkeit in Jugoslawien, in: Wissenschaftlicher Dienst Südosteuropa, 11. Jg. (1962), Heft 9/10.

o.V.: Das jugoslawische Gastarbeiterproblem - ideologische Bedenken mußten zurückgestellt werden, in: Wissenschaftlicher Dienst Südosteuropa, 14. Jg. (1965), H. 10/11.

o.V. Engpässe der jugoslawischen Wirtschaftsreform - Wachsende Erwerbslosenzahl zwingt zur Auslandsgastarbeit, in: Wissenschaftlicher Dienst Südosteuropa, 16. Jg. (1967), H. 1/2.

o.V.: Die jugoslawischen Gastarbeiter - Eine Übersicht und ihre Perspektiven, in: Wissenschaftlicher Dienst Südosteuropa, 21. Jg. (1972), H. 4.

o.V.: Das neue Belgrader Gastarbeitergesetz. Zwischen Fachkräftemangel und Arbeitslosigkeit, in: Wissenschaftlicher Dienst Südosteuropa, 22. Jg. (1973), H. 7.

o.V.: Die Resolutionen des Zehnten Kongresses des Bundes der Kommunisten Jugoslawiens, in: Sozialistische Theorie und Praxis, Jg. 1 (1974), Nr. 6-7.

o.V.: Deutsch-jugoslawische Vereinbarung über die Regelung der Vermittlung jugoslawischer Arbeitnehmer nach und ihrer Beschäftigung in der Bundesrepublik Deutschland vom Oktober 1968, in: Bundesgesetzblatt 1969 II, S. 1107.

o.V.: Mera i akcija za postepeno vraćanje jugoslovenskih radnika sa rada iz inostranstva i njihovo radno angaŽovanje u zemlji, Beograd 1975 (unveröffentlichtes Papier).

Petersen, William: A General Typology of Migration, in: American Sociological Review, Vol. 23 (1958).

Radlović, Obrad: Normativno reguliranje privremenog
  zapošljavanja jugoslavenskih gradjana u inozemstvu,
  Zagreb 1977.
Ravenstein, E.G.: Die Gesetze der Wanderung I, in: György Széll
  (Hrsg.): Regionale Mobilität, München 1972.
Renshaw, Vernon: A Note on Lagged Response in the Decision
  to Migrate, in: Journal of Regional Science, Vol. 14 (1974).
Revenstorf, Dirk: Lehrbuch der Faktorenanalyse, Stuttgart
  u.a. 1976.
Savez Sindikata Jugoslavije: III. Gewerkschaftskonferenz
  westeuropäischer und Mittelmeerländer über Migration,
  Stuttgart, 20.-22.5.1976, Mitteilungen des Gewerkschafts-
  bundes zu einzelnen Punkten der Tagesordnung der Konferenz,
  Beograd 1976.
Savezni Zavod za Statistiku (SZzS): Statistički Godišnjak
  Jugoslavije, verschiedene Jahrgänge.
Dasselbe: Lica na privremenom radu u inostranstvu. Prema
  popisu stanovništva i stanova 1971, Statistički bilten 679,
  Beograd 1971.
Dasselbe: INDEKS, Mesečni pregled privredne statistike SFR
  Jugoslavije, 21 (1972), broj 5.
Dasselbe: Popis stanovništva i stanova 1971. Stanovništvo.
  Delatnost, Beograd 1974.
Dasselbe: Popis stanovništva i stanova 1971. Stanovništvo.
  Etnička, prosvetna i ekonomska obeležja stanovništva i
  domačinstva prema broju članova, Beograd 1974.
Schiller, Günter: Utilisation of Migrant Worker's Savings,
  with Particular Reference to their Use for Job Creation
  in the Home Country, O.E.C.D., MS/M/404/467, Paris 1974.
Scholing, Eberhard: Komponentenanalytische Untersuchungen
  zum Internationalen Konjunkturzusammenhang zwischen den
  Ländern der OECD von 1955-1975, Frankfurt u.a. 1977.
Shaw, Paul R.: Migration Theory and Fact. A Review and
  Bibliography of Current Literature, Bibliography Series
  Number Five, Regional Science Research Institute, Phila-
  delphia 1975.
Službeni list Socijalističke Federativne Republike Jugoslavije
  (SFRJ): verschiedene Jahrgänge.
Statistisches Bundesamt: Fachserie A, Bevölkerung und Kultur,
  Reihe 3, Wanderungen, verschiedene Jahrgänge.
Dasselbe: Allgemeine Statistik des Auslandes, Länderberichte,
  Jugoslawien 1974.
Dasselbe: Statistisches Jahrbuch für die Bundesrepublik
  Deutschland, verschiedene Jahrgänge.

Stouffer, Samuel A.: Intervening Opportunities: A Theory Relating Mobility and Distance, in: American Sociological Review, Vol. 5 (1940).

Derselbe: Intervening Opportunities and Competing Migrants, in: Journal of Regional Science, Vol. 2 (1960).

Système d'observation permanente des migrations (SOPEMI), Yugoslavia, verschiedene Jahrgänge.

Tadić, Stipe: Neki ekonomski učinci vanjskih migracija iz Jugoslavije, Zagreb 1975.

Tanić, Živan: Employment Agencies and the National Potential for Employing Migrant Workers, in: O.E.C.D. Joint Projects, Services for Returning Migrant Workers, Yugoslav Report, o.O. 1975.

Termote, Marc: Wanderungsmodelle, in: György Széll (Hrsg.): Regionale Mobilität, München 1972.

Tintner, Gerhard: Handbuch der Ökonometrie, Berlin u.a. 1960.

Todaro, Michael P.: Migration and Economic Development: A Review of Theory, Evidence, Methodology and Research Priorities, Occasional Paper No. 18, Institute for Development Studies, University of Nairobi, Nairobi 1976.

Tomaske, John A.: The Determinants of Intercountry Differences in European Emigration: 1881-1900, in: The Journal of Economic History, Vol. 31 (1971), No. 3/4.

Überla, Karl: Faktorenanalyse, Berlin u.a. 1968.

Velikonja, Josef: Emigration, in: Klaus-Detlev Grothusen (Hrsg.): Südosteuropa-Handbuch, Band I Jugoslawien, Göttingen 1975.

Vedriš, Mladen: The Utilization of Migrant Workers' Hardcurrency Savings in Productive Economic Activities, in: O.E.C.D. Joint Projects, Services for Returning Migrant Workers, Yugoslav Report, o.O. 1975.

Derselbe: Zakon o udruženom radu i mogućnosti reintegracije migranata, in: Bilten centra za istraživanje migracija, godina VI (1977), broj 6-7.

Vinski, Ivo: Ljudski kapital i neto produkt suvremene jugoslavenske ekonomske emigracije, in: Ekonomski pregled, godina 23 (1972), broj 3/4.

Wilkinson, Maurice: European Migration to the United States: An Econometric Analysis of Aggregate Labor Supply and Demand, in: The Review of Economics and Statistics, Vol. 52 (1970), No. 7.

Wittmann, Heinz: Migrationstheorien, Saarbrücken 1975.

Zurmühl, Rudolf: Matrizen und ihre technischen Anwendungen, Berlin 1964.

THE MOVEMENT OF YUGOSLAV EMIGRANT WORKERS

A contribution to the Analysis of International Workers Migration

Summary

The movement of Yugoslav workers abroad represents a special aspect of post-war development in that country. These movements are the subject of this study, the concern of which has been to demonstrate their essential structures and characteristics as well as to analyse the motives behind them. Moreover, the effects of external workers migration from Yugoslavia on domestic politics have also been considered in this paper as well as the economic consequences this has had for the region which is subject of the present analysis.

As is the case with all empirical analyses of workers migration on an international scale, the insufficiency of data places close limits on the scope of this analysis. Data concerning emigrants returning from abroad is only partially available whereas, by comparison, the data referring to emigration itself is relatively good. The results of the 1971 census permit an analysis of workers emigration at the level of Yugoslav communities (opstine) and therefore a discriminating insight into the migration of Yugoslav labour is to be expected.

Political and economic conditions were prior considerations in the analysis of Yugoslavian migration patterns. This discussion should present a basis for the "laissez-faire" attitude towards workers migration practised by Yugoslavia for ever a decade since the start of the 1960's and, at the same time, it should give an insight into what Yugoslavia itself expected. This will enable conclusions to be drawn as to what effects workers migration has had on the Yugoslavian economy.

Answers to questions concerning Yugoslavian workers migration, from a political and economic point of view, necessitate an analysis of political and economic developments in Yugoslavia during the post-war years. Such an analysis shows that the "laissez-faire" attitude adopted towards workers migration since the start of the sixties must be seen as connected with the various reforms and continually changing development strategy of this period. The transition from an extensive to an intensive development strategy, that is a change in priority from expansion in job opportunities to increasing productivity, at the beginning of the sixties, necessarily led to a slowdown in the transfer of labour from the traditional to the modern sector of the economy. This resulted in an increase in the labour supply from the traditional sector of the labour market. Labour emigration would provide a release: this release function is exactly what was expected and serves to explain the Yugoslavian emigration policy of the 60's.

During this period, large labour shortages resulted in the movement of Yugoslav workers being largely free of political regulation by host-countries, in particular the Federal Republik of Germany. In other words, workers migration in the period under consideration took place essentially under "free market conditions" in Yugoslavia as well as in West-Germany.

The analysis of Yugoslav workers migration has been carried out using various hypotheses which are intuitively taken to be relevant in explaining international workers migration. The Analysis has been carried out to examine separately, as a function of time, the nature of the emigrants streams and the selectivity of the emigration process.

This analysis of the Yugoslavian workers movement has been restricted to the Federal Republic of Germany because additional data applying to other host-countries is lacking. The period considered is that in which labour movement was largely free from government regulation, viz. 1960 to 1973. A multiple regression analysis has been used to examine the developments in workers migration as a function of time.

The results of the migration model show the trend and employment variable of the host-country (the Federal Republic of Germany), explaining a large part of the variance of the migration pattern as a function of time. The trend variable in particular explains the stimulation of migration from the side of workers who have already emigrated, that is, it represents the "self-feeding" aspect of the migration process. In this manner, the interpretation which could be made from the results is that the variation of the stock of Yugoslav workers in the host-country determined the tendency of the emigrant stream to increase, whereas developments in the Federal German labour market determined the variation in this trend.

In the case of return migration the lagged emigration variable was shown to be the most important "explanation measure". Business development in the Federal Republic of Germany has thus only had a partial, or indirect effect on the rate at which emigrants return as a function of time. Even so, as with the emigration model, the variable characterising business developments in Yugoslavia has made no contribution which could be detected by regression analysis to explain the dependent variable in the returning emigrant model.

The analysis of the selectivity of the Yugoslavian migration process was effected with regard to both its special dimensions and the personal qualities of the emigrants. Because of insufficient data, this analysis had to be limited to the emigration process of Yugoslavian workers.

Empirical tests of different hypotheses proposed to explain
the area pattern of migration have shown that this could not
be satisfactorily explained by either the distance to be travelled
by the emigrant to the regions of destination (target regions)
or relative differences in the degree of development of Yugoslav
communities. Various factors would indicate rather that this
area pattern has essentially come about as a result of so-
called chain migration mechanisms. The decision taken by workers
at home to emigrate is strongly influenced by workers who had
already migrated abroad through the transfer of information,
protracted demonstration of the advantages of working abroad,
and the granting of help in finding employment, accomodation
and generally in fitting into a new environment in a foreign
country and things like that. Together with other factors,
this mechanism has contributed to the evolution of specific
emigrant regions in Yugoslavia. In addition to the spatial
dimension, the Yugoslavian emigration process has had a strongly
selective effect as well with regard to the personal qualities
of the emigrants. Young male workers from the occupational groups of
both agricultural and industrial labourers represented a dis-
proportionately high fraction of the total number if emigrants
when measured against the home population or the structure
of the domestic labour force. Moreover, the emigrants possessed
above average qualifications.

The analysis of the selectivity of the Yugoslavian migration
process with regard to the emigrants' personal qualities, was
carried out in a second stage as a function of the emigration
intensity from the home community. This was carried out because of the assumption that the degree of positive selection in-
creases with the number of hinderances placed between the home
and the final destination. These hinderances, such as lack of
information, turn out to be especially significant when the

emigration procedure is in a starting phase or if a low emigration intensity is associated with a particular community. A negative connection was therefore postulated to exist between the emigration intensity from a community and the degree of positive selection of emigrants from this community.

Empirical analysis confirms this assumption. This would therefore lead to the interpretation that the emigration process, in its starting phase, has been led by young workers with above average qualifications, that is, such workers have taken on a so-called pioneer function.

All in all, this migration analysis could show that the emigration patterns do not conform to those originally expected by Yugoslavia, namely a transfer process of poorly qualified "surplus" manpower from the traditional sector of the economy into the foreign job market. Considerations in the final chapter as to the question of accordance between expectations and reality with regard to the effects of the migration process on Yugoslavia, made it clear, as a total, that Yugoslavia's expectations in no way agree with the reality. Here, problems have been generated rather than solved, as shown by the various legislative actions taken by Yugoslavia during the first half of the 1970' s, which are a virtual admission that the sweeping uncontrolled emigration process, during the period considered, has - as to its effects - not been in Yugoslavia's best interests.

Vanjske migracija jugoslovenskih radnika

Prilog analizi medjunarodnih migracija radnika

Sažetak

Vanjske migracije radnika predstavljaju jedan poseban momenat
posljeratnog raztivka Jugoslavije. One su predmet ove analize
čija se intencija sastoji u tome da ukaže na strukture odnosno
karakteristike i uzroke procesa migracije. Osim toga, ovdje se
obradjuju i unutrašnjopolitički problemi vanjskih migracija
radnika kao i njihove ekonomske posljedice.

Kao pri istraživanju medjunarodnih migracija radnika uopšte,
tako je i u ovom slučaju empirijska analiza jugoslovenskih
migracija radnika organičena nedostatkom statističkih podataka.
Tako se npr. brojčani razvitak povratnika mogao samo površno
da diskutuje, dok su podaci o radnicima zaposlenim u inostranstvu prilično zadovoljavajući. Isto tako, rezultati popisa
stanovništva 1971. Godine omogućavaju analizu procesa emigracija
čak i na nivou opština u Jugoslaviji što je omogućilo vrlo
pouzdan uvid u proces emigracije radne snage iz Jugoslavije.

Analizi procesa emigracije jugoslovenskih radnika prethodi dis-
kusija političkih i ekonomskih pretopostavki ove emigracije.
Ovdje se objasnila jugoslovenska "laissez-faire"-politika u
oblasti emigracije radne snage koju je jugoslovenska strana
zauzela već početkom šezdesetih godina. Istovremeno, ovdje se
htjelo da ukaže na jugoslovenska očekivanja od emigracije radne
snage i da se postavi osnova za diskusiju o ekonomskim implika-
cijama emigracije radne snage o čemu se piše u posljednjoj glavi
ovog rada.

Odgovor na pitanje o političkim i ekonomskim predpostavkama
emigracije radne snage u samoj Jugoslaviji zahtjeva da se
opširno analizira ekonomski i politički razvitak Jugoslavije
u posljeratnom periodu. Iz ove analize proizašlo je da se
"laissez-faire"-politika u oblasti emigracije radne snage
treba da posmatra u vezi sa reformama šezdesetih godina i
sa promjenom strategije razvoja u toku ovih reforma. Prelaz
sa ekstenzivne strategije razvoja, politike koja prvenstveno
teži ka povenćanju zaposlenosti, na intenzivnu strategiju,
politiku koja teži ka povenćanju produktivnosti rada, početkom
šezdesetih godina, morao je da uspori transfer radne snage
iz tradicionalnog u moderni sektor ekonomije, a time i da
zaoštri pritisak na tržištu rada zbog ponude radne snage iz
tradicionalnog sektora. Emigracija radne snage mogla je da
ulbaži ovakvu situaciju na tržištu rada. Jugoslovenska strana
je zaista očekivala da će emigracija radne snage dovesti do
popuštanja pritiska na tržištu rada čime je i politika emigracije radne snage šezdesetih godina objašnjena.

Vanjske migracije jugoslovenskih radnika, uglavnom, nisu zavi-
sile o politici zemalja prijema, u prvom redu SR Njemačke, zbog
velikog zahtjeva radne snage u ovim zemljama. Emigracije radne
snage u ovom razdoblju ostvaruje se, dakle pod uslovima "slobo-
dne igre snaga".

Ovaj proces analiziran je pomoću nekih intuitivno relevantnim
posmatranih hipoteza koje objašnjavaju medjunarodne migracije
radne snage. Pri tome su posebno analizirani vremenski razvitak
i selektivnost procesa emigracije.

Analiza migracionog procesa jugoslovenskih radnika morala se
zbog nedostatka podataka da ograniči na migraciju radne snage
iz Jugoslavije u SR Njemačku. Obhuvaćen je period od 1960. do
1973. godine u kojem je emigracija, uglavnom, bila nezavisna od

državne kontrole. Analiza vremenskog razvoja vanjskih migracija
izvršena je pomoću višestruke regresione analize.

Kao rezultat ovog modela vanjske migracije proizašlo je da
varijabla trenda i varijabla zapošljavanja u zemlji prijema
(SR Njemačka) "objašnjava" naveći dio promjena vremenskog razvoja emigracija. Varijabla trenda objašnjava - pretpostavljen -
stimulišući uticaj već u inostranstvu zaposlenih radnika, tj.
tzw. "self feeding" - aspekt u procesu emigracije. Rezultat
modela emigracije mogao se zbog toga da interpretiše time da već
u inostranstvu zaposleni radnici prouzrokuju tendencijalni porast
emigraicje dok se razvoj na tržištu rada u SR Njemačkoj odražava
na oscilacije oko ovog trenda.

Kao suštinska "objašnjavajuća veličina" u modelu povratka ispostavila se samo vremenski usporena migraciona varijabla. Razvoj na tržištu rada u SR Njemačkoj uticao je, dakle, samo mjestimično odnosno samo indirektno na vremenski razvitak povratka.
Kao i kod modela emigracije, varijabla koja karakteriše razvoj
na tržištu rada u Jugoslaviji ni u modelu povratka ne predstavlja momenat za objašnjene zavisne varijable na osnovu regresione analize.

Analiza selektivnosti jugoslovenskog emigracionog procesa izvršena je kako u pogledu regionalne dimenzije tako i u pogledu
ličinih karakteristika migranata. Zbog pomanjkana podataka ova
se analiza morala da ograniči samo na proces emigracije jugoslovenske radne snage.

Empirijski testovi različitih hipoteza za objašnjenje regionalnog
razvoja emigracije ukazuju na to da se niti udaljenosću od zemalja
prijema niti relativnom razlikom u ekonomskom razvoju jugoslovenskih opština ne može zadovoljavajuće da objasni regionalna

dimenzija. Naprotiv, neki podaci ukazuju na to da se regionalni razvitak, uglavnom, može da objasni kao rezultat tzw. lančanih mehanizama migrajica. Prenošenjem informcija, demonstracijom prednosti zapošljavanja u inostranstvu, pomeganjem pri pronalaženju radnog mjesta i stana, kao uopšte pomoganjem pri prilagodjavanju na nove životne prilike u inostranstvu u inostranstvu zaposleni radnici snažno utiču na odluku ka emigraciji onih koji su još ostali u domovini. Ovakav mehanizam pridonio je i nastajanju specifičnih regiona emigracije radne snage iz Jugoslavije.

Osim regionalne dimenzije proces emigracije iz Jugoslavije djelovao je selektivno i na lične karakteristike emigranata. Suprotno strukturi stanovništva odnosno zaposlenih, uglavnom su u inostranstvu zaposleni mladji muški radnici iz radnih grupa poljoprivreda i industrija. Povrh toga, migranti su, uglavnon, bolje kvalifikovani nego ostalo stanovništvo.

Selektivnost proces jugoslovenke emigracije analizirana je, zatim, zavisno od intensivnosti migracije iz opštine porijekla. Ovaj je korak posijedica hipoteza da se stepen pozitivne selekcije povećava paralelno uz težinu intervenišućih prepreka izmedju zemlje prijema i opštine porijekla. Ove su prepreke, npr. nezadovoljavajuće informacije, naročito velike tada kada proces emigracije tek počinje, odnosno ako iz odgovarajućih opstina potiče samo manji broj emigranata. Postulisana je, dakle, negativna povezanost izmedju intensivnosti emigracije neke opštine i stepena pozitivne selekcije emigranata iz ove opštine.

Empirisjka analiza potvrdila je ovu pretpostavku. Ova pojava navodi na interpretaciju da mladi, nadprosječno kvalifikovani radnici započinju proces emigracije, tj. da ova radna snaga preuzima tzv. pionirske funkcije u okviru emigracije rada.

Sve u svemu, analiza emigracije radne snage iz Jugosalvije pokazala je da emigracija nije ostvarila ono što je jugoslovenska strana očekivala od samog početka emigracija: transfer manje kvalifikovane, "suvišne" radne snage iz tradicionalnog sektora na radna mjesta u inostranstvo. Ražmisljanja o saglasnosti izmedju očekivanja i stvarnosti emigracionih procesa iz Jugoslavije u završnoj glavi pokazuju da emigracija radne snage nije ispunila jugoslovenska očekivanja; naprotiv, ona je mnogo više problema prouzrokovla nego riješila. Zbog toga i zakonodavstvo u prvoj polivini sedamdesetih godina mora da se ocijeni kao priznanje da se nikontrolisan proces emigracije u periodu od 1960. do 1973. godine nije poklopio sa jugoslovenskim interesima.